1871》2012

博物館学年表

—法令を中心に—

椎名仙卓
青柳邦忠 著

雄山閣

はじめに

日本の博物館法は、昭和二六（一九五一）年一二月一日に公布された。昨年はそれから六〇周年を迎えた。人にたとえるならば還暦を迎えたことになる。その間、社会生活は戦後の苦難な時代から脱して豊かになり、民主主義社会が進展し新たな文化国家を築き上げるに至った。学校教育は年齢に応じて教育内容が異なるが、博物館施設は年齢にかかわらず不特定多数を対象とする教育施設であり、一般には社会教育施設と言われてきたが、近年は〝生涯学習〟施設として重要な役割を担っている。

我が国の博物館は、博物館法が制定されなかったため、その施設や設備、学芸員の待遇などが欧米の博物館と比較すると極めて低いと言われる。だからと言って、我が国の博物館施設の発達を阻害しているのは、博物館法が制定されない為であったと考えるのは、かなり飛躍した理論になろう。然し、こうした事を考察するためには、明治以降における我が国の博物館施設の辿った道を回顧することによって明確にすることもまた意義があろう。それによってこれからの博物館施設に対する新たな進むべき方向性と問題点を把握することができるであろう。

昭和五六（一九八一）年一一月五日、皇太子殿下（今上天皇）のご臨席を賜り、東京の科学技術館で「博物館法制定三〇周年記念式典」が執り行われた。また、日本博物館協会は機関紙『博物館研究』に三〇周年を記念して、博物館法に対する意見や問題提起などを特集している。その中の一つに「博物館の法令等に関する年表」が掲載されている。

その年表は、博物館施設の法的な発展を理解させる一助として、明治時代から今日に至るまでの関係事項を取り上げ、また、博物館法と深い関わりのある事項なども加えて、事項の発生年月日、事項の内容、拠所・文献の三種に分けて記載している。これによって、日本博物館施設の推移を把握できるものと考えていたが、ただ関係事項を年代順に並べた単純な年表にとどまっている。その項目がどのような意義・内容をもった項目であるのか、それを理解させるまでには至っていない。

本書の日本博物館学年表は、博物館法制定三〇周年記念特集号（『博物館研究』第一七巻第一号）に掲載された年表を基にして更に新たな項目を加えて博物館学の発達が明確に理解できるように、単にそれが公布されたとか、通知されたとか、そのような事象があったという事のみでなく、その内容が具体的にどのような内容を意味する項目であるのか、それを記載するという、従来の年表には見られない方策を採用してまとめてみた。そこには又博物館学の立場から、博物館法に関連する事項のみでなく、博物館と関係の深い社会教育法や文化財保護法などに見られる関連事項、国会における建議や要望、各種の教育関係審議会の博物館関係資料、更にユネスコなどの国際的な機関の博物館に関する関連事項なども取り上げて挿入してみた。

本書は、博物館学史の立場から二部構成にした。第Ⅰ部は、「博物館法制定への概観」として、戦前における日本の博物館発達史の上で博物館法に関する事項がどのような道筋を辿ってきたのか、その概要。戦後においては、博物館法制定後に博物館施設はどのような動きを示したのか、それらの変遷を概観してみた。第Ⅱ部は、「法令を中心とする博物館学年表」として、明治初年から今日に至るまでを四時代に分け、各項目には、できるだけその内容を添える年表とした。

博物館学年表 —法令を中心に— 目次

第Ⅰ部　博物館法制定への概観

第一章　博物館法の制定を構想して

第一節　「博物館」という名称について

「博物館」という言葉の「博物」は、中国の古典である『史記』や『左伝』に見られ、〝ひろく物を知る〟という意味である。それに建物を意味する〈館〉が付加されて、一つの言葉として定着したものと考えられている。すでに斎藤毅が図書館雑誌（六九—一〇）で指摘しているように『唐本世界地誌』の中に、古い用例である『博物院』がしばしば使用されており、「院」も「館」も建物を意味する言葉であることから、我が国に伝えられた時には、ひろく物を知る施設として「博物館」という表現が用いられたと思われる。

「博物館」という表現は、明治初期にヨーロッパを旅行し、博物館施設を見学した時に、そこにはmuseumと記してあった。それを「博物館」と訳したのが始まりであったと記した博物館の概説書等にも見られるが、しかし「博物館」という表現は、幕末に記した個人の日記などには、すでに使用されている。

万延元（一八六〇）年、日米修好通商条約批准のため、アメリカに派遣された新見豊前守正興の一行は、首都ワシントンに滞在中patent officeを見学している。ここはアメリカ特許局の陳列場であったがこの施設を見学した通訳の名村五八郎元度は、『亜行日記』の中に、「当初博物館《パテントオビス》ニ至リ……」と記しており、漢字で「博物館」と書き、「パテントオヒス」と片仮名をつけている。更にSmithsonian Institutionを見学した時には「電気機具等ヲ備置アル役所」と記しており、副使の村垣淡路守範正は、「スミスヲニヲといえる奇品はた究理の館」と表現している。

文久二（一八六二）年になって、フランス、イギリス、オランダ、プロシャ、ロシア、ポルトガル等を巡った竹内下野守保徳使節団の一行は、各国で博物館施設を見学している。その時に記した日記類によると、大英博物館を見学した時には、副使松平石見守の従者であった野沢郁太が「古物有之館」と記し、同じく副使の従者であった市川渡は「博物館」、普請役の益頭駿次郎は「龍噸博物館」とロンドンを漢字で表現しており、人さまざまである。こうして、「博物館」という表現の使用は次第に多くなる。

この竹内施設団の一行に同行した福澤諭吉は、この時の見聞などを基にして、帰国後『西洋事情』を刊行している。当時の知識階級に愛読されたが、その初篇の中に「博物館」という見出し項目があり、それには博物館を①ミネラロジカル・ミューヂエム、②ゾーロジカル・ミュヂエム、③動物園、④植物園、⑤メヂカル・ミュヂエムの五種に分けて、それぞれを解説している。

①は、およそ世界中の金石の種類はことごとく之を集める、とあるので、今日の地学博物館であろう。②は禽獣魚虫の種類を集める、とある

ので、今日の動物学博物館すなわち自然科学博物館に相当するであろう。③④は今日も同じような意味で用いられており、⑤は医学博物館を指すであろう。ただ、ここには文化的な意味での美術・工芸品を扱ういわゆる「美術博物館」については記されていない。

Museumという言葉は、現在どのような辞書を引いても「博物館」と訳されている。しかし、慶応二(一八六六)年に発行された『英和対訳袖珍辞書』には、Museumを「学術ノ為ニ設ケタル場所、学堂書庫等ヲ云」とあり、博物館とは訳していない。学術のために設けた場所であり、そこに置かれた学堂や書庫などを指すことになろう。明治二(一八六九)年パリで刊行された『西語訳漢入門』には、ミュージアムを「書房」と記している。また、明治六(一八七三)年に発行された『独和字典』には、「学術ノ為ニ設ケタル場所ニテ諸器械其他書籍等ヲ集メ置ク所」と記してあり、〝諸器械〟という表現がつけられている。結局、そこには物としての資料と、読むための図書とが存在することになろう。

我が国で初めてMuseumを〝博物館〟と訳した辞書は、明治五(一八七二)年、開拓史が発行した『英和対訳辞書』であり、その後の明治六(一八七三)年に発行された『附音挿図英和字集』、明治一八(一八八五)年に発行された『英和和英集大全』、『英和対訳辞典』などには、依然として「学術のために設けた……」という表現が続いているが、こうした訳も次第に少なくなり、明治末期には辞典の世界から姿を消すこととなる。そして、この「博物館」という表現のみが、広く一般に用いられるようになり、今日に至っている。

第二節　「博覧会」の誕生とその普及

博覧会は、古代エジプトやペルシャで即位する国王が所蔵している彫刻、工芸品などを祝祭のため民衆に公開したことが原始的な博覧会であったと言われる。

この「博覧会」という表現は、外国奉行であった栗本鋤雲が造語したとも言われる。栗本はその著『匏庵遺稿』の中で、元治元(一八六四)年フランスのロッシュ公使の通訳であった和春(メルメ・ド・カション)が、「明年フランスでエキスポジション(Exposition)を開くので、日本も参加してほしい。このエキスポジションは、〝広く示す〟という意味であるが、これを日本語に訳したら、何と言ったらよいのか」と問うた。栗本はこの問いに対し、「幕府の医学館では〝薬品会〟を開いている。これは天下の物品で一般の人々に見せたいものは何でも並べている。医学館長の多紀元孝が始めたが、規模の大小はあってもフランスのエキスポジションは、これによく似ている。それでは、エキスポジションは、〝博覧会〟と表現しなさい」と記してある。

前節に紹介した福澤諭吉の『西洋事情』には、博物館の事ばかりでなく、それに加えて「博覧会」という見出しがあり、それには

諸邦の技芸工作、日に開け、諸般の発明、随て出、随って新なり。之が為め、昔年は稀有の珍器を貴重せしものも、方今に至ては陳腐に属し、昨日の利器は今日の長物となること、間々少なからず。故に西洋の大都会には、数年毎に産物の大会を設け、世界中に布告して各々其国の名産、便利の器械、古物奇品を集め、万国の人に示すことあり。之を博覧会と称す。(中略)博覧会は、元と相教え、相学ぶの趣意にて、

互いに他の所長を取て己の利となす。之を譬へば智力工夫の交易を行ふが如し。又、各国古今の品物を見れば、其国の沿革風俗、人物の智愚をも察知す可きが故に、愚者は自ら励み、智者は自ら戒め、以て世の文明を明くること少なからずと云う。

とあり、その国の博覧会と言うよりは、各国が参加する〝万国博覧会〟の特質を述べている。

博覧会という表現を明治五（一八七二）年の『英和対譯辞書』には「顕ハスコト。観セ物。」とあり、明治九（一八七六）年の『増補漢語字類』には「ヒロクモノヲミセルクワイ」とあり、同じ明治九年の『布告律令字引』には、「イロイロナモノヲアツメテ人ニミスルナリ。博物会トモ云。」とある。

近代社会の中で誕生した博覧会は、ただ単に見るだけでなく、「知」に対する欲望が生じ、それを活用することによって社会生活の前進を図ろうとするものであった。

近世になると、宝暦六（一七五六）年ロンドンで英国産業博覧会が開かれ、これが最初の博覧会であったと言われている。それはただ商工業の発展を促す機械、それから生産された製品を並べただけであったとされる。

寛政一〇（一七九八）年には、フランスのパリでフランス国内博覧会が開かれる。これを第一回目として、その後五年ごとの開催で合計一一回開かれている。第一回の博覧会では、出品者はわずか一一〇人でナポレオンも唖然としたと言われるが、嘉永二（一八四九）年の博覧会では、出品者四、五四三名に達し国内産業の発達に大きな影響を与えたと言われる。こうして博覧会は、一八世紀後半には、ヨーロッパ各国に波及し、農業、水産業、工業、商業などへの生産品の増大に大きな影響を与え、近代産業が急速に進展することとなる。その開催はやがて一国のみで自国の産物、技術品などを公開するのみでなく、諸国にも出品を依頼する、いわゆる〝万国博覧会〟として展開することとなる。

第一回万国博　ロンドン　一八五一年（嘉永四年）
第二回万国博　ニュヨーク　一八五三年（嘉永六年）
第三回万国博　パリ　一八五五年（安政二年）
第四回万国博　ロンドン　一八六二年（文久二年）
第五回万国博　パリ　一八六七年（慶応三年）

であり、第五回までがよく知られている。第一回ロンドン万国博覧会の会場は、全長五六〇メートル、幅一二〇メートル、三〇万枚のガラスを使用した建物で、通常「クリスタルパレス」としてよく知られている。主として工業を中心とする機械類の陳列であったが、特に輪転機やライフル銃などが注目されている。出品数は一〇万点におよび、半年間の開館で六三〇万人余が入場している。

我が国と万国博覧会の関係事項については、文久二（一八六二）年の第四回万国博覧会に、当時ヨーロッパに派遣された竹内遣欧使節団がその開会式にも参加しており、羽織・袴で両刀をさしている武士の姿は、むしろ一般観覧者から、好奇心の対象となっている。イギリスの初代駐日公使であったオールコックによって収集された美術工芸品や民俗品などが陳列された日本コーナーがあり、これには驚嘆している。

慶応三（一八六七）年、パリで開かれた第五回万国博覧会には、生産品よりは、電気、圧縮空気、灯用ガス、水圧式エレベータなどが登場しており、科学技術の進歩が目覚しいものであることを知ることとなった。この万国博覧会の出品を依頼された時に、幕府は出品収集などを商人や各藩に対して募ったが、それに応じたのは佐賀藩、薩摩藩のみであった。これがまた開会にあたり「日本」という名称を使用したので、とかくの問題を起こしている。徳川幕府はこの万国博覧会の開催にあたり、将軍の名代として、弟の徳川昭武を派遣しており、後に明治の日本経済の発展に偉大な貢献をする渋沢栄一等が同行している。

この万国博覧会の開催にあたり、フランス側から要請された出品物は、陶器、銅器、漆器など出来るだけ大型のものであったが、自然物では昆虫標本の出品が挙げられた。そのため昆虫の採集、標本作成を開成所の田中芳男が担当することとなった。田中は、伊豆など各地で「物産取調御用」として採集を続け苦労して昆虫標本の制作に当たった。こうして田中は、出品資料の整理、陳列などの担当者として、フランスに出張を命ぜられる。

このとき田中は、寸暇をおしんでジャルダン・デ・プラント（現在のフランス国立自然史博物館）を見学している。この見聞がやがて、我が国で明治期になってから博物館を設置発足させる時の基本的な考え方となる。

第二章　我が国における二系統の博物館

博物館の種類と言えば、前章で説明した福澤諭吉の『西洋事情』に見られるように、所蔵・陳列してある資料を中心として分類する場合、或は設置主体である国立、公立、私立などと称する分け方などさまざまである。しかし、日本の博物館を考える場合に、それを〝系統〟という面から捉えると、博物館の在り方が明確になり、博物館学史を考える上に多大な参考となる。

第一節　殖産興業政策のための博物館

徳川幕府の封建体制下にあっては、中国、オランダ以外の国々とは、貿易や往来が禁止されていたが、近世社会の西欧では、科学技術の著しい進歩などによって、貿易が盛んになり、新たな近代的な文化や社会が形成される。鎖国政策をとっていた徳川幕府は、こうした西洋の近代的な社会を知り、学術の研究を推進し、翻訳書の発行なども行うため安政三（一八五六）年、蕃書調所を設立するに至った。この調所の頭取であった勝麟太郎の「物産学之儀者必要之学科ニテ国家御経済之根本ニ御座候」とする建議がとりいれられ、文久元（一八六一）年、「物産方」が置かれるに至った。伊藤圭介が物産学の主任となり、その翌年には圭介の門下生であった田中芳男が物産学出役を任命され、西欧文化の移入のみでなく、国内における物産学としての研究が進められる。この蕃書調所は文久二（一八六二）年には、「洋書調所」と改称され、更に「開成所」と改正されるに至り、教育機関としての色彩を強くする。

三百年に及ぶ徳川幕府の武家社会が崩壊し、明治の新時代を迎える。それは幕府の封建体制から脱し、新たな近代社会を築くことであったが、明治新政府としての目標は、何よりも国際関係の改善であり、諸外国との平等な交流であった。国内的には廃藩置県、地租改正、神仏分離など、さまざまな改革が進められたが、近代国家を築きあげる方策としては「富国強兵」が重要であり、その目標は大和民族の自立ということにあった。そのために「文明開化」（文化の欧米化）と「殖産興業」（産業の近代化）を促進させることが急務であった。

こうした各種の見直しの中にあって、我が国の教育制度も、また、かつての「読み、書き、算盤」の寺子屋教育から脱して、学校教育制度へと展開することとなる。

明治四（一八七一）年七月、教育事務を担当していた大学が廃止され、新たに「文部省」が設置され、学校教育が整備され推進される。この年、文部省内に一部局として「博物局」が設置される。

この博物局は始原をたどれば、幕府によって設立された蕃書調所の業務の一部を引き継いだものであり、ここには、かつて薩摩藩の英国留学生として見聞を広めた町田久成、前節で説明したようにパリ万国博覧会に出張して博物館に関する知識を会得した田中芳男らが属していた。両人とも西欧の近代社会を体験しており、殖産興業のためには〝博覧会〟を開催することが最も必要な事業ではないかと考えるに至ったのである。かくして、明治四（一八七一）年五月、大学南校博物館の名で、我が国において初めての博覧会を九段坂上の三番薬園で開くことが公示された。しかし実施段階になって、大学南校物産局の名で招魂社境内で〝物産会〟という名称で開催されるに至った。その後、この年の秋、文部省博物局の名で湯島大成殿で「博覧会」を開くことが再び公示されたが、実際には開催間近になって急に中止された。その理由については明確にされていない。

実際に〝博覧会〟という名称が使用されて開催されたのは、明治五（一八七二）年三月、湯島聖堂構内で公開されたものが最初である。文部省博物局の名になっているが、この時にはすでに「古器旧物保存方の布告」が出されていた時であり、名古屋城の金鯱が出品されたこともあって、終日満員であり、再三会期を延長している。この博覧会は終了後、借用した一部の資料を返却して、毎月一・六日（一日・六日・一一日・一六日・二一日・二六日）に公開するようになり、博物館は、常時公開する施設であるという観念を一般に植え付ける。

明治六（一八七三）年、オーストリアの皇帝フランツ・ヨーゼフ一世の治世二五周年を記念して、ウィーンで万国博覧会が開かれる。日本も出品を要請されたので、そのために出品資料の収集整理や関係者の派遣などの事務的な処理のため、太政官の正院内に「墺国博覧会事務局」が設置される。しかし、正院内には、出品資料を扱うような人がいなかったので、「博物館変遷図」（※章末：図1を参照）に示したように文部省系の博物局の人材・資料の全てが博覧会事務局に吸収合併される。

この合併により、文部省が湯島聖堂で一・六日公開していた資料もすべて、旧幕時代には島津藩の装束屋敷であった山下門内の博覧会事務局に移される。こうして博覧会事務局は、その地を活用して、墺国博覧会に送る品物、かつて湯島聖堂の博覧会で公開した資料などを活用して、明治六（一八七三）年四月、山下門内博物館として、この地で博覧会を開催する。一ノ館は古物館・古器物列品所、二ノ館は動物陳列所、天造物列品所、三ノ館は植物鉱物陳列所、天造物列品所、四ノ館は農業館、農具類陳列所、新製諸器列品所、それに東ノ館は二棟で舶来品陳列所、西洋品陳列所に分かれていた。その他に敷地内には、動物飼養所、動物細工所（剥製製作所）、植物分科園など、動物を飼育し、植物を栽培し、産業技術を伝習する場など設置・公開され明治政府の目指した殖産興業政策に添った総合博物館であった。そこは又、博覧会と言いながら物を売り捌く〝市場〟的な性格を持った場所でもあった。

明治六（一八七三）年一一月、太政官布告により〝内務省〟が新たに設置され、大久保利通が内務卿に任命される。これまで大蔵省勧農課の仕事であった殖産興業、勧業行政が内務省に移される。これによって、正院の所属であった博覧会事務局は、明治八（一八七五）年三月、「博物館」と改称される。そこでは町田久成、田中芳男、蜷川式胤、小野職懿らが業務にあたり、古器物、書画、発明品、動植物資料など、あらゆる分野の資料を収集して、〝皇国の主館〟としての位置を築くこととなる。そして、内務卿大久保利通の強い意向もあったであろうが、高燥の地である上野公園内に新博物館を設置し、これを基にして国威を宣揚することになった。

しかし、コンドルの設計による新博物館の建設は進められたものの、政府の財政的な問題などもあり、これまでの殖産興業政策を見直す時期となり、博物館のことのみでなく、大蔵省、内務省、工部省に分散していた勧農・勧商部を整理統合することにより、時代の流れに沿って前向きに対処しようとするものであった。結局、内務省からは勧農局、駅逓局、山林局、博物局、内国勧業博覧会事務局、大蔵省からは商務局が移管されて、明治一四（一八八一）年四月七日、新たに「農商務省」が設置されるに至った。その職制には、官設の農商工の諸学校、農工業模範の建造物及び博物館を管理し、さらに民主農商工の諸学校を監督することにある、としている。

その事務章程によると、書記局、農務局、商務局、工務局、駅逓局、山林局、博物局、会計局の八局と、それに博覧会掛が置かれている。「博物局ハ古器物ノ保存美術ノ勧奨ニ関スル事務ヲ調理シ博物館ヲ管守ス」とあり、これまで続いてきた殖産興業のための博物館と称するよりは、〝古器物を保存する〟ということが重要な業務ともなった博物館に変身するのである。その分課は、天産課、農業課、工芸課、芸術課、史伝課、図書課、兵器課、教育課、庶務課となっており、組織的には今日の東京国立博物館の基礎が築き上げられるのである。

農商務省博物館は、上野公園内に新築したコンドル設計の建物が使用できたので、明治一五（一八八二）年三月二〇日、明治天皇の行幸を賜り開館式を挙行し、附属の動物園も公開される。明治一一（一八七八）年、法隆寺から皇室に献納された法隆寺献納宝物が史伝部の陳列に加えられ注目された。

かつて内務省に属していた時代の山下門内博物館では、一・六日（一日、六日、一一日、一六日、二一日、二六日）の公開、一定の期間を定めた〝連日開館〟であったが、農商務省博物館になってからは、観覧規定が定められ、一月五日から一二月一五日までが月曜日を除いて毎日開館となり、休館は一二月一六日から一月四日までと定められた。これが今日なお各館で実施している〝日曜日開館・月曜日休館〟の始まりとなる。

この農商務省博物館は、我が国近代博物館の発達の上では大きな意義を持ったが、明治一八（一八八五）年一一月に内閣制度が制定されることにより、その一環として明治一九（一八八六）年三月二四日、宮内省へ移管されるのである。これが内務省系博物館として、内外に誇る我が国を代表する歴史・美術系博物館としての地位を確立することとなる。

第二節　学校教育を推進する教育博物館

文部省系博物館は、博物館変遷図に示したように、明治の新政府になってから、書籍館、博物館、博物局が一つの組織体として教育事業を推進するが、前節に記したように博覧会事務局に吸収併合される。しかし、文部省側は、学校教育を推進するためには、これらの施設が必要であり、返還して欲しいという強い要望を繰り返しており、二年後の明治八（一八七五）年二月、再び文部省の管理する所となり、その後「東京博物館」と改称される。

東京博物館は、当初〝学術博物館〟として、研究的な性格を持った施設として考えられており、全国から博物標本などを収集することに専念していた。そのため公開するまでには至らなかった。一心同体であった書籍館は、「東京書籍館」と改称して、独立する図書館としての運営を強くし、小石川植物園は、一般に公開する植物園としての性格を強くする。

明治一〇（一八七七）年一月、東京博物館は「教育博物館」と改称され、上野山内西四軒寺跡に新築し、第一回内国勧業博覧会が開催される直前に公開される。その規則には、

文部省ノ所管ニシテ凡教育上必需ナル諸般ノ物品ヲ収集シ教育ニ従事スル者ノ捜討ニ便シ兼テ公衆ノ来館ニ供シ以テ世益ヲ謀ランカ為ニ設立スル所ナリ

とあって、収集する物品は図書、学校模型、動植物・金石類、その他学校で使用する椅子や机など、全て教育に関係するものとなっている。それらは〝教育に従事する者〟すなわち〝教師〟のためのものであった。あくまでも今日のように不特定多数の者に観覧させることが主目的ではなかったのである。

この教育博物館は、その後の明治一四（一八八一）年七月、「東京教育博物館」と改称される。学校の近代化が進むなかにあって、理化学器械を製作して全国の小中学校・師範学校に紹介斡旋したり、また博物標本を製作して有償で払い下げるなど、今日の教材販売会社のような事業も実施している。また、我が国の工業教育の先達として知られる手島精一が館長に任命されたことなどもあって、教師の資質の向上を目指して〝学術講義〟の開催を実施した。これは博物館に所蔵されている実験器具や標本などを利用して開講するものであり、動物学、物理学、化学、数理学、地文学、植物学、光学、衛生学、算術教授法、物性論、音響学、熱学などの科目に分かれており、終わると修了証書を与えるなど、我が国で開催した最初の学術講習会でもあった。

こうして東京教育博物館は、学校教育を側面から支えた施設であったが、太政官制が廃止され、内閣制度が発足することにより、国の財政緊縮の影響などもあって、すでに学校教育に貢献する役割も果たした施設として廃止される方向へと進むこととなる。明治一九（一八八六）年には、館長制度を廃止して、文部省総務局の附属機関に移され、明治二一（一八八八）年には、新設される東京美術学校に建物を明け渡し、明治二二（一八八九）年、ついに閉鎖されるに至った。

しかし、この上野公園内に所在した東京教育博物館は、閉館したが廃館ではなかったので、その後、湯島聖堂構内にある大成殿と周囲の廊下を使用する「高等師範学校附属東京教育博物館」として再出発することとなる。

第三節　物産陳列場から商品陳列館への系譜

前節に概要を記した内務省系博物館、文部省系博物館は、前者が殖産興業政策博物館から、歴史・美術系の博物館へ、後者は学校教育から通

俗教育のための博物館へと変質して展開することとなる。又、内務省系博物館はその後宮内省の管理に移されることによって貴重な美術品の収集・保存などが主となるのに対し、文部省系博物館は、科学知識を普及させるための展覧会事業などを開催する施設としての性格を強くすることとなる。

ここに記した二系統の博物館の外に、博物館学の上ではあまり問題にされていないが農商務省系の観覧施設である「物産陳列場（所）」にも注目しなければならないであろう。

この物産陳列場（※章末：図2参照）は、博物館施設ではないと言う人もおり、又、〝商業博物館〟として分類している人もいる。明治期から大正期にかけて各県に設けているので、一種の観覧施設として概観する。

この物産陳列場の創始に関して、『明治事物起源』によると、

「明治十三年四月十八日、横浜市公園内に取設けし、神奈川県物産陳列場の開場式を執行せり。佐野大蔵卿・品川内務少輔・松田東京府知事等臨席し（中略）盛会なりし。これが地方にて設備せし、物産陳列場の祖なり。」

とある。更にこの開場式の様子を東京横浜毎日新聞が報じた中に「横浜の小博物館と云ふも可ならん」と報じて一種の博物館と見做しているのである。この神奈川物産陳列場の陳列内容を詳しく知ることは出来ないが、『横浜沿革誌』の中には、

本場は単に物産の優劣を比較するの目的にあらず。天造人工を問わず総て人々の需用する物品供給の途を開き、売買の業を拡め、国産の繁殖を謀るの主意に基き　即ち利益の競進及物品の見本所とも云ふべき場なり。故に其精粗と善悪とに拘はらず、努めて内国普通品と外国貿易品とを陳列し、以って世人の嗜好を察し、需用供給の途を拡めんとするにあり。

とあり、物品の販売促進を目的として設置された物品の陳列見本所とも称すべき所であった。こうして神奈川県物産陳列場の創設が嚆矢となっているが、「物産陳列場を主にした年表（図二）」に示したように、明治二〇（一八八七）年以降各県に類似した施設が設置されている。そして、明治三〇年代後半には、物産陳列場の概念はほぼ定着している。

この様な物産陳列場を具体的な例として、二、三の施設の目的を挙げてみると、

●新潟県物産陳列館（明治三四年一一月制定）
本館ハ県下産業ノ発達改善ヲ企図センカタメ主トシテ本県産出ノ物品ヲ陳列シ併セテ有益ナル内外国ノ物品及実業ニ関スル雑誌図書ヲ蒐集シ当業者ノ参考ニ供ス。

●千葉県物産陳列館（明治三五年三月制定）
本館ハ産業ノ改良発達ヲ企図センカ為メ主トシテ本県産出ノ物品ヲ陳列シ併テ有益ナル内外ノ物産及之ニ関スル参考品ヲ蒐集シ当業者ノ参考ニ供ス。

●岐阜県物産館（明治三四年六月制定）

本館ハ県下ノ農、工、商業ノ改善発達ヲ企図センカ為メ主トシテ本県所産ノ農工ニ関スル物品ヲ陳列し併セテ其ノ参考上必要ナル内外国ノ物品ヲ陳列ス。

何れの県の物産陳列所もその目的はほぼ同様であり、その地域の産業の改善発達のため、その地域に産する物品を陳列することが主体となっている。そして、参考品として内外国の物品を陳列している。

陳列している物品の解説については、普通博物館であれば陳列に当たって、資料名、年代、作者名などの簡単な説明だけであるが、物産陳列場では、出品物に対して詳細な説明が付されている。長野県物産陳列場における陳列品の解説には規則によって、その記載内容が示されており、動物類の部では、

物　　名　通語及方言等を記載スヘシ
産　　地　何県何国何郡何町村山河名或ハ字何々
年齢及長短　二年或ハ三年其長何尺等
育養及飼料　養育ノ期節並ニ順序又ハ飼料の品名数量及保護ノ方法
捕獲法　何々ノ器ヲ以テ捕獲スル等其方法
所　　用　何々ニ製造シ日用若クハ何々ニ用ユル等
産出高及代価　一ケ年間ノ産出高其代価何程
業務ノ沿革　祖先ヨリ代々此業ヲ営ミ或ハ誰々ヨリ此業ヲ始メ又ハ経験発明ニ出ル等其履歴年月ヲ詳悉ス
備　　考　此動物ハ何々ニ有益ナシ共何々ハ夥多ノ害アリト云フガ如ク其駆除法ハ勿論凡ソ参考トナル可キ事項ヲ記載ス

と定めてあり、出品物の故事来歴から、その利用や使用方法にまでおよび、出品者自身の事にまで紹介しなければならない事になっている。更に物産陳列場は、その特質として、普通博物館には見られない観覧者が陳列品を購入することが可能になっている。先に記した長野県物産陳列場では、「本場ニ陳列スル物品ハ販売ヲナサズト雖モ管下製作産出ニ係ル物品ヲ購求セントスルモノハ其ノ媒介ヲナスヘシ」とあり、購入についての便宜をもはかっている。しかし、大多数の物産陳列場では、陳列品、或いは同種の資料を購入することが可能となっている。

物産陳列場の使命は、国内産業の発展にあったが、我が国は日清戦争の勝利によって、国内産業が急速に発展し、目が海外に向けられ、国内生産の物資を輸出するという方策がとられるに至った。その一つの方策として、明治二九（一八九六）年三月三〇日、貿易品陳列館官制が公布されるに至った。その官制の第一条には、「貿易品陳列館ハ農商務大臣ノ管理ニ属シ内外ノ商品見本ノ蒐集見本ヲ蒐集陳列シ衆庶ノ観覧参考ニ供スル所トス」とあり、この年の九月に告示された「貿易品陳列館規則」には、この陳列館を農商務省内に設置し「貿易品の見本を陳列する所」

となっている。その陳列内容については、

内国産では、重要な輸出品、将来輸出の見込みある物品、輸入品と競争すべき物品、特に新製せしめたる物品、

外国品では、本邦製造品の模範となるべき物品、本邦輸出品と競争しつつある物品、将来本邦輸出品と競争の見込みある物品、外国市場において他国より輸入し勢力あるものの中、本邦にて製造し得へき見込みある物品、将来輸入の見込みある物品、

となっている。

陳列品は、工産部、農産部、水産部、林産部、鉱山部、機械部、特許部及雑部の八部に大別してあり、内国産は府県順、外国産は国別のイロハ順になって陳列してある。この施設には、書籍室も設けてあり、商業関係の各種の文献資料も公開している。かつて明治一五（一八八二）年上野公園内に開設された農商務省の博物館と同様に毎週月曜日が閉館であり、観覧者は一人三銭の縦覧券が必要となっている。

この貿易品陳列館の寿命はわずか一年余で、新たに明治三〇（一八九七）年七月、農商務省商品陳列館が設立される。商品陳列館規則によると、本館は商品見本を陳列する場所であって、内国産と外国産に分けてその内容を挙げているが、その内容は、前記した貿易品陳列館規則に記された内容とほぼ同文である。そして、陳列の区分は内国産部、外国産部、新著品部、比較品部、参考品部、特許品部の六部となっており、規則の六条には「本館ハ内外博物館商工業学校物産陳列所及商品見本陳列所等ト広ク通信ヲ開キ印刷物ヲ交換シ陳列品ヲ貸借譲渡スヘシ」とあり、その存在意識を高めている。そのための一方策であったろうか、貿易品陳列館では有料で観覧させていたが、この商品陳列館になってからは無料となっている。

こうして商品陳列館は、それなりの役割りを果たすが、農商務大臣山本達雄は大正九（一九二〇）年四月、道府県市立商品陳列所規定を定めている。この規定による業務は、商品の見本及び参考品の陳列展覧、商品の試売、商品に関する各種の調査、商取引に関する各種の調査、図書その他刊行物の発行蒐集及び展覧、其の他商品の改良及び販路拡張に必要な事項となっており、これによって道府県などに商品陳列所を設置することを義務づけている。このような事により、明治中期から各地に存在した物産陳列場（所）は、商品陳列館と改称したり、或いは廃止されたりして、新たに通俗教育を意識した観覧施設として変質する方向へ伸展する基ともなる。

第三章　明治期の博物館令制定への芽生え

第一節　明治前半期の法令制定への動き

明治元(一八六八)年三月、神仏分離令が公布される。これにより神社の社僧・別当に還俗《げんぞく》することが命ぜられ、神主・社人と称されるようになる。また、仏像をご神体とすることが禁止され、神社の地域内にあった仏教的な色彩の強いものは廃止されるに至った。この様なことから、いわゆる〝廃仏毀釈〟へと進むことになるが、それはまた、廃寺、合寺などとなって示され、仏像、経巻、仏具などが焼き捨てられたり、破棄されたり、建造物の破壊に至るまで、全国的な風潮として示されるに至った。これは又、地方官僚をはじめとして神道家、儒者によって指導され、神道国教化を形成する役割も果たしている。

この廃仏毀釈は、明治四（一八七一）年を頂点として、次第に平穏となるが、こうした事が背景にあって、古器旧物を保存して後世に伝えなければならないとする思想が台頭する。これを痛切に感じたのが、当時大学物産局に関わっていた町田久成や田中芳男らであった。この様な流れの中にあって、大学は「集古館」を設置して、古器旧物を保存してほしいとする考え方を〝献言〟として太政官に提出するに至った。

太政官はこの献言の趣旨を認め、明治四（一八七一）年五月二三日、「古器旧物保存方」を布告した。今、これを現代風に直してみると

> 古器旧物の類は古今時勢の変遷制度風俗の沿革を考証し候ため其の裨益少なからず候ところ自然旧を厭い新を競う候流弊より追々遺失毀壊に及び候ては実に愛惜すべき事と候条各地方において歴世蔵貯致しおり候古器旧物類別紙品物の通り細大を論ぜす厚く保全致すべき事、但し品目並に所蔵人名委詳記載し其の官庁より差し出すべき事

とある。ここには献言に記された「集古館」の設置については、何も触れていないが、古器旧物すなわち文化財は、保存して後世に伝えなければならないとする意図を示している。文中に記されている別紙の品物とは、祭器・古玉宝石・石弩雷斧・古鏡古鈴・銅器・古瓦・武器・古書画・古書籍並古経文・扁額・楽器・鐘鉦碑銘墨本・印章・文房諸具・農具・工匠器械・車輿・屋内諸具・布帛・衣服装飾・皮革・貨幣・諸金製造器・陶磁器・漆器・度量権衡・茶器香具花器・遊戯具・雛幟等偶人・古仏像並仏具・化石の三一部門に分けて、それぞれの部に具体的な名称を付記している。「右品物ハ上ハ神代ヨリ近世ニ至ル迄和品舶齊ニ不拘」とあるので広い範囲にわたるものであった。これが我が国における文化財保護思想の端緒であったが、これがやがては、古社寺保存法の制定（明治三〇年）、史蹟名勝天然紀念物保存法（大正八年）、国宝保存法（昭和四年）、重要美術品等ノ保存ニ関スル法律の制定（昭和八年）、文化財保護法の制定（昭和二五年）となって示され、明治期の古器旧物保存方の思

想は今日に至るまでなお引き継がれている。

美術という表現は、今日では造形美術の意味で用いられているが、明治時代には小説、詩歌、音楽なども含まれ、広い意味で用いられていた。その美術のための建物、すなわち美術館を設置しようとする考え方よりは、美術そのものを奨励し、その言葉を広めようとする事の方に注がれていた。

日本の伝統文化として多くの人々たちに親しまれてきた錦絵などは、個人の所有物として鑑賞されたであろうが、それを美術館と称する建物の中において鑑賞するという意識は低かった。初めて美術館という名称を用いた建物は、明治一〇（一八七七）年上野公園内で開かれた第一回内国勧業博覧会の時に建てられた煉瓦造りの「美術館」である。このときの博覧会の開催に当たっては、全国の美術家に出品を勧誘したこともあって、彫刻、書画、版画、図案、工芸など雑多な出品物が挙げられ、玉石混淆の甚だしいものであったとも言われる。美術そのものを奨励し、それを広めようとする時代でもあったので、内務大書記官、大蔵大書記官などを歴任した河瀬秀治は、我が国の美術工芸は、帝室の保護によって奨励すべきものであるとして、明治一二（一八七九）年三月、大蔵卿大隈重信に献言したこともあったが、美術奨励の法令を制定するまでには至らなかった。

岡倉覚三（天心）は、明治二一（一八八八）年九月二・四・五・六日の「日出新聞」に「博物館に就て」を連載した。そこには「（甲）保存ノ点ト（乙）考究ノ点ト（丙）都府ノ盛観トナスヘシ」という立場から博物館特に美術館の必要性を挙げている。甲の保存は最も重要なこととして記している。そして、その保存の方法は、第一に美術品登録保存であり、美術品を登録しその所在所用を知りもって保存に備ふること。第二には美術品を模写、点検保存してその所在を知り、これを模写して学校又は博物館に陳列し、公衆にその所在を知らせる。第三には美術品輸出制限法により、年期を定めて美術品の輸出を禁止する。また博物館の点閲を受けないで輸出することは出来ない、としている。結局、「博物館ハ美術品ノ保存ニ於テ最モ必要ナル所以ナリ」としており、京都に美術博物館が設置されることを願っている。

第二節　明治後半期の博物館施設の振興

明治も二〇年代になると、大日本帝国憲法が発布され、内閣制度が確立し近代国家としての体制が整えられる。こうした時代の流れの中にあって、博物館や図書館施設も新たな展開を示すこととなる。

明治二九（一八九六）年二月、第九回貴族院に外山正一らが発議者となり、「帝国図書館ヲ設立スルノ建議」が提出された。その内容は「帝国図書館ノ設ケナキハ実ニ国家ノ一大闕点ト謂フヘシ」とあり、帝国図書館は全国図書の府であって、古今内外の典籍を貯蔵し国家の需要に供し衆庶の閲覧に供するものである、としている。更に「帝国大学及ヒ博物館ノ設ケアルト同様ニ万々欠クヘカラサルノ事項トス然ルニ政府カ今日マテ其設立ヲ謀ラサリシハ維新以来国家多端ニシテ未タ其遑ナカリシニ因レルナラムト雖モ既ニ今日ニ至リテハ猶予遅緩スヘキモノニ非サル故ニ政府ハ我国家ニ相応シタル一大帝国図書館ヲ設立スルノ議ヲ講シテ……」とある。この帝国博物館の設立に関して、田中芳男は博物館図書館の歴史という立場からは、この案に賛成である。そして次に

帝国博物館は、古物保存並に美術の奨励までに止めてありますからして、向後としても国立博物館の方が全く殖産工業を主とする以上は、強いて只今の博物館と牴觸も致さず又図書館には博物館が共に立行くを云ふ事も昨日外山君から縷々述べられた通り自ら相並んで行かねばならぬ事でありますからして、此建議案の如きも帝国図書館とあります。下は帝国博物館と云ふ字を挿入致したい考でありますが、然りまするとと只今の帝国博物館と牴觸する姿になりますから、本員が妥へ文字を入れますには国立と致したいと思ひますが、帝国の図書館の下に又国立と云ふ字が別に這入るのも可笑しうございますから肩書無しで単に博物館と云ふ文字を爰へ加へたいと云ふ考えであります。

と述べている。結局、図書館と博物館は同じような施設であるので、帝国図書館という文字の下に「博物館」という三文字を入れる「帝国図書館博物館」とすることが認められ、この建議案は成立している。

同時にこの年の三月衆議院においては、鈴木充美外三名が提出した「帝国図書館設立ノ建議案」が審議されている。それには「国立図書館ノ必要ナル論ヲ待タス古今内外ノ図書ヲ募集シ国民ヲシテ其智識学芸ヲ研磨セシムルト同時ニ前代ノ芸文ヲ存留シ之ヲ後代ニ伝ヘ以テ徴憑スル所アラシムハ国家要務ノ一ナルヘシ（中略）本邦夙ニ東京図書館ノ設ケアリ其ノ公衆ヲ裨益スルコト浅少ナラスト雖モ其ノ設備未タ完全ナラス其ノ規模尚ホ狭小ニシテ国家ノ運用ニ充ツルニ足ラス」とある。ここには前に記した貴族院の帝国図書館を設立する建議とは異なり、すでに設けてある東京図書館を充実整備することを目的にしている。

この東京図書館は、「博物館変遷図」（※章末：図1参照）に見られるように、明治一三（一八八〇）年七月に東京府の図書館として成立するが、それが明治一八（一八八五）年、東京教育博物館と合体され、四年後にはまた独立して東京図書館へと移行し、現在の国立国会図書館へと歩むこととなる。

一方、明治三〇（一八九七）年代になると、特に美術に対する保護奨励が注目され、それは間接的には陳列場の創設などとなって示される。美術の保護は、国粋主義の勃興によって、日本画壇の進歩派は東京美術学校の創設となり、岡倉覚三（天心）が校長として、また帝室博物館の理科兼美術部長として美術界に貢献する。しかし新たに胎動した洋風美術家との対立などがあり、その政治的妥協が東京美術学校に西洋画科を設置したことにあったが、白馬会派の侵入などで洋風美術家の温床ともなり、独断専横の振舞が多く、文部省の心証を害した事などもあって、岡倉覚三はついに失脚するに至った。

こうした美術界の流れの中にあって、第一四回帝国議会に提案された「美術ノ保護奨励ニ関スル意見書」には、美術は国家で保護奨励することが必要である。そのため急務を要する事業として「国立博物館」を設置し、古今内外の美術品を収集、陳列すべきであるとしている。これは明治美術会や美術同好会などが推進運動を高めている。

第三節　図書館令の制定で博物館令も必要

博物館変遷図（※章末：図1参照）で示してあるように、文部省博物館は、明治五（一八七二）年三月に創設され、その年の四月には書籍館が設置される。それに博物局が添えられて三位一体となっている。

この組織は、文部省博物局の田中芳男、内田正雄、星野寿平らがまとめ、「博物局・博物館・博物園・書籍館建設之案」として提出し、文部省の高官らが目を通して押印している。その内容は、「博物学之所務」、「博物館博物園常備品略区別」、「博物局ニ於テ凡編輯スベキ書籍類」に分かれており、博物学之所務の中に、施設として博物館、博物園、書籍館、博物局を挙げて簡単に説明している。

書籍館の設置に関しては、これを市街地から離れた高燥の地であり、楓山文庫（紅葉山文庫）にある和漢古今の書籍、文部省の倉庫に眠っているものなど、東校・南校にある洋書などを集めて利用させることにあった。その公開は湯島聖堂構内の旧大学講堂を利用したもので、明治五（一八七二）年八月一日からであった。当時の蔵書数は一二、九一六部で和書ばかりでなく漢書・蘭書も含まれている。

この書籍館は明治八（一八七五）年、東京書籍館と改称し、明治一〇（一八七七）年には博物館から分離されて東京府が管理する東京府書籍館と改称される。そして、明治一三（一八八〇）年には東京図書館と改称されたが、明治一八（一八八五）年には、再び文部省系の東京教育博物館に併合され、文部省の管理する所となる。しかし、二年後の明治二二（一八八九）年には、独立した東京図書館として運用され、その後は帝国図書館、国立図書館と改称され、現在は国立国会図書館支部図書館となり、今日なお続いている。

こうして日本を代表する図書館として発展するが、当時の高等教育会議では実業教育と同様に補助金を与え、図書館の進歩発展のためには増設を奨励させるという審議などもあって、明治三二（一八九九）年一一月一〇日、「図書館令」が公布された。第一条には「北海道府県郡市町村ニ於テハ図書ヲ蒐集シ公衆ノ閲覧ニ供セムカ為図書館ヲ設置スルコトヲ得」とあり、私人でも図書館を設置することができ、また、公立学校又は私立学校に附設することもできるとしている。公立図書館には館長及び書記を置くこととあり、これは地方長官が任命する事となっている。また、公立図書館は閲覧料を徴収することができると規定している。

図書館令が公布された事によって、博物館令の制定もまた話題になったであろう。

博物館の父といわれる棚橋源太郎と立教大学教授宮本馨太郎との対談を編した『棚橋先生の生涯と博物館』の中で、棚橋は、文部省当局が博物館法制定の準備を進めていたが、明治三二（一八九九）年に「図書館令」が制定公布されたのに、同じような教育施設である博物館の方は法令が制定されないのは問題であるとして、博物館関係者が草案を作成し文部省普通学務局に提出した。しかし、内務省からは俸給令のことで、全国的に高等官を増やしては困ると横槍が入り、そこで文部省では博物館長になる人は高等官二級どまりの案を作成した。ところが京都のある植物園長は、勅任官であった大学教授を辞して園長になったので、それでは官等が下がってしまうと反対するに至った。この事は、博物館関係者によって初めて作成された博物館令であったが、同じ博物館関係者によって打ち壊される形となり、博物館令を制定するまでには至らなかった、と述べている。

明治四〇（一九〇七）年代になると、美術展覧会規定が定められた事により、美術への関心が深まる。九鬼隆一は、新古美術品の陳列館を各地に新設すべきであると説き、洋風美術家との連署で美術館設立の請願書を衆議院に提出したり、尾崎行雄らによる常設美術展覧会設立に関する建議案が衆議院第二六議会に提出されるなど、これらの運動はかなり活発であった。また、田中芳男らが発議者となり、貴族院議長に提出した「史蹟及天然紀念物保存ニ関スル建議」は、委員会附託にならず本会議において可決している。

しかし、こうした議会における建議なども、すべて可決されているが、それが実行に移され実現するに至るのは大正期になってからである。

第四章　大正期における博物館法制定への道程

第一節　通俗教育の浸透と博物館の役割

第一次世界大戦を契機として、我が国の社会教育は著しく変化し、いわゆる大正デモクラシーの芽生えによって、新たな近代市民社会が形成される。そこには、各種の工業生産が活発となり、資本主義が飛躍的に発展する。こうした時に〝実物教育〟の面が強く認識されるようになり、科学知識の普及が求められる。それによって博物館施設の必要性が高まり、それがやがて〝通俗教育〟を促進させる役割を果たすことにもなる。

東京教育博物館の主事であった棚橋源太郎は、明治四二（一九〇九）年、〝教育博物館〟の在り方などを研究するためドイツ、アメリカに留学している。この時の見聞により、棚橋は〝教育博物館〟とは、学校教育に従事する教育者の知識向上のための施設と考えてきたが、むしろ一般公衆に科学知識を与えるための博物館が必要であると考えるに至ったのである。こうした時代の流れの中にあって、明治四四（一九一一）年五月、「通俗教育調査委員会官制」が公布されるに至った。これは大逆事件の発生を契機として、国民思想の統一を図り、その健全化を推進させるため、教育勅語の趣旨を広く一般社会に徹底させ、敬神崇祖の普及に努めることにあった。こうして通俗教育調査委員会は、社会教育の今後の在り方などを審議し、〝通俗博物館〟などの設置を期待したのである。これにより文部省は、東京、広島の両高等師範学校に対し、学校教育の余暇を活用して通俗教育のための有益な事業を実施し、地域社会の拠点となるよう通達したのである。

こうして、東京高等師範学校附属東京教育博物館は、通俗教育のための施設として、「通俗教育館」を発足させたのである。この事は、明治期から引き継いできた学校教育のための博物館であるという思想から脱却して、通俗教育のための博物館であるという傾向を強くすることにあった。陳列内容は、「天産部」、「重要商品製造順序標本」、「理学器械及び機械模型」、「天文地理」、「衛生」の五分野から構成され、陳列方式もこれまでの単品展示から一歩進んだ〝生態展示〟へと変わり、理学器械は観覧者自身が直接陳列品を操作することによって、その原理・原則を理解させようとするものであった。

博物館施設の振興については、第一次世界大戦後における経済的な豊かさなどもあり、博物館施設に対する関心が高まっている。特に議会において審議された建議案には

一．帝国博物館完成ニ関スル建議案（大正八（一九一九）年三月）

二．国立博物館建設ニ関スル建議案（大正八（一九一九）年三月）
三．博物館完成ニ関スル建議案（大正八（一九一九）年三月）
四．科学知識普及ニ関スル建議案（大正一〇（一九二一）年三月）
五．理化博物館建設ニ関スル建議案（大正一一（一九二二）年三月）

などが挙げられる。一．二．はともに第四一回帝国議会衆議院に上程されたもので、前者は国民党の議員によって提出され、後者は国民党以外の議員によってなされた。一．は規模内容ともに世界の一流博物館に比して遜色のない博物館の設置であり、新設することによって新たに資料を収集するよりは、帝室博物館で保管している資料を文部省に移管し国が運営する。更に日本文化を取り扱う歴史館、アジア全般の資料・文化を明らかにする土俗館、動物・地学・植物に関する自然科学博物館の三種を分館として設置する。それに対して二．は、博物館を設置する趣旨が社会教育あるいは殖産奨励のためのもので、大英博物館、ドイツ博物館を範とする。特に理工系の機械学、機械工学、化学・化学工業、染料薬品、電気工学などが重視されている。

この一．二．の建議案は、何れも博物館を充実したいとの基盤から出発したものであり、一本にまとめる修正案が出され、それが三．の「博物館完成ニ関スル建議案」として示されるに至った。その内容は、我が国の博物館は規模狭小で利用者が少ない。政府は国費で施設を完成し「学者の研究に資する」、「民衆の智徳の増進に資する」、「産業の発展に貢献する」ためのものであるとして示されるに至った。

四．の「科学知識普及ニ関スル建議案」は、第四四回帝国議会衆議院に上程された。科学知識の増進を図ることが急務であり、その普及のために博物館を設置しようとすることにある。ただ、科学博物館と言っても自然科学というよりは理化学という面が打ち出された科学博物館であった。この大正一〇（一九二一）年には、また、我が国の学術研究の推進に大きな役割を果たした学術研究会議の総会において関係大臣に建議しているが、その中に「科学博物館ノ設立ニ関スル建議」が挙げられている。それには機械、器具、標本、模型、加工品などの備品、設備が必要であるとしており、〝実験研究〟のための科学博物館を誕生させようとする方向にあった。

五．の「理化博物館建設ニ関スル建議案」は、大正一一（一九二二）年三月、第四五回帝国議会衆議院に鈴木隆らによって提出された。理化博物館を工業都市の各所に造り、機械等に触れ操作することによって、理化思想の涵養に役立てようとするものであった。具体的にはお茶の水にある東京教育博物館を一．鉱物・岩石・地質・鉱業・古生物、二．人類学及土俗学、三．動物及植物、四．物理・数学・気象、五．化学及化学工業、六．土木建築・運輸交通、七．農芸・林業・水産業、八．製作工業・機械工業及機械　に分けて拡張整備するものであった。

こうして理化学博物館を設置あるいは拡張することが、産業経済の伸張ともなり、国民生活の安定にもつながるものとして、大正期における博物館設置の特質ともなっている。

第二節　教育博物館から通俗博物館へ

第二章第二節で述べたように、上野山内にあった東京教育博物館は、明治二二（一八八九）年に閉鎖されたが、明治二三（一八九〇）年には、文部省直轄学校官制の改正で、高等師範学校の附属東京教育博物館として湯島聖堂構内に陳列場を設けて、普通教育に関する教育品を陳列した施設として公開された。明治三九（一九〇六）年この東京教育博物館主事として任命された棚橋源太郎は、前節に述べたように、学校教育を支える教育博物館としての運営に当たるが、欧米の留学から帰国してからは、教育博物館よりはむしろ科学系博物館の必要性を考えるようになる。それがたまたま、明治末期における通俗教育を必要とする時代の流れの中にあって、文部省からの意向などもあり、東京教育博物館内に「通俗教育館」を併設し、大正元（一九一二）年一一月、一般に公開するに至った。

この通俗教育館は、これまでの教育博物館の概念から脱して、一般公衆を教育するための施設として斬新な方法を採用し、ドイツのライツ社の顕微鏡一三台を備え付け微生物などを観察できるよう陳列した。これは今日の常識から考えれば珍しい事ではなかったろうが、当時としては画期的なことであった。又、陳列資料の説明などには、

此水族器《コノスイゾクキ》にゐる動物《ダウブツ》は 黒《クロ》い甲《コウ》 ゲンゴラウ 体《カラダ》の大《オホ》きく扁平《ヒラ》たい　タガメ（又はカッパムシ）カマキリのような ミズカマキリ 水面《スイメン》を舞《マ》ふミズスマシ である。何《ド》れも淡水《マミズ》にゐて小《チイ》さな動物《ダウブツ》を食べる。精《クワ》しいことは裏《ウラ》の図書室《トショシツ》で昆虫生態学《コンチュウセイタイガク》を御覧《ゴラン》なさい。又水草《マタミズクサ》はキンギョモ、フサモである。

と書いている。今日の博物館では考えられないような丁寧な説明であり、詳しく知りたい場合は隣接している図書室で調べるようにと、その書名まで記してある。

こうした事が評判となり、観覧者から注目されることとなるが、更に大正七（一九一八）年、上野公園で開かれた東京大正博覧会で使用した出品物が寄託された事などもあって、通俗教育館の増改築にあたる。これによって、陳列の分類も刷新され、その基本的な分類は、

一．礦物・岩石・地質・鉱業・古生物
二．人類学及土俗学
三．動物及植物
四．物理・数学・天文・気象
五．化学及化学工業・電気工業
六．土木建築・運輸交通
七．農芸・林業・水産業

八．製作工業・機械工業及機械
九．衛生

となった。これまでの教育に関する資料が姿を消し、自然史、人類学、理化学、産業と称する広い意味での科学博物館が成立し、学校教育のための教育博物館から脱して、新たに一般公衆を対象とした科学知識の普及と啓蒙を目的とした実質的な科学博物館が成立したことになる。

東京高等師範学校附属東京教育博物館の主事であった棚橋源太郎は、新たな活動を推進するためには、それが師範学校の附属施設では、何かと規制があり、附属博物館の独立を提唱している。それが文部省内の行政改革で、大正三（一九一四）年六月、東京高等師範学校附属東京教育博物館は廃止され、新たに文部省普通学務課に属する「東京教育博物館」が設置される。同時に主事として博物館の運営を担っていた棚橋源太郎は館長事務取扱として、新たな視点から博物館事業の開発を担当することとなる。

第三節　通俗教育としての特別展覧会

文部省普通学務局の所管となった東京教育博物館は、通俗教育のための博物館として発展することとなるが、館長事務取扱となった棚橋源太郎によって新たな指針が提示された。それは大衆の日常生活に対する改善であり、〝生活の科学化〟であった。それを博物館の事業活動によって達成普及させることにあった。

たまたま大正五（一九一六）年、横浜でコレラが発生し、全国に蔓延するに至った。棚橋はコレラを予防し公衆衛生の知識を広めるための方策として、「虎列拉《コレラ》病予防通俗展覧会」を大正五年九月下旬から一一月中旬まで開催する。死亡率の高いこの伝染病に対する関心は高く、日常生活と関係の深い特別展覧会として注目されるに至った。東京教育博物館はこれを契機として以後毎年特別展覧会を開催することになる。

大戦と科学展覧会	六年一一月一七日～一二月一六日
食物衛生経済展覧会	七年三月二日～三月三一日
天然痘予防展覧会	七年三月一二日～四月一一日
廃物利用展覧会	七年六月二二日～八月三一日
家事科学展覧会	七年一一月二日～八年一月一五日
災害防止展覧会	八年六月四日～七月一〇日
生活改善展覧会	八年一一月三〇日～九年二月一日
「時」展覧会	九年五月一六日～七月四日
鉱物文明展覧会	一〇年三月二一日～五月二二日

計量展覧会　一〇年六月六日～七月五日
印刷文化展覧会　一〇年九月二五日～一〇月二五日
活動写真展覧会　一〇年一一月二〇日～一二月一〇日
運動体育展覧会　一一年四月三〇日～五月三一日
消費経済展覧会　一一年一一月一二日～一一月二九日
動力利用展覧会　一二年五月一三日～六月二七日
乳展覧会　一三年五月一一日～六月一日
衛生工業展覧会　一三年七月六日～八月一一日

などを開催した。これらの展覧会は関係資料を観覧させるだけではなく、附帯事業として講演会や映写会なども開いている。講演会は〝通俗講演会〟と称して、展覧会の趣旨や陳列品の内容なども理解させている。映写会は、〝活動写真会〟と称して、陳列品を解説する様な内容のものであったり、あるいは物語であったり、主として学校などの団体観覧者のために上映している。また、全国から懸賞募集による作品を併せて陳列し、優秀作品には賞状を授与するなど、時に応じて様々な附帯事業を実施している。

しかし、新たな問題として、展覧会を開くためには、それ相応の経費が必要であり、更に外部からの人的協力がなければ、博物館の職員だけで実施することの困難さを痛感するに至った。かくして、大正一二（一九二三）年一月、観覧規則を改正して、特別展覧会開催の場合及び展覧会に附帯した特別の催し物に限って、大人一人二〇銭以内、小人は一人一〇銭以内、団体は一人一〇銭以内の観覧料を徴収することとしている。更に翌一三（一九二四）年には、また規則改正があり、

本館ノ陳列品又ハ参考品ヲ観覧セントスル者ハ左ノ区分ニヨリ観覧料ヲ納付スベシ但シ無料観覧券ヲ所持スルモノ小学校児童団体ニシテ引率者アルモノ及団体観者ニシテ文部大臣ヨリ無料入場ノ許可ヲ得タルモノハ此限リニアラズ

として、観覧料を大人一人一〇銭、小人一人五銭、団体一人五銭と定めるに至った。これにより、明治三二（一八九九）年以来続いてきた無料制度は廃止され、新たな制度としての有料時代を迎えることとなった。

外部からの人的な協力としては、「展覧会協賛会」が組織され外部団体として協力している。

東京教育博物館で開催した展覧会の附帯事業の中には、今日に至るまでなお続いており印象深いものがある。

大正八（一九一九）年に開催した災害防止展覧会では、六月一五日から二一日までの一週間を〝安全週間〟と定め、その週間のシンボルマークを〝緑十字〟とした。安全週間は、展覧会終了後においても中央災害防止協会が中心となって毎年実施するようになり、昭和三（一九七四）年には全国一斉に実施する「全国安全週間」と改称され、七月一日から七日までとなった。この全国安全週間は第二次世界大戦中も中断するこ

となく続けられ、一時厚生省の主唱で一〇月一日から実施されたこともあったが、現在は七月中の一週間が充てられ、なお続いている。緑十字は現在に至ってもなお安全のためのシンボルマークとして世界各国に広まっている。

大正九（一九二〇）年の「時」展覧会は時間の大切さを意識させるための展覧会であった。日本書紀に記されている天智天皇が漏刻水時計を用いて時間を知らせたとする記載の月日が、現在の新暦に直すと六月一〇日にあたるので、この日を〝時の記念日〟として定めた。その後展覧会の協賛団体である生活改善同盟会が主体となって進められ、今日に至ってもなお続いている。この日を国民の祝日に定めようとする考え方もあるが、その目的は達していない。

東京教育博物館は、大正初期に画期的な事業を展開した博物館として注目されたが、大正一〇（一九二一）年六月、「東京博物館」と改称される。その時の官制には「文部大臣ノ管理ニ属シ自然科学及其ノ応用ニ関シ社会教育上必要ナル物品ヲ蒐集陳列シテ公衆ノ観覧ニ供スル所トス」とあり、ここに初めて学校教育の一環としての博物館ではなく、通俗教育としての一般公衆のための〝科学博物館〟であるという事が表現されるに至った。

第五章　昭和期における博物館令制定の動き

第一節　戦前における博物館令制定運動

我が国に近代的な博物館思想が導入されてからやがて一五〇年になろうとしている。その間、事あるごとに博物館施設の充実、発展が叫ばれていた。そのための基本的な考え方としては、何よりも先ず博物館に関する法令を制定し、それによって博物館を運営しようとするものであった。

昭和三（一九二八）年二月、平山成信らによって「博物館事業促進会」が組織された。この組織は昭和天皇の御大典を記念して博物館施設の建設を勧めるためのものであったが、同時に博物館令制定運動を展開する中心的な役割を担う事ともなるのである。

博物館事業促進会の最初の事業計画に「博物館と博物館令に関する件」として取り上げられている。昭和四（一九二九）年に開かれた博物館並類似施設主任者協議会で文部省社会教育課長は、社会教育機関の中で図書館数は五千館であるが、博物館は商品陳列所を含めても百数十館であり、極めて貧弱である。従って、産業を発展させるには、博物館事業を普及させることが急務であり、それには法令を制定することによって地方博物館の設置を促すことであると発言している。こうした事がやがて「博物館並類似施設審議機関設置ニ関スル建議」、「博物館施設ノ充実完成ニ関スル建議」、「博物館並類似施設審議機関設置ニ関スル建議」となって示されることとなる。

昭和六（一九三一）年開催の第三回全国博物館大会では、文部省・博物館事業促進会から提出された協議題で審議が進められたが、何れの審議においても博物館令を定めることが最も根本であるとしている。そこには博物館を設置する前の段階、設置後の段階、さらに設置後の効果という三段階に分けて法令を制定する必要性があるとされている。

昭和七（一九三二）年の第四回全国博物館大会では、文部省は「博物館に関する法令制定に当り留意すべき事項如何」を諮問しており、それに対して一〇項目の答申案が示された。その最後に「博物館令に依らざるものは博物館と称することを得ざる規定にすること」とあり、この法令施行の重要性が示されている。

昭和八（一九三三）年の第五回全国博物館大会では文部省は「時局に鑑み博物館として特に留意すべき事項如何」を諮問しており、博物館令制定に関しては特に問題にしていない。しかし、当時我が国は満州（現中国東北部）への進出で「満州国」を建国するまでに至り、中国はこれを不法として国際連盟に提訴する。それが我が国の国際連盟脱退にまで進み、国を挙げて戦力増強へと傾倒し、国民の福祉を考えるまでには至らなかった。むしろ博物館令の制定よりも、既存の博物館を時局の政策と如何に対応させるかということに関心が示された。

昭和九（一九三四）年の第六回全国博物館大会では、日本博物館協会から、「博物館令を急速に制定せられたき件」が討議事項として挙げられ、文部省は、「町村郷土博物館ノ設備経営ニ関シ適当ナル方案如何」を諮問している。その答申の附帯希望中に「文部省ハナルヘク速ニ博物館令ヲ制定スルコト」が挙げられている。

昭和一一（一八七八）年の第七回全国博物館大会には、斎藤報恩会博物館から「博物館令制定の促進に就いて」が協議題として提出された。地方博物館が法令制定を協議題とした最初の例であり、提案理由の説明では、展覧会を開催した際に入場料を徴収したという事で興行税が課せられた。このような事は博物館の発展を阻害するものであり、「博物館令制定促進委員会」を置いて、その内容を検討し法令制定の促進を図るべきであるとしている。こうした事を日本博物館協会が地域ごとの懇談会を設けてその役割を担う事となる。同時に博物館自体の教育活動ばかりでなく、税制上の規定や補助金の交付なども博物館施設の振興を図るためには必要であり、具体的な内容を博物館法制定運動の中に取り入れる課題とした。

先に記した博物館令制定促進常置委員会は、東京地方では「東京地方博物館懇談会」という名称で開催され、同年一一月に関係者が参集し、文部省当局と率直な意見を交わした。その時文部省側は、博物館令は無理に制定するものではなく、各博物館が教育事業をより多く実施していることによって、そこから必然的に生まれてくるものである、という意向が示された。この事は博物館側の意向を採用するという事よりも、何事も政府の考え方によって決定するという事にあった。

昭和一二（一九三七）年七月に発生した盧溝橋事件を契機として日華事変が勃発し、日本国内においてはファシズム体制が確立し、国家総動員態勢が敷かれ、中国大陸への侵攻を進める。戦争遂行のためには、国民が一致協力して目的の貫徹に努めねばならなかった。こうした状況下にあって、博物館法に関する事などは話題にはなっていない。

昭和一三（一九三八）年の第八回全国博物館大会では、文部省は「時局ニ鑑ミ博物館ノ行フヘキ具体的施策如何」を諮問している。それに対して、博物館事業強化のためには、国策に沿う展覧会、講演会、映画会、巡回展覧会を開催することである。特に資源の開発に関する知識の啓発に努め、時局の的確な認識を会得させることにあった。

昭和一四（一九三九）年の第九回全国博物館大会では、日本博物館協会は、博物館令制定に関して、「大会で決議された希望決議要項の具申」を協議した。そこには、「新東亜建設に当り、文化施設の一つとして博物館の任務は重大であり、政府は速に博物館令を制定し、本邦博物館事業の振興発達に力を用いられんことを切望する」とある。

第一〇回全国博物館大会は、昭和一五（一九四〇）年、東京で開催することで決定していたが、この頃、日華事変は拡大する一方であり、挙国一致でこの事変の遂行に当たらねばならない情勢となる。そのため文部省からは、緊急やむを得ない大会などを除いて開催を差し控えるようにとの通牒により、第一〇回全国博物館大会は中止されるに至った。

また、この昭和一五（一九四〇）年という年は、紀元二、六〇〇年にあたり、内閣に祝典事務局が設置され、各種の記念事業が計画される。しかし国際的な事業では、予定されたオリンピック東京大会は返上され、日本万国博覧会の開催は中止された。

日華事変の拡大はやがてアジアから欧米の勢力を排除して中国や東南アジア諸民族の共存共栄を図るという「大東亜共栄圏」の達成へと進むこととなる。我が国は生産資源の確保などもあって、南方諸国への進出となって示される。それがやがては昭和一六（一九四一）年一二月、米英両国に対する宣戦布告となって示され、国家の総力を挙げて事に当たることとなる。

日本博物館協会もまた、全国博物館大会を中止したとは言いながら、地域社会における対応として、「東京付近博物館関係者懇談会」、「京阪地方博物館関係者懇談会」を発足させるに至る。東京での懇談会では、地方の小博物館は博物館令によって取り締まるのではなく、指導奨励するような法令を制定して欲しい。京阪地方の懇談会では「動植物園、水族館をも博物館令で律することの可否如何」であった。

肯定の意見では、動植物園、水族館は社会教育機関であり、学術研究の施設でもある。これが厚生省などの管理下にあって娯楽休養の施設として取り扱うことは不合理である。博物館や美術館と同じように文部省の所管にして博物館令で律することが妥当である。否定側の意見では、動植物園、水族館は厚生施設の一種と見なさなければならない。従って、博物館や美術館のように学芸教育の機関と同じように取り扱うことは適当ではない。としている。結局肯定側も否定側も意見を譲ることなく結論を出すまでには至らなかった。

昭和一七（一九四二）年八月、日本博物館協会長荒木貞夫は、文部大臣橋田邦彦に博物館令制定に関する長文の陳情書を提出した。そこには博物館令が制定されないので、博物館施設が充分に発展しないという実情を訴えている。この年の一一月、東京において「全国博物館協議会」が開催された。これはかつての「全国博物館大会」に代わるものであったが、日本博物館協会は、「時局下博物館宣伝の最有効方策如何」を協議題としている。この時に金沢文庫長は「博物館宣伝方策を第一とし、一日も早く博物館令の交付されんことを希望する」と発言しているが、昭和三（一九二八）年以来博物館関係者によって推進されてきた博物館法制定運動もこれを最後に幕を閉じたこととなる。

戦前における博物館令制定運動は、その時における博物館界の当面する諸問題の中で、最も重要な議題として全国博物館大会などで取り上げられ、多くの人たちに関心がもたれた。しかし、それは掛け声だけとなって実を結ぶまでには至らなかった。

第二節　戦後における博物館法の成立と特質

昭和二〇（一九四五）年八月、太平洋戦争は終結し、我が国には新たな民主主義社会が形成される。文部省は、「新日本建設の教育方針」を発表し、特に成人教育のための図書館や博物館の振興などが盛り込まれている。

日本博物館協会もまた社会教育と係る機関として、新たな視点から博物館法の制定を願望し、「再建日本の博物館対策」を公表する。それには、本邦博物館の発展を妨げた重大原因は、今日まで博物館令の制定発布を見るに至らないことである。これが為め、博物館従業者の資格が規定されず、これが任用に何らかの制度もなければ取締る途もない。従って、これまで博物館長或は学芸員に、博物館事業に就て何の経験素養もない退役の学校長・教員・官吏等を採用することが普通となり、これをうれい怪しむものがない有様であった。この一事が我が邦博物館の発展を阻害したことは何程か知れない（中略）
博物館令の発布がないため、政府は単に従業者の任用ばかりでなく、博物館に関する一切の取締が出来ず、且又、進んで博物館の施設を奨励助長し、これが発展を促すことも殆ど不可能であった。これらの欠陥は国立中央博物館の不備と相俟って、我が邦博物館施設の発展に至大の影響を与へ、これを阻害しつつ今日に及んでおるのである。

とあり、博物館法が公布されないため、博物館は発展しなかったという事を記している。

同時に日本博物館協会は、協会なりの具体策を検討するために、各種の専門調査委員会を設けて博物館法の概念を組み立てる方策として

一．博物館及類似施設管理の法制化に関する調査委員会
二．地方動物園植物園及水族館の充実完成に関する調査委員会
三．地方博物館建設に関する調査委員会
四．外客誘致と博物館並同種施設に関する調査委員会
五．戸外文化財の教育的利用に関する調査委員会
六．博物館並類似施設振興に関する協議講習会

の六委員会であり、それぞれの委員会の立場から博物館法制定に関する基本的な在り方に関する内容を提示するものであった。これ等のことをまとめて「博物館並類似施設に関する法律案要綱」、「本邦博物館、動物園及び水族館施設に関する方針案」として、文部大臣に申達するに至るのである。文部省社会教育局では、これ等の案を参考にしてその内容を検討する。それが昭和二五（一九五〇）年の「博物館法案要綱案」、「博物館法草案」、昭和二六（一九五一）年一月の「博物館法草案」、同年二月の「博物館法案」へと改正されて、同年四月に最終決定案が示されている。かくして、若林義孝ほか、国会議員九名の名によって国会に提出され、昭和二六（一九五一）年一一月、第一二回臨時国会で審議され、同年一二月一日、法律第二八五号で「博物館法」が公布された。

この博物館法は、昭和二四（一九四九）年に公布された社会教育法の精神が引き継がれており、その特質は、

一．新しい博物館の機能を確立したこと
二．博物館の登録制度を設けたこと
三．専門職員の資格及びその養成方法を定めたこと
四．博物館に対する助成措置を講じたこと

であった。

博物館施行令は、昭和二七（一九五二）年三月に公布されたが、公立博物館に国庫補助金を交付する交付の範囲及び補助金交付の手続き等について、所要の事項を規定したものである。

博物館法施行規則は、大学において修得すべき博物館に関する科目の単位、学芸員の講習において修得すべき科目の単位、その他講習の実習細目等について規定している。大学において修得する単位は一〇単位、学芸員の講習会で修得する時は一二単位となっており、特に実習を重視している。ただ、この施行規則は、昭和三〇（一九五五）年には全面改正となっている。

こうして、待望の博物館法は成立し施行されたので、そこには「登録博物館」、「博物館相当施設」の差別はあっても、これまで沈滞しがちであった我が国の博物館は〝動く博物館〟として展開する第一歩を踏み出したことにもなる。

第三節　博物館法制定後の各種団体の動き

博物館法が制定された事により、自主的な博物館活動を積極的に展開することが可能になったとは言いながら、そこにはまだ整備しなければならない問題が山積している。博物館活動としての博物館資料の整理やその活用、普及・展示事業などの実施に当たっての諸問題、それらの事業を支えるのは専門職員としての学芸員・学芸員補であり、職階制や職員組織の理想的な達成など、早急に対処しなければならない問題が待っている。しかし、これ等は内的な問題として順次改正されるであろうが、近代社会にあっては、諸外国との文化交流によって博物館活動の展開を進めることが必要となろう。そこには新たな対外的な問題として、国際的に活動するための国際博物館会議（略称：ICOM）への参加であった。

国際博物館会議は、昭和二一（一九四六）年、ユネスコ（国際連合教育科学文化機関）の第一回総会がパリのルーブル宮殿で開かれた時に創設された。イコムは、ユネスコ憲章を基にして出発しており、国際的な理解と協力が得られる教育的な活動を実施する上での利益代表の機関として発足するに至った。そのためイコムは、学術的な水準と博物館事業担当者の経済的、社会的な地位を高めることに努め、具体的な事業としては、博物館に関する国際セミナーの開催、国際会議や調査団の組織、博物館相互の職員の交流、博物館資料の貸与、寄贈の斡旋、出版物の交換など、博物館相互の交流を重要な目標としている。

かくして、我が国でもイコムへの加入を希望しており、そのために日本国内委員会が日本博物館協会内に設置され活動を始める。そして博物館法が制定された翌昭和二七（一九五二）年二月、日本国内委員会の正式加盟が承認された。中井猛之進国立科学博物館長を委員長として、計一四名の委員によって運営されるに至った。委員長は現職の博物館（動植物園等を除く）長であって、この委員長がその国を代表する国際委員となることが定められている。

イコムとの相互の交流は、早くも昭和二七（一九五二）年九月には、日本博物館協会会報の第一六から（昭和二七年九月発行）「国際博物館ニュース」という表題で、イコム本部と日本国内委員会との情報交換としての記事を掲載しており、この号を「イコム日本委員会報」としての役割を持たせている。これによってユネスコ科学移動展覧会、巡回展の開催、各国国内委員会の状況などを知ることができる。更に世界各国が共同で実施する「国際博物館の日」への参加でもある。これは昭和五二（一九七七）年五月、ソ連のモスクワで開催された第一一回イコム大会で開催された総会で採択された決議の中に示されており博物館相互の文化交流など九項目の中に「一九七八（昭和五三）年以降毎年五月一八日を国際博物館デーとすることを勧告する」とあり、我が国においても日本博物館協会のイコム国内委員会の協力などにより毎年実施している。

大東亜戦争の終結によって、我が国は民主主義社会が形成され、学制改革によって六三三制がしかれ、新たな学校制度が展開する中にあって、博物館施設もまた社会教育のための施設として、重要な役割を果たすこととなり、それを推進したのが〝日本博物館協会〟であり、この協会の関係者による献身的な努力によって今日の博物館界が形勢され推進されるのである。

日本博物館協会の前身は、昭和三（一九二八）年に「博物館事業促進会」として発足したものであり、その最初の事業計画には、一、博物館令に関する件　二、本邦に建設すべき博物館の種類規模及其配置に関する案　三、既存の陳列館、展覧所等を拡張充実して博物館に改造する案、の三事項であり、特に博物館令の制定を最も重要な事項としてその成立を願っている。この事業促進会は、第三回全国博物館大会において恒久的な組織に改定したいという提案などがあり、その後、「日本博物館協会」と改称され、その規則には「本会ハ博物館事業ノ進歩発展ヲ図ルコトヲ目的トス」とある。その目的達成のために、博物館に関する研究調査、博物館に関する雑誌及び図書の刊行、博物館に関する集会、講演会、講習会の開催などとなっている。この日本博物館協会は、昭和六一（一九八六）年に社団法人から財団法人に改組され、さらに平成二五（二〇一三）年公益財団法人に移行し今日に及んでいる。

これまで日本博物館協会が単独で博物館法制定問題に関わり、その普及や発展に尽くしてきたが、それを支えた各種の団体を見逃すことはできない。専門的な館種別では、日本動物園水族館協会、日本植物園協会、美術館会議等の全国的な組織、また、日本博物館協会のブロック別の役割を果たす北海道博物館協議会、千葉県博物館連絡協議会、関西博物館協議会、新潟県博物館協議会、神奈川県博物館協議会などが設立され、さらにそれらは、東北ブロック会議、北信越博物館協議会、東海地区博物館協議会、四国地区博物館協議会、九州地区博物館協議会などと改称され、あるいは新設されることによって、日本博物館協会の諸事業を支えて今日に至っている。

第四節　法制定による節目としての記念事業

日本博物館協会は、博物館法の制定にあたってその主要な役割を担ったが、法成立後にあっても又その改革に執念をもやすが、法が公布された節目には、記念事業を実施して法の存在意義を高めている。

何事も「記念」とつけば印象深いものがある。

財団法人長府博物館は、郷土のことを主にした歴史博物館であるが、昭和二七（一九五二）年に開いた特別展覧会に「博物館法制定記念　雪舟展」（三月二一日から四月三日）として開催しており、四、五四四人が観覧している。短期間の特別展ではあるが、博物館法の制定を強く意識しての事であった。

博物館法の制定一〇周年を記念して、日本博物館協会は、全国二〇〇館の博物館に対して「博物館法一〇周年に関するアンケート」調査を実施している。その結果などを踏まえて、博物館研究三四巻一二号を一〇周年特集号としており、鶴田総一郎は、その中で博物館法を改正するかどうか、その問題点となる理由などをあげて次の様に列挙している。

①国立・公立および私立を一本とした博物館法にしなければ博物館界を打って一丸とする強力な連合態勢が整わない。
②対象が文部省と教育委員会所属のものを中心に考えられている。国公私立を一本にしても文部省に属さない他の縦の線すら考えられ、全博物館の力を結集することにならない。
③私立博物館に対する助成奨励面が現行法では誠に不十分である
④学芸員が職制上確立されておらず身分保障の点でも不十分である。研究公務員をできれば教育公務員程度にまで格上げの上、職制を確立する必要がある。
⑤補助金の補助率が低すぎる。義務教育の学校に準ずる程度まで高め、かつ対象を広げるべきである。
⑥未だ望ましい基準の大綱すら示されていない。これらは初めから法の本文中に明示すべきである。
⑦博物館の設置基準が示されていない。特に日本における博物館の社会教育面での役割とその設置されるべき館数、分布様式等については、何等の基準も示されていない。公立については義務設置とすべきである。
⑧税法上の特典をさらに拡大すべきである。
⑨博物館に関する研究を国際的規模において実施できるよう、法律のなかにその拠り所を示すべきである。

とあり、博物館の設置・運営に至る多彩な事項を挙げており、それらの実施を願っている。

博物館法制定二〇周年の昭和四六（一九七一）年は、社会教育法の全面改正を考えており、その中に現在施行されている博物館法を廃止し、社会教育法（新案）に統合し一本化する、という構想が出されたが、これには博物館界は強く反対している。若手の研究者で構成される博物館問題研究会設立準備委員会は、その機関誌「博物館問題研究会会報」第四号を「博物館法制定二〇周年記念特集号」としている。

博物館法制定三〇周年の年である昭和五六（一九八一）年は、中央教育審議会が生涯教育を推進する観点から総合的に考案した「生涯教育について」を答申している。これにより、博物館もまた生涯教育としての立場から重要な施設であることを挙げている。この年の一一月には皇太子殿下（現今上天皇）をお迎えし、東京の科学技術館において「博物館法制定三〇周年記念式典」が挙行された。雑誌「博物館研究」には、三〇周年を記念して、博物館法に対する意見、問題提起などを特集した。

博物館法制定四〇周年記念式典は、平成三（一九九一）年一二月九日、天皇・皇后両陛下の御臨席を仰ぎ、霞が関の国立教育会館で文部省、日本博物館協会の共同主催で挙行され関係者約八〇〇名が参集している。

天皇陛下のお言葉には、「博物館法制定四〇周年を契機に法の精神を顧み、博物館が国民の多様な要請に的確に対応しつつ、幅広い年齢層の利用者に親しまれる施設として発展するとともに、博物館が互いに協力することによって、一層の成果が収められていくことを願い」とある。

平成二三（二〇一一）年は、博物館法制定六〇周年に当たった。日本博物館協会は、法制定に至る経緯やその後の変遷と当面する課題などに関して、『博物館研究』第四六巻一一号に「博物館法制定六〇周年」として特集している。伊藤文吉、椎名仙卓、矢島国雄、半田昌之らが執筆している。一方、全日本博物館学会は、六〇周年を記念してシンポジウムを開催している。その時の基調報告は、日本博物館協会専務理事の半田昌之、慶應義塾大学の上山信一、お茶の水女子大学の鷹野光行が発表に当たっている。

博物館法の施行を記念して、以上に挙げた節目の年にそれなりの記念事業を実施している。更に直接博物館法に関係ないが、昭和二七（一九五二）年一〇月二日、東京国立博物館において、明治四（一八七一）年湯島聖堂大成殿において開催した博物館事業から八〇周年にあたるとして博物館創設八〇周年記念式典が挙行されている。総理大臣代理、文部大臣代理、参議院議長、宮内庁長官、東京都知事及び日本博物館協会会長らから祝辞があり、全国の博物館から四〇〇名の関係者が出席し、博物館の発展を祝福している。又、東京の交通博物館では、明治五（一八七二）年、新橋、横浜間の鉄道が開通してから八〇年目にあたるので、我が国鉄道八〇周年の歩みを特別展覧会として開いている。同時に、二輌編成の列車を東北、関西、九州の三地域に配置し、六一の中都市で〝移動博物館〟として実施している。小学校の高学年から中学生を対象としたが、一日平均六千人が見学したと言われる。

こうした記念事業などを契機として、新たな博物館の在り方や、教育活動などが考えられ、期待される社会教育施設として展開することとなる。

第六章　平成期における博物館法の改正運動

第一節　博物館の在り方に関する検討協力者会議の組織とその審議

昭和時代が去り新たに平成時代を迎える。この改元により、社会情勢が急激に変化するわけではないが、新時代になったという事で、新たな兆しが見られることともなる。

平成元（一九八九）年四月、文部大臣は「新しい時代に対応する教育の諸制度の改革について」を中央教育審議会に諮問する。審議会では、生涯学習の基盤を整備することが重要な課題であるとして、学習効果を支援するための施策を検討して、「生涯学習の基盤整備について」を答申した。その中に、「生涯学習推進センター」（仮称）の設置が重要であるとして、博物館施設にも目が向けられている。かつての教育基本法においても、国及び地方公共団体は、図書館、博物館、公民館等の設置、学校施設の利用などによって、教育目的の実現に努めなければならないとしているが、博物館の重要性はますます高まっている。

それと共に時代の移り変わりの中にあって、博物館活動の拠り所となる博物館法も制定から六〇年になろうとしており、生涯学習のための適切な施設であるのか、その内容を検討するための時期にきたと考えられている。特に実際に博物館事業を担当する専門的職員については、何かと問題提起の対象とされている。

こうした時代の要請に沿った博物館法の見直しは、当時、文部科学省社会教育課企画官であった栗原祐司の献身的な努力によって、「これからの博物館の在り方に関する検討協力者会議」が組織され、これまでの博物館法の在り方が検討されるに至った。その会議の委員には、佐々木秀彦、鷹野光行、高安礼士、中川志郎（主査）、名児耶明、水嶋英治（副主査）の六名が任命された。平成一八（二〇〇六）年一〇月から一九年六月まで、一三回の会議がもたれた。その会議内容は、三冊の報告書として公表された。

第一次の報告書は、表題に「新しい時代の博物館制度について」とあり、そこには博物館登録制度の問題、学芸員養成制度の基本的な在り方などにかなりの時間をかけている。

第二次報告書は、検討協力者会議の第一四回会議から第二一回会議までをまとめており、更に〝学芸員養成〟の〝資格認定〟については、別に定めたワーキンググループによって討議されたので、これらをまとめて「学芸員養成の充実方策について」と題して報告された。そこには学芸員に対する資質・能力の改善を求めており、学芸員養成教育の在り方が特に注目された。その一つが大学における学芸員養成課程における科目の改善方策であった。これは平成二一（二〇〇九）年四月の博物館法施行規則の改正で、従来の一二単位から一九単位に変更となり、学芸員養成の充実となって示されるに至った。

第三次報告書については、「博物館の設置及び運営上の望ましい基準の見直しについて」であった。この基準は、博物館法第八条の規定に基づき、博物館の健全な発展を図るための望ましい基準として定められたものであるが、これは公立博物館を対象にしたものであったので、これに私立博物館も加えようとするものであった。これにより公私立両博物館の水準の向上を図り、地域社会の活性化に貢献させようとするものであった。

こうして平成二〇（二〇〇八）年六月の博物館法の改正へと進み、博物館における新たな評価の実施とそれに基づく運用の改善義務規定が盛り込まれるなど、社会の変化を踏まえての望ましい基準へと進むこととなる。

平成二三（二〇一一）年三月一一日に発生した東日本大震災により、博物館施設もまた大きな被害を受けている。陸前高田市立博物館のように直接津波に襲われ、職員六名が亡くなられ、総合博物館であったため自然史資料、考古・歴史資料、美術・文化財資料、文献など約一五万点が被害を受けている。各地の貴重な文化財がレスキュー活動により、各地の博物館の協力により保存処理が行われている。しかし、あまりにも被害が多く、平常に復するにはまだ大分先の事になろう。「これからの博物館の在り方に関する検討協力者会議」も平成一八（二〇〇六）年一〇月、第一回検討会議から三〇回を重ねる会議で新たな博物館の発展、在り方を求めて活動を展開している。これによって、博物館法の一部改正となって示されたが、多くの博物館関係者が期待していた博物館施設の在り方に関する基本的な全面改正までには至らなかった。特に学芸員制度の問題などは早急にレスキューしなければならないと思われる。

しかし、これまで続けられてきた検討協力者会議も、第三次報告書をもって散会することとなった。栗原祐司氏は『教育ＰＲＯ』（平成二四年八月二五日号）の中に、

「検討協力者会議は、生涯学習政策局長の私的検討会的な位置付けにしか過ぎないが、筆者は文部科学省への助言機関として常置し続けたものの、この報告を最後に休眠状態となってしまったことが残念でならない」

と記している。この検討協力者会議は、この博物館法制定六〇年という節目の時に廃止されるというような格好になったが、早急に復活することを望みたいものである。

第二節　美術品の保護とその活用

美術品を鑑賞することは、その人の心を豊かにし、「知」を広めることにもなる。そこに美術館や博物館などの観覧施設の必要性が考えられる。

西洋では、一四世紀にイタリアから発した文芸復興運動が、やがてヨーロッパ全域に広まり、古い時代の古典などが再認識されるようになる。フィレンツェのメディチ家では、こうした流れの中で美術品を収集し、宮殿や別荘に飾ることによって、それが鑑賞され、今日見られる美術館

の先駆をなしたと言われる。

我が国では、明治一〇（一八七七）年上野公園で第一回内国勧業博覧会が開催された時に「美術館」が設置され、全国から出品された絵画や美術工芸品が陳列された。この外に西本館、東本館、農業館、機械館、園芸館、動物館などが設けられたが、美術館が特に注目されている。

明治三三（一九〇〇）年に開かれたパリ万国博覧会では日本から出品された日本画、洋画、彫塑などが海外諸国の作品と比較論評され好評であったので、国内でも美術作品に対する関心が高まり、これが形としては、国内においても美術作品を陳列する場所としての美術館の必要性が考えられた。結果的にはその一つとして、東宮殿下（大正天皇）の御成婚を祝し、民間の有志が協力して美術館を建設して献上しようとする運動にまで発展した。明治四一（一九〇八）年、それが完成し宮内庁に献上され、現在東京国立博物館の敷地内に所在する〝表慶館〟である。この建物は、近代美術を理解させるための作品を陳列する施設であった。

我が国で私立の美術館第一号は「大倉集古館」であると言われる。実業家としてよく知られている大倉鶴彦翁が大正四（一九一五）年一月、授爵の恩令を記念した時に、土地、建物、陳列品、維持資金などを寄贈して美術館を設置すると公表された。それが大正六（一九一七）年八月建物が完成し、中国の仏像、道教像、堆朱器、我が国の蒔絵などを陳列した「大倉集古館」と称して公開するに至った。しかし、大正一二（一九二三）年九月一日の関東大震災で、貴重な所蔵品の大部分を焼失した。その後復興にあたり、持ち出すことのできた国宝の木造普賢菩薩騎象像や、土蔵で焼失しなかった書画、能衣装、古器物資料などを陳列し、昭和三（一九二八）年一〇月に再公開し今日に至っている。

昭和三（一九二八）年二月、博物館事業促進会が組織され、博物館に関する思想の普及にあたり、同時に博物館設置の推進にあたる。この博物館事業促進会は、三年後には「日本博物館協会」と改称し今日に至っているが、その時には各地に郷土博物館を設置する運動を展開している。しかし、美術館については、その設置に関して何も触れていない。雑誌博物館研究の八巻三号に掲載された「公開実物教育機関一覧」を見ても二百館園中、宝物館、博物館、商品陳列所、動物園、水族館などの名称は存在するが、〝美術館〟は一館も見当らない。

それから昭和二六（一九五一）年一二月一日には、博物館の健全な発達を図る目的で「博物館法」が公布された。それには、博物館機能を確立し博物館を運営する上において適した施設であるかどうか登録認定する制度を設けている。この法制定により、昭和二七（一九五二）年四月に認定された第一次の指定では、博物館に相当する施設数は総数一九二館となっており、この中で「美術館」という名称の付けられた施設は、公私立の施設では、本間美術館、根津美術館、徳川美術館、大礼記念京都美術館、大阪市立美術館、市立神戸美術館、白鶴美術館、大原美術館、高松市美術館の九館のみであり、国立の施設、国立大学の附属施設では皆無である。同じ二七年一二月の第二次指定では、一七館の中に美術館の名称は、財団法人東明美術保存会箱根美術館と国立近代美術館の二館のみであり、結局一・二次の指定を合計すると二〇九館中、美術館とついた名称は一一館施設となる。それに法律では規制されない、その他の博物館類似施設を加えると、日本博物館協会の統計表では、我が国には総数二、四七二館の博物館施設が存在するが、前記した分類で示すならば、一位が歴史博物館の一、二一六館、二位が美術館の四〇五館となっている。結局、昭和期には陰に隠れていた感の強い「美術館」であったが、やがて平成期になると「博物館」と肩を並べてその存在価値をより一層高めることともなる。

平成の安定した社会の中にあって、美術館への関心は一段と高まり、海外の博物館や美術館から貴重な学術資料を借用しての特別展覧会の開催などが特に注目される。かつて川崎造船所の初代社長であった松方幸次郎の収集品がフランス政府から返還され、国立西洋美術館で公開されたが、日本国民にフランスの近代美術を理解させるうえで大きな貢献をしている。こうして美術作品に対する理解が深まる土台があっての美術鑑賞が一段と盛行される。しかし、そこには美術品の保護・保存を図り、それを公開させることが必要であるという意識を広めることが重要なことになろう。こうして「美術品の美術館における公開の促進に関する法律」が平成一〇（一九九八）年六月に公布された。

この法律は、美術品についての登録制度を実施し、その登録美術品を保管している美術館において公開を促進することによって、国民の美術品を鑑賞する拡大を図り、文化の発展に寄与することを目的としている。そのため優れた美術品に対しては、登録制度を採用し、それを所有者が美術館に引渡し、それを美術館が責任を持って公開することを基本的な考え方として規定している。対象となる美術品は絵画、彫刻、工芸品などの動産で、文化財保護法に規定されている重要文化財などのほかに芸術上、学術上特に優れた価値のある資料が含まれている。また、この美術品は、公開契約にあたって、原則として一方的な契約を制限しており、その期間を五年以上としている。ただ、こうした美術品の公開できる施設は、博物館法に規定された登録博物館と博物館相当施設となっている。

更に登録美術品制度が制定されることによって租税特別措置法が一部改正された。従来、美術品の所有者は、相続税の納入に当たって、金銭で納入していたが、それが困難な場合には、物納が可能であり、納入物の順位が定められており、①が国債や地方債又は不動産、②が社債や株式、③が動産となっていたが、登録美術品制度が施行されることによって、登録美術品で物納する場合にはその優先順位が第一位となった。

昭和の終末期は、バブル景気に沸き、平成に入るとそれがはじけるが、我が国には多くの美術品が流入し、それが十分活用されること無く潜在している。それを活用することが大きな目標であり、「美術品の美術館における公開の促進に関する法律」として示され、右の「登録美術品制度の流れ」（※章末：図3参照）は、その順次を示した。（博物館研究三三巻六号の文化庁文化政策室長の概要から引用した）法制定当初の登録美術品は別表（※章末：図4参照）の通りである。

第三節　国際文化交流に貢献する博物館

近年における国際間の交流は年々高まっており、政治、経済など世界の動きによって、日本の社会にも大きな影響を与えることとなる。博物館施設もまた明治の創立以来今日に至るまで先進国の展示技術の導入などにより、新たな近代博物館を形成するに至った。

特に諸外国の博物館との資料の交換、展覧会を開催するための貴重な資料の借用などが注目される。明治初期におけるスミソニアン博物館への鯨類標本の寄贈、教育博物館への図書資料の受贈などはその一例であるが、博物館相互の交流に大きな役割を果たしている。特に近年においては、戦後の民主主義国家の展開により、文化交流がより盛大となり、諸外国の博物館から貴重な文化財を借用しての特別展覧会の開催などが目立ってきている。

昭和四九（一九七四）年、文化庁、東京国立博物館、国立西洋美術館の共催であった「モナリザ展」は、観覧者が一五〇万人余。昭和四〇（一九六五）年、朝日新聞社などが主催し、東京国立博物館と京都市博物館の二会場で開催された「ツタンカーメン展」は、二三〇万人以上。更に朝日新聞社が主催し、東京と京都の二会場で開催した「ミロのビーナス特別公開」は、一七二万人余。平成六（一九九四）年、読売新聞社が西洋美術館で開いた「バーンズ・コレクション展」は、一〇七万人余。これ等に次ぐものとしては、昭和五四（一九七九）年、国立科学博物館で開催された「失われた生物たち　大恐竜展」が八四万人余。その次が平成二（一九九〇）年、読売新聞社によって東京国立博物館で開かれた「日本国宝展」が七七万人余の観覧者となって報道されている。

これらの特別展覧会を通観すると、国内から展示資料を借用した「日本国宝展」以外はすべて諸外国から借用している。「失われた生物たち大恐竜展」の開催のみは、主として子供たちの観覧を対象に企画されたものであるが、それ以外は成人一般の観覧を目標にしている。いずれにしても、特別展覧会の開催期間中であれば、世界の美術品を日本国内で自由に観覧できるのである。それはデパートなどの特別会場で開催することもあろうが、やはり借用資料の保管、展示などを考えると、博物館施設が最も適している施設と考えられる。しかし、予期しない盗難事件が発生する様なこともある。一つの実例を挙げておこう。

昭和四三（一九六八）年、京都国立近代美術館で読売新聞社と共催していた「ロートレック展」に出品されていた「マルセル」が盗取された。捜査当局の懸命な努力にもかかわらず七年の公訴時効が過ぎた。その絵が「マルセル」とは知らず預かっていた中学の教師が時効一か月後に朝日新聞社に届けた。この教師は入手経路を拒否したので、ついに真相を明らかにすることはできなかった。この「マルセル」は、日本に出品する時に保険が掛けられており、盗難にあっての保険料はすでに絵の所有主であるアルビ美術館に支払われた。

こうした盗難事件があったにもかかわらず、主催の新聞社は、再び昭和五七（一九八二）年から五か月間、伊勢丹美術館、福島県文化センター、福岡市美術館、京都市美術館で「ロートレック展」を開いている。その時にもまた「マルセル」が出品されている。かつての盗難事件で「マルセル」が所蔵先のアルビ美術館に返還されてから六年後の事であった。

こうした盗難事件があったにもかかわらず、国際間の文化交流はますます盛んになり、そこにはまた、借用した出品資料の汚損や盗難が発生し、各種の問題を提起しており、事故対策に目を向けねばならなかった。

我が国は、昭和五三（一九七八）年の可動文化財に関するユネスコ勧告などもあって、平成九（一九九七）年以降その対策に腐心しており、そのため美術品の事故に対しては政府が補償するという「美術品損害補償法」が、平成二三（二〇一一）年四月公布されるに至った。

その内容は、第一条に「展覧会の主催者が展覧会のために借り受けた美術品に損害が生じた場合に、政府が当該損害を補償する制度を設けることにより、国民が美術品を鑑賞する機会の拡大に資する展覧会の開催を支援し、もって文化の発展に寄与することを目的とする」とある。その対象物品は、美術品、絵画、彫刻、工芸品、その他文化的な動産となっている。公衆に観覧させるための施設としては、独立行政法人国立美術館が設置する美術館、独立行政法人国立文化財機構が設置する博物館、その他博物館法に規定された登録博物館、博物館相当施設となっている。これにより美術品などの安全管理体制も厳しくなっているが、展覧会を開催する主催者の保険料負担などが軽減され、各地を巡回する特別展覧会の開催が可能になってきた。これにより海外における美術品の所有者も安心して貸し出す環境が整備されたことになる。

こうした法律の制定により、我が国における海外からの資料の借用による特別展覧会の開催などは途切れることなく続くことになるであろう。

第Ⅰ部を結ぶに当たって

明治期から提唱されてきた博物館法の制定は、太平洋戦争が終結し民主主義国家が形成される中にあって、昭和二六（一九五一）年一二月に公布され、その目的を達成するに至った。しかし、その内容は社会教育法の精神に則り、その時代の推移にあわせて、それなりの修正を加えて展開してきた。

平成一五（二〇〇三）年九月の地方自治法の改正によって、これまでの「管理委託制度」が廃止され、新たに自治体が指定する関係機関に管理を代行させる「指定管理者制度」に移行することが可能になる。

この指定管理者制度は、博物館などの文化施設やスポーツ施設などが議会の議決を経て、民間の株式会社やＮＰＯ等の民間事業者に管理を代行させることによって「公」の施設が充分に活用されるようになり、管理経費も低廉となり、市民の利用・活動が活発になると考えられるに至った。こうして、公立の博物館や美術館は、運営状況の見直しにあたり、指定管理者を募集したりして実施に移している。しかし、民間で管理する指定管理者制度が実現されたとしても、そこには「公」の施設であることを保障しなければならない。また、公益増進のためには、適切かつ明確な目標を持たねばならないが、指定管理者となった団体には期限があり、明確な目標を定めたとしても、それは短期間で処理可能なものに限られる。博物館施設の基本的な機能は、博物館資料を収集、整理・保管して、教育普及活動或は研究用に利用しなければならないが、これは短期間で達成されるものではなく、長期に亘って続けなければならない業務であり、それを保障するという面が指定管理者制度には見られないのである。

九州にある公立博物館のリニューアル工事を引き受けた東京の業者が、その後博物館の指定管理者となった。運営に当たっては、学芸員を東京から赴任させているが、博物館事業を実施する上に地域住民の理解が得られず赤字が続くようであれば、直ちに東京に引き上げると放言している。これでは何のために指定管理者となったのか判断に苦しむのである。

数年前の日本経済新聞に、全国の公立施設に指定管理者制度の導入が広がっているが、栃木県足利市立美術館は平成一八（二〇〇六）年度にその制度を取り入れた。しかし、三年後には、管理者を見直す契約更新期を前に、制度そのものを取りやめている。足利市は体育館や公園など百以上の施設にこの制度を導入済みで、今後も制度活用には変わりはないが、教育委員会が美術館の運営状況を検討した結果、「長期的な研究や準備に年月を要する企画展を開く美術館には、短期間で運営主体を見直すこの制度はそぐわない」と判断しているのである。美術館の指定管理者は財団法人であったが、この財団に出向していた県採用の学芸員らを中心に運営体制を整える、と記している。「指定管理者制度の在り方を問う先行事例になりそうだ」で結んでいる。指定管理者制度を博物館施設に導入するためには、なお多くの問題点が潜んでいる。

【図1】博物館変遷図

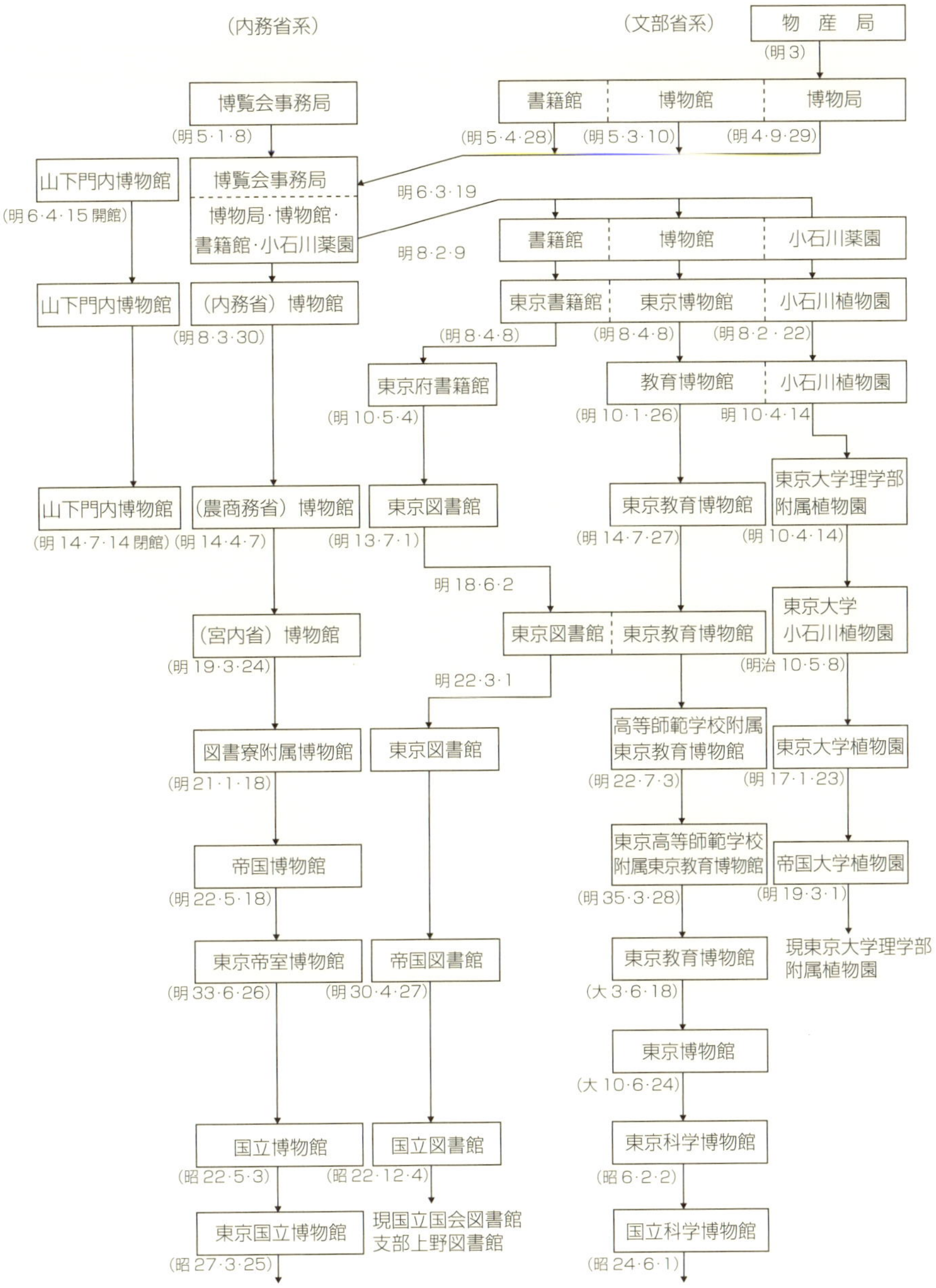

（内務省系）
（文部省系）
物　産　局
（明3）
書籍館
博物館
博物局
（明5·4·28）
（明5·3·10）
（明4·9·29）
博覧会事務局
（明5·1·8）
博覧会事務局
博物局·博物館·
書籍館·小石川薬園
明6·3·19
明8·2·9
山下門内博物館
（明6·4·15 開館）
書籍館
博物館
小石川薬園
山下門内博物館
（内務省）博物館
（明8·3·30）
東京書籍館
東京博物館
小石川植物園
（明8·4·8）
（明8·4·8）
（明8·2·22）
東京府書籍館
（明10·5·4）
教育博物館
小石川植物園
（明10·1·26）
明10·4·14
東京大学理学部
附属植物園
（明10·4·14）
山下門内博物館
（明14·7·14 閉館）
（農商務省）博物館
（明14·4·7）
東京図書館
（明13·7·1）
東京教育博物館
（明14·7·27）
明18·6·2
東京大学
小石川植物園
（明治10·5·8）
（宮内省）博物館
（明19·3·24）
東京図書館
東京教育博物館
明22·3·1
図書寮附属博物館
（明21·1·18）
東京図書館
高等師範学校附属
東京教育博物館
（明22·7·3）
東京大学植物園
（明17·1·23）
帝国博物館
（明22·5·18）
東京高等師範学校
附属東京教育博物館
（明35·3·28）
帝国大学植物園
（明19·3·1）
現東京大学理学部
附属植物園
東京帝室博物館
（明33·6·26）
帝国図書館
（明30·4·27）
東京教育博物館
（大3·6·18）
東京博物館
（大10·6·24）
東京科学博物館
（昭6·2·2）
国立博物館
（昭22·5·3）
国立図書館
（昭22·12·4）
国立科学博物館
（昭24·6·1）
東京国立博物館
（昭27·3·25）
現国立国会図書館
支部上野図書館

※カッコ内の年月日はその機関の設立時。
無カッコで記入した年月日は統合・分離の時期を示す。

【図2】物産陳列場を中心とした年表

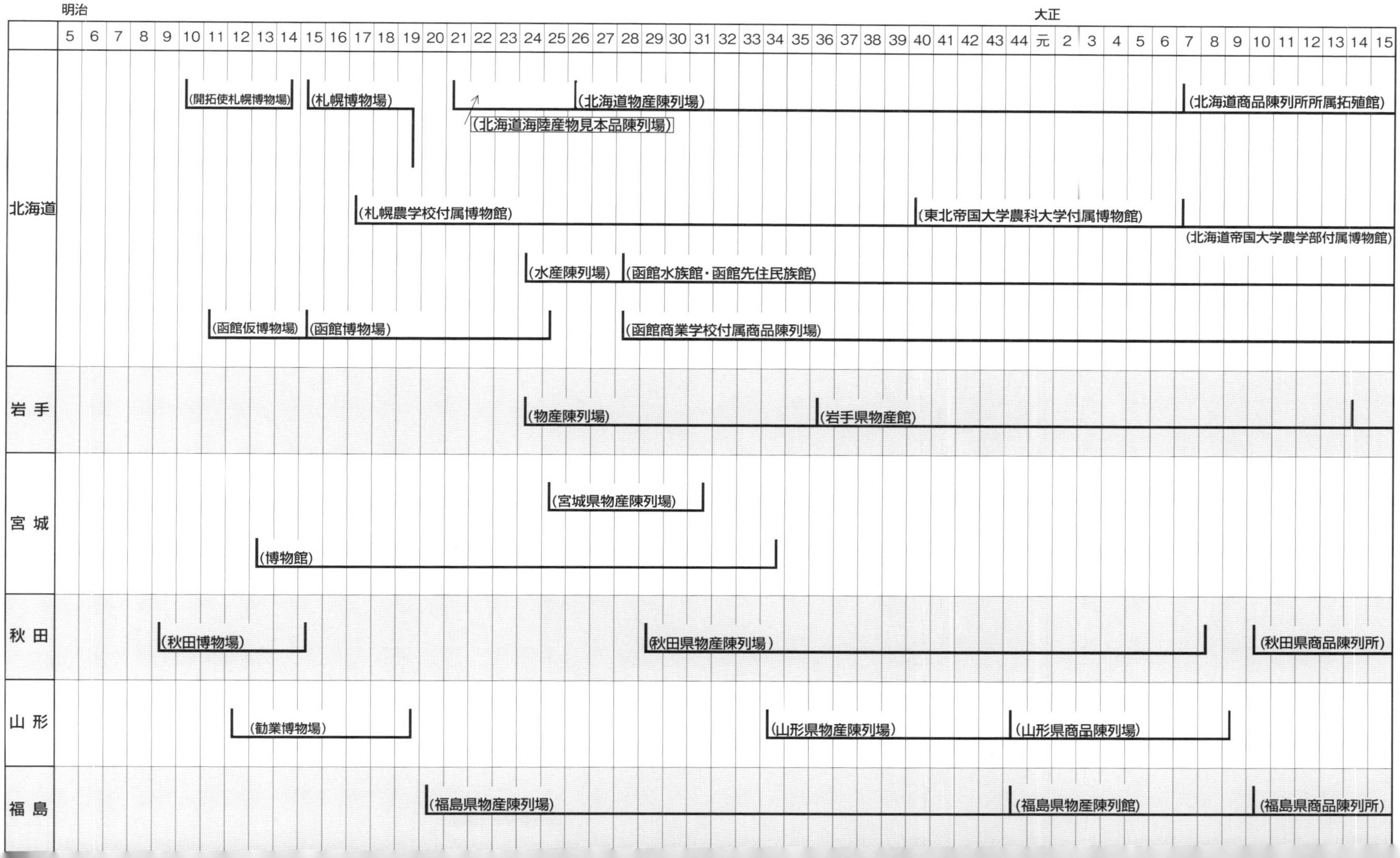

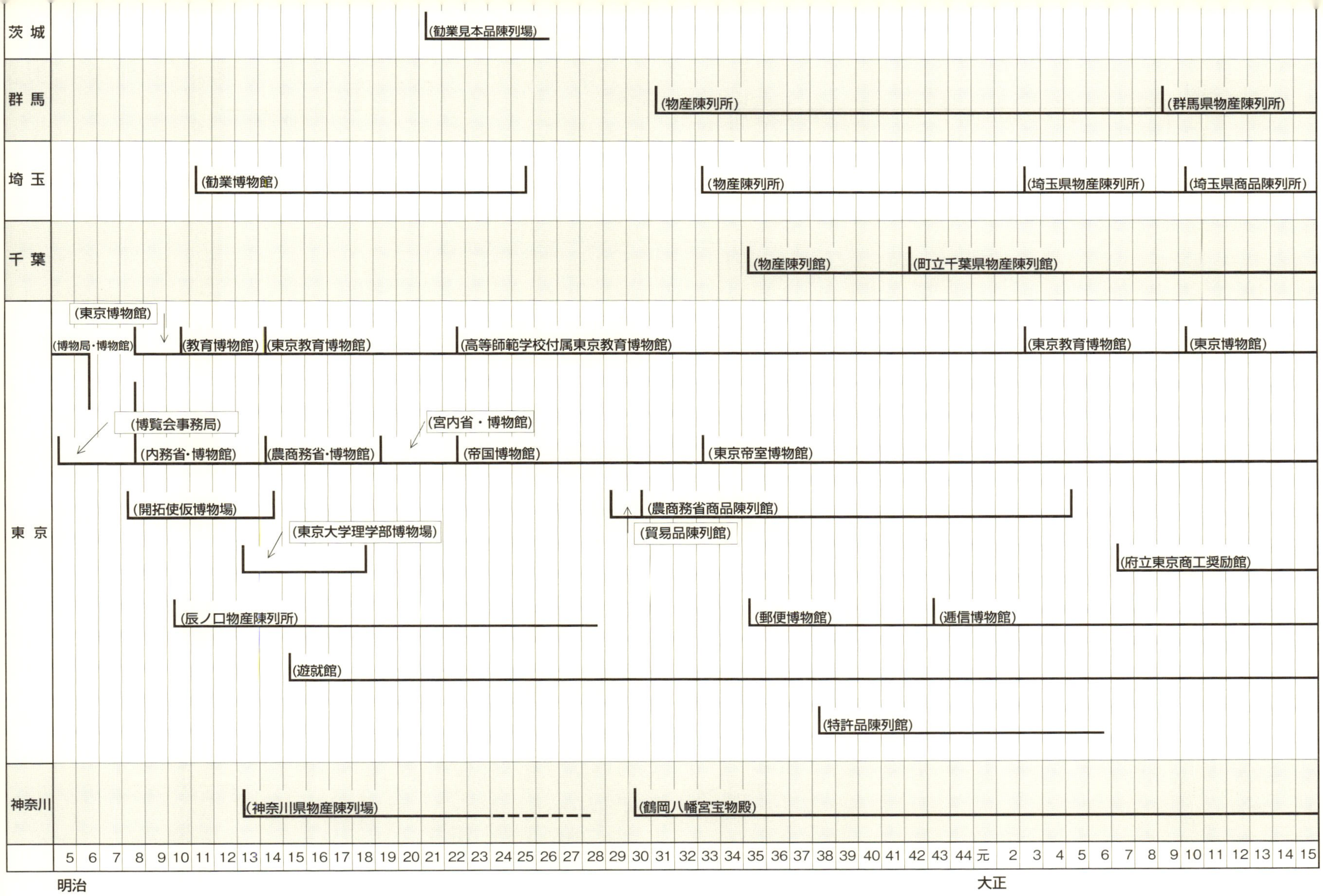
茨 城
(勧業見本品陳列場)
群 馬
(物産陳列所)
(群馬県物産陳列所)
埼 玉
(勧業博物館)
(物産陳列所)
(埼玉県物産陳列所)
(埼玉県商品陳列所)
千 葉
(物産陳列館)
(町立千葉県物産陳列館)
東 京
(東京博物館)
(博物局・博物館)
(教育博物館)
(東京教育博物館)
(高等師範学校付属東京教育博物館)
(東京教育博物館)
(東京博物館)
(博覧会事務局)
(宮内省・博物館)
(内務省・博物館)
(農商務省・博物館)
(帝国博物館)
(東京帝室博物館)
(開拓使仮博物場)
(農商務省商品陳列館)
(貿易品陳列館)
(東京大学理学部博物場)
(府立東京商工奨励館)
(辰ノ口物産陳列所)
(郵便博物館)
(逓信博物館)
(遊就館)
(特許品陳列館)
神奈川
(神奈川県物産陳列場)
(鶴岡八幡宮宝物殿)
5 6 7 8 9 10 11 12 13 14 15 16 17 18 19 20 21 22 23 24 25 26 27 28 29 30 31 32 33 34 35 36 37 38 39 40 41 42 43 44 元 2 3 4 5 6 7 8 9 10 11 12 13 14 15
明治
大正

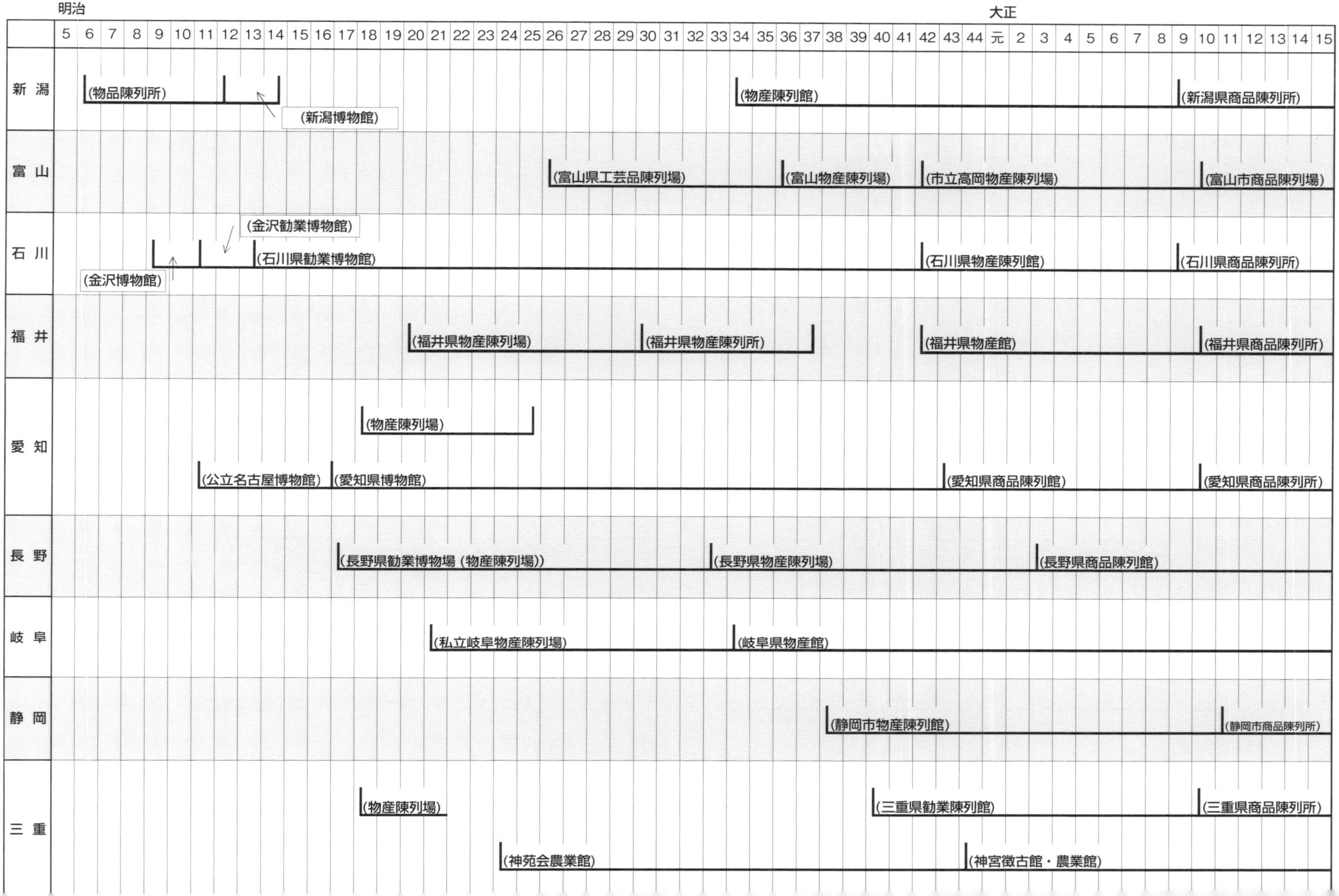
明治
大正
5 6 7 8 9 10 11 12 13 14 15 16 17 18 19 20 21 22 23 24 25 26 27 28 29 30 31 32 33 34 35 36 37 38 39 40 41 42 43 44 元 2 3 4 5 6 7 8 9 10 11 12 13 14 15
新潟
(物品陳列所)
(新潟博物館)
(物産陳列館)
(新潟県商品陳列所)
富山
(富山県工芸品陳列場)
(富山物産陳列場)
(市立高岡物産陳列場)
(富山市商品陳列場)
石川
(金沢勧業博物館)
(金沢博物館)
(石川県勧業博物館)
(石川県物産陳列館)
(石川県商品陳列所)
福井
(福井県物産陳列場)
(福井県物産陳列所)
(福井県物産館)
(福井県商品陳列所)
愛知
(物産陳列場)
(公立名古屋博物館)
(愛知県博物館)
(愛知県商品陳列館)
(愛知県商品陳列所)
長野
(長野県勧業博物場（物産陳列場))
(長野県物産陳列場)
(長野県商品陳列館)
岐阜
(私立岐阜物産陳列場)
(岐阜県物産館)
静岡
(静岡市物産陳列館)
(静岡市商品陳列所)
三重
(物産陳列場)
(三重県勧業陳列館)
(三重県商品陳列所)
(神苑会農業館)
(神宮徴古館・農業館)

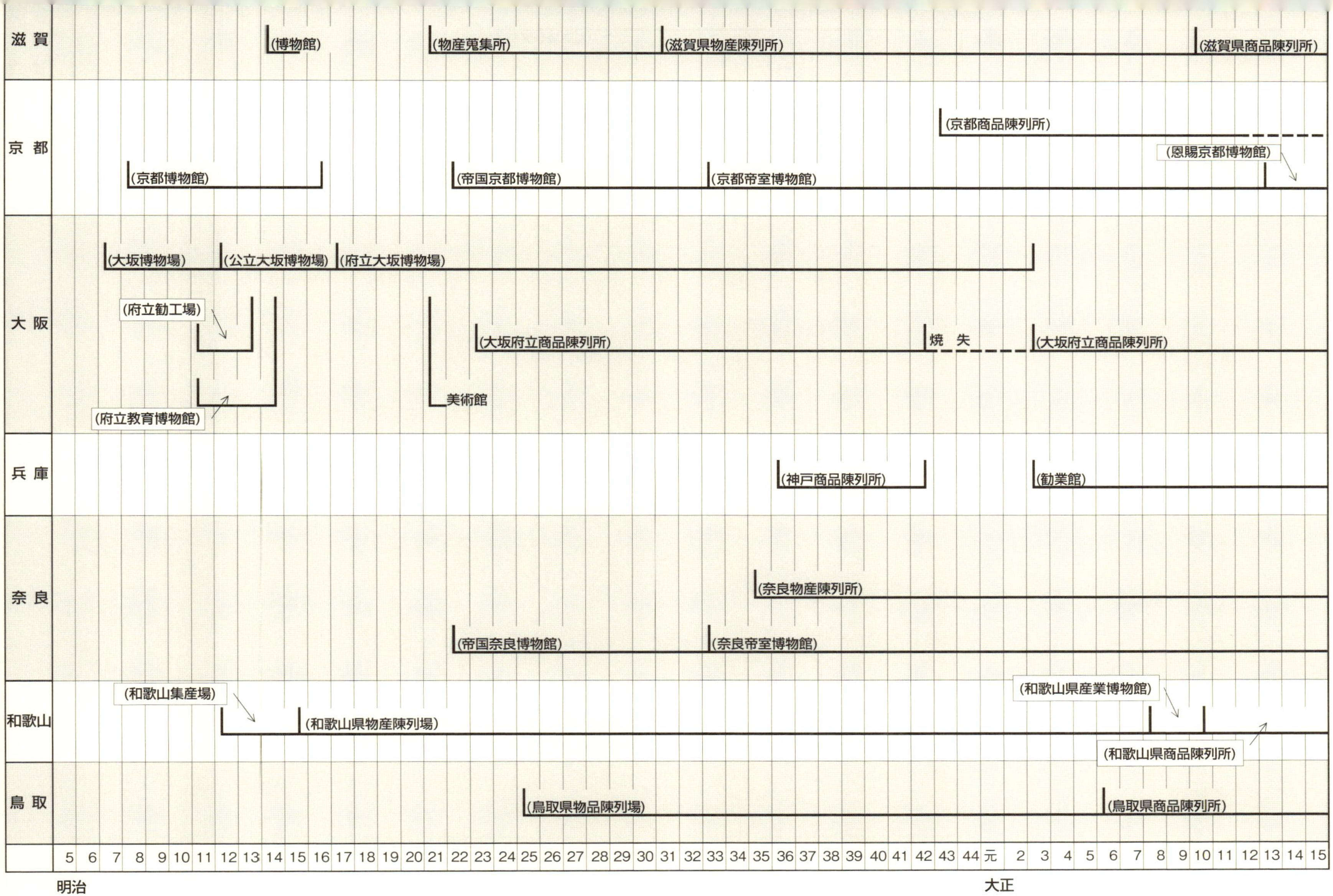

滋賀
(博物館)
(物産蒐集所)
(滋賀県物産陳列所)
(滋賀県商品陳列所)
京都
(京都商品陳列所)
(恩賜京都博物館)
(京都博物館)
(帝国京都博物館)
(京都帝室博物館)
大阪
(大坂博物場)
(公立大坂博物場)
(府立大坂博物場)
(府立勧工場)
(大坂府立商品陳列所)
焼失
(大坂府立商品陳列所)
美術館
(府立教育博物館)
兵庫
(神戸商品陳列所)
(勧業館)
奈良
(奈良物産陳列所)
(帝国奈良博物館)
(奈良帝室博物館)
和歌山
(和歌山集産場)
(和歌山県物産陳列場)
(和歌山県産業博物館)
(和歌山県商品陳列所)
鳥取
(鳥取県物品陳列場)
(鳥取県商品陳列所)
5 6 7 8 9 10 11 12 13 14 15 16 17 18 19 20 21 22 23 24 25 26 27 28 29 30 31 32 33 34 35 36 37 38 39 40 41 42 43 44 元 2 3 4 5 6 7 8 9 10 11 12 13 14 15
明治
大正

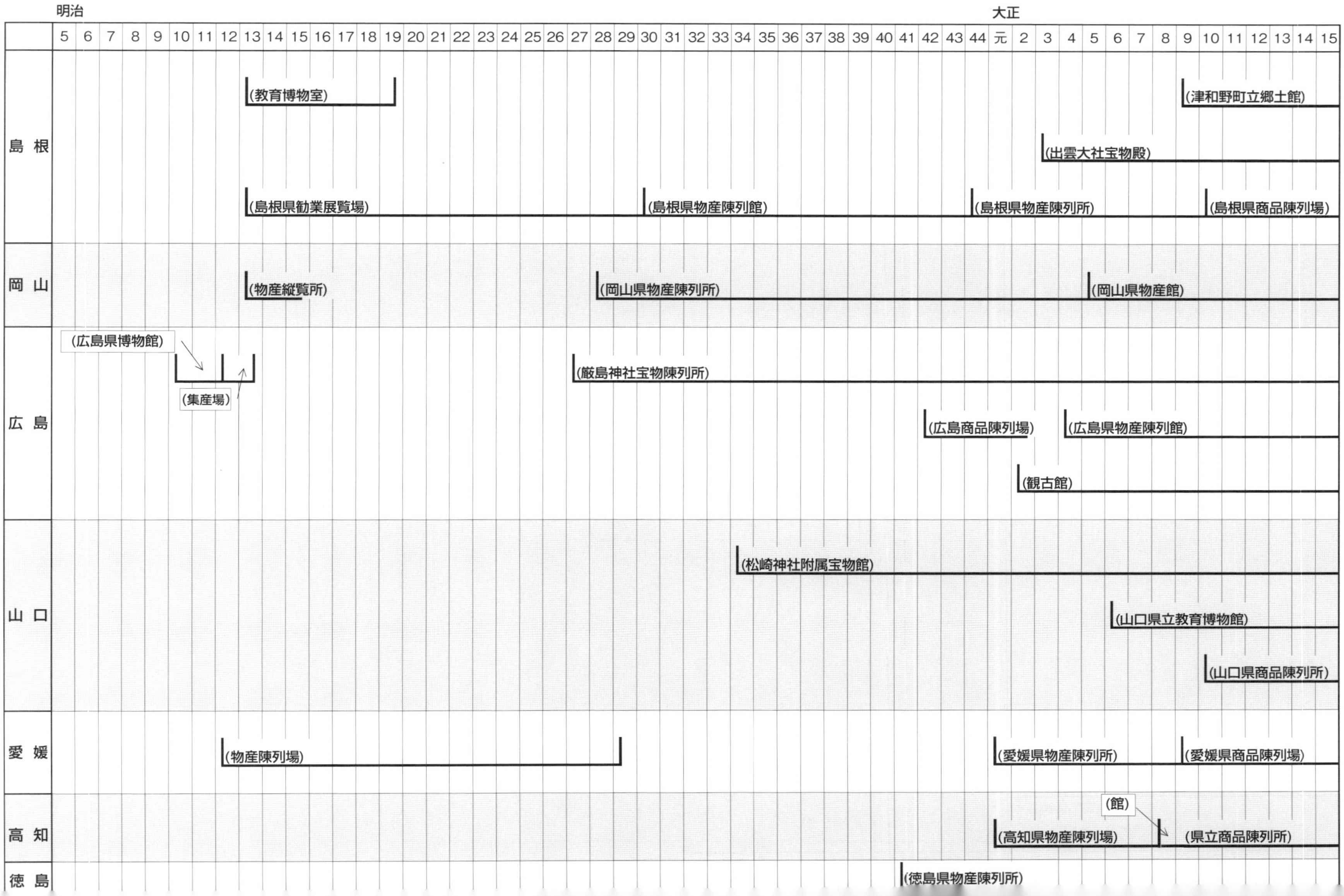
明治
大正
5 6 7 8 9 10 11 12 13 14 15 16 17 18 19 20 21 22 23 24 25 26 27 28 29 30 31 32 33 34 35 36 37 38 39 40 41 42 43 44 元 2 3 4 5 6 7 8 9 10 11 12 13 14 15
島根
(教育博物室)
(津和野町立郷土館)
(出雲大社宝物殿)
(島根県勧業展覧場)
(島根県物産陳列館)
(島根県物産陳列所)
(島根県商品陳列場)
岡山
(物産縦覧所)
(岡山県物産陳列所)
(岡山県物産館)
広島
(広島県博物館)
(集産場)
(厳島神社宝物陳列所)
(広島商品陳列場)
(広島県物産陳列館)
(観古館)
山口
(松崎神社附属宝物館)
(山口県立教育博物館)
(山口県商品陳列所)
愛媛
(物産陳列場)
(愛媛県物産陳列所)
(愛媛県商品陳列場)
高知
(館)
(高知県物産陳列場)
(県立商品陳列所)
徳島
(徳島県物産陳列所)

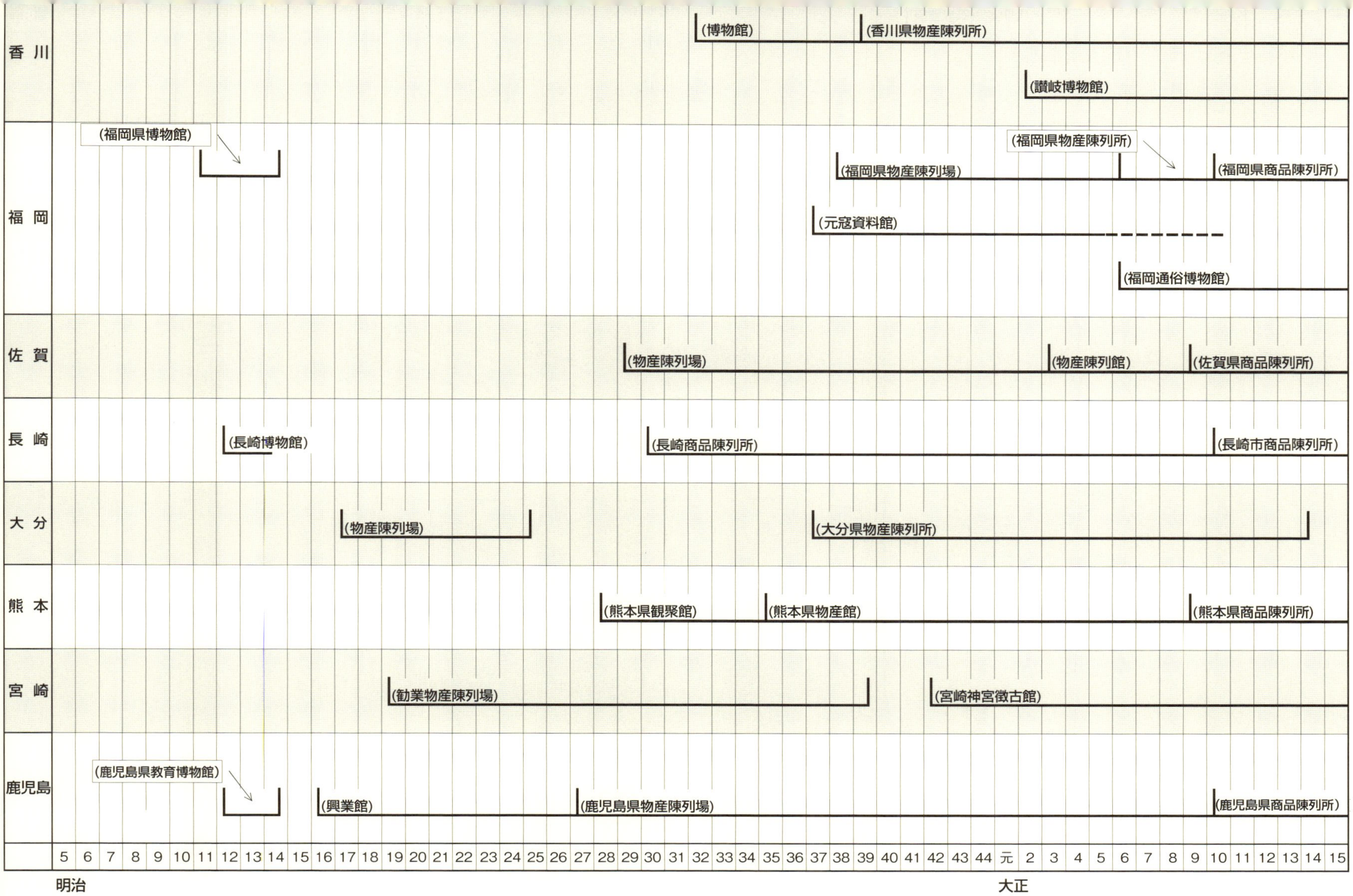
香川
(博物館)
(香川県物産陳列所)
(讃岐博物館)
福岡
(福岡県博物館)
(福岡県物産陳列所)
(福岡県物産陳列場)
(福岡県商品陳列所)
(元寇資料館)
(福岡通俗博物館)
佐賀
(物産陳列場)
(物産陳列館)
(佐賀県商品陳列所)
長崎
(長崎博物館)
(長崎商品陳列所)
(長崎市商品陳列所)
大分
(物産陳列場)
(大分県物産陳列所)
熊本
(熊本県観聚館)
(熊本県物産館)
(熊本県商品陳列所)
宮崎
(勧業物産陳列場)
(宮崎神宮徴古館)
鹿児島
(鹿児島県教育博物館)
(興業館)
(鹿児島県物産陳列場)
(鹿児島県商品陳列所)
5 6 7 8 9 10 11 12 13 14 15 16 17 18 19 20 21 22 23 24 25 26 27 28 29 30 31 32 33 34 35 36 37 38 39 40 41 42 43 44 元 2 3 4 5 6 7 8 9 10 11 12 13 14 15
明治
大正

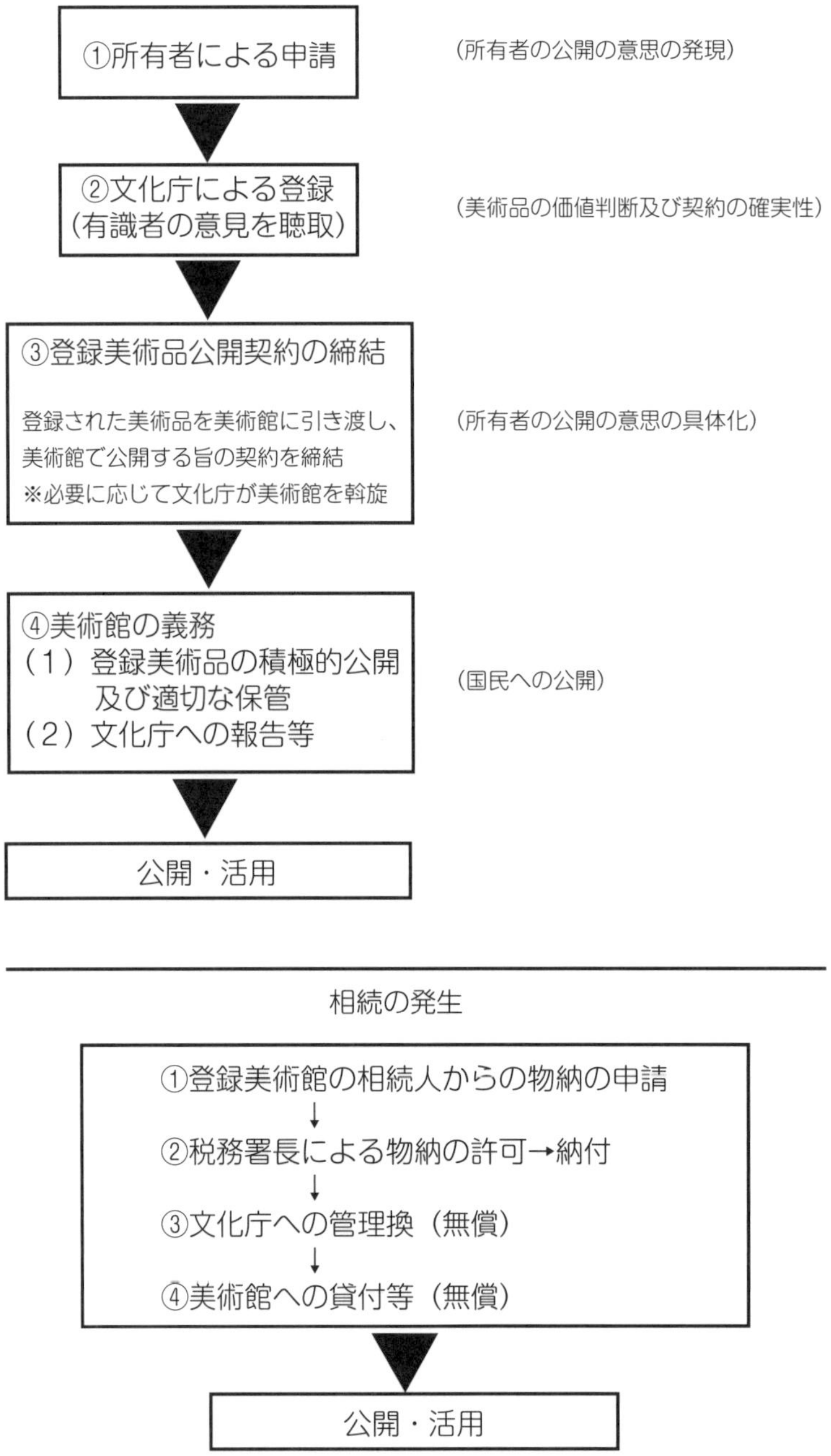
①所有者による申請
（所有者の公開の意思の発現）
②文化庁による登録
（有識者の意見を聴取）
（美術品の価値判断及び契約の確実性）
③登録美術品公開契約の締結
登録された美術品を美術館に引き渡し、
美術館で公開する旨の契約を締結
※必要に応じて文化庁が美術館を斡旋
（所有者の公開の意思の具体化）
④美術館の義務
（1）登録美術品の積極的公開
及び適切な保管
（2）文化庁への報告等
（国民への公開）
公開・活用
相続の発生
①登録美術館の相続人からの物納の申請
②税務署長による物納の許可→納付
③文化庁への管理換（無償）
④美術館への貸付等（無償）
公開・活用

【図3】登録美術品制度の流れ

【図4】美術品の美術館における公開の促進に関する法律登録状況

登録年月日	番号	名称	種別	制作者	公開契約美術館
平成11.3.30	1	菊花文飾壺	工芸品	二代　北岳横山彌左衛門挙純	高岡市美術館（富山県高岡市）
平成11.3.30	2	花鳥文様象耳付大花瓶	工芸品	金森　宗七（制作依頼者）	東京国立美術館（東京都千代田区）
平成11.3.30	3	金銀象嵌環付花瓶	工芸品	銅器会社（初代山川孝次制作監督推定）	東京国立近代美術館
平成11.3.30	4	黄銅製竹林観音彫花瓶	工芸品	中杉　与三七	高岡市美術館
平成11.3.30	5	鉄地金銀嵌人物図大飾皿	工芸品	駒井　音次郎	東京国立近代美術館
平成12.1.24	6	ヴィル・ダヴレーのカバスュ邸	絵画	ジャン・バティスト・カミーユ・コロー	村内美術館（東京都八王子市）
平成12.1.24	7	静物	絵画	ギュスターヴ・クールベ	村内美術館
平成12.1.24	8	天使の堕落	彫刻	オーギュスト・ロダン	村内美術館
平成12.12.7	9	ルエルの眺め	絵画	クロード・モネ	茨城県近代美術館（茨城県水戸市）
平成12.12.7	10	聖ステパノの遺骸を抱え起こす弟子たち	絵画	ウジェーヌ・ドラクロワ	茨城県近代美術館
平成12.12.7	11	浦島図	絵画	山本　芳翠	岐阜県美術館
平成13.7.11	12	若き日の仏陀	絵画	オディロン・ルドン	京都国立近代美術館（京都府京都市）
平成14.5.17	13	富嶽列松図	絵画	与謝蕪村	愛知県美術館（愛知県名古屋市）
平成14.5.17	14	山紅於染図	絵画	浦上玉堂	愛知県美術館
平成14.5.17	15	秋色半分図、酔雲醒月図、山水図、五言絶句	絵画	浦上玉堂	愛知県美術館
平成14.7.17	16	清宵	彫刻	米原雲海	島根県立美術館（島根県松江市）
平成14.7.17	17	煙突	絵画	牛島憲之	熊本県立美術館（熊本県熊本市）
平成14.7.17	18	タンクと船	絵画	牛島憲之	熊本県立美術館
平成14.7.17	19	家	絵画	牛島憲之	熊本県立美術館

【図5】登録博物館・博物館相当施設・博物館類似施設の主な相違点

	登録博物館	博物館相当施設	博物館類似施設
定義	歴史、芸術、民俗、産業、自然科学等に関する資料を収集し、保管（育成を含む）し、展示して教育的配慮の下に一般公衆の利用に供し、その教養、調査研究、レクリエーション等に資するために必要な事業を行い、あわせてこれらの資料に関する調査研究することを目的とする機関で、博物館登録原簿に登録されたもの（法第２条）	博物館の事業に類する事業を行う施設で、博物館に相当する施設として指定されたもの（法第29条）	博物館と同種の事業を行う施設（登録又は指定を受けていないもの）（根拠規定はないが、社会教育調査上、上記のように規定）
設置主体	①地方公共団体 ②民法第34条の法人 ③宗教法人 ④政令で定める法人（日本赤十字社、日本放送協会）	制限なし	制限なし
登録又は指定主体	都道府県教育委員会が登録（法第10条）	①国が設置する施設については文部大臣が指定 ②①以外の施設については都道府県教育委員会が指定（法第29条）	なし
職員	①館長 ②法に規定する目的を達成するために必要な学芸員その他の職員を有すること（法第12条5号）	学芸員に相当する職員の必置（規則第19条3号）	制限なし
年間開館日数	150日以上（法第12条4号）	100日以上（規則第19条5号）	制限なし
資料	法に規定する目的に達成するために必要な博物館資料があること（法第12条1号）	博物館の事業に類する事業を達成するために必要な資料を整備していること（規則第19条1号）	制限なし
施設等	法に規定する目的を達成するために必要な建物及び土地があること（法第12条3号） 建物延面積165㎡以上（登録審査基準）	博物館の事業に類する事業を達成するために必要な専用の施設及び設備を有する事（規則第19条2号） 建物延面積132㎡以上（指定審査要項）	制限なし 建物延面積相当施設と同様

（注） 法：博物館法／規則：博物館施行規則

第Ⅱ部　法令を中心とする博物館学年表

年	月日	事項	拠所・文献
一八七一 明治4	5月23日	太政官は太政官布告第二五一号で「古器旧物保存方」を布告した。全国に伝世の古器旧物を保存するように通達するとともに、各地方官庁には、品目、所蔵者を調査し政府に報告するよう指令した。古器旧物を三一部門に分けた。祭器の部・古玉宝石の部・石弩雷斧の部・古鏡古鈴の部・銅器の部・古瓦の部・武器の部・古書画の部・古書籍並古経文の部・扁額の部・楽器の部・鐘銘碑銘墨本の部・印章の部・文房諸具の部・農具の部・工匠器械の部・車輿の部・屋内諸具の部・布帛の部・衣服装飾の部・皮革の部・貨幣の部・諸金製造器の部・陶磁器の部・漆器の部・度量権衡等の部・茶器香具花器の部・遊戯具の部・雛幟等偶人児玩の部・古仏像並仏具の部・化石の部	『太政官日誌』 『明治史要』 『東京市史稿・市街篇』第五一 東京市役所、一〇〇一頁 『明治天皇紀』第二巻、三九頁
	7月18日	大学を廃止し、「文部省」を設置した。	『明治以降教育制度発達史』第一巻 教育史編纂会
	9月5日	湯島聖堂大成殿を博物館とし文部省の所管とする。	『わが国の近代博物館施設発達資料の集成とその研究 明治編一』日本博物館協会
	9月29日	文部省内に「博物局」が置かれた。「本局初メ物産局假役所ト称ス。明治三年九月田中芳男旧大学南校ニ出仕シテ時々其官員ヲ府外ノ地ニ派出シ産物ヲ捜索シ物産局ニ聚ルヲ以テ此局ノ濫觴トス爾後局宇狭隘ナルヲ以テ一一月之ヲ元官板所ニ移ス猶其盛大ヲ希望シ他日博物館建築センカ爲メ明治四年二月九段坂上三番薬園ヲ大学南校ノ所管トス」とある。	『文部省第1年報』「博物局」
	10月4日	湯島大成殿を博物局観覧場と定めた。博物館書籍館事蹟表には、「一・物産局御備ノ品物悉ク博物局御備品ト相成候事 一・元大成殿博物局展観場ト相成候事 一・小石川薬園博物局管轄ト相成候事 一・九段坂上薬園地ハ東京府へ返却之積相成候事」とある。	『東京国立博物館百年史』 『国立科学博物館百年史』
	10月9日	教師ケプロンにより黒田開拓次官への書翰写に「今般北海道へ開拓使庁及ヒ諸学校御建築相成候ニ付、左ノ緊要事件ニ御着意有之度奉存候。都テ教化ノ進歩ヲ輔クルニハ、文房及ヒ博物院ノ欠ク可カラサルハ当然ナリ」とある。	『開拓使日誌』第一号 『図書館学校教育資料集成 図書館史・近代日本篇』石井敦、一二〇頁
一八七二 明治5	1月8日	オーストリアのウイーンで開かれる万国博覧会に出品のため太政官正院内に「博覧会事務局」の設置を公布し、二二日事務局を日比谷門内、のちに山下門内に移転し、五月には工部大丞佐野常民を博覧会理事官に任命する。一〇月二七日に参議大隈重信を澳国博覧会事務総裁、佐野常民を副総裁に山高信離を書記官に任じた。	『東京国立博物館百年史』 『明治官制辞典』博覧会事務局、五五〇頁
	3月10日	文部省博物局（文部省博物館）は、我が国で最初の官設博覧会を湯島聖堂構内で開催した。四月三〇日終了。一般公開日の総入場者数一九二、八七九人。	『文部省布達全書』 『文部省第1年報』「博物局」
	5月6日	文部省博物館常備品のみの陳列で毎月一と六のつく日（除・三一日）に公開した。日本の博物館の常設陳列の始まり。	『文部省第1年報』「博物局」 『明治史要』

西暦	和暦	月日	事項	出典
		8月3日	文部省は学制を頒布した。全国を大・中・小学区に分け、各学区にそれぞれ大学・中学・小学などを設置し、国民皆学を期した。	『明治以降教育制度発達史』第一巻 教育史編纂会、二七五頁
一八七三	明治6	1月15日	太政官は公園開設について布達第一六号で「三府ヲ始、人民輻輳ノ地ニシテ、古来ノ勝区、名人ノ旧跡等是迄群集遊観ノ場所、東京ニ於テハ金龍山浅草寺、東叡山寛永寺境内ノ類、従前高外除地ニ属セル分ハ永ク万人偕楽ノ地トシ、公園ト可被相定ニ付、府県ニ於テ右地所ヲ択ヒ、其景況巨細取調ベ図面相添、大蔵省ヘ可伺出事。」と各府県に達した。	『上野公園史』、一三頁「公園開設」 『東京市史稿・遊園篇』第四 東京市役所、四七五頁 「公園設立事蹟」
		3月19日	太政官は、文部省博物館・書籍館・博物局・小石川薬園を澳国博覧会事務局へ併合した。	『明治以降教育制度発達史』第一巻 教育史編纂会、八六八頁 『東京国立博物館百年史』、八七頁
		3月25日	東京府は、浅草寺、上野寛永寺、芝増上寺、深川富岡八幡、王子飛鳥山の五ヶ所を公園に指定し大蔵省に上申した。	『上野公園史』 『東京市史稿・遊園篇』第四 東京市役所、四八九頁
		4月15日	博覧会事務局（山下門内博物館）初めての博覧会を開く（七月三一日まで）。 布告文は 　博覧会 　今般澳国博覧会ヘ列ネシ品物並ニ博物館及諸家珎蔵ノ奇品ヲ一所ニ陳列シテ普ク衆人ノ来観ヲ許ス 　一、来観人ハ男女ヲ論セス一人一人ヅツ切手ヲ以テ縦観可致事 　但、切手ハ博覧会事務局ニ於テ売渡シ可申、且代価ハ一枚ニ付二銭ヅツノ事 　一、珍奇ノ品物、新発明ノ器械等ヲ蔵スル者ハ出品シテ此会ノ欠ヲ補シ事ヲ乞フ 　但、品物預り証書相渡シ置、入用ノ節ハ何時ニテモ証書引換差戻シ可申、又重大ノ品ハ運搬人夫差出可申事 　一、澳国博覧会ヘ陳列セシ剰余ノ品物ハ、価ヲ定テ払下ニ相成候条、望ノ者ハ掛リ官員ヘ可申出事	『東京国立博物館百年史』、九〇頁
		11月10日	太政官布告第三七五号により「内務省」の設置が布告された。 内務省職制には「内務省ハ国内安寧保護ノ事務ヲ管理スル所ナリ」とある。 内務省第一回年報「博物局ニ関シテ、沿革・概略、天産ニ属スル物品、考証ニ供スル物品、工業ニ関スル物品、本館ヘ出品ノ数、本館ヨリ貸品ノ数、浅草文庫ノ景況、上野公園地修繕ノ事由。資本金積立ノ事由などに分けて記している。	『太政官日誌』 『太政官布告全書』 『内務省史』第一巻、六三頁
一八七五	明治8	2月2日	山下門内博物館、一・六日（一日、六日、一一日、一六日、二一日、二六日）の公開以外に日曜日も加えて開館した。	『東京国立博物館百年史』、九四頁
		2月9日	博覧会事務局に併合された博物館、書籍館、博物局、小石川薬園は、文部省の所轄に復帰した。	『明治以降教育制度発達史』第一巻 教育史編纂会、八六九頁
		2月22日	小石川薬園が〝小石川植物園〟と改称された。	『文部省第四年報』 「小石川植物園創始沿革」
		2月25日	ゴッドフリート・ワグネルは、政府に提出した「維府大博覧会報告」のなかで、日本にも博物館のような展示場および美術の教習場を設立することを勧告した。	『日本洋画史』第一巻、三〇九頁「明治前期」外山卯三郎

年	月日	事項	拠所・文献
	3月30日	太政官達第43号（輪廓附）で博覧会事務局を内務省の所管に移し「博物館」と改称した。但し「澳国博覧会残務相済候迄右事務ニ限リ従前ノ通正院所属ヲ以澳国博覧会事務局ノ名目ヲ存シ置博物館中ニ於テ取扱候事」とある。	『太政官布告全書』 『明治以降教育制度発達史』教育史編纂会 『明治史要』 『内務省第1回年報』
	4月8日	文部省に復帰した博物館を「東京博物館」と改称した。	『明治以降教育制度発達史』第一巻 教育史編纂会、八六九頁
	4月8日	書籍館は「東京書籍館」と改称された。同年五月一四日規則を定め、一七日より公開することとなった。	『明治以降教育制度発達史』第一巻 教育史編纂会、八六八頁
一八七六 明治9	2月24日	太政官布告により、内務省所管の博物館のみ、単に「博物館」と称し、他庁設置のものは、地名または他の文字を冠することとなった。	『明治以降教育制度発達史』第一巻 教育史編纂会
	3月22日	文部大輔田中不二麿は、太政大臣三条実美に対し、上野公園内に学術博物場を設置することについて上申した。 学術博物場建設之義ニ付伺 当省所管東京博物館ノ儀假ニ東京書籍館ノ一局ニ在テ開設シ専門学科生徒実験拡智ノ用ニ供シ来候処区域最狭搾ニ有之既ニ各地方ヨリ採集スル動植物金石等其他諸物件ヲ排列スルニ余地無之障礙不少ノ際客歳中允可ヲ得当省雇学監ドクトルモルレー代ニ委嘱シ米国ヨリ購取スル般々ノ物件茲ニ到達スル期ニ臨ミ従来ノ假局ノミニテハ全ク排列ノ便ヲ欠キ該館特設ノ趣旨到底徒爲ニ嘱シ遺憾不少候條今回上野山内当省用地ニ於テ先以学術博物場ノ一部分ヲ構造致度　尤該費用ハ金一万五千円以内ノ見込ニテ当会計年度当省額外常費営繕費ノ範囲ニ在テ可相弁候条速ニ允裁相成候様致度此旨相伺候也。	『公文録・文部省之部』 『国立科学博物館百年史』、四〇頁
	5月9日	上野公園開園する。明治天皇行幸。	『明治天皇紀』第三巻、五九八頁
	5月31日	東京書籍館は、東京開成学校地内に法律書閲覧場を開設し、九月二一日より公開した。	『明治以降教育制度発達史』第一巻 教育史編纂会、八六九頁
	7月18日	太政官布告第一〇二号により、明治一〇年東京府下上野公園で内国勧業博覧会を開き、内務省の管轄で開催することを布告した。	『太政官布告全書』
	11月17日	博物館は、博物、考証、工業の三掛を廃止し、新たに天産部、農業山林部、工芸器材部、芸術部、史伝部、教育部、法教部、陸海軍部の八部を設けた。	『東京国立博物館百年史・資料編』、三三五頁
一八七七 明治10	1月26日	文部大輔田中不二麿は、学第一二一号で東京博物館を「教育博物館」に改称したことを右大臣岩倉具視に届けた。	『公文録・文部省之部』 「東京博物館改稱之儀御届」 『文部省第五年報』
	2月2日	文部大輔田中不二麿は、文部省直轄の東京書籍館を経費節減のため廃止したいと太政大臣三条実美に上申し、許可された。	『公文録・文部省之部』立案第三号、明治一〇年一月二六日

西暦	和暦	月日	事項	出典
		4月14日	文部大輔田中不二麿は教育博物館の所轄であった小石川植物園を東京大学の附属にしたことを右大臣岩倉具視に上申した。	『公文録・文部省之部』学第八〇一号
		8月18日	上野公園内に新築した「教育博物館」が開館した。文部大輔田中不二麿は太政大臣三条実美に上申した。	『国立科学博物館百年史』、六六頁「教育博物館開館之儀上申」
		8月21日	上野公園内で第一回内国勧業博覧会が開催された（一一月三〇日まで）。	『法令全書』第九巻の一「内務省甲第三五号布達」『東京市史稿・遊園篇』第四 東京市役所、一〇一五頁「明治一〇年内国勧業博覧会規則」
		12月11日	東京府知事は辰ノ口（都内千代田区）の東京工業場内物品陳列所概則を定めた。概則の諸言には「物品陳列所ヲ設クルノ趣意ハ、本年内国勧業博覧会ノ残品ヲ収集羅列シ、広ク衆庶ノ縦覧ヲ許シ物品売買之便宜ヲ得セシムニ在リ。故ニ都而簡易軽便ヲ旨トシ、概則ヲ列スル左ノ如シ。」日曜・土曜日、大祭・祝日など休日はなく、すべて無料で観覧させる。	『東京市史稿・市街篇』第四 東京市役所、四〇三頁
		12月28日	太政官布告第八八号により、内国勧業博覧会の開催は、明治一〇年をもって初回とし、爾後五年ごとに開催することが布告された。	『法令全書』第九巻の一、一三六頁
一八七八	明治11	3月14日	上野公園内寛永寺本坊跡にコンドル設計の新博物館建設工事始まる。	『東京国立博物館百年史』、七八一頁
一八七九	明治12	3月	河瀬秀治は、我が国の美術工芸の奨励について「明治一二年三月中余曾テ此議ヲ以テ当時ノ大蔵卿大隈重信氏ニ献シタルコトアリシト雖モ当時ノ状況ニ在テハ未タ美術奨励ノ方按ヲ実行スルニ至ラス」とある。	『国華』第三号「帝室ノ保護ヲ以テ直接ニ美術工芸ヲ奨励スルノ必要ヲ論ス」
一八八一	明治14	3月1日	上野公園内で第二回内国勧業博覧会が開催された（六月三〇日まで）。	『東京市史稿・市街篇』第六四 東京市役所、七〇五頁『東京市史稿・遊園篇』第五 東京市役所、四九七頁
		4月7日	太政官達により、内務省博物館は、農商務省へ移管された。	『明治以降教育制度発達史』第一巻 教育史編纂会、八七四頁『東京国立博物館百年史』、二〇一頁
		8月6日	文部省直轄の教育博物館は「東京教育博物館」と改称された。	『明治以降教育制度発達史』第二巻 教育史編纂会、五二六頁
		10月1日	山下門内博物館を上野公園に移転した。	『明治史要』、六二〇頁
一八八二	明治15	3月20日	農商務省博物館及び附属動物園、上野公園内に開館した。明治天皇開館式に行幸、新博物館の常時公開始まる。	『明治史要』『東京国立博物館百年史』、二〇六頁
一八八五	明治18	12月22日	太政官達六九号により、太政大臣、参議各省卿の職制を廃止し、新たに内閣制度を定めた。内閣総理大臣および宮内・外務・内務・大蔵・陸軍・海軍・司法・文部・農商務・逓信の各省が設置された。	『明治官制辞典』博覧会事務局、四九八頁「内閣制度」
一八八六	明治19	3月24日	農商務省博物館、宮内庁へ移管され、図書寮附属の博物館となる。	『明治以降教育制度発達史』教育史編纂会 第一巻、八七四頁
		3月27日	東京教育博物館、東京図書館は、総第二三〇号により、文部省総務局の所属となり、館長制を廃止した。	『国立科学博物館百年史』、一三七頁

年	月日	事項	拠所・文献
一八八八 明治21	5月22日	「東京教育博物館総則」を定めた。総則には「文部省総務局ノ所属ニシテ凡教育上必要ナル諸般ノ物品ヲ収集シ教育ニ従事スル者ノ捜討ニ便シ兼テ公衆ノ来観ニ供シ以テ世益ヲ謀ランカ為メニ設立スル所ナリ」とある。	『官報』第八六五号 「東京教育博物館改正」
	9月2日	東京美術学校幹事文学士族岡倉覺三（天心）は美術博物館の必要性を提唱した。	『日出新聞』二日、四日、五日、六日号 「博物館に就て」『明治期博物館学基本文献集成』
	9月27日	宮内省に臨時全国宝物取調局が設置され、図書頭九鬼隆一が臨時全国宝物取調委員長となる。	『東京国立博物館百年史』、七八三頁
一八八九 明治22	5月16日	宮内省達第六号で、図書寮附属博物館を廃し、帝国博物館（東京）、帝国京都博物館、帝国奈良博物館を設置した。	『明治以降教育制度発達史』第三巻 教育史編纂会、七七九頁
	7月	上野公園内に所在した東京教育博物館は廃止され、新たにお茶の水の湯島聖堂構内に移転し、「高等師範学校附属東京教育博物館」として再開した。	『高等師範学校一覧』
一八九〇 明治23	4月1日	上野公園内で第三回内国勧業博覧会が開催された（七月三一日まで）。出品人員七七、四三一人、会期中の入場者数一、〇二三、六九三人。	『東京市史稿・市街篇』第六四 東京市役所、四九二頁
	10月15日	勅令二三三号で高等師範学校官制が定められた。その第三条に「高等師範学校ニ東京教育博物館ヲ付設ス東京教育博物館ハ普通教育ニ関スル諸般ノ物品ヲ陳列シ参考ニ使スル所トス」とある。	『高等師範学校一覧』 「高等師範学校官制」 『高等師範学校一覧』 「附属東京教育博物館沿革略」
一八九六 明治29	2月14日	貴族院において帝国図書館を設立する建議案が可決された。田中芳男はこの議案の帝国図書館という文字の下に、博物館という三字を加へられんことを望むと述べた。「明治四年に、初めて博物館を設けられてより、中頃博物館と図書館とは同一になりしことなどの来歴を述べ博物館を、図書館同様世の中の益を爲し、目よりして学問させる大切の機関なれば、此建議案中に博物館を加へられたし。」可とする者多数にてこの建議案は成立した。	『教育時論』三九一号 「帝国図書館を設立するの建議案」
	3月5日	貴族院において博物館を設立するための建議案が審議された。 建議の主意は、 「我邦近年駸々乎トシテ文明開化ノ域ニ進ムニ随ヒ之ニ伴ナフ事物ノ備ラムコトヲ要スルハ一ニシテ足ラスト雖先ヅ国立ノ大博物館ノ設置ヲ希望セサルヲ得ス抑博物館ハ図書館と竝立シテ両輪ノ如ク諸学科ニ関スル各種ノ用品ヲ初メ実業上ノ物件ニ至ルマテ悉ク網羅シテ遺スコトナシ故ニ欧米各国ニ於テモ皆之ヲ設ケサルナク其規模ノ如キモ極メテ宏大完備ナルモノトス依テ我邦ニ於テモ一大完備ノ国立博物館ヲ設置セラレンコトヲ希望スル所ナリ因テ茲ニ建議ス」とある。 田中芳男はわが国にはすでに帝国に属する帝国博物館、文部省所轄の教育博物館、陸軍省所属の遊就館が存在する。この三者を一にしたとしてもなお不完不備である。故に完備した博物館を改めて建設する必要があるとしている。 博物館設立の建議案は賛成多数で通過した。	『教育時論』三九三号 「博物館を設立するの建議」 『大日本帝国議会誌』第八巻 「第九回帝国議会貴族院・博物館設立の建議案」 『貴族院議事速記録』第三〇号 明治二九年三月七日 「博物館設立ノ建議案会議」 『博物館研究』第一巻第一号 「国立博物館と帝国議会」

3月30日	内閣総理大臣臨時代理枢密院議長伯爵黒田清隆・農商務大臣子爵榎本武揚は、勅令第一〇七号により、「貿易品陳列館官制」を公布した。 貿易品陳列館官制 第一条　貿易品陳列館ハ農商務大臣ノ管理ニ属シ内外ノ商品見本ヲ収集陳列シ衆庶ノ観覧参考ニ供スル所トス 第二条　貿易品陳列館ニ左ノ職員ヲ置ク 館長・書記 第三条　館長ハ一人奏任トス農商務大臣ノ指揮監督ヲ承ケ館務ヲ掌理シ所属職員ヲ監督ス 第四条　書記ハ専任七人判任トス館長ノ指揮監督ヲ承ケ庶務ニ従事ス 第五条　農商務大臣ハ館務上ノ須要ニ依リ貿易品陳列館商議委員ヲ設クルコトヲ得 第六条　本令ハ明治二九年四月一日より施行ス	『官報』第三八二三号　明治二九年三月三一日
3月30日	内閣総理大臣臨時代理枢密院議長黒田清隆・農商務大臣榎本武揚は勅令第一〇八号により貿易品陳列館長の官等は高等官三等以下とすることを裁可し公布した。	『官報』第三八二三号　明治二九年三月三一日
9月25日	農商務大臣榎本武揚は農商務省告示第二四号により「貿易品陳列館内国人出品規則」を定めた。 内国人出品規則 第一条　本館ニ出品若クハ寄贈セントスル者ハ別記書式ニ従ヒ一種類毎ニ願書ヲ作リ本館ニ願出ヘシ一地方ノ貿易品ヲ類集シテ出品若クハ寄贈セントスル者ハ本館陳列品類目録ニ照シ其類別ヲ明確ニスヘシ 第二条　本館ハ出品物若クハ寄贈品ノ適否ヲ鑑別シテ許否ヲ定メ之ヲ本人ニ通知ス 第三条　出品若クハ寄贈許可ノ通知ヲ得タルトキハ堅牢ナル荷造ヲ爲シテ速カニ其物品ヲ三日以内ニ本館宛発送スヘシ 第四条　発送人ハ入記目録二通ヲ作リ一通ハ荷造リ際函内ニ入レ一通ハ本館ヘ宛差出スヘシ但入記目録ノ品名箇数等ハ既ニ許可ヲ得タル願書ニ記載シタルモノト相違スルヲ得ス若シ品名箇数等相違スルトキハ直ニ之ヲ返還スヘシ 第五条　出品人ハ出品物ノ返還、変更ヲ出願スルコトヲ得又本館ノ都合ニ依リ撤去、変更ヲ命スルコトアルヘシ 第六条　出品中必要有益ナリト認ムルモノハ本館ニ於テ買上クルコトアルヘシ 第七条　出品ニハ同種物品ノ累年製額及販額表、商標包装等を添出スルコトヲ得 第八条　出品陳列ノ位置ハ館長ノ見込ニ依リ之ヲ定ム 第九条　出品ハ一切本館ニ於テ之ヲ取扱フト雖モ東京府下ニ取扱人アルトキハ其者ヲシテ之ヲ取扱ハシムルコトヲ得 第十条　出品人ハ本館ノ許可ヲ得テ自己出品物ノ陳列ヲ爲スコトヲ得但時宜ニ依リ特ニ其取扱ヲ出品人ニ命スルコトアルヘシ 第十一条　出品人ハ出品物ノ荷造及往返運賃ヲ負担スルノ外陳列上ニ係ル費用ハ一切支出ヲ要セス但出品ニ係ル運賃ヲモ時宜ニ拠リ本館ヨリ支弁スルコトアルヘシ 第十二条　出品物陳列ノ周囲ニ特ニ装飾ヲ望ムモノハ其旨ヲ申出本館ノ許可ヲ受クヘシ本条ニ係ル費用ハ自弁トス	『官報』第三九七四号　明治二九年九月二五日

年	月日	事項	拠所・文献
		第十三条　運賃未払ノ荷物ハ之ヲ受理セス差出人不明ノ者ハ本館ニ於テ適宜之ヲ処分スヘシ 第十四条　寄贈品ハ本館ノ都合ニ依リ他ニ放シテ陳列スルカ又ハ廃棄スルコトアルヘシ 第十五条　出品物ヲ購入セントスル者アルトキハ時宜ニ依リ出品人ニ紹介スルコトアルヘシ但取引ハ売買者直接ニ之ヲ為シ本館ニ於テ干与スル所ニアラス又本館ハ取引上ヨリ起ル紛擾ニ対シ其責ニ任セス 第十六条　本館ニ於テハ出品物ニ対シ相当ノ保護ヲ為スヘシト雖モ水火盗難其他避クヘカラサル災害ヨリ起ル破損汚穢紛失等アルモ本館ハ其責ニ任セス 第十七条　出品又ハ寄贈品ノ申込夥多ナル時及本館ノ都合ニ依リ一時陳列若クハ出品ヲ中止スルコトアルヘシ 第十八条　機械部ニ属スルモノハ当分ノ内小機械ニ限リ出品スルコトヲ得	
	9月25日	農商務大臣榎本武揚は、農商務省告示第二五号により、貿易品陳列館規則を定めた。本館は、農商務省内に置き貿易品見本を陳列した。 内国産は、重要なる輸出品、将来輸出の見込ある物品 輸入品と競争すべき物品、特に新製せしめた物品 外国産は、本邦製造品の模範となるへき物品、将来本邦輸出品と競争しつゝある物品、将来本邦輸出品と競争の見込ある物品、外国市場に於て他国より輸入し勢力あるもの、中本邦にて製造し得へき見込ある物品、重要本邦輸入品 将来輸入の見込ある物品 縦覧券は一人三銭。貴衆両院議員、寄贈人、出品人、商業会議所会員、実業協会員、地方庁郡市役所の添書、若くは証明書を持参する者、行政庁の認可したる同業組合員、官立公立実業学校の生徒、外国公使館領事、その他吏員並びに公使領事の紹介ある外国貿易商は無料。	『官報』第三九七四号　明治二九年九月二八日
一八九七 明治30	6月5日	法律第四九号で古社寺保存法が制定された。第一条には「古社寺ニシテ其ノ建造物及寳物類ヲ維持修理スルコト能ハザルモノハ保存金ノ下付ヲ内務大臣ニ出願スルコトヲ得」とある。	『日本近代美術発達史』（明治篇） 『文化財保護の歩み』文化財保護委員会
	7月28日	農商務省大臣大隈重信は、農商務省告示第二七号により、農商務省商品陳列館規則を定めた。 農商務省商品陳列館規則 第一条　本館ハ左記ノ商品見本ヲ陳列ス 第一　内国産 一、重要ナル輸出品 二、将来輸出ノ見込アル物品 三、輸入品と競争スヘキ物品 四、製造ノ原料トナルヘキ物品	『官報』第四二二一号　明治三〇年七月二八日

第二　外国産

一、本邦製造品ノ模範トナルヘキ物品

二、本邦輸出品ト競争シツヽアル物品

三、将来本邦輸出品ト競争ノ見込アル物品

四、外国市場ニ於テ他国ヨリ輸入シ勢力アルモノ、中本邦ニテ製造シ得ベキ見込アル物品

五、重要本邦輸入品

六、将来輸入ノ見込アル物品

七、製造ノ原料トナルヘキ物品

第二条　本館ハ第一条ノ物品ノ外特許局受付ノ特許品登録竟匠並ニ商標ノ見本雛形ヲ陳列ス

第三条　本館ハ差支ナキ限リ第一条ニ該当スル内外人ノ出品又ハ寄贈ヲ受ケ其出品ハ之ヲ内外国産部内ニ陳列ス。但出品規則ハ別ニ之ヲ定ム

第四条　爆裂若クハ発火性ノ物又有害ノ虞アリト認ムル物ハ其包装ノミヲ出陳スルコトヲ得

第五条　陳列品ハ左ノ六部ニ区分陳列ス

一、内国産部

一、外国産部

一、新著品部

一、比較品部

一、参考品部

一、特許品部

第六条　本館陳列品目録ハ時々刊行シテ望ニ応シ当業者ニ頒布ス

第七条　本館ハ来館者ノ望ニ応シテ陳列品ノ説明ヲ為ス

第八条　本館ハ内外博物館商工業学校物産陳列所及商品見本陳列所等ト広ク通信ヲ開キ印刷物ヲ交換シ陳列品ヲ貸借譲渡スヘシ

第九条　出品物ヲ購入センカ為メ出品人ニ其紹介ヲ望ム者アルトキハ之ニ応ス但本館ハ取引上ヨリ起ル紛擾ニ対シ其責ニ任セス

第一〇条　陳列品ノ市価、運搬費、関税、卸値段、買収シ得ヘキ、数量、信用其他ノ事項ハ当業者ノ望ニ依リ本館ハ出来得ル限リ之ヲ調査報道ス但時宜ニ依リ之ニ要スル実費ヲ徴収スルコトアルヘシ

第一一条　新製品ノ貿易ニ適スルヤ否ヲ確メ且其試売ノ紹介ヲ求ムルモノアルトキハ本館其労ヲ取ルコトアルヘシ但本条ノ場合ニ於テ運搬費其他ノ諸費ヲ要スルトキハ請求人之ヲ負担スヘシ

第一二条　本館ハ公報ヲ発兌シ内外ノ通信報告其他貿易ニ関スル諸般ノ事項ヲ掲載ス

第一三条　公報ヲ購読セントスルモノハ発行所ヨリ購入スヘシ但事宜ニ依リ無料配付スルコトアルヘシ

第一四条　本館ハ書籍室ヲ設ケ商業及製作ニ関スル報告、統計、海陸図、参考書類、特許、意匠及商標ノ明細書、特許及商標、広報其他新聞、雑誌等ヲ設備シ公衆ノ縦覧ヲ許ス

第一五条　本館ノ陳列品中出品人ノ申出ニ依リ模写ヲ禁スルコトアルヘシ

第一六条　本館陳列品ノ縦覧ハ無料トス

第一七条　縦覧人ハ総テ本館ノ規則及掲示ヲ確守スヘシ

年	月日	事項	拠所・文献
		第一八条　第一九条ノ休日ヲ除クノ外毎日左記ノ時間中縦覧ヲ許ス但時宜ニ依リ之ヲ伸縮シ又縦覧ヲ停止スルコトアルヘシ 一月八日ヨリ二月末日マデ　午前一〇時ニ開キ午後三時ニ閉ツ 一一月一日ヨリ一二月二四日マデ　午前一〇時ニ開キ午後三時ニ閉ツ 三月一日ヨリ一〇月三一日マデ　午前九時ニ開キ午後三時ニ閉ツ 第一九条　本館ハ日曜日大祭祝日及一月一日ヨリ同七日マデ一二月二五日ヨリ同三一日マテ閉館ス	
		農商務大臣は、農商務省告示第二八号により「農商務省商品陳列館出品規則」を定めた。 農商務省商品陳列館出品規則 第一条　本館ニ出品若クハ寄贈セントスル者ハ別記書式ニ従ヒ甲号ハ一通乙号ハ一種類毎ニ調製シ本館ニ申出ヘシ商品ヲ類集シテ出品若クハ寄贈セントスル者ハ其類別ヲ明確ニスヘシ 第二条　本館ハ出品若クハ寄贈品ノ適否ヲ鑑別シテ成ルヘク速ニ之ヲ本人ニ通知ス 第三条　出品若クハ寄贈ニ適シタル旨ノ通知ヲ得タルトキハ堅牢ナル荷造ヲ為シテ速カニ本館宛発送スヘシ 第四条　出品人ハ入記目録一通ヲ作リ荷造ノ際函内ニ入レ置クヘシ但出品物到達セントキハ其旨本人ニ通知ス 第五条　出品人ハ出品物ノ返還、変更ヲ請求スルコトヲ得又本館ノ都合ニ依リ撤去、変更ヲ為サシムルコトアルヘシ 第六条　出品中必要有益ナリト認ムルモノハ本館ニ於テ買上ルコトアルヘシ 第七条　出品ニハ同種物品ノ累年製額及販額表、商標包装等ヲ添出スルコトヲ 第八条　出品陳列ノ位置ハ本館之ヲ定ム 第九条　出品ハ一切本館ニ於テ之ヲ取扱フト雖モ東京府下ニ取扱人アルトキハ其者ヲシテ之ヲ取扱ハシムルコトヲ得此場合ニ於テハ其住所氏名ヲ出品物発送ノ際申出ヘシ 第一〇条　出品人ハ本館ヘ申出テ自己出品物ノ陳列ヲ為スコトヲ得但時宜ニ依リ特ニ其取扱ヲ出品人ニ命スルコトアルヘシ 第一一条　出品人ハ出品物ノ荷造及往返運賃ヲ負担スルノ外陳列上ニ係ル費用ハ一切支出ヲ要セス但出品ニ係ル運賃ヲモ時宜ニ依リ本館ヨリ支弁スルコトアルヘシ 第一二条　出品物中特別重要品ノ出品ニ対シテハ時宜ニ依リ本館其借料ヲ支払フコトアルヘシ 第一三条　出品人ハ予メ本館ノ承諾ヲ経テ出品陳列ノ周囲ニ特ニ装飾ヲ施スコトヲ得 第一四条　第一〇条但書ノ場合ヲ除クノ外運賃未払ノ荷物ハ之ヲ受理セス差立人不明ノ者ハ本館ニ於テ適宜之ヲ処分ス	『官報』第四二二一号　明治三〇年七月二八日

第一五条　本館ニ於テハ出品物ニ対シ相当ノ保護ヲ為スヘシト雖モ水火盗難其他避クヘカラサル災害ヨリ起ル破損汚穢・紛失等アルモ本館ハ其責ニ任セス

第一六条　出品又ハ寄贈品ノ申込夥多ナル時及本館ノ都合ニ依リ一時陳列若クハ出品ヲ中止スルコトアルヘシ

第一七条　機械ニ属スルモノハ当分ノ内小機械ニ限リ出品スルコトヲ得

（別記）

甲号書式

出品（寄贈）目録

別紙目録ノ物品貴館ヘ出品（寄贈）致度候也

年　月　日

住所職業　氏　　名　印

農商務省商品陳列館宛

乙号書式

出品（寄贈）目録

物名　　箇数　　寸尺（横、竪、高）

質

形状若クハ紋様

小売相場

卸売相場（幾許額以上以下割引有無）

模写ヲ欲セサル者ハ禁模写ノ三字ヲ記スヘシ

説明（左ノ各項ノ説明ハ特ニ出品ニ添付シテ之ヲ授示スルコトアルヘキヲ以テ公示ヲ厭フモノハ其項下ニ秘ノ字ヲ記スヘシ）産地及製造場

製造人名

原料及其産地

一箇年産額

同　　販額

製造人名

原料及其産地

一箇年産額

同　　販額

商店所在

本支店共

販売先及輸出先

荷造費

用途

注文ニ応シ得ラルヘキ額

右之通

年　月　日

住所職業　氏　　名　印

年	月日	事項	拠所・文献
	8月8日	帝室技芸員総代濤川惣助・川端玉章・高村光雲は、美術の保護並に奨励のため大蔵大臣、外務大臣、美術協会会長、帝国博物館館長らに建議を提出した。その第七項に「美術博物館ヲ設置シ若シクハ帝国博物館ノ規模ヲ拡張シ、内外美術上ノ参考資料ヲ一層豊富ニ常備セラレタキ事」。第八項に「奈良御宝庫ヲ初メトシ、全国各博物館等ニ古社寺等ニ保在スル所ノ宝物ハ美術家ニ限リ拝観ノ特典ヲ与ヘ其希望ヲ容レテ便宜ニ模写模刻等ヲ許サレタキ事」第九項に「展覧会等ニ際シ相当ノ手当金ヲ下賜セラレタル事」とある。	『日本近代美術発達史』(明治篇) 「帝室技芸員の建議」浦崎永錫、四四二頁
	12月15日	勅令第四四六号により、古社寺保存法施行ニ関スル件を裁可シ公布した。その第一条には「古社寺保存法第七条ニ依リ国宝ヲ博物館ニ出陳セシメタルトキハ当該博物館ニ国宝監守ヲ置ク。国宝監守ハ命ヲ内務大臣ニ承ケ出陳国宝ノ監守ニ関スル一切ノ責ニ任ス」 第二条には「官立博物館ノ国宝監守ハ当該博物館ノ奏任待遇以上ノ館員ヲ以テ之ニ充ツ。公立博物館ノ国宝監守ハ当該博物館長ヲ以テ之ニ充ツ」とある。	『文化財保護の歩み』文化財保護委員会、四七六頁　昭和三五年一一月発行
	12月15日	内務省令第三五号により、古社寺保存法施行細則を定めた。 保存金の下付を出願の願書には 一、出願の事由 二、修理する物件の名称、所在、種類、品質、員数、形状、寸尺、構造、坪数並、歴史の証徴、由緒の特殊又は製作の優秀等を証見するにたる事項 三、建築又は製作の年代及その後之に加へた修理の年月 四、修理に要する工費予算並設計仕様等 五、竣成期限 六、出願者の資力を証するに足るべき事項	『文化財保護の歩み』文化財保護委員会
一八九九 明治32	3月24日	法律第八七号により、「遺失物法」が公布された。その第一条には「他人ノ遺失シタル物件ヲ拾得シタル者ハ速ニ遺失者又ハ所有者其ノ他物件回復ノ請求権ヲ有スル者ニ其ノ物件ヲ返還シ又ハ警察署長ニ之ヲ差出スヘシ但シ法令ノ規定ニ依リ私ニ所有所持スルコトヲ禁シタル物件ハ返還スルノ限ニアラス」とある。	『文化財保護関係法令集』[第二次改訂版] 文化財保護法研究会、六一九頁
明治30年代		明治三二年図書館令が公布され、同じ社会教育施設でありながら博物館に法令が制定されないのは問題があるとして、博物館関係者で草案を作成し、文部省普通学務局に提出したと言われる。	『MOUSEION』八号 「博物館事業に捧げた50年」棚橋源太郎、宮本馨太郎対談

一九〇〇	明治33	6月26日	宮内省達甲第三号により「帝室博物館官制」を制定した。従来の帝国博物館、帝国京都博物館、帝国奈良博物館は、東京帝室博物館、京都帝室博物館、奈良帝室博物館と改称された。	『明治以降教育制度発達史』第四巻 教育史編纂会、七九四頁
			明治美術会の評議員会は、「美術の保護奨励に関する意見書」を起案し、代議士根本正、安藤亀太郎を介して第一四回帝国議会に提案した。この意見書は、国家が美術を保護奨励する必要を説いており、最も急務を要する事業として 一、美術調査会を設けること 二、国立美術館を設け、内外古今の美術を収集陳列すべきこと 三、知名の美術家を派遣して研究せしむること 四、有益な美術関係の教会に補助金を与えること を挙げた。	『国立近代美術館ニュース・現代の眼』第二七号 「日本に於ける近代美術館設立運動史(三)」隈元謙次郎
		7月11日	美術同志会は、専任委員会総会で、「美術ノ保護奨励ニ関スル請願書」を起草提出した。	『日本近代美術発達史』(明治篇)、四五〇頁
		11月27日	美術同志会は専任委員総会で、「美術奨励ノ建議ニ関スル実行方法案」を議した。美術館ヲ設置スル件、美術調査会ヲ設置スル件、美術家ヲ海外ニ派遣スル件、美術ニ関スル有益ノ国体ヲ補助スル件の四件に分けて具体的に概説している。美術館を設置する件については、 一、美術館ハ東京ニ一、京都若クハ大阪ニ一ヲ設ケルコトトシ先ツ東京美術館ヲ設立スル事 一、明治三六年大阪市ニ開会スル第五回内国勧業博覧会ノ美術部ヲ同会閉会後関西ニ於ケル永久的常設美術館タラシムル為、煉瓦若クハ石ニテ建設スル事 一、美術館列品ハ之ヲ美術部及ビ応用美術部ノ二部ニ分ケ各部ニ古物区ト新製区トヲ設ケ、更ニ図書、調査ノ二部ヲ置ク事 一、東京美術館ハ東西ノ美術史上著名ノ遺作及現代ノ名作ヲ総攬シ、併セテ金工、漆工及諸工芸ノ応用美術品ヲ収集陳列スル事 一、京都美術館ハ日本美術史上ノ精密ナル収集及現代名画ノ陳列ヲ主トシ併セテ陶磁染織類の応用美術品ヲ陳列する事 とある。	『日本近代美術発達史』(明治篇)、四五二頁 「美術保護運動」浦崎永錫
一九〇一	明治35	6月20日	万国郵便連合加盟二五周年の記念事業として「郵便博物館」を京橋区木挽町の逓信省内に創設した。	『逓信博物館七五年史』逓信博物館
一九〇七	明治40	6月6日	勅令第二二〇号で、「美術審査委員会官制」が定められた。委員会は文部大臣の監督に属し、美術展覧会の出品を審査する。 第一部・日本画、第二部・西洋画、第三部・彫刻。	『明治以降教育制度発達史』第八巻 教育史編纂会、一二八頁 『日本近代美術発達史』(明治篇)、四九一頁
		6月8日	文部省告示第一七二号で「美術展覧会規程」を定めた。 第一章・総則、第二章・出品、第三章・鑑査及ビ審査、第四章・特選及ビ買上、で構成され毎年一回開会し場所及び期日はその都度告示する。第一回展は明治四〇年秋に開くこととなった。	『明治以降教育制度発達史』第八巻 教育史編纂会

年	月日	事項	拠所・文献
一九〇八 明治41	3月14日	第三回美術家大懇親会が芝浦のロセッタ・ホテルで開かれた。席上、九鬼隆一は新古美術品の陳列館を各地に新設すべき事を説いた。執行弘道は、常設美術館設置の建議を提案した。	『国立近代美術館ニュース・現代の眼』第三一号「日本に於ける近代美術館設立運動史（6）」隈元謙次郎 『美術新報』明治四一年三月五日号
一九〇九 明治42	2月	洋風美術家数十名は、連署で美術展覧会場と美術館設立の請願書を帝国議会へ提出した。この請願書は衆議院の請願委員会で採択され三月二二日貴族院の請願委員会で採択決定となった。	『国立近代美術館ニュース・現代の眼』第三二号「日本に於ける近代美術館設立運動史（6）」隈元謙次郎 『美術新報』明治四二年四月五日号
一九一〇 明治43	1月27日	国華倶樂部会員及び各美術団体の代表者が会合し、「我が美術界は常設美術展覧会建設の必要を認め、之が実行を期す」と決議し、東京府、東京市両庁に請願書を送った。	『国立近代美術館ニュース・現代の眼』第三三号「日本に於ける近代美術館設立運動史（7）」
	3月19日	東京日日新聞は、尾崎行雄らの常設美術展覧会設立の建議案を冷遇した政府と議会を非難し、常設美術展覧会の必要性を説いた。また、来るべく明治五〇年の国民的視察として永久的な美術館の建設を提案している。	『国立近代美術館ニュース・現代の眼』第三五号「日本に於ける近代美術館設立運動史（8）」
	3月21日	衆議院第二六議会に尾崎行雄他四名による常設美術展覧会設立に関する決議案が提出された。委員附託の説もあったが、直に採用することに決した。しかし、具体的に発展するまでには至らなかった。	『帝国議会教育議事総覧』三 『国立近代美術館ニュース・現代の眼』第三五号
	4月	4月、郵便博物館を「逓信博物館」と改称した。所属も通信局から大臣官房に移行し、逓信事業全般にわたる資料を展示することとなった。	『逓信博物館七五年史』逓信博物館
	5月31日	美術館建設期成会は、都下美術及美術工芸界の意思を代表し、「一ハ以テ美術界ノ欠陥ヲ補ヒ、一ハ以テ将来ノ発展ヲ誘導スル為メ此際適当ノ常設美術館ヲ御建設アランコトヲ請願仕候」として、東京府知事阿部浩に請願書を出した。	『日本近代美術発達史』（明治篇）、五九〇頁
一九一一 明治44	3月11日	徳川頼倫、徳川達孝、田中芳男、三宅秀が発議者、賛成者大原重朝他一一六名により貴族院議長徳川家達に「史跡及天然記念物保存ニ関スル建議」を提出した。 「我邦ノ歴史上学術上風致上ニ密接ノ関係アル天然記念物カ今ヤ漸ク破壊壊滅ニ属セントスルモノ少ナカラス今日ニ於テ之カ保存ノ方法ヲ企画セルトキハ後年ニ至リ悔錯スルモ其ノ復旧ヲ望ムヘカラス依テ政府ハ速ニ適当ナル方法ヲ設ケテ之カ保存ノ途ヲ講セラレンコトヲ望ム右建議ス」とある。理由書には「我邦ハ建国古ク金甌無缺ノ国体ヲ有シ加フルニ気候ノ適良ナルト動植鉱物ノ種類ニ富ルトニヨリテ歴史的学術的風景的ノ諸方面ニ渉リテ記念トナリ考証トナルヘキ天然物頗ル多ク名木老樹並木森林原野又ハ禽獣魚介或ハ古墳貝墟岩洞瀑布湖沼等ニシテ歴史上著名ノ事跡ニ	『東洋学芸雑誌』第二八巻、三五七頁「日本に於ける天然記念物保存思想の発達」

	ク各地ニ散在セリ然ルニ是等ノ天然記念物ニシテ輓近国勢ノ発展ニ伴ヒ土地ノ開拓道路ノ新設鉄道ノ開通市区ノ改正工場ノ設置水力ノ利用其ノ他百般ノ人為的原因ニヨリテ直接或ハ間接ニ破壊煙滅ヲ招クモノ日ニ其ノ数ヲ加フルニ至レリ是レ一ハ是等ノ天然記念物ノ価値ヲ知ラサルト一ハ亦過度ナル実利的志想ノ発達ニ由ラスムハアラス此ノ如クシテ我邦太古以来ノ天然林又ハ稀有ノ名木カ一朝ニシテ伐倒セラレ或ハ極メテ珍奇ナル禽獣魚介ノ濫獲セラレテ其ノ類族ヲ絶タムトスルハ甚タ惜ムヘキノ至リナリ抑我邦維新以降茲ニ四十四年制度文物燦然トシテ見ルヘキニ至リ随テ古来ノ歴史美術工芸ニ関スル國粋的遺物ノ如キ已ニ保存ノ策ヲ講スルコトトナレルモ独リ天然記念物ニ就テハ今日未タ之カ保存ノ計画ナキハ実ニ遺憾トスル所ナリ」とある。	
3月18日	衆議院第二七議会で竹内正志他一名の「常設美術展覧会設置に関する建議」が提出された。公設美術展覧会場が国家の力を以て設立されんことを希望するものであったが、委員会に附託された。	『帝国議会教育議事総覧』三
3月21日	常設美術展覧会設置に関する建議案は政府委員の意向としては、賛成であるが、創設費に五〇万円余を要するので、直に同意を表することは出来ない。委員会では満場一致で可決された。	『帝国議会教育議事総覧』三
5月17日	勅令第一六五号により「通俗教育調査委員会官制」が定められた。文部大臣の監督に属し、通俗教育に関する事項を調査審議する。通俗教育は学校教育と相俟って、国民を教育する上に大切である。この教育によって国民道徳の振興を計り、また健全なる思想を養成する必要がある。組織は三区分されている。 第一部　読書の選定、編纂、懸賞募集、通俗図書館、巡回文庫、展覧事業。 第二部　幻灯映画、活動写真のフィルムの選択、調製、説明書の編纂。 第三部　講演会に関する事項、講演資料の編纂 （通俗教育調査委員会官制は、大正二年六月一三日勅令第一八〇号で廃止される。）	『明治以降教育制度発達史』第六巻　教育史編纂会、一二一頁 『帝国教育再興』七九号 「通俗教育の沿革」
10月10日	文部省告示第二三七号で「通俗教育調査委員会通俗図書審査規程」が定められた。	『明治以降教育制度発達史』第六巻　教育史編纂会、一二三頁
10月10日	文部省告示第二三八号で「通俗教育調査委員会幻灯映画及び活動写真フィルム審査規程」が定められた。	『明治以降教育制度発達史』第六巻　教育史編纂会、一二四頁

年	月日	事項	拠所・文献
一九一三 大正2	6月13日	勅令第一八〇号により通俗教育調査委員会官制が廃止された。	『明治以降教育制度発達史』第六巻 教育史編纂会、一二五頁
一九一四 大正3	3月20日	東京府が主催した「東京大正博覧会」上野公園内で開催する（七月三一日まで）。	『博覧会強記』寺下勍「博覧会年表」
	6月17日	勅令一二三号により、東京高等師範学校附属東京教育博物館を廃止し、同時に勅令一二二号で文部省普通学務局に「東京教育博物館」を設置した。	『国立科学博物館百年史』、一八八頁
一九一五 大正4	6月17日	日本画、洋画、彫刻、建築、美術工芸などの分野を総合した国民美術協会は、大正天皇の御大典を奉祝する記念事業として美術館建設運動を推進し、奥田東京市長に希望案件を具し建議した。敷地は日比谷公園とし、建坪七〇〇坪、三階建て、建設費一〇〇万円の予定。	『国立近代美術館ニュース・現代の眼』第四二号 「日本における近代美術館設立運動史(1)」隈元謙次郎
一九一七 大正6	3月30日	文部省普通学局は、全国の陳列館、動植物園、水族館等教育上有益な観覧施設に関する報告を『常置教育的観覧施設状況』として大正五年の現況を公刊した。 施設名は 各省総督府都督府の経営に係るもの 東京帝室博物館、京都帝室博物館、奈良帝室博物館、李王職博物館、徴古館、農業館、遊就館、海軍参考館、東京教育博物館、広島高等師範学校教育博物館、農商務省商品陳列館、特許品陳列所、鉱物陳列館、逓信博物館、朝鮮総督府博物館、台湾総督府博物館、旅順要塞戦記念品陳列場、東京帝室博物館附属動物園、李王職動物園、李王職植物園、東京帝国大学理科大学附属植物園 道庁府県郡市町村及団体又は個人の経営に係るもの 甲、陳列館 妙法院龍華蔵、平瀬貝類博物館、府立大阪博物場、高市郡教育博物館、私立明倫中学校附属博物館、久能山東照宮宝物館、名和昆虫研究所昆虫陳列館、典廐寺宝物假陳列場、松本記念館、青沼小学校記念館、中尊寺宝庫、上杉神社宝物館、出雲大社宝物館、岡山通俗教育室、私立川上郡図書博物館、厳島神社宝物館、観古館、衛生参考館、松崎神社宝物館、防長教育博物館、乃木将軍記念館、忌宮神社宝物館、金刀比羅宮宝物館、白峯寺宝物館、善通寺假宝物館、思斉堂、日光宝物館 乙、動物園 浅草公園花屋敷、京都市立記念動物園、大阪市立動物園並植物温室、私立安藤動物園、波越教育動植物園 丙、植物園 富士山植物園 丁、水族館 浅草公園水族館、堺市立水族館、名古屋教育水族館、塩釜水族館、魚津町立水族館、大社教育水族館、箱崎水族館	『常置教育的観覧施設状況』『博物館基本文献集』第一〇巻 文部省
	9月5日	日本初の美術館「財団法人大倉集古館」が登記され、七年五月から公開された。	『大正震災志』内務省社会局 附録

年	月日	事項	出典
	10月	東京商工奨励館設立期成会が発足した。会長渋沢栄一子爵、副会長藤山東京商業会議所会頭・星野東京実業組合聯合会長。	『東京府史 行政篇』第三巻 六四七頁 第六章「府立東京商工奨励館」
	12月25日	森林太郎（鴎外）は、帝室博物館総長兼図書頭に任命され、翌七年から東京帝室博物館列品の陳列分類方法を「時代別陳列」に改正した。	『大正博物館秘話』、二〇二頁 「帝室博物館長としての森鴎外」
一九一八 大正7	4月1日	関東都督府訓令第二六号で「関東都督府博物館規程」が定められた。動物部、植物部、水産部、鉱物部、風俗部、考古部、図書部、参考部の八部が置かれた。	『明治以降教育制度発達史』第三巻 教育史編纂会、四二九頁
	11月11日	ドイツは連合国と休戦協定に調印し第一次世界大戦が終了する。	『現代日本総合年表』、二三七頁
	12月24日	大正六年寺内内閣の時に設けられた臨時教育会議は、通俗教育の改善に関する方法についての諮問に、一一條の答申を挙げた。博物館に関する事項の答申には「通俗博物館ノ如キ観覧的教育施設ニ至リテハ頗ル幼稚ニシテ見ルニ足ルヘキモノ稀ナリ然ルニ巡回文庫通俗図書館教育博物館巡回博物館ノ如キハ最モ有力ナル通俗教育上ノ機関ナルカ故ニ一層其ノ普及ヲ図リ公衆ニ対シテ其ノ利用ヲ奨励センコトヲ要ス」とある。	『明治以降教育制度発達史』第六巻、教育史編纂会、二三二頁
一九一九 大正8	3月11日	第四一回帝国議会衆議院に提出された議案「帝国博物館完成ニ関スル建議案」に対し根本正委員は、 「此建議ハ帝国博物館ト云フノデ、即チ国家ガ此美術的ノ博物館ヲ、大イニ奨励シテ貰ヒタイト云フ意味デアラウト私ハ思フノデアリマス、ソレデ日本デハ他ノ国ト違ッテ、上カラ文明ガ及ブ総テ法律規則デモ人民ガ作ルヨリモ、政府ノ方デ関係シタ方ガ能ク出来ルト云フノデ、即チ此ノ建議ハ、国家デ一ツヤッテ貰ヒタイト云フノデアルヤウニ思ハレルノデアリマス」と述べている。	『第四一回帝国議会衆議院』第六類第三号 「帝国博物館完成ニ関スル建議案委員会議録（筆記速記）第一回」
	3月15日	第四一回帝国議会衆議院に上提された「国立博物館建設ニ関スル建議案」の審査は委員会に附託された。	『第四一回帝国議会衆議院』第六類第三号 「帝国博物館完成ニ関スル建議案委員会議録（速記）第一回」
	3月20日	第四一回帝国議会衆議院の委員会に附託された建議案は、「帝国博物館完成ニ関スル建議案」「衛生博覧会開設ニ関スル建議案」「国立博物館建設ニ関スル建議案」「法隆寺防火設備ニ関スル建議案」の四件であった。 「帝国博物館完成ニ関スル建議案」と「国立博物館建設ニ関スル建議案」は、双方の趣旨を採って「博物館完成ニ関スル建議（案）」に修正された。	『第四一回帝国議会衆議院』第六類第三号 「帝国博物館完成ニ関スル建議案委員会議録（速記）第二回」
	3月26日	帝国博物館完成に関する建議案は、 　天然ト人文トノ資料ヲ収集整理シ学術的説明ヲ施シ国民ノ知識ヲ開発スルハ博物館ニ若クナク其ノ効果顕著ナリ故ニ欧米諸国ニ在リテハ博物館ノ設備如何ハ其ノ国文明ノ程度ヲ表示スルモノナリトノ観念ニ基キ各国競フテ之カ施設ニ努メ大都市ニ於テハ到ル処広大ナル国立博物館ヲ設ケ其効果ヲ挙クルニ錯意セサルモノナシ然ルニ我カ国ノ博物館ニ在リテハ其ノ規模狭小ニシテ其ノ利用亦普ネカラス政府ハ宜シク戦後ノ経営トシテ国費ヲ以テ之カ施設ヲ完成シ以テ学者ノ研究ニ資シ一ハ以テ民衆ノ智徳ノ増進ニ資シ延テ産業ノ発達ニ貢献スルノ方法ヲ講セラレムコトヲ望ム右議決ス。 とある。この修正案により、満場一致で可決された。	『官報』号外 大正八年三月二六日 「衆議院議事速記録第二九号」

年	月日	事項	拠所・文献
	4月1日	法律第四三号により、「重要美術品等ノ保存ニ関スル法律」を公布した。第一条には、「歴史上又ハ美術上特ニ重要ナル価値アリト認メラルル物件（国宝ヲ除ク）ヲ輸出又ハ移出セントスル者ハ主務大臣ノ許可ヲ受クベシ但シ現存者ノ製作ニ係ルモノ、製作後五〇年ヲ経ザルモノ及輸入後一年ヲ経ザルモノハ此ノ限ニ在ラズ」とある。	『近代日本教育制度史料』第八巻 教育史編纂会、四一頁
	4月1日	文部省令第一〇号により、「重要美術品ノ保存ニ関スル法律施行規則」が定められた。認定する物件は、絵画、彫刻、建造物、文書、典籍、書蹟、刀剣、工芸品、考古学資料の九種類。	『近代日本教育制度史料』第八巻 教育史編纂会、四一頁
	4月10日	法律第四四号により「史蹟名勝天然紀念物保存法」が定められた。史蹟名勝天然記念物は内務大臣がこれを指定する。指定以前において必要あるときは、地方長官が假に之を指定することができる。	『史蹟名勝天然記念物』三巻七号「史蹟名勝天然紀念物保存法の発布に就て」
	5月30日	勅令第二五八号により「史蹟名勝天然紀念物調査会官制」が公布された。第一条に「史蹟名勝天然紀念物調査会ハ内務大臣ノ監督ニ属シ史蹟名勝天然紀念物ノ保存ニ関スル事項ヲ調査審議ス」とある。	『史蹟名勝天然記念物』三巻五号「史蹟名勝天然紀念物調査会官制の公布」
	8月9日	勅令第二二四号により、朝鮮総督府宝物古蹟名勝天然紀念物保存会官制が定められた。その第一条に「朝鮮総督府宝物古蹟名勝天然記念物保存会ハ朝鮮総督府ノ監督ニ属シ其ノ諮問ニ応ジテ宝物、古蹟、名勝又ハ天然記念物ノ保存ニ関スル重要ノ事項ヲ調査審議ス保存会ハ宝物、古蹟、名勝又ハ天然記念物ノ保存ニ関スル事項ニ付キ朝鮮総督府ニ建議スルコトヲ得」とある。	『近代日本教育制度史料』第八巻 教育史編纂会、五一四頁
	8月9日	制令第六号により、朝鮮宝物古蹟名勝天然記念物保存令が公布された。第一条に「建造物、典籍、書蹟、絵画、彫刻、工芸品其ノ他ノ物件ニシテ特ニ歴史ノ証徴又ハ美術ノ模範ト為ルベキモノハ朝鮮総督府之ヲ宝物トシテ指定スルコトヲ得貝塚古墳寺址城址窯址其ノ他ノ遺跡、景勝ノ地又ハ動物植物地質鉱物其ノ他学術研究ノ資料ト為ルベキ物ニシテ保存ノ必要アリト認ムルモノハ朝鮮総督府之ヲ古蹟、名勝又ハ天然記念物トシテ指定スルコトヲ得」とある。	『近代日本教育制度史料』第八巻 教育史編纂会、五一五頁
	12月11日	朝鮮総督府令第一三七号により「朝鮮総督府宝物古蹟名勝天然紀念物保存会官制及朝鮮宝物古蹟名勝天然紀念物保存令施行日ノ件」で、朝鮮総督府宝物古蹟名勝天然紀念物保存会官制及朝鮮宝物古蹟名勝天然紀念物保存令は、昭和八年一二月一一日より施行することになった。	『近代日本教育制度史料』第八巻 教育史編纂会、五一六頁

西暦	和暦	月日	事項	出典
		12月29日	勅令第四九九号により、史蹟名勝天然紀念物保存法施行令が公布された。その第一条には当該吏員史蹟名勝天然紀念物保存法第二条ノ規定ニ依ル行為ヲ為サムトスルトキハ少クトモ三日前ニ関係土地物件ノ所有者及占有者ニ其ノ旨ヲ通知スヘシ 史蹟名勝天然紀念物保存法第二条ノ規定ニ依ル行為ヲ為ス当該吏員ハ其ノ證票ヲ携帯シ関係者ノ請求アリタルトキハ之ヲ示スヘシ 日出前又ハ日没後ニ於テハ占有者ノ承諾アルニ非サレハ史蹟名勝天然紀念物保存法第二条ノ規定ニ依リ邸内ニ立入ルコトヲ得ス。	『文化財保護の歩み』文化財保護委員会
		12月29日	内務省第二七号により、史蹟名勝天然紀念物保存法施行規則が定められた。 第一条には「文部大臣史蹟名勝天然紀念物ノ指定ヲ為シ又ハ其ノ指定ヲ解除シタルトキハ官報ヲ以テ之ヲ告示ス地方長官仮指定ヲ為シ又ハ其ノ仮指定ヲ解除シタルトキ亦同シ但シ指定セラレタル物ノ保存上必要ト認メタルトキハ告示セサルコトヲ得」とある。	『文化財保護の歩み』文化財保護委員会、四八九頁
一九二〇	大正9	4月23日	農商務大臣山本達雄は、農商務省令第四号により「道府県市立商品陳列所規程」を定めた。 第一条．商品陳列所ハ左ノ業務ヲ行フ 一．商品ノ見本及参考品ノ陳列展覧 二．商品ノ試売 三．商品ニ関スル各種ノ調査 四．商取引ニ関スル各種ノ紹介 五．図書其ノ他刊行物ノ発行収集及展覧 六．其ノ他商品ノ改良及販路拡張ニ必要ナル事項 第二条．道府県市ニ於テ商品陳列所ヲ成立セムトスルトキハ左ノ事項ヲ具シ農商務大臣ノ認可ヲ受クヘシ 一．名称及位置 二．業務ノ種類 三．建物ノ種別坪数及図面 四．設立費及維持費 五．開所年月日 六．所長ノ氏名及履歴 七．規則 前項第一号乃至第三号ニ掲クル事項ヲ変更セムトスルトキハ農商務大臣ノ認可ヲ受クヘシ 第一項第七号ニ掲クル事項ヲ変更シタルトキハ農商務大臣ニ之ヲ報告スヘシ 第三条．商品陳列所ノ経費予算ハ毎会計年度開始前農商務大臣ニ之ヲ報告スヘシ 第四条．商品陳列所ノ毎年度業務成績ハ翌年五月三一日迄ニ農商務大臣ニ之ヲ報告スヘシ 第五条．道府県市ニ於テ商品陳列所ヲ廃止シタルトキハ其ノ事由ヲ具シ農商務大臣ニ之ヲ報告スヘシ 第六条．本規程ニ依リ市ニ於テ農商務大臣ニ差出スヘキ書類ハ地方長官ヲ経由スヘシ 第七条．本規程ハ大正九年五月一日ヨリ之ヲ施行ス	『官報』第二三二五号 大正九年四月二三日

年	月日	事項	拠所・文献
一九二一 大正10	1月26日	小池素康は、東京府会議長花井源兵衛に対し、大正一一年三月平和記念博覧会開設に際し永久的記念として美術陳列館を建設すべし、とする建議案を提出した。 一．美術陳列館ノ目的、主トシテ美術展覧会場トナスコト、其内ノ一部ヲ近代美術品陳列場トナスコト、但建築物ハ延べ二千五百坪以上トナシ材料ハ不燃質トナスベシ 一．是ニ関スル予算ハ増税以外ニ財源ヲ求ムルコト	『東京府立美術館建設之事蹟』、二頁
	2月28日	美術関係各団体代表者は東京府知事に、平和博覧会記念事業に関する具申書を提出した。 具申書 大正一一年三月、東京府ノ主催ニ係ル平和記念博覧会開設ニ際シ、平和記念ノタメ、永久的記念事業ヲ起スコトハ、今回ノ博覧会ヲシテ有意義ナラシムルモノニシテ、就中重要社会事業ノ一タル美術展覧会場建設ノ如キハ最モ適当ナル事業ト被存候。因テ府当局ニ於カレテハ、此際不難ヲ排シテ之ガ実現ヲ期セラレンコトヲ希望スル次第ニ候。 理由 1．博覧会開催ノ主旨ヲ没却スベカラザル事 2．美術展覧会場ノ建設ハ社会事業トシテ重大ナル意義ヲ有スル事 3．文化事業トシテ又、教化事業トシテ重要ナル意義ヲ有する事 4．単ニ美術展覧会場問題トシテ 5．美術作品ノ傾向問題トシテ 6．財源問題ニ関シテ	『東京府立美術館建設之事蹟』
	3月19日	鈴木錠提出の「科学知識普及ニ関スル決議案」が審議された。 「其方法トシテ科学知識普及ニ関スル一大機関ヲ作リマシテ、天下ノ学者及実業家ヲ糾合致シマシテ、通俗的科学叢書ヲ編纂シテ、之ヲ低価ニ汎ク頒布スルコトヤ、通俗講演会及講習会ノ開催ヤ、見学団、組織ヤ、展覧会ノ開催ヤ、活動写真、幻灯、又ハ演劇ノ利用、科学博物館ノ設置、学術普及ノ常設館ノ設置、其他ヲ必要ト存ジマス」とある。	『官報』号外　大正一〇年三月一九日「衆議院議事速記録第三〇号」
	3月25日	「科学知識普及ニ関スル建議案」は満場一致可決した。	第六類第一〇号「発明奨励ニ関スル建議案外一件委員会議録」
	6月24日	勅令第二八六号で「東京博物館官制」が定められた。第一条に「文部大臣ノ管理ニ属シ自然科学及其ノ応用ニ関シ社会教育上必要ナル物品ヲ収集陳列シテ公衆ノ観覧ニ供スル所トス」とある。	『明治以降教育制度発達史』第九巻　教育史編纂会、一三四頁 『国立科学博物館百年史』

		9月9日	農商務省告示第二〇二号により、農商務省商品陳列館規則が改正された。 農商務省商品陳列館規則 第一条　本館ハ商品ノ改良及販路ノ拡張ヲ図ル為メ左ニ掲クル業務ヲ行フ 一．内外商品見本及参考物品ノ収集並展示 二．内外商工業者ノ紹介 三．商品及商工業ニ関スル質疑応答 四．内外商工時報、商工人名録其ノ他必要ナル各種印刷物ノ発刊 五．図書室ノ公開 六．講話会及講習会ノ開設 七．意匠図案ノ改良指導 八．其ノ他商品ノ改良及販路ノ拡張ニ関スル施設 第二条　本館ハ前条第一号ニ該当スル業務ヲ行フニ付適当ナル出品又ハ寄贈ヲ受諾ス 出品ノ荷造及運送ニ要スル費用ハ出品者ノ負担トス 出品ノ保管ニ関シテハ十分ノ注意ヲ為スト雖モ水火盗難其ノ他避クヘカラサル災害ニ由ル亡失、毀損、汚染等一切ノ損害ニ対シ其ノ責ニ任セス 第三条　第一条第二号及第三号ノ業務ニ関シ特ニ費用ヲ要スルトキハ依頼者ニ於テ之ヲ負担スヘシ 第四条　本館備付ノ参考品ハ地方商品陳列所、実業学校、博覧会、共進会、等ヘ出品又ハ貸与スルコトアルヘシ 第五条　本館陳列品ノ観覧及図書ノ閲覧ハ無料トス 第六条　本館陳列品の観覧及図書ノ閲覧ハ大祭祝日ノ翌日及一二月二五日ヨリ翌年一月七日迄休止スル これにより明治三〇年七月二八日告示第二八号による農商務省商品陳列館出品規則は廃止された。	『官報』第二七三三号　大正一〇年九月九日
一九二二	大正11	3月10日	鈴木隆他四名による「理化博物館建設ニ関スル建議案」が提出された。「本館ヲ工業地各所ニ建設致シマシテ、理化思想ノ涵養ニ資センコト希望スル…」とある。	『官報』号外　大正一一年三月一〇日 「衆議院議事速記録第二六号」 ＜理化博物館建設ニ関スル建議案＞
		3月14日	理化博物館建設ニ関スル建議案など六建議案が委員会に付託され審査された。原案どおり可決した。	『第四五回帝国議会衆議院奈良ニ美術学校建設ニ関スル建議案外二件委員会議録（筆記）』第一回大正一一年三月一四日第六類第一二号
一九二三	大正12	6月9日	勅令第三〇二号で東京博物館官制が改正されたが、その中に「学芸官」という官職名が初めて出現した。	『国立科学博物館百年史』、二一四頁

年	月日	事項	拠所・文献
	6月9日	東京植物学会は、臨時総会を開催し国立博物館設立の建議案を其筋に提出することを決議した。本建議案は植物学会として提出するが、他の関係団体へも交渉して歩調を一にして進めたと満場一致で認められた。関係諸団体との交渉は会長の指名する七名の委員が当たり、その結果は九月開会の定期総集会に報告することとなった。諸学会との交渉は七月八日に代表委員並びに有志が相会し協議する運びとなったが、七月七日植物学教室の失火のため中止となり、九月に延期となったが、関東大震災のため再び延期となる。	『理学界』第二一巻七六九号「雑報・国立博物館設立の建議」『植物学雑誌』三七巻四三八号「東京博物学会議事」『博物館研究』第三巻第二号「国立博物館建設の運動に就て」
	9月1日	関東大地震発生。マグニチュード七・九、死者九万人、全壊焼失四六万戸。東京では、ガス、水道、電灯、交通機関すべて停止した。観覧施設の被災は、農商務省商品陳列館が内外各国の工芸品、一般商品など総数一〇万五百点すべて焼失した。大倉喜八郎の収集した大倉集古館は陳列館と三千三百点に及ぶ東洋諸国の美術・工芸品をすべて焼失した。上野公園内の東京帝室博物館ではコンドル設計の一号館が使用不可能となった。湯島聖堂内の東京博物館は建物、資料のすべてを焼失した。	『大正震災志』内務省社会局
	11月24日	東京植物学会総会において、国立自然科学博物館設立についての他学会等との交渉結果が報告された。	『日本植物学百年の歩み』「日本植物学会百年史年表」
一九二四 大正13	2月1日	帝室御料地で宮内省の管理下にあった上野公園が東京市に下賜され「上野恩賜公園」となった。	『上野公園史』
	7月13日	文部省宗教局長は、発宗一二五号で、「神武天皇聖蹟ニ関スル件」で、宮崎、大分、福岡、広島、岡山、大阪、奈良、和歌山、三重の各地方長官あてに通牒した。「紀元二千六百年奉祝記念事業トシテ神武天皇ノ聖蹟調査ヲ近ク当省ニ於テ着手可致処貴管下所在神武天皇ノ聖蹟ト伝フル箇所ニ対シ当該地元関係者等ニシテ貴県（府）ノ承認又ハ援助ニ基キ何等カノ記念施設ヲ計画スル場合ハ右承認又ハ援助ニ際シ予メ其ノ施設ノ内容、実施者、其ノ他必要ナル事項ヲ具シ当省ニ御打合有之度尚本件施設ニシテ既ニ承認シ又ハ援助セルモノニ付テハ至急御報告ヲ得度此段及通牒。」	『近代日本教育制度史料』第八巻 教育史編纂会、四六頁
一九二六 大正15	4月1日	文部省宗教局長は、発宗四五号で「国宝ヲ有スル寺院ニ関スル認可ノ取扱方ノ件」で、各地方長官あてに通牒した。	『近代日本教育制度史料』第八巻 教育史編纂会、四八頁
	5月1日	上野公園内に東京府美術館が開館した。	『上野公園史』
	10月25日	文部省宗教局長は、発宗一一六号で、「古墳等ノ発掘防止方ニ関スル件」で各地方長官あてに通牒した。「近時地方ニ依リテハ未ダ史蹟ニ指定セラレザル古墳其ノ他ノ遺跡ニ付学術調査ト称シテ濫ニ発掘シ或ハ埋蔵物ヲ目的トシテ盗掘スル等ノ事実頻々トシテ行ハレ貴重ナル遺構遺物ノ毀損滅失スルモノ少カラザルハ、史蹟等保存上甚ダ遺憾ナル次第ニ有之ヲ以テ爾今之ガ発掘ノ防止方ニ関シ特ニ左記ニ依リ御取扱相成様致度此段依命通牒ス」とある。	『近代日本教育制度史料』第八巻 教育史編纂会、四九頁

湯島聖堂前の記念撮影（左ケース内は金鯱）

古今珎物集質（博覧会の出品物）

東京教育博物館の全景

一、庁府県史蹟調査委員等の調査のため古墳以外の遺跡を発掘する場合には予め当省に打合をすること。
二、古墳発掘方に関し宮内省へ伺出をしたものは別に当省へも打合せる。
三、相当価値ありと認められる古墳その他の遺跡にして発掘の虞あるものは假指定をするなどの処置を講ずる。
四、盗掘に対しては所在市町村等をして所轄警察官署に連絡し、取締に協力する。

年	月日	事項	拠所・文献
一九二七 昭和2	2月4日	関東庁令第六号で「関東庁博物館規定」が定められた。その目的を「関東長官ノ管理ニ属シ主トシテ満州、蒙古及支那本土ニ於ケル学術、技芸其ノ他之カ参考トナルヘキ資料ヲ蒐集保存シ併セテ公衆ノ観覧ニ供スル所トス」とある。	『明治以降教育制度発達史』第一三巻 教育史編纂会、四三一頁
一九二八 昭和3	2月6日	博物館事業促進会の平山成信は御大典記念博物館の建設についての勧告書を朝鮮総督関東庁樺太庁北海道長官、各府県知事、京城、平壌、各府庁、各市長、各教育会長、各府県農会長、各地商業会議、会頭、各種協会長に送付した。 畏くも、今上陛下が今秋京都に即位の大礼を挙げされることは吾々国民の衷心慶賀に甚へさる所であります。今や各地に於いてはこの大典を永久に記念する方法を就て種々考慮中のことと存じます。就ては本件に関し聊か本会の意見を左に申し述べてご参考に供したいと思います。 抑も斯種大典を記念する為の事業としては、第一に国家社会が常に其の必要を痛切に感じて居ないから、未だに実現されていない様な施設であらねばなりません。第二に社会のすべての階級が永久に其恩恵に浴することの出来る性質のものでなければなりません。此等の点から見て本会は大典記念事業として博物館の建設を最適当のものと考えます。 博物館はかつては珍稀な物品を保管する為の倉庫として考えられて居た時代もありましたが、今日は図書館などと共に一般に公開し、民衆に解り易い様に陳列の様式を改め、又講演室・図書室を付設し、公益なる印刷物を発行し、教育に経験ある説明者を置いて、専ら公衆を教育し常識醸成に力めて居ます。其結果博物館は最重要な社会教育機関の一つに算へられる様になりました。	『わが国の近代博物館施設発達資料の集成とその研究 大正・昭和編』日本博物館協会
	6月	博物館事業促進会の昭和三年度の事業計画の中に調査委員会を設置し、博物館令に関する調査をすすめることになった。	『博物館研究』第一巻第一号「会務報告」
	6月21日	博物館事業促進会は第一回調査会を開き「博物館令に関する件」を附議し、先進諸国の法令を調査することとなった。	『博物館研究』第一巻第三号「会務報告」
	8月9日	博物館事業促進会長平山成信は、文部大臣勝田主計に博物館施設に関する建議をしたが、その建議書の中に博物館の種類や配置方針の決定と共に、最も緊急を要するものを博物館令の発布であるとした。 「博物館ノ種類及配置方針ノ決定ト共ニ最モ緊急ヲ要スルモノヲ博物館令発布トス。故ニ政府ニ於テハ出来ルタケ速ニ博物館令ヲ制定シテ、本邦博物館施設ノ健全ナル発達ニ資セラレタシ」とある。	『博物館研究』第一巻第四号「博物館施設に関する建議」『わが国の近代博物館施設発達資料の集成とその研究 大正・昭和編』日本博物館協会
一九二九 昭和4	3月28日	法律第一七号により、国宝保存法が公布された。 第一条に、 「建造物、宝物其ノ他ノ物件ニシテ特ニ歴史ノ證徴又ハ美術ノ模範ト為ルベキモノハ主務大臣国宝保存会ニ諮問シ之ヲ国宝トシテ指定スルコトヲ得」とある。 本法は昭和四年勅令二〇九号で同年七月一日から施行されたので、これにより古社寺保存法は廃止された。	『文化財保護の歩み』文化財保護委員会「国宝保存法」

5月23日	博物館並類似施設主任者協議会で「官制の確立」という表現で博物館令の必要性がとかれた。文部省からの諮問事項の答申には「速ニ博物館令ヲ制定セラルルコト」が第一番目の事項としてあげられた。	『博物館研究』第二巻第六号「本会主催博物館並類似施設主任者協議会」
6月21日	博物館並類似施設主任者協議会代表平山成信は、内閣総理大臣田中義一に「博物館並類似施設審議機関設置ニ関スル建議」を提出した。その中に「博物館令」が重要審議事項であるとしてあげられた。 政府は、速に博物館並びに類似施設に関する次の重要問題を審議するため、専門家を網羅し充分権威のある機関を設置されるよう決議した。 一．将来設置スヘキ博物館並類似施設ノ全系統 二．各官省ニ於テ建設スル博物館並類似施設の性質並相互ノ関係 三．既設ノ商品陳列所及物産館ト将来建設スヘキ産業博物館及ヒ普通博物館トノ関係 四．考古品、歴史品、美術品及ヒ工芸品ノ保存展覧 五．博物館令 六．博物館並類似施設ニ関スル其他ノ重要問題	『博物館研究』第二巻第七号「博物館並類似施設審議機関設置ニ関スル建議」
6月21日	博物館事業促進会主催・博物館並類似施設主任者協議会代表平山成信は、大蔵大臣三土忠造、文部大臣勝田主計に私立博物館並類似施設陳列品関税免除に関する建議をした。 博物館並動植物園、水族館等類似施設ハ教育、学芸上極メテ重要ノ機関タルニ拘ラズ、本邦ニ在リテハ学校其ノ他ノ施設ニ比シ尚頗ル幼稚ノ状態ニ在リ。随テ将来之レガ充実完成ヲ期セント欲セバ、海外諸国ニ於ケルガ如ク独リ官公立ニ止マラズ同時ニ私設ノ発達ニ俟タザルべ可ラズ。然ルニ現行関税率法ニ於テハ私立ノ博物館並類似私設ニ陳列、植栽又ハ放養シテ、公衆ノ観覧ニ供スベキ陳列品及ビ動植物等ノ輸入関税ニ関シ官公立ニ対スルト其ノ取扱ヲ異ニセリ。之レガ為メ私立博物館、動植物園、水族館等ガ不便ヲ感ズルコト極メテ大ナリ。殊ニ今後此種教育機関ノ発達ニ伴ヒ、陳列品ノ購入、海外ニ於ケル同種施設トノ交換又ハ特志者ノ寄贈等ニ依リ輸入ヲ仰グ必要益多カラントスル時ニ際シ、等シク営利ヲ目的トセザル教育学芸ノ公益機関ガ、其ノ官公立ト私立トニ依リテ取扱ヲ異ニセラル、コトハ其ノ当ヲ得ズ。当局ニ於テハ斯種私立教育学芸機関発達助成ノ趣旨ヲ以テ速ニ法規ヲ改メ、官公立ニ於ケルト同様輸入税免除ノコトニ扱ハレタシ右本会ノ決議ニ依リ決議候也	『博物館研究』第二巻第七号「私立博物館並類似施設陳列品関税免除ニ関スル建議」
6月29日	勅令第二一〇号により、国宝保存法施行令が公布された。その第一条には、「国宝保存法第七条ノ規定ニ依リ国宝ヲ官立又ハ公立ノ博物館又ハ美術館ニ出陳セシメタルトキハ当該博物館又ハ美術館ノ長、当該博物館又ハ美術館ノ長故障アルトキハ当該職制ノ定ムル所ニ依リ其ノ職務ヲ代理スル者ニ於テ出陳国宝ヲ管理ス」とある。	『文化財保護の歩み』文化財保護委員会「国宝保存法施行令」
6月29日	文部省令第三七号により、国宝保存法施行規則が定められた。文部省に国宝台帳を備へ国宝を登録することになっている。国宝台帳には次の事項を記載する。 建造物の類には、 一．名称及所在地 二．所有者の氏名（名称）及住所 三．員数 四．構造及形式 五．大きさ 六．創建及沿革	『文化財保護の歩み』文化財保護委員会「国宝保存法施行規則」

年	月日	事項	拠所・文献
		七．其の他参考となるべき事項 宝物の類には、 一．名称 二．所有者の氏名（名称）及住所 三．種類 四．員数 五．品質 六．形状 七．法量 八．作者及伝来 九．其の他参考となるべき事項	
一九三〇 昭和5	4月18日	博物館事業促進会長林博太郎は文部大臣田中隆三に「博物館施設ノ充実完成ニ関スル建議」を提出したが、その中に審議事項として「博物館令」があげられた。 一．将来施設スベキ博物館並ニ類似施設ノ全系統 二．各官省ニ於テ建設スル博物館並ニ類似施設ノ性質並ニ相互ノ関係 三．既設ノ商品陳列所及ビ物産館ト将来建設スベキ産業博物館及ビ普通博物館トノ関係 四．考古品、歴史品、美術品及ビ工芸品ノ保存展観 五．博物館令 六．博物館従業員ノ養成 七．博物館並ニ類似施設ニ関スル其ノ他ノ重要問題	『博物館研究』第三巻第五号 「博物館施設ノ充実完成ニ関スル建議」
	5月1日	日本図書館協会主催の第二四回全国図書館大会において「現今ノ趨勢ニ鑑ミ社会教育上図書館ニ郷土博物館的施設ヲ奨励セラレンコトヲ望ム」と決議され、文部大臣に建議された。その理由は「図書館ト博物館トノ密接ナル関係ハ近来、愈強調セラレ、両者ノ併存ニヨツテ社会教育施設ハ始メテ整備スルモノト思惟セラルノニ至レリ。図書館ニ郷土博物館的施設ノ奨励ヲ望ム所以ノモノハ実ニ郷土愛ノ涵養ト郷土ニ関スル知識ノ普及ヲ要スルガ為メナリ。即チ其地方ニ関係アル歴史的、考古学的、自然科学的資料ヲ蒐集陳列シテ普ク公衆ニ展観セシムルハ、其郷土ノ特異性ヲ理解セシメ郷土愛ヲ涵養スル有力ナル方途タルヘク又郷土ノ育メル先哲ノ遺芳ニ接セシムルハ一種ノ修養ニ資セシムル所以ノモノニシテ蓋シ思想善導ノ一助タラスンハアラス而シテ郷土資料ノ蒐集ハ之ヲ地方的ニ行フコトニヨリテ最モヨク其ノ目的ヲ達成シ得ルモノナルヲ以テ特ニ地方図書館ニ於ケル附帯事業トシテ此種ノ施設ヲ奨励セラレンコトヲ切望スルモノ也」とある。	『博物館研究』第三巻第九号 「日本図書館協会の建議」 『日本図書館協会の建議に対する吾人の態度』
	10月18日	第二回全国公開実物教育機関主任者協議会で文部省の諮問「現時の趨勢に鑑み、博物館等の施設をして教育上一層有効ならしむる具体的方法如何」に対し、「博物館事業カ教育上重要ナル施設ナルコトヲ周知セシムル為メ速ニ博物館令ヲ制定セラレタキコト」を答申した。	『博物館研究』第三巻第一一号 「本会主催第二回全国公開実物教育機関主任者協議会」

		10月	この頃、文部省は博物館振興対策として「新しく博物館令を制定し、現在各別の目的を有している全国博物館を統制し、また従業員の資格恩典等を定むること」「現在の博物館には国庫並に府県の補助金が全然ないが、将来は諸事業の振興を期するため、各府県に毎年5千円程度の補助金を国庫より交付し、且つ既設博物館に対しても、適当の補助方法を講ずること」とする方針を定めた。	『博物館研究』第三巻第一〇号 「文部省の博物館振興方策」
		11月	博物館令制定の必要性が説かれた。	『自然科学と博物館』第一一号 「論説・博物館令制定の要」
一九三一	昭和6	2月3日	勅令第六号により、東京博物館官制を改正し「東京博物館」を「東京科学博物館」と改めた。 東京科学博物館官制第一条には「東京科学博物館ハ文部大臣ノ管理ニ属シ自然科学及其ノ応用ニ関シ社会教育上必要ナル物品ヲ蒐集陳列シテ公衆ノ観覧ニ供スル所トス」とある。	『明治以降教育制度発達史』第九巻 教育史編纂会、三〇〇頁 『自然科学と博物館』第一四号 「館名の改称に就て」 『国立科学博物館百年史』、二七〇頁
		6月7日	第三回全国博物館大会で文部省の諮問事項に対し、「博物館事業振興のために法令を制定しその中に各府県で博物館を設置しなければならない」という意見が出された。文部省への答申案は「文部省ニ於テ博物館ニ関スル法令ヲ速カニ制定セラルルト共ニ各種教育機関ト博物館トノ密接ナル連絡ヲ計ルヨウ適切ナル方法ヲ講ゼラレタキコト」、博物館事業促進会の答申案には「速カニ博物館ニ関スル法規ヲ制定スルコト」で示された。	『博物館研究』第四巻第七号 「文部省諮問に対する答申」 「本会提出題に対する答申」
一九三二	昭和7	6月18日	第四回全国博物館大会に文部省は「博物館ニ関スル法令制定ニ当リ留意スヘキ事項如何」を諮問した。これに対し、一〇項目の留意事項が答申された。 博物館の振興を図るため、時代の要求に鑑み、博物館令の制定に際して、特に留意せられんことを望むとしている。 一．博物館は学芸に関する資料の蒐集保管陳列及び研究をなし、一般の教育並に学術の研究に資するを以て目的とすべきこと。 二．博物館の目的を達成するために必要な事業を列記すること。 三．北海道府県は博物館を設置すべきこと。 四．博物館令は文部省所管以外の他の博物館をも包括するやう立案すること。 五．博物館の設置及び運用に関し国費及び地方費を以てこれが補助をなすこと。 六．博物館職員の資格並に養成に関する規定を設くること。 七．博物館職員の待遇は他の教育職員に劣らざるやう規定すること。 八．博物館委員会（トラスチー）の制度を設くること。 九．中央及び地方博物館の連絡及び統制に関する組織を規定すること。 十．博物館令に依らざるは、博物館と称することを得ざる規定を設くること。	『博物館研究』第五巻第六号 「文部省諮問に対する答申」 『博物館研究』第五巻第七号 「第4回全国博物館大会議事録」 『わが国の近代博物館施設発達資料の集成とその研究 大正・昭和』日本博物館協会、一〇六頁
一九三三	昭和8	4月1日	法律第四三号により「重要美術品等ノ保存ニ関スル法律」が公布された。第一条に「歴史上又ハ美術上特ニ重要ナル価値アリト認メラルル物体（国宝ヲ除ク）ヲ輸出又ハ移出セントスル者ハ主務大臣ノ許可ヲ受クベシ現存者ノ製作ニ係ルモノ、製作後五十年ヲ経ザルモノ及輸入後一年ヲ経ザルモノハ此ノ限ニ在ラズ」とある。	『文化財保護関係法令集』第三次改訂版 文化財保護法研究会、九二頁
		4月1日	文部省令第一〇号により「重要美術品等ノ保存ニ関スル法律施行規則」が定められた。昭和八年法律第四三号第二条の規定により、認定をする物件は、概ね、絵画、彫刻、建造物、文書、典籍、書蹟、刀剣、工芸品、考古学資料の九種類である。	『文化財保護の歩み』文化財保護委員会、四八六頁

年		月日	事項	拠所・文献
		4月10日	法律第四四号により、「史蹟名勝天然紀念物保存法」が公布された。本法を適用する史蹟名勝天然記念物は、内務大臣がこれを指定する。指定以前において、必要あるときは、地方長官が假にこれを指定することができる。	『文化財保護の歩み』文化財保護委員会、四八七頁
		5月6日	第五回全国博物館大会で博物館が外国から標本類を輸入する場合に、私立学校と同様に輸入税免除の恩典を付与されるよう可決し、大蔵大臣に建議した。	『博物館研究』第六巻第五・六合併号「第5回全国博物館大会」 『博物館研究』第六巻第八号「関税定率法中改正に関する建議」
		5月11日	第五回全国博物館大会に文部省から諮問された「時局ニ鑑ミ博物館トシテ特ニ留意スベキ施設如何」に対して、八項目の答申をしたが、その内容は主として満蒙問題を中心とするもので、国民に非常時局を理解させるためのものであった。	『博物館研究』第六巻第五・六合併号「文部省諮問に対する答申」
		11月1日	日本博物館協会が主催し、文部省の後援である「全国博物館週間」が開かれた。この行事は、同年五月に開かれた東京地方協議会によって決議された。その内容は、 A.「全国博物館週間」の期間は、一一月一日より七日間とする。明治節（現在は文化の日）を中心とした一週間。昭和一一年の三回から「第3回全日本博物館週間」と改称された。 B.地域は全国各地において開催する。 C.期間中の主な事業は、入場無料及び割引措置をする。特別陳列、特別講演、ラジオ講演、各館正面に装飾、適当な場所にポスター、立看板などを置く。	『博物館研究』第一六巻第一〇号「日本博物館協会過去15年間の足跡」 『博物館研究』第三三巻第一〇号 樋口享「博物館週間の回顧」
一九三四	昭和9	3月26日	近代美術館設立運動のための準備委員会が上野精養軒で開催された。正木帝国美術院長をはじめ松林桂月、矢沢弦月、水上泰生、野田九浦、有岳生馬、兒岳善三郎、中沢弘光、内藤伸、津田信夫、山下新太郎、飛田周山、勝田蕉琴、黒田周山、勝田蕉琴、黒田鵬心、木村荘八など美術家と関係者七〇余人が参加した。各種の希望や提案が披瀝されたが、近代美術館建設期成会として東京府知事、東京市長らも委員に推挙し、積極的に建設運動を展開することとなった。	『国立近代美術館ニュース現代の眼』第九〇号「日本における近代美術館設立運動史(49)」
		10月7日	第六回全国博物館大会に日本博物館協会は「博物館令を急速に制定せられたき件」を討議事項とした。文部省の諮問に関しては、その答申の附帯希望のなかに「文部省ハナルヘク速ニ博物館令ヲ制定スルコト」の一項があげられた。	『博物館研究』第七巻第一一号「第6回全国博物館大会」
		12月17日	日本博物館協会理事会において、第六回全国博物館大会の結果による博物館令制定促進を常務理事会に一任した。	『博物館研究』第八巻第一号「日本博物館協会理事会」
一九三五	昭和10	3月	博物館事業促進のために博物館令の制定が提言された。	『自然科学と博物館』第六三号「博物館事業の促進と博物館令の制定」
一九三六	昭和11	10月7日	大日本聯合青年団郷土資料陳列所編の「年表我国に於ける郷土博物館の発展（稿）」が発行された。宝暦二年の品評会から、昭和一一年に至るまでの各館の動向などを列挙した。	『博物館基本文献集』第六巻
		10月8日	第七回全国博物館大会に斎藤報恩会博物館は「博物館令制定の促進に就て」の協議題を提出した。文部省の諮問に対しての答申には「……国家ハ速カニ博物館法令ヲ制定シ積	『博物館研究』第九巻第一一号「日本博物館協会総会並ニ第七回全国博

		11月	博物館の専門職員養成のために博物館令の制定が提言された。	『自然科学と博物館』第八三号 「博物館令の制定と博物館員の養成」
一九三八	昭和13	9月21日	第八回全国博物館大会で文部省の諮問に対し、「……事業の基礎を強化し其の機能の発揮を容易ならしむるため速かに博物館令を制定し、国策に沿う適切なる施設を活発に実施せしむるより急なるはなし……」と答申の中に示された。大会の決議は、「支那博物館の保護管理に関する建議」として、第八回全国博物館大会代表正木直彦名で陸軍大臣板垣征四郎、海軍大臣米内光政に具申した。	『博物館研究』第一一巻第一〇号 「第8回全国博物館仙台大会」
一九三九	昭和14	3月17日	日本博物館協会理事会において「博物館令制定促進の件」が協議事項として挙げられ、日本博物館協会で参考全案を作成して当局に進言することとなった。	『博物館研究』第一二巻第四号 「本会記事」
		5月15日	日本博物館協会理事会において「博物館令制定準備調査に関する件」が協議され、正木直彦会長、杉栄三郎理事長、山脇春樹、棚橋源太郎、水野常吉を調査員として文部省と連絡して成案の準備を進めることに協定された。	『博物館研究』第一二巻第六号 「本会記事」
		6月13日	日本博物館協会理事会において、博物館令制定に関し文部省との交渉経過が報告された。	『博物館研究』第一二巻第七号 「本会記事」
		7月6日	日本博物館協会理事会において、「博物館令制定促進の建議案作成に関する件」が協議された。	『博物館研究』第一二巻第八号 「本会記事」
		11月11日	第九回全国博物館大会で日本博物館協会は、「博物館令制定に関し当局へ本大会希望決議要項の具申」を協議題とした。全会一致で具申案の作成を委員（大谷美隆、藤沢衛彦、池田政晴、小畠康郎、関靖、斎藤秀平、新谷武衛、渡辺徳太郎、森金次郎、恵藤一郎、古賀忠道）に付託した。具申案には「博物館令に依らざるものは博物館と称し得ざること」の注目すべき一項がある。	『博物館研究』第一二巻第一一号 「第9回全国博物館大会」 （博物館令の制定に就き当局に対する本大会の希望事項具申案）
		12月14日	第九回全国博物館大会を代表し、棚橋源太郎、大谷美隆、清計太郎の三氏が大村文部次官、田中社会教育局長に「博物館法令の制定に就き具申」を陳情した。具申の具体的な内容項目は、 一．博物館は学芸に関する資料の蒐集保管陳列及研究をなし且つ一般の観覧実験に供し以て公衆の教養学校の教育並に学術の研究に資するを目的とすること。 二．博物館に其目的達成の為左の事業を行ふべきこと。学芸に関する資料の蒐集保管及び研究。学芸に関する資料の陳列説明。特殊研究者の指導及び学会又は趣味の会の設立指導。貸出資料の備付、図書の閲覧、講演映画会、特別展覧会、印刷物発行。 三．博物館の設置管理及び廃止等に関しては大体図書館令に準ずること。 四．博物館は公私立学校図書館社寺等にも附設し或は私人に於ても設立し得ること。 五．博物館員としては館長並相当数の学芸主事、書記、技手を置くこと。 六．博物館に専門委員を置き大学専門学校の教職員その他の専門家に之を委嘱し得ること。 七．博物館員の分限待遇等に関しては大体図書館令に準ずること。 八．博物館の設立経営に対し国費及地方費を以て之が補助をなすこと。 九．博物館用地の免税、海外より購入寄贈又は交換の陳列資料に対する関税免除の為関係法規を改正すること。	『博物館研究』第一三巻第一号 「本会記事」

年	月日	事項	拠所・文献
一九四〇 昭和15	1月1日	『博物館研究』第一三巻第一号に次のような記載がある。「博物館令の話、戦時下の日本文化の向上を期して、文部省では従来民間に放任されてゐた博物館に対し図書館と同様博物館令を制定し、興業物と見られていた動物園、水族館、美術館等をも教育的価値から取締らうと目下立案に着手し、旧臘社会局の係官を全国に派遣調査せしめられたが本年3月頃までに原案を作成して我国最初の博物館令を制定しようと云ふのである（都）」	『博物館研究』第一三巻第一号「博物館ニュース」
	10月7日	文部省教学局主催の「博物館令制定ニ関スル協議会」の会議資料として「博物館令（勅令案）」「博物館令施行規則（省令案）」「博物館ノ設備及経営ニ関スル事項（告示案）」「公立博物館職員令（勅令案）」が示された。これ等の案のそれぞれの附則には、「本令ハ昭和十六年四月一日ヨリ之ヲ施行ス」と明記されているので、施行を予定した文部省の最終的素案であったと考えられるが、何故か実際には施行するまでには至らなかった。	『社会教育法制研究資料』（F―一、F―二、F―三、F―四、F―五）日本社会教育学会社会教育法制研究会
	11月5～24日	東京帝室博物館で「正倉院御物特別展」を開催した。御物の一般公開は初めてであり、期間中の観覧者は、四一七、三六一人であった。（二四日まで）	『東京国立博物館百年史』『博物館研究』第一三巻第一一号「正倉院御物の特別展観に就いて」
	12月6日	社団法人日本博物館協会が発足した。その目的を定款の第四条に「本会ハ博物館事業ノ進歩発達ヲ図ルヲ以テ目的トス」とある。	『博物館研究』第一四巻第一号「本会記事・法人設立許可」
	12月6日	民法第四五条の規定による社団法人日本博物館協会の登記は、昭和一六年三月二五日登記済となる。	『博物館研究』第一四巻第五号「本会記事・法人登記」
一九四一 昭和16	1月22日	日本博物館協会理事会終了後の懇談会の席上で高島理事は「博物館と図書館とは相互連絡して大いに活用するよう奨励指導されたい。夫れには第一に博物館令を急速に制定されたい。」と発言した。	『博物館研究』第一四巻第一号「博物館問題懇談会席上にての談片」
	3月28日	文部大臣は、昭和一三年一一月一七日科学振興調査会に対し「科学振興ニ関スル具体的方策如何」を諮問し、その第三回目の答申に「科学ニ関スル博物館ヲ整備拡充スルト共ニソノ活用ニ付遺憾ナキヲ期スルコト」とあり、その為には （一）博物館ニ関スル法規ヲ制定シ博物館事業ノ助長ヲ図ルベシ。 （二）各種ノ博物館ヲ設立スベシ―之ガ分布、種類、機能等ニ付テハ系統的ニ計画ヲ樹立スルヲ要ス。 （三）博物館ヲ科学教育ノ機関トシテ充実スル為講義室・図書室等ノ施設ヲ設クベシ。 （四）中央博物館ニハ所謂研究博物館トシテノ内容ヲ有セシムベシ。 とある。	『科学振興調査会答申』日本科学史学会『日本科学技術史大系』第四巻通史四資料六―一―八、三二九頁
	5月12日	熊本市動物園で開かれた日本動物園水族館協会第二回総会並びに協議懇談会において「博物館令に対する協会の態度」が協議事項となった。	『日本動物園水族館要覧』

6月16日	第一三回教育審議会総会の決議により内閣総理大臣に社会教育全般について答申した。文化施設に関する要綱の中に「博物館ニ関スル法令ヲ整備スルコト」「博物館（美術館、動物園、植物園、水族館、郷土博物館及之ニ準ズルモノヲ含ム）ノ普及充実ヲ図リ其ノ種類及配置ヲ計画的ナラシムルコト」「東亜ニ関スル総合博物館ヲ設置スルコト」とある。	『博物館研究』第一四巻第九号「博物館施設に関する教育審議会の答申」『近代日本教育制度史料』第一五巻 教育史編纂会、五〇四頁「教育審議会第13回総会会議録」「社会教育ニ関スル件答申」
6月16日	工業界の代表、不二越鋼材工業社長井村荒喜は各県に科学博物館の設置を投げかけた。「日本の工業界はまだ外国依存だ。これがいかんと思う。私が会議に出した議案は〝わが国工業水準の向上〟だ。四方八方から生産拡充で攻められ徒らに右往左往するだけだ。尤もそれには原因がある。電力の配給不足から人を休ませ工場を休ませたり、統制の目標がはっきりせぬため不要に陥ったり…そこで私はいひたい。営利から離れてもっと工業界が国策協力に前進することだ。また政府は発明奨励をやる。各県に一ツ位の見当で科学博物館を設け活きた科学を教へることだ。即ち工業科学の知識を教育施設や社会施設で国民の常識とするのだ。それから日本の婦人は頭を使はない。まづ各家庭の台所から科学していつてもらいたいと思ふ。台所から立派に燃料が出る。私はあらゆる方面の増産、生産拡充について政府にいひたい。私はお互が知って話しあつたとき初めて下情上通が生まれるのだと思ふ」	『讀賣新聞』昭和一六年六月一六日（月）「各県に科学博物館―工業界の代表者が投げかける〝爆弾〟」
7月10日	京阪地方博物館関係者懇談会の席上で「動植物園、水族館をも博物館令で律することの可否如何」が中心議題となり討議された。	『博物館研究』第一四巻第九号「京阪本会関係者懇談会」
11月27日	日本博物館協会が法人組織になった最初の総会に、博物館令制定促進については、特別委員を設けて促進に努めていると報告された。	『博物館研究』第一五巻第一号「本会総会―博物館令制定の促進」
11月29日	第二回東京附近博物館関係者懇談会の席上で山口県立教育博物館主事恵藤一郎は、地方博物館を指導奨励するような法令を制定して欲しいと強く述べた。	『博物館研究』第一五巻第一号「第2回東京附近博物館関係者懇談会記」
一九四二 昭和17		
2月6日	日本工業倶楽部で大東亜博物館建設調査委員会が開かれた。日本博物館協会が調査中であった大東亜博物館建設に関する調査案が成案したので、それに対する意見の交換。文部省からは社会教育局長、社会教育局成人教育課長、専門学務局学芸課長らが出席した。調査委員は、貴族院議員鷹司信輔、東京帝国大学名誉教授桂辨三、同名誉教授村川堅固、同理学部教授長谷部言人、同医学部教授宮川米次、同文学部教授中村孝也、同文学部助教授宇野圓空、東京文理科大学教授田中啓爾、慶応大学医学部教授宮島幹之助、同文学部教授橋本増吉、東京高等師範学校教授内山寛一、同教授岡田彌一郎、東京農業教育専門学校長上原種美、帝室博物館総長渡部信、東京科学博物館長坪井誠太郎、資源科学研究所長柴田桂太、商工省地質調査所長山根新次、後藤守一、柳田国男、日本博物館協会理事棚橋源太郎、同理事森金次郎。	『博物館研究』第一五巻第三号「本会記事」「大東亜博物館建設調査委員会」
5月26日	日本博物館協会常務理事会で「博物館令制定促進に関する件」が協議題となった。	『博物館研究』第一五巻第一〇号「本会記事」
6月22日	神田一ツ橋学士会館で開かれた日本博物館協会理事会で「博物館令制定促進に関する件」が協議題となった。	『博物館研究』第一五巻第七号「本会記事」
8月10日	日本博物館協会の常務理事会で「博物館令制定促進に関する件」が議題となり、原案を作成して文部省に陳情することとなった。陳情内容は、日本博物館協会が原案を作成し、各館園の意見を聞いて決定する。	『博物館研究』第一五巻第一〇号「本会記事」

年	月日	事項	拠所・文献
	9月9日	日本博物館協会で作成した博物館法令制定につき陳情書を文部大臣橋田邦彦に提出した。 陳情内容 博物館が社会教育並学芸研究の機関として、極めて重大な使命を有することは、今更言ふを待たぬ。故に、我が邦に於ても近時これが建設せらるゝもの漸く多く、公私立博物館のみにても既に二百数十の多きを算するに至つた。然るに、未だ博物館に関する法令が制定実施されてゐない為め、博物館施設の発達を甚だしく岨碍して居る。今や重大時局に直面し、国家の総力を挙げて聖戦の完遂に邁進すべき秋に当り、博物館の使命も亦愈重きを加へつゝあるに拘らず、本邦博物館施設が斯かる状態にあることは、甚だ遺憾に堪へぬ左に法令のない為めに、博物館の発達が如何に妨げられつゝあるか、その実情を述べて、当局の参考に供する。 ・博物館行政の不徹底 ・与へらるべき特権の抑留 ・適材獲得の困難	『博物館研究』第一五巻第九号 「博物館法令制定に関し陳情」 『博物館研究』第四四巻第二号 「戦前に於ける博物館令制定運動」
	11月1日	勅令第七〇七号により、大東亜省官制が公布された。「大東亜大臣ハ大東亜地域（内地、朝鮮、台湾及樺太ヲ除ク）ニ関スル諸般ノ政勢ノ施行（純外交ヲ除ク）、同地域内諸外国ニ於ケル帝国商事ノ保護及同地域内諸外国在留帝国臣民ニ関スル事勢竝ニ同地域ニ係ル移植民、海外拓殖事業及対外文化事業ニ関スル事務ヲ管理ス」「大東亜大臣ハ関東局及南洋庁ニ関スル事務ヲ統理ス」とある。	『近代日本教育制度史料』第一巻 教育史編纂会、一二六〇頁
	11月16日	日本博物館協会総会において、棚橋常務理事は博物館令制定につき文部大臣へ陳情したことを報告した。	『博物館研究』第一五巻第一二号 「本会記事」
	11月16日	東京で開かれた全国博物館協議会で、関靖金沢文庫長は「博物館宣伝方策の第一として、一日もはやく博物館令の公布せられんことを希望する」と発言した。	『博物館研究』第一六巻第一号 「全国博物館協議会議事概要」
	12月26日	勅令第八五〇号により「科学技術審議会官制」が公布された。審議会は内閣総理大臣の監督に属し関係各大臣の諮問に応じて重要国策の科学技術的検討、科学技術に関する重要事項の調査審議を行う。	『近代日本教育制度史料』第一巻 教育史編纂会、一二五〇頁
一九四三 昭和18	10月1日	『博物館研究』の日本博物館協会創立一五周年記念号の中に、博物館協会の思い出などが記されているが、新潟郷土博物館長の斎藤秀平は、「博物館令の必要」と題して、 一．博物館令の一日も早く御示定相成候様御配慮御願申上度候。 二．此非常時局突破の為に各博物館が御施行なされある各種御事業の概要を承り度きものに候。 とある。	『博物館研究』第一六巻第一〇号 「時局と博物館問題」
一九四四 昭和19	12月15日	文部省では大東亜博物館の建設を企画、これを大東亜建設の一大記念塔とする計画を進めていたが、その設立準備に関する重要事項を審議するため「大東亜博物館設立準備委員会」を設置することに決定した。一二月一五日付官報で官制が公布された。設立準備委員会官制第一条には「大東亜博物館設立準備委員会ハ文部大臣ノ監督ニ属シ其ノ諮問ニ応ジテ大東亜博物館ノ設立準備ニ関スル重要事項ヲ調査審議ス、委員会ハ前項ノ事項ニ付関係各大臣ニ建議スルコトヲ得」とある。	『博物館研究』第一七巻第一〇・一一・一二合併号 「大東亜博物館設立準備委員」 『近代日本教育制度史料』第七巻 教育史編纂会、四九五頁 「大東亜博物館設立準備委員会官制」

一九四五 昭和20	11月	日本博物館協会は、戦後の博物館振興対策の中でわが国の博物館の発達を妨げた重大原因は、博物館令の制定発布を見るに至らなかったからであるとしている。 「本邦博物館の発達を妨げた重大原因は、今日まで博物館令の制定発布を見るに至らないことである。それが為め博物館従業者の資格が規定されず、これが任用には何等の制裁もなければ取締の途もない。従つて、これまで博物館長或は学芸員に、博物館事業に就て何の経験素養もない退役の学校長・教員・官吏等を採用することが普通となり、これをうれい怪しむものがない有様であつた。この一事が我邦博物館の発達を阻害したことは何程か知れない」と記した。	『再建日本の博物館対策』日本博物館協会
一九四六 昭和21	2月1日	戦後初めて博物館事業の刷新振興のため博物館令の制定を望む促進運動が展開された。 「文部省では先年博物館令の制定を企図し専門家を委員に委嘱して調査研究の結果、一応の成果を得たのであったが、省内外の僅かな事情のためにその実現を見なかった。然るに文化日本建設の基礎工事たる博物館事業の刷新振興は今や寸刻を争ふ急務となった。文部省当局ではこの好機を捉へて博物館令制定の腹を決め異常なる熱意を以てその準備を進めてゐる。現在の進行ぶりから見れば今秋頃までには実現を見るものと思はれる。わが国博物館事業の刷新振興については聯合軍総司令部でも深い理解を有してゐるやうであるから、その前途には多大な期待がかけ得られる。この機においてわれらこの事業に携はるものは総力を結集して文部当局を支援し博物館令の一日も速く制定されるやう促進運動を展開しなければならない。」とある。	『博物館研究』第一八巻第四号 「博物館令の制定へ」
	3月31日	聯合国軍最高司令に提出された第一次米国教育使節団報告書の第五章成人教育の中に、博物館に関して次のように記してある。 公立の博物館は成人教育に対して更にもう一つの機会を提供する。科学及び産業博物館は、更に日本の天然資源について、人々に必要な知識を与へることができるであろう。歴史博物館は、過去との連続において現在を理解する助けとなりうる。美術博物館は普遍的に人の心にうつたへる人間のあこがれを理解するのに役立ちうる。	『新日本教育年記』第一巻、二二六頁 『社会教育法制研究資料』一四巻 日本社会教育学会社会教育法制研究会、一〇一頁
	7月10日	日本博物館協会理事会において「本邦博物館並類似施設の全般的施設方針及びこれが法律案」が可決した。	『博物館研究』復興 第一巻第一号 「協会消息」
	7月23日	博物館並類似施設に関する法律案並に本邦博物館、動植物園及び水族館全体の施設方針調査研究のための委員会が発足した。毎週火曜日に開く。委員和田新、古賀忠道、本田正次、富士川金二、坪井誠太郎、棚橋源太郎。	『博物館研究』復興 第一巻第一号 「協会消息」
	7月23日	日本博物館協会は、博物館及び類似施設管理の法制化に関し調査するため、帝室博物館で調査委員会（準備会）を開催した。委員会は出席者少数につき、改めて第一回委員会を開くこととなつた。	『日本博物館協会保管資料』 「調査委員会招集の件」

年	月日	事項	拠所・文献
	7月30日	日本博物館協会は第一回調査委員会を帝室博物館で開催し、日本博物館協会提出の「博物館及び類似施設管理の法制化に関する調査案」を説明し、決定した。出席．棚橋源太郎、本多正次、古賀忠道、富士川金二の各委員。文部省社会教育局文化課長島孝。 調査案は 一．動植物園、水族館を博物館類似施設とする。博物館類似施設は学芸に関する資料を蒐集保管飼育栽培して公衆の観覧使用に供し、国民の教養に慰安学校教育の補充及び学芸の研究に資することを以て目的とする。 二．国都道府県市町村学校公共団体組合財団及私人は博物館及類似施設を建設運営することが出来る。 三．省庁、大学、専門学校等に於て博物館及類似施設を創立付設又は廃止せんとする場合は、文部大臣の認可を要する。 四．中央博物館及中央動植物園水族館はすべて国営とし、中央機関として文部行政の一部を擔任せしめる。 五．現在の官立博物館及動植物園水族館は本法の施行と同時に直ちに之を文部省に移管すること。 六．中央博物館及中央動植物園水族館の性格．所管問題に関しては、本邦の現状に鑑み急速に解決を要するが故に特別の調査委員に之を附託すること。 七．博物館及類似施設は分館（園）を設置することが出来る。 八．博物館及類似施設はその規模の大小に応じ惣長、館長、園長、事務官、相当数の学芸員、学芸員補、技師、技手、司書、書記、監視員等を置くことを要する。 九．館長、園長、学芸員、技師は大学専門学校以上の学歴とその方面に関し三年以上の実際的経験を有するもの、中より選任する。 十．博物館及類似施設には若干名の同議員及学芸専門委員を依嘱することが出来る。 十一．入場料は無料を原則とし、特に徴収の必要ある場合には監督官庁の許可を要する。 十二．本法の規定に依らないものは之を博物館、動植物園水族館と称することが出来ない。	『日本博物館協会保管資料』「第1回調査委員会記録」
	8月12日	日本博物館協会は、第二回調査委員会を帝室博物館で開催した。「本邦に実施すべき博物館、動物園、植物園、水族館全体系に関する調査案」について検討した。 案 一．中央博物館中央動植物園及び中央水族館は、国営の中央機関として、社会教育学芸研究及び慰安休養を目的とする全国同種施設の連絡、蒐集品及び動植物の交換売買貸借等の媒介、従業員の養成、就職雇用の斡旋及び経営上の諸問題に関する指導に当らしめる。 二．中央科学博物館は、博物学博物館及び理工学博物館の二館とし、夫々東京及び大阪に設置する。 三．中央歴史博物館は、考古文化史及び国史の総合博物館とし、東京と京阪地方とに設置する。	『日本博物館協会保管資料』「第2回調査委員会記録」

四．中央美術博物館は古美術博物館、近代美術博物館及び工芸博物館の三館とし、東京及ひ京阪地方とに設置する。

五．中央動物園は、動物の繁殖場動物病院、動物標本館、水族館研究室、図書館、講堂等を附設し、東京及ひ京阪地方に設置する。

六．中央植物園は、植物学博物館、植物研究所、園芸講習所、植物相談所、種苗園、図書館、講堂等を附設し、東京及ひ京阪地方に設置する。

七．中央水族館は独立の一館とし、水産研究室、魚類孵化場、昆虫館、爬虫館、両棲館、水草館、図書館、講堂等を付設して、東京及び京阪地方に設置する。

八．中都市に建設する地方博物館は、科学博物館（博物学理化学及ひ産業）と歴史美術博物館（歴史考古学古美術近代美術及ひ工芸）の二館とし、府県立又は市立とする。地方動植物園、水族館は、府県又は市の管理下に設置する。

九．小都市に建設する地方博物館は、人文科学及び自然科学諸分科の総合博物館とし、府県立又は市立とする。

十．郷土博物館は、地方博物館に附設するかまたは独立の一館として設置する。

出席．棚橋源太郎、富士川金二、和田新、本多正次、小林行雄、長島孝。

8月19日

日本博物館協会は、第三回調査委員会を帝室博物館で開催した。

「本邦に実施すべき博物館動物園植物園水族館全体系に関する調査案」

一．中央博物館、中央動物園、中央植物園及び中央水族館は国営の中央機関として、社会教育学芸研究及び慰安保養を目的とする全国同種施設の連絡、蒐集品及び動植物の交換売買賃借等の媒介、従業員の養成、就職雇給の斡旋及び経営上の諸問題に関する指導に当らしめる。

二．中央科学博物館は、博物学博物館及び理工学博物館の二館とし、夫々東京及び大阪に設置する。

三．中央歴史博物館は、考古学文化史及び国史の総合博物館とし、東京と京阪地方に設置する。

四．中央美術博物館は、古美術博物館及び近代美術博物館の二館とし、工芸品は新旧により両館に分属せしめる。中央古美術館は東京及び京都又は奈良に、中央近代美術博物館は東京に設置する。

五．中央動物園には、動物の繁殖場、動物病院、動物標本館、研究室、図書館、講堂等を附設し、東京に設置する。

六．中央植物園は植物標本館、植物学研究所、園芸講習所、植物相談所、種苗園、図書館、講堂等を附設し東京に設置する。

七．中央水族館は、特設の一館とし、水産研究室、魚類孵化場、昆虫館、爬虫館、両棲館、水草館、図書館、講堂等を附設して、東京に設置する。

八．地方博物館、動植物園、地方水族館は主として当該地方民衆の知識及趣味の向上、地方産業の発展、家庭生活の改善等に資することを目的とする。中都市に建設する地方博物館は、科学博物館（博物学理工学及び産業）と歴史美術博物館（歴史考古学古美術近代美術及工芸）の二館にし、府県立或は市立とする。地方動物園地方植物園地方水族館は府県又は市の管理下に設置する。

九．小都市に建設する地方博物館は、人文科学及び自然科学諸分科の総合博物館とし、府県立又は市立とする。尚土地の状況により、小都市にも、公立の動植物園水族館を設置することが出来る。


『日本博物館協会保管資料』「第3回委員会記録」

年	月日	事項	拠所・文献

十、郷土博物館は学童青年及住民の愛郷精神の涵養公民的教養の向上並に郷土の経済的発展に寄与することを目的とする。郷土博物館は中小都市に止らず大都市にも亦これを設置すべきである。都市の郷土博物館はこれを特設するか又は地方博物館に附設するを可とする。町村に郷土博物館設置の場合は地方事務所々在地程度の都邑を選び町村立又は学校組合立とする。

十一、大学専門学校等に博物館動物園植物園水族館を附設公開することは特に望ましく、また財団及び私人が博物館動物園植物園水族館を建設営することも大いに歓迎推奨すべきである。

「博物館類似施設管理の法制化に関する調査案」

一、動植物園水族館を博物館類似施設とする。博物館及び類似施設は学芸に関する資料を蒐集保管飼育栽培して公衆の観覧使用に供し、国民の教養慰安学校教育の補充及び学芸の研究に資することを以て目的とする。

二、国都道府県市町村学校公共団体組合財団及び私人は博物館及類似施設を建設経営することが出来る。

三、官庁大学専門学校等において博物館及び類似施設を創立又は廃止せんとする場合は文部大臣の認可を要する。

四、中央博物館及中央動植物園水族館はすべて国営とし中央機関として文部行政の一部を擔任せしめる。

五、現存の官立博物館及動植物園水族館は、本法の施行と同時に直ちに之を文部省に移管してその直営又は管理下におく。

六、博物館及類似施設は分館（園）を設置することが出来る。

七、博物館及類似施設はその規模の大小に応じ総長館長園長、事務官相当数の学芸員学芸員補技師技手司書書記監視員等を置くことを要する。

八、館長、園長、学芸員、技師は大学専門学校以上の学歴とその方面に関し三年以上の実務的経験を有するものの中より選任する。

九、博物館及類似施設には若干名の商議員及学芸専門委員を依嘱することが出来る。

十、入館料は無料を原則とし、特に徴集の必要ある場合には監督官庁の許可を

十一、本法の規定に依らないものは之を博物館、動植物園、水族館と称することが出来ない。またその名称の如何に拘はらず博物館及類似施設と認むべきものは、すべて本法によつて律せられる。

出席・棚橋源太郎、富士川金二、本田正次、和田新、古賀忠道、国分主事。

9月9日

日本博物館協会長徳川宗敬は「博物館並類似施設に関する法律案要綱」「本邦博物館、動物園及び水族館施設に関する調査案」を文部大臣田中耕太郎に申達した。

博物館並類似施設に関する法律案要綱

一、動植物園水族館を、博物館類似施設とする。

博物館及び類似施設は、学芸に関する資料を蒐集保管飼育栽培して公衆の観覧使用に供し、国民の教養慰安、学校教育の補充及び学芸の研究に資することを以て目的とする。

二、国都道府県市町村学校公共団体組合財団及び私人は、博物館及び類似施設を経営することができる。

都道府県立博物館及び類似施設は、地方長官、市町村立博物館及び類似施設は、市町村長これを管理する。

三、博物館及び類似施設を創立附設又は廃止せんとする場合は、文部大臣の認可を要する。

四、中央博物館、中央動植物園及び中央水族館は、すべて国営とし、中央機関として文部行政の一部を擔任せしめる。

五、現在の官立博物館及び動植物園、水族館は、本法の施行と同時に直ちに、文部省に移管して、その直営又は管理下に置く。

六、博物館及び類似施設は、分館（園）を設置することが出来る。

七、博物館及び類似施設は、その規模の大小に応じ、総長、館長、園長、事務官、相当数の学芸員、学芸員補、技師、技手、司書、書記、監視員等を置くことを要する。

八、館長、園長、学芸員、技師は、大学専門学校以上の学歴と、その方面に関し三年以上の実際的経験を有するもの、中より選任する。

九、博物館及び類似施設には、若干名の商議員及び学芸専門委員等を委嘱することが出来る。

一〇、博物館及び類似施設は、必要に応じて観覧料並に附属設備の使用料を徴収することが出来る。但しこの場合は監督官庁の許可を要する。

一一、本法の規定に依らないものは、これを博物館、動植物園、水族館と称することが出来ない。またその名称の如何に拘はらず、博物館及び類似施設と認むべきものは、すべて本法に依って律せられる。

一二、現に博物館並に類似施設に在職する者は、当分の間前項の資格なき者と雖も、この儘在職せしめることが出来る。又特別の技能を有し、且つその職に適する者に在っては、別に設置する任用考査機関により選任することが出来る。

『社会教育法制研究資料』［Ａ―一］日本社会教育学会社会教育法制研究会
『博物館研究』復興第一巻第一号
「博物館協会消息」

年	月日	事項	拠所・文献
		本邦博物館、動植物園及び水族館施設に関する方針案 一、中央博物館、中央動物園、中央植物園及び中央水族館は、国営の中央機関として、社会教育学芸研究及び慰安休養を目的とする全国同種施設の連絡、蒐集品及び動植物の交換、賣買、貸借等の媒介、従業員の養成、就職、雇用の斡旋及び経営上の諸問題に関する指導に当らしめる。 二、中央科学博物館は、博物学博物館及び理工学博物館の二館とし、夫々東京及び大阪に設置する。 三、中央歴史博物館は、考古学、文化史及び国史の綜合博物館とし、東京と京阪地方とに設置する。 四、中央美術博物館は、古美術博物館及び近代美術博物館の二館とし、工芸品は新旧により両館に分属せしめる。中央古美術館は東京又は奈良に、中央近代美術博物館は、東京に設置する。 五、中央動物園には、動物の蕃殖場、動物病院、動物標本館、研究室、図書館、講堂を附設し、東京に設置する。 六、中央植物園には、植物標本館、植物学研究所、園芸講習所、植物相談所、種苗園、図書館、講堂等を附設し、東京に設置する。 七、中央水族館は特設の一館とし、水産研究室、魚類孵化場、図書館、講堂等を附設し、東京に設置する。 八、地方博物館、地方動物園、地方植物園、地方水族館は、中小都市に建設し、主として当該地方民衆の知識及び趣味の向上、地方産業の発展、家庭の改善等に資することを目的とする。 九、中都市（第一項の中央機関所在地を除く）に建設する地方博物館は、科学博物館（博物学、理工学、産業）と歴史美術博物館（歴史、考古学、古美術、近代美術及び工芸）の二館とし、府県立又は市立とする。地方動物園、地方植物園、地方水族館は、府県又は市の管理下に設置する。 一〇、小都市に建設する地方博物館は、人文科学及び自然科学諸分科の綜合博物館とし、府県立又は市立とする。尚土地の状況により小都市にも、公立の動物園、植物園、水族館を設置することが出来る。 一一、郷土博物館は各都市及び町村に建設し、学童、青年及び住民の愛郷精神の涵養、公民的教養の向上並に郷土の経済的発展に寄与することを目的とする。都市の郷土博物館は、これを特設するか又は地方博物館に附設するを可とする。町村に郷土博物館設置の場合は、地方事務所在地程度の都邑を撰び、町村立又は学校組合立とする。 一二、大学専門学校等に博物館、動物園、植物園、水族館を附設公開することは特に望ましく、又財団及び私人が博物館、動物園、植物園、水族館を建設経営することも、大いに歓迎推奨すべきである。	

11月11日 12日 13日	文部省社会教育局、日本博物館協会の共同主催で、「博物館並類似施設振興に関する協議講習会」を帝室博物館講堂で開いた。 協議事項 一、博物館並類似施設に関する法律制定の件 二、日本博物館協会地方組織に関する件 三、博物館動植物園及び水族館の観光外客に対する施設に関する件 その他参会者より提出の諸問題	『日本博物館協会保管資料』
11月11日	文部省社会教育局、日本博物館協会共同主催の、「全国博物館並類似施設振興に関する協議講習会」において、日本博物館協会作成の「博物館並類似施設に関する法律案要綱」が示され協議された。 その要綱案は、 一、動植物園水族館を、博物館類似施設とする。博物館及び類似施設は、学芸に関する資料を蒐集保管飼育栽培して公衆の観覧使用に供し、国民の教養慰安、学校教育の補充及び学芸の研究に資することを以て目的とする。 二、国都道府県市町村学校公共団体組合財団及び私人は、博物館及び類似施設を建設経営することが出来る。 都道府県立博物館及び類似施設は、地方長官、市町村立博物館及び類似施設は、市町村長これを管理する。 三、博物館及び類似施設を創立附設又は廃止せんとする場合は、文部大臣の認可を要する。 四、中央博物館、中央動植物園及び中央水族館は、すべて国営とし、中央機関として文部行政の一部を擔任せしめる。 五、現在の官立博物館及び動植物園、水族館は、本法施行と同時に直ちに、文部省に移管して、その直営又は管理下に置く。 六、博物館及び類似施設は、分館（園）を設置することが出来る。 七、博物館及び類似施設は、その規模の大小に応じ、総長、館長、園長、事務官、相当数の学芸員、学芸員補、技師、技手、司書、書記、監視員等を置くことを要する。 八、館長、園長、学芸員、技師は、大学専門学校以上の学歴と、その方面に関し三年以上の実際的経験を有するもの、中より選任する。 九、博物館及び類似施設には、若干名の商議員及び学芸専門委員等を委嘱することが出来る。 一〇、博物館及び類似施設は、必要に応じて観覧料並に附属設備の使用料を徴収することが出来る。但しこの場合は監督官庁の許可を要する。 一一、本法の規定に依らないものは、これを博物館、動植物園、水族館と称することが出来ない。またその名称の如何に拘はらず、博物館及び類似施設と認むべきものは、すべて本法に依って律せられる。 一二、現に博物館並に類似施設に在職する者は、当分の間前項の資格なき者と雖も、そのまま在職せしめることが出来る。又特別の技能を有し、且つその職に適する者に在りては、別に設置する任用考査機関により選任することが出来る。	『博物館研究』復興第一巻第二号 「全国博物館並同種施設協議講習会」 「協会消息」

年	月日	事項	拠所・文献
	11月11日	「博物館並類似施設振興に関する協議講習会」に日本博物館協会案の「本邦博物館、動物園、植物園及び水族館施設に関する方針案」が示された。 一、中央博物館、中央動物園、中央植物園及び中央水族館は、国営の中央機関として、社会教育学芸研究及び慰安休養を目的とする全国同種施設の連絡、蒐集品及び動植物の交換、賣買、貸借等の媒介、従業員の養成、就職、雇用の斡旋、及び経営上の諸問題に関する指導に当らしめる。 二、中央科学博物館は、博物学博物館及び理工学博物館の二館とし、夫々東京及び大阪に設置する。 三、中央歴史博物館は、考古学、文化史及び国史の綜合博物館とし、東京と京阪地方とに設置する。 四、中央美術博物館は、古美術博物館及び近代美術博物館の二館とし、工芸品は新旧により両館に分属せしめる。中央古美術博物館は東京及び京都又は奈良に、中央近代美術博物館は、東京に設置する。 五、中央動物園には、動物の蕃殖場、動物病院、動物標本館、研究室、図書館、講堂を附設し、東京に設置する。 六、中央植物園には、植物標本館、植物学研究所、園芸講習所、植物相談所、種苗園、図書館、講堂等を附設して東京に設置する。 七、中央水族館は特設の一館とし、水産研究室、魚類孵化場、図書館、講堂等を附設して東京に設置する。 八、地方博物館、地方動物園、地方植物園、地方水族館は、中小都市に建設し、主として当該地方民衆の知識及び趣味の向上、地方産業の発展、家庭生活の改善等に資することを目的とする。 九、中都市（第一項の中央機関所在地を除く）に建設する地方博物館は、科学博物館（博物学、理工学、産業）と歴史美術博物館（歴史、考古学、古美術、近代美術及び工芸）の二館とし、府県立又は市立とする。地方動物園、地方植物園、地方水族館は、府県又は市の管理下に設置する。 一〇、小都市に建設する地方博物館は、人文科学及び自然科学諸分科の綜合博物館とし、府県立又は市立とする。	『日本博物館協会保管資料』
	11月12日	全国博物館並類似施設協議講習会において島根県松江市から「博物館に関する国家基準法規の制定と国費補助による急速なる施設強化を其筋に建議するの件」が提案され協議された。	『博物館研究』復興第一巻第二号「協会消息」
	11月14日	日本博物館協会は「地方動物園、植物園及び水族館の充実完成に関する調査」の原案作成の為小石川植物園で委員会を開いた。調査委員は、古賀忠道、佐藤正巳、棚橋源太郎、檜山義夫、富士川金二、本田正次、松嶋直枝、岡田弥一郎、の八名。	『日本博物館協会保管資料』「本邦博物館動物園植物園及び水族館施設に関する方針案」

11月16日〜20日	国際博物館会議（略称ＩＣＯＭ）は、ユネスコの第一回総会の直前パリのルーヴル宮で開かれた会議で創立された。博物館事業の国際的協力を促進し、国際的規模において教育、学術、文化関係の国際的組織と協力して、世界の博物館の発展に資するを目的としている。	『現代日本教育制度史料』第二巻、五九一頁
12月17日	日本博物館協会は、地方博物館建設に関する調査の為、調査委員を委嘱した。委員は、和田新（前美術研究所長）、畑井新喜司（前日本博物館協会理事）、本田正次（東京帝国大学理学部附属植物園長）、古賀忠道（恩賜公園上野動物園長）、山中忠雄（交通文化博物館長）、河竹繁敏（演劇博物館長）、朝比奈貞一（東京科学博物館技官）、坪井誠太郎（東京帝国大学理学部教授）、岡田彌一郎（資源科学研究所員）、富士川金二（帝室博物館出仕）、棚橋源太郎（日本博物館協会常務理事）、関口鯉吉（東京天文台長）、小林貞一（東京帝国大学理学部教授）、中村常夫（豊島区椎名町）、小林行雄（文部省社会教育局文化課長）、木場一夫（文部省科学教育局科学教育課長代理）	『日本博物館協会保管資料』「地方博物館建設に関する調査委員」
12月24日	日本博物館協会は、地方博物館建設に関する委員会を帝室博物館で開催した。出席者、和田、小林、本田、朝比奈、河竹、古賀、棚橋、富士川、中村の各委員、上田理事、岡崎幹事、文部省より雨宮嘱託（小林課長代）、木場（科学教育課長代）、鶴田事務官、日博協主事国分。棚橋委員が調査案について説明した。 一、地方博物館の本質及び使命 二、本邦地方博物館の現状及びこれが拡充 三、地方に建設すべき博物館の性格とその配置 四、地方博物館の建物及び用地 五、博物館使命達成の鍵は適任の館長、学芸員 六、資料の蒐集陳列 七、地方博物館の管理及び資金の調達 八、地方博物館の運営	『日本博物館協会保管資料』「地方博物館建設に関する委員会記録」

一九四七 昭和22

1月18日	日本博物館協会は、地方博物館建設に関する第二回調査委員会を帝室博物館で開催した。第一回委員会の審議結果に基づき、改訂追加或は削除した。出席者、徳川会長、山本理事、本田、畑井、山中、古賀、和田、朝比奈、棚橋の各委員、岡崎幹事、国分主事、文部省より木場、鶴田事務官、雨宮嘱託。	『日本博物館協会保管資料』「地方博物館建設に関する第二回調査委員会開催の件」「地方博物館建設に関する第二回調査委員会記録」
1月30日	日本博物館協会は、「外客誘致と博物館並に同種施設に関する調査会」を神田須田町の交通文化博物館で開催した。調査案について棚橋源太郎が説明した。 一、観光事業の重要性 二、観光事業に対する博物館並に同種施設の任務 三、観光地既設博物館動植物園水族館等設備の充実完成 四、観光地に新たに建設すべき博物館並に同種施設 五、全国館園の共同的観光対策 各委員から意見があり、小委員（会長指名）により審議することを決定。 出席、文部省兵頭事務官、雨宮嘱託、運輸省間島観光課長、井原事務官、観光聯盟武部常務理事、交通公社横田理事、同栗田外国部長、同秋田弘報部長、日本博物館協会徳川会長、棚橋、富士川、山中、本田、古賀、岡田、上田、三井各理事。	『日本博物館協会保管資料』

年	月日	事項	拠所・文献
	2月	文部省科学教育局長は、発科三六号で地方官宛に「地方科学博物館設立費補助打切りについて」連絡した。 「本省としても新文化日本建設に当たり国民一般の科学水準急速な向上が喫緊の根本問題であり、その最も有力な手段として、社会に於ける科学普及の常置推進機関である科学博物館の設置の須要であることを認めまして、常にその育成に力を致すとともに、その財政的援助について極力その実現に努力致して参りましたが、現下の国家財政の実情よりして遺憾乍ら御期待に添い兼ねることに決定されました」とある。（問い合せに対する回答）	『近代日本教育制度史料』第二七巻 近代日本教育制度史料編纂会、一五八頁
	3月31日	法律第二五号により「教育基本法」が公布された。 前文に「日本国憲法の精神に則り、教育の目的を明示して、新しい日本の教育の基本を確立するため、この法律を制定する」とある。第七条が社会教育であり「社会において行われる教育は、国及び地方公共団体によって奨励されなければならない」と規定し、第二項において、「国及び地方公共団体は、図書館、博物館、公民館等の施設の設置、学校の施設の利用その他適当な方法によって教育の目的の実現に努めなければならない」と規定した。	『社会教育関係法令集』文部省社会教育局 『文部法令要覧』文部省大臣官房総務課
	4月1日	社会教育法案の草稿が初めて提示された。 その内容は、 第一章　総則 一、社会教育の意義 二、社会教育委員会 第二章　社会教育団体 一、社会教育施設維持団体 二、社会教育団体 三、教育団体 第三章　社会教育施設 一、学校 二、図書館 三、公民館 四、博物館 五、簡易図書閲覧所 第四章　社会教育事業 一、講習事業 二、通信教育事業 であった。	『教育と社会』第四巻第八号 井内慶次郎「社会教育法のできるまで」

4月10日	日本博物館協会は、「地方博物館建設の指針」を発行した。 内容は、 一、地方博物館の本質及び使命 二、本邦地方博物館の現状及びこれが拡充 三、地方に建設すべき博物館の性格とその配置 四、地方博物館の建物及び用地 五、博物館使命達成の鍵は適任の館長、学芸員 六、資料の蒐集陳列 七、地方博物館の管理及び資金の調達 八、地方博物館の運営	『博物館研究』復興 第一巻第三号 「協会消息」
5月3日	帝室博物館及び奈良帝室博物館が内務省から文部省に移管されたので、政令八号で「国立博物館官制」が公布された。第一条に「文部大臣の所管とし、美術品及び歴史資料を蒐集保存して公衆の観覧に供し、併せてこれに関連する調査、研究及び事業を行う所とする」とある。	『博物館研究』復興 第一巻第四号 「国立博物館の誕生」 『近代日本教育制度史料』第一七巻 二〇八号 近代日本教育制度史料編纂会、一五六頁
7月16日	日本博物館協会は、「戸外文化財の教育的利用に関する調査」について調査委員を委嘱し、国立博物館において第一回委員会を開催した。 調査委員は、 考古学・歴史・石田茂作、黒板昌夫 民俗・柳宗悦 建築・庭園・大岡實、森蘊 彫刻・小林剛 地質・小林貞一、辻村太郎 植物・本田正次 動物・古賀忠道、岡田彌一郎、岡田要 名勝・観光・間島大二郎、武部英治、横田巌 文部省・小林行雄、兵藤清、松下寛一 日協博・棚橋源太郎、富士川金二、山中忠雄、山本爲三郎 決定事項は、重要文化財保存の基本的問題に関し、法制上の新構想を練るため小委員会を設くること。 保存利用につき施策に焦眉の急を要するものを調査するため小委員会を設くること。 「戸外文化財の教育的利用に関する調査案」に、 一、本調査の目的 こゝに謂ふ戸外文化財とは、歴史的或は美術的遺品、建造物並に史跡、名勝、天然記念物等で、教育上並に学芸の研究上価値ありとして保存せられてゐる物件で、その性質上これを博物館、美術館、動植物園、水族館等の蒐集陳列品或は飼育栽培物として、館園内に収容することができないために、戸外に存在してゐるもの、総称である。 二、戸外文化財教育的利用の重要性 三、海外に於ける戸外文化財の教育的利用状況 四、本邦戸外文化財保存利用の現状 五、戸外文化財の性格とその教育的利用施設	『日本博物館協会保存資料』 「戸外文化財の教育的利用に関する調査委員委嘱並に第一回委員会開催の件」 「戸外文化財の教育的利用に関する調査委員会報告案」

年	月日	事項	拠所・文献
		六、戸外文化財教育的利用発進の方策 七、教育、学芸上の戸外文化財利用の方法	
	11月6日	文部大臣は、日本博物館協会総会に「学校教育と博物館との連絡について」諮問した。	『近代日本教育制度史料』第二七巻 近代日本教育史編纂会
	12月4日	日本博物館協会は、「戸外文化財の教育的利用」に関する第二回調査委員会を国立博物館で開いた。出席・徳川会長、川上理事長、石田、大岡、小林（剛）、棚橋、辻村、富士川、本田、山中、岡崎の各委員、和田幹事長及び国分主事。棚橋主査より修正案につき詳細に説明あり。各委員より意見の発表あり、修正案をもって調査完了とした。	『日本博物館協会保管資料』 「戸外文化財の教育的利用に関する第二回調査委員会開会（案）」 「戸外文化財の教育的利用に関する第二回調査委員会」
	12月9日	文部省社会教育局長は、雑社二二一号で文部大臣が日本博物館協会総会に諮問した「学校教育と博物館との連絡について」意見が提出されたので、参考資料として都道府県知事あてに送付した。 日本博物館協会の総会に文部大臣から諮問された「学校教育と博物館との連絡について」に対する回答であり、 一、学校側としてなすべきこと、 二、博物館側としてなすべきこと、 三、学校附設博物館としてなすべきこと、の三種に分けて述べている。	『近代日本教育制度史料』第二七巻 近代日本教育史編纂会、一五八頁 『博物館研究』復興第二巻第一号 「昭和二二年度本会通常総会」
一九四八 昭和23	3月2日	文部省社会教育局長は、発社四六号で「全国博物館並に同種施設調査について」各都道府県知事あてに調査を依頼した。調査項目は、名称、種別、設立者、所在地、順路、沿革、諸規定、職員、敷地、蒐集、開館、休館、観覧料、案内、事業概要、出版物、資産及び経費、戦災被害、昭和二二年度事業概要、昭和二三年度事業計画、であった。	『近代日本教育制度史料』第二七巻 近代日本教育史編纂会、一五九頁
	7月9日	文部省教科書局長は、「学習指導要領社会科編取扱いについて」各都道府県知事及び教育養成諸学長あてに発した。これは官公立学校生徒・児童の社寺見学を禁示する通牒であった。	『博物館研究』復興第三巻第一号 「文化施設協議講習会」
	11月6日	日本博物館協会が主催する文化観覧施設協議講習会において「学校生徒団体の社寺見学禁止問題対策」が協議された。各地方の実情報告及び意見が提出され、その結果、決議文に陳情書を添え文部大臣及び連合軍最高指令官にそれぞれ陳情することに決定した。	『博物館研究』復興第三巻第一号 「協会消息」
	12月2日	全国文化観覧施設協議会代表・日本博物館協会長徳川宗敬は、官公立学校生徒・児童の社寺訪問禁止問題の緩和を求める陳情書を文部大臣、連合軍最高指令部民間情報教育局のH・L・シーマンスに面会し陳情した。	『博物館研究』復興第三巻第一号 「協会消息」

一九四九 昭和24		
2月	日本博物館協会は、文化観覧施設の諸問題につき、実際の経営に当たっている方々に意見を寄せて頂いた。 金沢文庫博物館の三森達夫は、公共博物館法令がないので、それを設定してほしい。 大倉集古館の諸岡利雄は、「私立博物館と特別法制定の必要」とする見出しで、私立博物館は、社会教育の上で重要な施設でありながら、政府は特別の法令を設けて保護奨励の政策をとっていない。社会公共のため観覧無料で公開しているが、地租を課せられ、時には家屋税を徴せられている。この経営発展を阻害するがごとき制度を排除するとともに、一定の基準を与え、進んで保護指導を行うことは目下の急務である。博物館令の制定が必要である。	『博物館研究』復興第三巻第一号 「館園の声」
4月5日	日本博物館協会の昭和二四年度事業計画で「博物館並に同種施設の法制化問題」に関する調査が承認された。	『日本博物館協会会報』第一号 「本年度事業計画及び予算」
5月9日	全国博物館・動植物園及び水族館代表徳川宗敬は、地方税法の改正に伴って、博物館施設に対する課税を除外されるよう、参議院文部委員長田中耕太郎、地方行政委員長岡本愛祐に陳情書を提出した。陳情書の前文には、 「政府はこのたび地方税法を改正して、他の娯楽施設同様、博物館・美術館・動物園・植物園及び水族館にも、入場料の六割を入場税として課税する案を提出したと聞く。全国博物館並に同種施設によって組織された本協会は、左の理由により、博物館・美術館・動物園・植物園及び水族館等の教育施設については、これが課税対象より除外されんことを切望するものである。」	『日本博物館協会会報』第二号 「入場税反対の運動」
5月10日	日本博物館協会長徳川宗敬は、日本駐在連合軍最高指令官あてに、入場料反対の陳情書を提出した。	『日本博物館協会会報』第二号 「入場税反対の運動」
5月31日	法律第一四六号により「文部省設置法」が公布された。	『文部法令要覧』文部省大臣官房総務課
5月31日	文部省令第二一号により「文部省組織規程」が公布された。社会教育局に社会教育課、社会教育施設課、運動厚生課、芸術課、文化財保存課を設置した。	『文部法令要覧』文部省大臣官房総務課
6月10日	法律第二〇七号で「社会教育法」が公布され即日施行された。この法律は、「教育基本法の精神に則り、社会教育に関する国及び地方公共団体の任務を明らかにすることを目的とする。」とあり、第九条に「図書館及び博物館は、社会教育のための機関とする」、二項には「図書館及び博物館に必要な事項は、別に法律をもって定める」とある。	『社会教育関係法令集』文部省社会教育局 『社会教育法成立過程資料集成』日本社会教育学会社会教育法制研究会 『教育と社会』第四巻第八号
7月5日	重要美術品等調査審議会令、史跡・名勝・天然記念物調査会令が公布された。	『文化行政の歩み』文化庁
7月25日	文部省令第二九号により「国立自然教育園規程」が定められた。国立自然教育園は、自然物に関する調査研究、観察及び実習の場たらしめ、あわせてその保護、保存に関する調査研究を行うことを目的とする。	『近代日本教育制度史料』第二七巻 近代日本教育史編纂会、一六二頁

年	月日	事項	拠所・文献
	8月15日	国立博物館奈良分館長・恩賜京都博物館長・大阪市立美術館長らは、文化財保護法の改正に関して衆参両院議長、文部大臣に請願書を提出した。 「去る第五国会に参議院より提出せられた「文化財保護法案」が来るべき国会に於て審議せられることを聞き、両院の文化財保護の熱意に満腔の敬意を表するものであります。古文化財を集中的に保有する近畿地方に存在する国立博物館奈良分館、恩賜京都博物館、大阪市立美術館の三館は同法案につき重大なる関心を持つものであって、同法案に対し慎重に審議を重ねた結果、共通の改正意見として左の如き見解を表明いたします。願わくば三館の熱意を諒とせられ、同法案御審議に際してはこの見解を参考とせられるならば光栄の至りに存じます。こゝに請願の手続きをとる次第であります。」 第一章　総則に関する事項 （一）無形文化財の保護は別法によるものを至当とすること 第二章　文化財保護委員会に関する事項 （一）専門審議会に対し諮問すべき事項を本法案中に於て明確に規定すべきこと （二）国立博物館に対すると共に地方博物館に対しても充分なる考慮を払わるべきこと 第三章　国宝その他の重要文化財に関する事項 （一）個人所有権のある限度内に於ける国家的拘束の必要 （二）所有権の拘束に対する補償としての免税規程の必要	『社会教育法制研究資料』［B―二］日本社会教育学会社会教育法制研究会
	8月16日	大阪市立美術館員、美術館友の会会員連署で文化財保護法の改定に関し、「美術館、博物館の機能活動を重視せられたきこと」「国立博物館の規定を本法から切り離し、別法を以てせられたきこと」「文化財の保存に関し地方の博物館、美術館を国立と等格に考慮せられたきこと」等を衆参両院議長、文部大臣に請願した。 文化財保護法案改正希望要項 一、博物館、美術館の機能活動を重視せられたいこと 二、国立博物館の規定を本法から切り離し、別法を以てせられたく文化財の保存に関し地方の博物館、美術館を国立と等格に考慮せられたきこと 三、文化財保護委員会と博物館を別個に出来ないときは、その事務局は博物館を以て当てる方法を考慮せられたきこと 四、文化財の逃避を防ぎこれをより国民に利用される方法として免税を考慮されたいこと	『社会教育法制研究資料』［E―三］日本社会教育学会社会教育法制研究会
	9月17日	大臣裁定で国立自然教育園組織規程が定められた。	『近代日本教育制度史料』第二七巻 近代日本教育制度史料編纂会 二六四頁
	10月12日	昭和二四年度日本博物館協会通常総会において、近く制定される博物館法の内容について協議し、大阪市立美術館佐々木利三等の意見を立法に反映する方法を講ずることとした。	『日本博物館協会会報』第六・七号「昭和二四年度本会通常総会」
	11月2日	文部省告示第一八六号により、国立自然教育園利用規則を定めた。入場料は無料であり、自由定員制であり、その入園定員は三〇〇人以内とする。	『近代日本教育制度史料』第二七巻 近代日本教育制度史料編纂会 二一六頁

12月16日	日本博物館協会緊急理事会で参議院で立案中の文化財保護法案について修正意見を提出することとなった。 「第五国会において参議院を通過した文化財保護法案が今回修正の上、再び開会中の第七国会に提出されることになり、同案には、さきの参議院案の、国立博物館及び研究所を文化財保護委員会の附属機関たらしめる事を規定した、第二〇条・第二一条及び第二二条が、依然残存しているということである。はたしてそうであるならば、われわれ観覧教育関係者は、全国博物館動植物園全体系の健全な発達のため、前記三ケ条を同法案から削除されんことを切望してやまないものである。」とある。理由には、「国立博物館を文化財保護委員会の附属機関たらしめることは、一国の博物館体系を破壊して、博物館事業の発達を阻害するもので、博物館の本質を理解しない軽率といわなければならない。」とある。	『日本博物館協会会報』第六・七号 「協会消息」
12月19日〜23日	日本博物館学協会は、国立博物館を文化財保護委員会の附属機関とすることに反対の意見書を参議院田中文部委員長、衆参両院の文部専門委員等に提出した。	『日本博物館協会会報』第六・七号 「文化財保護法案の修正に関する意見書」
一九五〇　昭和25		
1月9日	「関東地方博物館動植物園関係者大会」において文化財保護法案修正に関する陳情書案を議決した。	『日本博物館協会会報』第六・七号 「文化財保護法案修正の運動」
1月10日	社会教育施設課長は、京都市教育長からの「社会教育法の経緯について（博物館等の所管）に関して」委社第三二四号で回答した。 照会　社会教育法第九条により博物館は社会教育のための機関とすると明記されているが、本京都市では観光都市としての特性から教育委員会の所管に移すことの延期を希望するが、これは社会教育法の違反になるか。 次に、美術館、音楽堂等の文化施設の保管運営は、市の観光施設として行うよりも、教育委員会が行うのが妥当と考えるが如何。 回答　教育委員会法（昭和二三年法律第一七〇号）第四条によれば、教育は、芸術及び文化に関する事務は、大学及び私立学校に関するものを除いては、すべて教育委員会の所管するところとされている。　『博物館関係法令集』 博物館に関しては、社会教育法（昭和二四年法律第二〇七号）第九条によって、社会教育のための機関とすると明記され、博物館に関し必要な事項は別に法律を以て定められることになっている。（博物館法昭和二六年一二月一日法二八五号） 博物館は教育のための機関であるから、その所管が教育委員会に属すべきものであることは当然である。更に美術館、音楽堂に関しても、これらの施設が文化ないし教育に関する施設であることは、社会通念上も当然であるが、社会教育法第五条第一〇号にも、音楽、演劇、美術その他芸術に関する事務が教育委員会の事務とされているのであって、美術館、音楽堂等の文化施設が教育委員会の所管に属すべきは明らかである。 京都市が観光都市としての特性上、種々事情が存するとしても、博物館、美術館、音楽堂等の施設は早急に教育委員会の所管に移管されるべきである	『博物館関係法令集』日本博物館協会 「博物館の登録に関する通知書」 『博物館に関する基礎資料』国立教育政策研究所社会教育実践研究センター　国立教育政策研究所社会教育実践研究センター 「社会教育法の解釈について（博物館等の所管）」
1月13日	文化財保護法案修正に関する陳情書を衆議院に提出した。	『日本博物館協会会報』第六・七号 「文化財保護法案修正の運動」
1月17日	文化財保護法案修正に関する陳情書を参議院に提出した。	『日本博物館協会会報』第六・七号 「文化財保護法案修正の運動」
1月19日	文化財保護法案修正に関する陳情書を文部大臣に提出した。	『日本博物館協会会報』第六・七号 「文化財保護法案修正の運動」

年	月日	事項	拠所・文献
	1月20日	日本博物館協会徳川宗敬、関東地方博物館動植物園関係者大会代表者関靖両名は、国立博物館を文化財保護委員会の附属機関とすることに反対の陳情書を連合国軍最高司令官に提出した。陳情書の前文には、「目下参議院文部委員会において立案中の文化財保護法案のうち、その第二〇条及び第二二条に、国立博物館を文化財保護委員会の附属機関にする規程がありますが、われわれ博物館事業の関係者は、左記の理由により、右の条項は日本における博物館事業全体の正当且つ健全な発達の上に、きわめて重大な妨げになると考えますので、同法案中からこれを削除されるよう切望してやまないものであります。」とある。	『日本博物館協会会報』第六・七号「文化財保護法案修正の運動」
	1月21日	文部省令第二号により、国立博物館組織規程が定められた。管理課、陳列課、学芸課、保存修理課、資料課の六課が置かれた。	『近代日本教育制度史料』第二七巻 近代日本教育制度史料編纂会、一六八頁
	1月	この頃文部省社会教育局では、「博物館動植物園法」（仮称）の立案に着手した。	『日本博物館協会会報』第六・七号「博物館動植物園法について」
	1月	この頃「博物館動植物園法」が提示された。	『社会教育法制研究資料』［Ａ－二］日本社会教育学会社会教育法制研究会
	1月30日	連合国軍最高司令官に国立博物館を文化財保護委員会の附属とすることに反対の陳情書の翻訳を提出した。	『わが国の近代博物館施設発達資料の集成とその研究 大正・昭和編』日本博物館協会
	2月14日	国博第一三〇号で国立博物館長高橋誠一郎は、参議院文部委員会委員長田中耕太郎あてに文化財保護委員会附属機関設置に関する件として「今般立法の文化財保護法案で国立博物館及び美術研究所を文化財保護委員会の附属機関とすることは現状においては異論がない。但し、将来理想的な国立博物館法（仮称）が設けられるときに、さらに、其の属否について審議決定したい」とある。	『博物館法案要綱』「博物館法の提案理由及びその概要について」
	3月3日	国立博物館の所属問題に関して衆議院文部委員会の委員と懇談会を開いた。	『わが国の近代博物館施設発達資料の集成とその研究 大正・昭和編』日本博物館協会
	3月24日	「博物館動植物園法立案の趣旨」「博物館動植物園法」が示された。第一章総則、第二章国立博物館動植物園、第三章公立及び私立博物館動植物園、第四章審議会及び地方委員、第五章博物館動植物園の設備基準の設定、第六章職員、第七章指導助成及び監督、第八章雑則、となっている。	『日本博物館協会保管資料』
	3月	棚橋源太郎、博物館動植物園法の制定を切望して海外の事例を紹介した。	『日本博物館協会会報』第八号「博物館動植物園法の制定」
	4月27日	政令第九七号で「社会教育審議会令」が公布された。「この審議会は、文部大臣の諮問に応じて左に掲げる事項を調査審議し、及びこれらに関し必要と認める事項を文部大臣に建議する。」とあり、その事項とは「七、公民館、図書館、博物館等の社会教育施設に関する事項」と記されている。また、この事項の審議は「社会教育施設分科会」が担当する。	『社会教育関係法令集』文部省社会教育局
	4月30日	法律第一一八号で「図書館法」が公布された。図書館の定義、図書館奉仕、司書及び司書補の資格、公立図書館、私立図書館等について規定した。	『文部法令要覧』文部省大臣官房総務課 『近代日本教育制度史料』第二七巻 近代日本教育制度史料編纂会、三八頁

5月1日	文部省告示第二七号により国立自然教育園利用規則が定められた。 「自然園の入園料は有料とする。但し、学校における正規の授業を自然園内で行う場合、その他特別の場合には、園長の定めるところにより無料とすることができる。」	『近代日本教育制度史料』第二七巻 近代日本教育制度史料編纂会、一七二頁
5月23日	棚橋源太郎、博物館と動植物園を同一法で律することを可とする所論を発表した。	『日本博物館協会会報』第九号 「博物館と動植物園とはなぜ同一法で律するを可とするか」
5月30日	法律第二一四号で「文化財保護法」が公布された。 第一章総則、第二章文化財保護委員会、第三章有形文化財、第四章無形文化財、第五章民俗文化財、第六章埋蔵文化財、第七章史跡名勝天然記念物、第八章重要文化的景観、第九章伝統的建造物群保存地区、第一〇章文化財の保存技術の保護、第一一章文化審議会への諮問、第一二章補則、第一三章罰則。同年八月二九日に施行された。 文化財保護法の施行により、これまでの国宝保存法、重要美術品等ノ保存ニ関スル法律及び史蹟名勝天然紀念物保存法は廃止された。	『博物館に関する基礎資料』国立教育政策研究所社会教育実践研究センター 『文化行政の歩み』文化庁 『文化財保護関係法令集』文化財保護法研究会
5月30日	文化財の保存及び活用。文化財に関する調査研究。その他文化財保護法の目的を達成するため必要な事務を行う独立した職権を持つ「文化財保護委員会」が設置された。	『文化行政の歩み』文化庁
5月30日	法律第二一四号で「文化財保護法」が公布されたことにより、博物館関係者が陳情を続けてきた国立博物館を文化財保護委員会附属機関とすることには反対であるという運動は実らなかった。	『社会教育関係法令集』文部省社会教育局
6月15日	都内及び近県の主な館園の関係者が国立科学博物館に集まり「博物館動植物園法について（仮称）」について意見交換を行った。 当日問題となった主な内容は、 1．博物館の定義及び動植物園との関係をどうするか。 2．設置の主体をどこに限るか。 3．学校教育の一部委託を規定するか 4．職員の資格、任免、養成機関をどうするか 5．博物館運営の諮問機関を作るか 6．国立、公立なども義務設置とするか 7．入場料、国・公立は無料とするか 8．免税について 9．図書館の附設を規定するか 10．国立博物館につき、文化財保護法との関係はどうなるか、であった。	『日本博物館協会会報』第一〇号 「博物館植物園について」
8月6日	全国観覧教育講習協議会出席者一同は「博物館動植物園等に関する法律の制定は、わが国観覧教育の振興上欠くことのできない急務である。われら全国から参集した観覧教育関係者は、当局が速かにその実現に努力されることを要望する」と決議した。決議文は 「博物館動植物園等に関する法律の制定は、わが国観覧教育の振興上欠くことのできない急務である。われら全国から参集した観覧教育関係者は、当局が速かにその実現に努力されることを要望する。上記決議する」 全国観覧教育講習協議会 出席者一同 法令がなかった事による博物館事業の不振 1．博物館事業に対する認識不足	『日本博物館協会会報』第一一号 「講習協議会」 『わが国の近代博物館施設発達資料の集成とその研究 大正・昭和編』日本博物館協会、一四七頁

年	月日	事項	拠所・文献
		2. 博物館行政の空白 3. 博物館及び同種施設の無秩序 4. 国立博物館の無計画 5. 地方公共団体の困惑 6. 私立博物館等の窮状	
	8月25日	全国観覧教育講習協議会代表・日本博物館協会長徳川宗敬は、文部大臣天野貞祐に「博物館及び同種施設に関する法律制定について」陳情した。 昭和二五年八月三日から同七日まで北海道網走市で、文部省、北海道教育委員会、市立網走郷土博物館及び日本博物館協会の共同主催により開催した全国観覧教育講習協議会において、全国各地から出席の博物館、動植物園、公民館、図書館、学校及び教育委員会等の関係者からなる会員一同は、博物館、動植物園等に関する法律の速かな制定を要望して、別紙の通り決議いたしました。よってこの旨をお伝えし、その趣旨の実現されますよう特別な御配慮を賜わりたく、上記決議文、同理由書及び前記講習協議会出席者名簿を添え、この段陳情いたします。	『社会教育法成立過程資料集成』日本社会教育学会社会教育法制研究会、七一九頁 『社会教育法制研究資料』一四巻 日本社会教育学会社会教育法制研究会、一〇五頁 『わが国の近代博物館施設発達資料の集成とその研究 大正・昭和編』日本博物館協会、一四七頁
	8月29日	国立博物館、国立博物館奈良分館及び美術研究所は、文化財保護委員会の附属機関となった。	『文化行政の歩み』文化庁
	9月5日	文部省令第二五号により、文部省組織規定の一部が改正された。文化財保存課を文化財保護委員会に移管した。	『社会教育の歩みと現状』文部省社会教育局
	9月6日	網走で開かれた全国観覧教育講習協議会の決議により日本博物館協会は、博物館法促進の陳情書とその理由書を添え、天野文部大臣に陳情した。	『日本博物館協会会報』第一一号 「博物館法促進の経過」
	9月22日	第二次米国教育使節団報告書には、博物館に関して、次のように記されている。 第一次訪日アメリカ教育使節団の報告書は、公立博物館は成人教育に対して、もう一つの機会を提供するものであることを指摘した。東京の国立博物館および奈良分館は、公衆教育に積極的に参加し始めた。公開展覧会の回数は多くなり、同時に児童のための特別展覧会・一般講習会・ゼミナール等もその年次計画に加えられるようになってきた。日本には全部で二三五館と類似施設があるにすぎない。これらの大多数のものは財政上の困難によって、著しく不利な立場におかれ、そのあるものは毎年補助金を受ける国の施設になるように請願している。 文部省が博物館の窮状を研究し、その保存と拡張のために必要な勧告をなすよう勧める。	『社会教育法制研究資料』一四巻 日本社会教育学会社会教育法制研究会、一〇二頁 『社会教育』第五巻一二月号 「第2次訪日アメリカ教育使節団報告書について」
	10月31日	博物館等の法案試案なる。	『社会教育法成立過程資料集成』日本社会教育学会社会教育法制研究会
	11月14日	昭和二五年度日本博物館協会総会において「国立博物館が文化財保護委員会の附属機関であることを不当と認め、博物館法の制定に際し、これを同委員会から分離独立させることを要望する」を決議した。 決議文は 「国立の博物館は、博物館系統の中枢を成すもので、本邦博物館施設の発展上、欠くことのできない重要機関である。日本博物館協会は、国立博物館が文化財保護委	『日本博物館協会会報』第一一号 「昭和25年度本会通常総会」 『わが国の近代博物館施設発達資料の集成とその研究 大正・昭和編』日本博物館協会

	員会の附属機関であることを不当と認め、博物館法の制定に際し、これを同委員会から分離独立させることを要望する。上記決議する」とある。	
11月22日	「博物館動物園及び植物園法草案」が示された。第一章総則「この法律の目的」「定義」「分館、分園、研究施設及び図書施設」「博物館の事業」「学芸員」「学芸員の資格」「学芸員の講習」「指導、助言」「博物館等の相互の協力」「輸送料の特別取扱」第二章国立博物館「国立美術博物館」「国立奈良美術博物館」「国立近代美術館」「国立自然教育園」第三章公立及び私立博物館「公立博物館等の所管」「図書館法の規定の準用」「公立博物館等の職員」「博物館等協議会」「入館料等」「公開の日数」「公立博物館等の基準」「博物館等同種施設」に分れている。	『社会教育法制研究資料』[A―3] 日本社会教育学会社会教育法制研究会 『わが国の近代博物館施設発達資料の集成とその研究 大正・昭和編』日本博物館協会、一五〇頁
11月	「博物館、動物園及び植物園法草案修正案」が示された。 第1条「学術、文化の振興」を「国民の教と文化の発展」に改める。 第2条「収集、保管」の次に「陳列」を加へる「一般公衆の利用」を「一般公衆及び研究者の観覧利用」と改める。「学術の調査研究」を「学芸の研究」と改める。 第4条「と称するもの」（三ケ所）を削る。「及び社寺の宝物館等」を「社寺宝物館、歴史的または美術的建造物等」と改める。 第5条「し、研究施設及び図書施設等を附設」を削る。 第6条「その種類に応じそれぞれ」を「第二条に記した目的を達成するため、一般公衆の啓発、学校教育の援助及び特殊研究者の便に資するよう」と改める。 第6条　1、全文を「博物館等に収集する資料は、実物、標品、模型、絵画、図表、写真、フイルム、レコード等（以下「博物館等資料」という。）で、一般公衆のための展観資料は、教育的価値にとむ代表的のものを精選して、できるだけ興味のあるように展示し、また研究資料は、なるべく多くの種類を網羅し、適当にこれを整理、保管して、利用者の比較研究に資すること。」と改める。 以下、6条3、4、6、7、8項が全面改正となっている。	『社会教育法制研究資料』[A―4] 日本社会教育学会社会教育法制研究会 『わが国の近代博物館施設発達資料の集成とその研究 大正・昭和編』日本博物館協会
10月～11月頃	文部省の「博物館法案要綱案」が示された。 第一項の目的にこの法律の目的は教育基本法の精神に則り、博物館の設置及び運営に関して必要な事項を定め、その健全な発達を図り、もって国民の教育、学術及び文化の振興に寄与することを目的とする、とある。 定義（第2項～第4項） 分館・研究施設及び図書施設（第5項） 博物館の事業（第6項） 学芸員及び学芸員補（第7項） 学芸員及び学芸員補の資格（第8項） 学芸員及び学芸員補の講習（第9項） 指導助言（第10項） 博物館相互の協力（第11項） 公立博物館の管理（第12項） 公立博物館の設置（第13項） 公立博物館の報告（第14項） 私立博物館の届出（第15項）	『社会教育法制研究資料』[5―5] 日本社会教育学会社会教育法制研究会

年	月日	事項	拠所・文献
		私立博物館と都道府県の教育委員会との関係（第16項） 私立博物館と国及び地方公共団体との関係（第17項・第18項） 公立博物館の職員（第19項） 博物館協議会（第20項・第21項・第22項） 入館料（第23項・第24項） 公立博物館の基準（第25項） 国庫補助を受けるため公立博物館の基準（第26項） 公立博物館に対する補助その他の援助（第27項） 博物館類似施設（第28項） 附則	
	12月5日	日本博物館協会徳川会長は、昭和二五年度日本博物館総会における国立博物館の独立要望の決議を文部大臣に陳情した。 昭和二五年一一月一四日東京で開催の本会総会において、全国各地の出席者から博物館・動物園・植物園等に関する法律の制定に当たり、本邦博物館事業の発展上、文化財保護法の一部を改正して、国立博物館を文化財保護委員会より分離独立せしめることの必要性を痛感し、満場一致を以て別紙の通り決議いたしました。よってこの趣をお伝えしたく、一同の希望が実現されますように格別の御配慮を賜りたく、右決議文、同理由書及び総会出席者名簿を添付。この段陳情いたします。 決議 国立の博物館は、博物館系統の中枢を成すもので、本邦博物館施設の発展上、欠くことの出来ない重要機関である。日本博物館協会は、国立博物館が文化財保護委員会の附属機関であることを不当に認め、博物館法の制定に際して、これを同委員会から分離独立させることを要望する。上記決議をする。 国立博物館を文化財保護委員会より独立させしむべき理由 過般制定施行された文化財保護法において国立博物館を文化財保護委員会の附属機関にしたことは、博物館の職能を理解しない誤った措置で、これがため、博物館の体系を破壊し、博物館の発展を阻碍することは実にはなはだしいものがある。 博物館事業に対する無理解 博物館体系の破壊 博物館発達の阻碍 むすび	『日本博物館協会会報』第一一号 「博物館法促進の経過」
	12月9日	「公立博物館等の最低基準案」が示された。「博物館の職員」「博物館の建物及び施設」「動物園の職員」「動物園の施設」「植物園の職員」「植物園の施設」に分けてある。「学芸員の講習」については、大学又は図書館法附則第一〇項の規定により、大学に含まれる学校を卒業した者、学芸員補となる資格を有する者が受講できる学芸員の資格を得ようとするものは、必修科目一〇単位以上、選択科目二単位以上を修得する。	『わが国の近代博物館施設発達資料の集成とその研究 大正・昭和編』日本博物館協会、一八二頁

12月11日	文部省の「博物館法草案」が示された。この草案の目的には「この法律は、博物館の設置及び運営に関して必要な事項を定め、その健全な発達を図り、もって国民の教育、学術及び文化の振興に寄与することを目的とする」とある。 定義（第2条・第3条） 分館、研究施設及び図書施設（第4条） 博物館の事業（第5条） 学芸員（第6条） 学芸員の資格（第7条） 学芸員の講習（第8条） 指導、助言（第9条） 博物館相互の協力（第10条） 輸送料の特別取扱（第11条） 公立博物館の所管（第12条） 図書館法の規定の準用（第13条） 公立博物館の職員（第14条） 博物館協議会（第15条・第16条） 入館料（第17条） 公立博物館の基準（第18条） 公立博物館に対する補助その他の援助（第19条・第20条） 博物館類似施設（第21条） 附則	『社会教育法制研究資料』［A－6］日本社会教育学会社会教育法制研究会
12月13日	日本博物館協会は理事会を開き、総会の経過、文部大臣への陳情、講習会の経過などを報告し、イコムの国内委員長に中井国立科学博物館長を選挙し、また博物館法制定の進行について協議した。	『日本博物館協会会報』第一一号 「協会消息」
12月19日	日本博物館協会は東京及び近県の関係者協議会を開き、文部省が作成した「博物館法草案」に関して協議研究した。	『日本博物館協会会報』第一一号 「博物館法促進の経過」
12月21日	文部大臣の諮問に応じ博物館に関する事項を関係各庁に建議する。文部省の「博物館審議会令案」が示された。「所掌事務」「組織」「部会」「議事」「庶務」「雑則」に分かれている。 第1条に博物館審議会は、文部大臣の諮問に応じ、次に掲げる事項を調査審議し、及びこれらに関し必要と認める事項を文部大臣及び関係各庁に建議する。 1、博物館に関する総合的に諸計画の立案に関する事項 2、公立博物館が望ましい基準の規定に関する事項 3、公立博物館に対する国庫補助の審査に関する事項 4、国立及び公私立博物館相互の協力に関する事項 5、学校、公民館及び図書館等教育学術及び文化に関する諸施設との協力に関する事項 6、博物館専門職員の養成に関する事項 7、その他博物館の設置及び運営に関する事項	『わが国の近代博物館施設発達資料の集成とその研究 大正・昭和編』日本博物館協会、一五九頁 『社会教育法制研究資料』一四巻 日本社会教育学会社会教育法制研究会、五四頁
12月23日	日本博物館協会は、再度東京及び近県の関係者協議会を開き、文部省側の説明をきき意見交換をした。これにより、原案の大綱を支持し法案の速かな成立に協力することになった。	『日本博物館協会会報』第一一号 「博物館法促進の経過」

年	月日	事項	拠所・文献
	12月27日	日本博物館協会長徳川宗敬は文部省社会教育局長西崎恵に「博物館法草案・博物館審議会令案修正意見」を進言した。	『社会教育法制研究資料』［A－8］日本社会教育学会社会教育法制研究会
	12月29日	文化財保護委員会規則第七号により「国宝又は重要文化財指定書規則」が定められた。	『文化財関係法規集』文化財保護委員会
	12月29日	文部省の「博物館法草案」（二五．一二．一一）に対する修正案が示された。	『社会教育法制研究資料』［A－9］日本社会教育学会社会教育法制研究会
一九五一 昭和26	1月8日	「博物館法草案」が示された。この草案の目的には「この法律は、教育基本法（昭和二二年法律第二五号）の精神に則り博物館の設置及び運営に関して必要な事項を定め、その健全な発達を図り、もって国民の教育、学術及び文化の振興に寄与することを目的とする」とある。 定義（第2条・第3条・第4条） 分館、研究施設及び図書施設（第5条） 博物館の事業（第6条） 学芸員及び学芸員補（第7条） 学芸員及び学芸員補の資格（第8条） 学芸員及び学芸員補の講習（第9条） 指導、助言（第10条） 博物館相互の協力（第11条） 公立博物館の管理（第12条） 公立博物館の設置（第13条） 公立博物館の報告（第14条・第15条） 私立博物館の届出（第16条） 私立博物館と都道府県の教育委員会との関係（第17条） 私立博物館と国及び地方公共団体との関係（第18条・第19条） 公立博物館の職員（第20条） 博物館協議会（第21条・第22条・第23条） 入館料（第24条） 公立博物館の基準（第25条） 国庫補助を受けるための公立博物館の基準（第26条） 公立博物館に対する補助その他の援助（第27条・第28条・第29条・第30条） 博物館類似施設（第31条） 附則	『社会教育法制研究資料』［A－10］日本社会教育学会社会教育法制研究会
	1月13日	文部省は日本博物館協会の希望を考慮した修正案を作って国立博物館で開いた関係者協議会に提示した。	『日本博物館協会会報』第一一号「博物館法促進の経過」
	1月19日	日本博物館協会は理事会を開き博物館法促進の方法について協議した。	『日本博物館協会会報』第一一号「理事会」

1月23日	日本博物館協会長徳川宗敬は、博物館法の実現のため世論の喚起に努めてほしいと各地の博物館等に依頼した。内容は、「博物館法につき文部省では、本会の修正意見をできるだけ採り入れた修正案を作成され、一月一三日関東地方関係者の会合に提示されましたので、協議の結果、協会としては全面的にこれを支持し、今期国会において滞りなく成立するよう一致して努力することを申合せました。法案は別従の通りで、公立及び私立博物館のみに適用するものとなりましたが、残された国立博物館、動植物その他博物館に関する重要問題を審議するため別に博物館審議会を設けることになっております」とある。	『わが国の近代博物館施設発達資料の集成とその研究 大正・昭和編』日本博物館協会、一六二頁
1月23日	文化財保護委員会規則第一号により「国宝重要文化財又は重要民俗資料の管理に関する届出書等に関する規則」を定めた。	『文化財関係法規集』文化財保護委員会
1月31日	文化財保護委員会規則第四号により、「東京国立博物館組織規程」が制定された。二部、七課が置かれた 庶務部―管理課、会計課、普及課 学芸部―美術課、工芸課、考古課、資料課	『文化財関係法規集』文化財保護委員会 昭和三八年版 『近代日本教育制度史料』第二七巻 近代日本教育制度史料編纂会、一七四頁
2月9日	「博物館法案」が示された。この法案の目的である第一条には「この法律は、社会教育法（昭和二四年法律第二〇七号）の精神に基き、博物館の設置及び運営に関して必要な事項を定め、もって教育、学芸及び文化の発展に寄与するとともにあわせて産業の振興に資することを目的とする」とある。 第1章　総則 定義（第2条） 博物館の任務（第3条） 学芸員及び学芸員補（第4条） 学芸員の資格及び学芸員補の資格（第5条） 学芸員の講習（第6条） 指導、助言（第7条） 第2章　登録 登録（第8条） 登録の申請（第9条） 登録事項の審査等（第10条・第11条） 登録の取消（第12条） 登録事項の変更の届出等（第13条） 廃止の届出等（第14条） 規則への委任（第15条） 第3章　公立博物館 設置（第16条） 所管（第17条） 職員（第18条） 博物館協議会（第19条・第20条・第21条） 無料公開（第22条） 望ましい基準（第23条） 公立博物館に対する補助その他の援助（第24条・25条・26条）	『社会教育法制研究資料』［A―12］日本社会教育学会社会教育法制研究会 『日本博物館協会保管資料』

年	月日	事項	拠所・文献
		第4章　私立博物館 都道府県の教育委員会との関係（第27条） 国及び地方公共団体との関係（第28条） 附則	
	2月中旬	この頃、博物館法案は議員提出となり、若林茂孝氏を中心に各派共同で衆議院に提出することとなった。	『日本博物館協会会報』第一一号「博物館法促進の経過」
	2月下旬	衆議院の文部専門員の許で博物館法案の成案を練っていたが、この頃成案ができ、法制局の審議に移された。	『日本博物館協会会報』第一一号「博物館法促進の経過」
	2月22日	日本博物館協会長徳川宗敬は、衆議院文部委員長に博物館法の制定を促す陳情をした。 博物館事業の画期的な発展と充実をはかることは、今日、わが国の教育及び文化発達のための切実な要請であります。 博物館法の制定は、いちじるしく進歩のおくれたわが国博物館の発達を助長するため欠くべからざる要件として、かねてより同事業関係者一同の待望してやまぬところでありました。さいわいにして、このたび現状においてもっとも適切と考えられる博物館法案が準備せられ、国会に提出される運びとなりましたことは、右の要望にこたえるものとして、われらの衷心より喜びとするところであります。 全国の博物館及び同種施設関係者よりなる社団法人日本博物館協会は会員の総意として、国会が同法案を御審議の上、一日も速やかに成立させて下さるように、切望いたします。 博物館法の制定を急務とする理由。 1、博物館事業に対する認識の不足 2、博物館行政の空白 3、博物館施設の無計画 4、地方公共団体の困惑 5、私立博物館の窮状 博物館施設の整備充実の急務には、社会教育機関として重要であるという事の外にも学校教育上の必要、観光資源としての必要性もある。	『わが国の近代博物館施設発達資料の集成とその研究　大正・昭和編』日本博物館協会、一六三頁
	2月23日	日本博物館協会は、東京及び近県の会員協議会を開き法案推進のため、全国的署名運動をおこすこと、文部委員諸氏との懇談会を開く、新聞に依頼して世論をうながす、文部委員諸氏に個別陳述をする等を決定した。	『日本博物館協会会報』第一一号「博物館法促進の経過」
	2月24日	日本博物館協会長は、博物館の入場税を非課税とすることを衆議院委員長に陳情した。 博物館は、学校や図書館と、同じく公共的な教育及び学芸研究機関でありますから、その利用者に入場税を課すことは適当ではありません。現在の地方税法は、この趣旨により入場税を課する場所のうちから博物館を除外しているのであります。しかるに、この趣旨が一般に徹底せず、これに関する非課税の規定がないために、地方によっては、博物館の入場者から入場税を徴収しつつあるものが、現に少くない実情であります。	『わが国の近代博物館施設発達資料の集成とその研究　大正・昭和編』日本博物館協会、一七五頁

	このような状態は、博物館の振興、その利用奨励などの上から望ましくないと思われますから、このたび博物館法が制定されるのを機会に、同法による博物館については、その入場利用に対し入場税を課することのないように規定して頂きたく、日本博物館協会々員の総意として、別紙理由書を添え。この段陳情いたします。 博物館の入場非課税の規定を必要とする理由 目次 1博物館の性格 2地方税の規定 3入場税徴収の実情 4むすび	
3月5日	朝日新聞の社説で「社会教育と博物館」が掲載された。	『博物館研究』第一七巻第一号
3月7日	衆議院第一議員会館食堂で議員側長野委員他一三名、協会側徳川会長他一四名出席、法案促進につき懇談した。	『日本博物館協会会報』第一一号「博物館法促進の経過」
3月9日	日本博物館協会長は、参議院文部委員長堀越儀郎に博物館法の制定を促す陳述を行った。	『わが国の近代博物館施設発達資料の集成とその研究 大正・昭和編』日本博物館協会、一六三頁
3月9日	日本博物館協会長は、博物館の入場税を非課税とすることについて衆議院地方行政委員長に陳情した。	『わが国の近代博物館施設発達資料の集成とその研究 大正・昭和編』日本博物館協会、一六五頁
3月12日	日本博物館協会長は、博物館の入場税を非課税とすることについて参議院文部委員長に陳情した。	『わが国の近代博物館施設発達資料の集成とその研究 大正・昭和編』日本博物館協会、一七五頁
3月15日	日本博物館協会の博物館法促進の実行委員九名は、長野文部委員長に面会、署名録を提出した。全国の館園に依頼した署名は都合三七ヶ所から寄せられ、その数は九六七二名であった。多いところでは、蟬類博物館三一〇二、国立科学博物館二一四二、野口英世記念館七一六、山口県立博物館六二〇、東京都電気博物館六一六、秩父自然科学博物館三六〇、金刀比羅宮学芸館三一一、釧路郷土博物館二九九、網走郷土博物館二二〇名などであった。	『日本博物館協会会報』第一一号「博物館法促進の経過」
3月15日	文化財保護委員会裁定第四号により「文化財の保存又は活用に関する功労者表彰規程」が定められた。	『文化財関係法規集』文化財保護委員会
3月	日本博物館協会長は、私立博物館に対する固定資産税の免除について参議院地方行政委員長に陳情した。	『わが国の近代博物館施設発達資料の集成とその研究 大正・昭和編』日本博物館協会、一七八頁

年	月日	事項	拠所・文献
	4月3日	「博物館法案」が作成された。 第1章総則（第1条―第8条） 第2章登録（第9条―第16条） 第3章公立博物館（第17条―第26条） 第4章私立博物館（第27条―第29条） 附則 この法律の目的は、社会教育法の精神に基き、博物館の設置及び運営に関して必要な事項を定め、もって教育、学術及び文化の発展に寄与するとともにあわせて産業の振興に資することを目的とする。 定義（第2条） 博物館の任務（第3条） 学芸員及び学芸員補（第4条） 学芸員の資格及び学芸員補の資格（第5条） 学芸員の講習（第6条） 指導、助言（第7条） 望ましい基準（第8条） 登録（第9条） 登録の申請（第10条） 登録事項の審査等（第11条・第12条） 登録の取消（第13条） 登録事項の変更の届出等（第14条） 廃止の届出等（第15条） 規則への委任（第16条） 設置（第17条） 所管（第18条） 職員（第19条） 博物館協議会（第20条・第21条・第22条） 無料公開（第23条） 望ましい基準（第24条） 公立博物館に対する補助その他の援助（第25条・第26条・第27条） 都道府県の教育委員会との関係（第28条） 国及び地方公共団体との関係（第29条） 鉄道輸送料の特別取扱（第30条） 附則	『社会教育法制研究資料』［A―13］日本社会教育学会社会教育法制研究会 『日本博物館協会保管資料』

月	事項	出典
4月	「博物館法の提案理由及びその概要について」が作成された。内容は「博物館法案の提案理由について」「制定の必要性」「博物館の現状」「法案の要旨」「結語」に分かれている。博物館の健全な発達を図るため、大要次のごとき事項を規定した法律案を提出したものである。 この法律案の骨子は、 第1には、新しい博物館の性格を明かにして、その本来の機能を確立し、博物館が教育委員会の所管に属することを明確にした。 第2には、博物館の職員制度を確立し、専門的職員の資格及び養成の方法を定め、博物館の職員組織を明かにしたことであります。 第3には、博物館の民主的な運営を促進するために博物館協議会を設け、土地の事情にそった博物館のあり方を規定したものである。 第4には、公立博物館に対する国庫補助金交付の規定を設け、その設置運営の奨励的補助を行うこととした。 第5には、博物館資料の輸送料の特別取扱を規定し、特に私立博物館については、固定資産税、市町村民税、入場税等の減免を規定し、私立博物館の独自な運営発展を促進するようにした。	『社会教育法制研究資料』［A－14］日本社会教育学会社会教育法制研究会 『日本博物館協会保管資料』 「博物館法の提案理由及びその概要について」
	「博物館法案要綱」が作成された。「法律の目的」「博物館の定義」「設置主体」「博物館の事業」「専門的職員」「講習」「基準」「登録制度」「博物館協議会」「入館料等」「補助」「市立博物館」「輸送運賃及び料金」「課税の免除」等に分けてある。	『社会教育法制研究資料』［A－15］日本社会教育学会社会教育法制研究会 『日本博物館協会保管資料』
	博物館法案の「答弁資料」が作成された。 A．全般にわたる事項 1．この法律案の要綱 2．立案の経緯 3．この法案と社会教育法との関係 4．この法案と図書館法案との関係 5．文化財保護法との関係 6．国立博物館を除外した理由 7．わが国の博物館の現状 8．欧米における博物館制度 9．この法案と文部省案との相違点 10．本法案に博物館の任務と文化財保護法に規定する国立博物館の任務との相違点 11．文部省令等で定むべき事項 B．逐条にわたる事項 第1章　総則 第1条 1．この法律の目的 2．社会教育法の精神とは何か 3．産業の振興に資するとはいかなることか	『社会教育法制研究資料』［A－16］日本社会教育学会社会教育法制研究会 『日本博物館協会保管資料』

年	月日	事項	拠所・文献
		第2条 1．博物館の範囲はどうか 2．設置の件を限定した理由 3．学校附属の博物館を本法の適用から除いた理由 4．レクリエーションを説明せよ 第3条学校教育と博物館との関係 1．博物館は貴重にして、有益な視聴覚教育資料を豊富に備えた実物教育機関である。その所蔵する各種資料を教育的に、しかも有効に活用するために、一般公衆の利用と同時に、学校教育の学習活動のよりよき参考機関として、その便益を図ることに大きな関心を払わなければならない。 2．「博物館奉仕」という表現を用いたる理由 3．「おおむね」とした理由 4．「標本、文献、考案、図録、レコード、フイルム」を説明せよ。 5．「研究室、実験室、工作室」を説明し、その相違点をあげよ。 6．「案内書、解説書、目録、図録、年報」を説明せよ。 7．「資料の交換、貸借、巡回」を説明せよ。 第4条 1．従来の職員 2．専門的職員を置く理由と、その職務内容を説明せよ。 3．教員公務員特例法との関係 4．地方公務員との関係 第5条 1．資格規定の必要な理由 2．専門科目及び博物館に関する科目とは何か 3．博物館に関する科目というのは、博物館の管理運営についての一般的、共通的事項にわたる科目のことで、博物館概論、視聴覚教育概論、保存及び展示技術等、一つの科目をいうのであるが、凡そ十単位程になるであろう。 4．経験年数を三年卒とした理由 5．学芸員補の講習を規定しない理由 6．科目と単位とはどう違うか。 7．六十二単位以上とした根拠 第6条 1．本条を置く理由 2．講習計画及び文部省令で定める内容はどんなものか 第7条 1．本条を置く理由 2．文部大臣は、直接市町村立博物館、又は私立博物館に対して指導助言出来ないか	

年	月日	事項	拠所・文献
		第20条 1．本条を置く理由 2．諮問事項は大凡どんな事項か 第21条 1．本条を置く理由 2．委員範囲を具体的に例示しなかった理由 第22条 1．本条を置く理由 2．委員の定数及び任期は、大凡どれ位か 第23条 1．本条を置く理由 2．必要な料金とは何か 3．料金を定める場合は、勝手に定められるか 第24条 1．本条を置く理由 2．その他必要な援助とは何か 第25条 1．本条を置く理由 2．新設の場合、新設年度と補助金が交付されるが、新設の場合は、前年度の実績がないので、補助金交付の対象にはならない。 3．二十六年度に予算がとれるか 4．どれ位の補助金を予定しているか 第26条 1．本条を置く理由 2．第2号の場合、既に交付した当該年度の補助金を返還させないのは何か 第4章　私立博物館 第27条 1．本条を置く理由 第28条 1．本条を置く理由 2．必要な物資とは何か 第29条 1．本条を置く理由 2．料金の特別取扱を具体的に説明せよ 3．現状はどうなっているか 附則 第1項～第11項まで、本項を置く理由を記している。	

4月6日	国立博物館で開催された日本博物館協会の理事会で、全務とともにイコム国内委員推薦の件が協議され博物館法案の経過等が報告された。	『日本博物館協会会報』第一一号 「協会消息」
5月22日	日本博物館協会はGHQ経済科学局の係官を訪ねて博物館法の成立を陳情した。総司令部の方針としては、日本経済強化のため法律案と予算案の個別提出は禁止していたので、次の国会に提出するよう指示された。	『日本博物館協会会報』第一二号 「博物館法の経過について」
10月6日	条約第四号により「国際連合教育科学文化機関憲章」が公布された。 この目的は、国際連合憲章が世界の諸人民に対して人種、性、言語又は宗教の差別なく確認している正義、法の支配、人権及び基本的自由に対する普遍的な尊重を助長するために教育、科学及び文化を通じて諸国民の間の協力を促進することによって、平和及び安全に貢献することである。 第1条: 目的及び任務 第2条: 加盟国の地位 第3条: 諸機関 第4条: 総会 第5条: 執行委員会 第6条: 事務局 第7条: 国内協力団体 第8条: 加盟国による報告 第9条: 予算 第10条: 国際連合との関係 第11条: 他の国際専門諸機関との関係 第12条: この機関の法的地位 第13条: 改正 第14条: 解釈 第15条: 効力の発生	『文部法令要覧』文部省大臣官房総務課、一五九四頁
11月21日	第一二回国会衆議院文部委員会に提出された博物館法案について、若林委員はその骨子を次のように説明している。 第1には、新しい博物館の性格を明らかにして、その本来の機能を確立し、博物館が教育委員会の所管に属することを明確にした。 第2には、博物館の職員制度を確立し、専門的職員の資格及び養成の方法を定め、博物館の職員組織を明らかにしたこと。 第3には、博物館の民主的な運営を促進するために博物館協議会を設け、土地の事情に沿った博物館のあり方を規定した。 第4には、公立博物館に対する国庫補助金交付の規定を設け、その維持運営の奨励的補助を行うことにした。 第5には、博物館資料の輸送についての規定を設け、特に私立博物館については、固定資産税、市町村民税、入場税の課税の免除を規定し、私立博物館の独自な運営発展を促進するようにしたこと。	『社会教育法制研究資料』一四巻 日本社会教育学会社会教育法制研究会、一一四頁
11月24日	衆議院議員若林義孝外九名の提出になる博物館法案が衆議院を通過したので、次に参議院文部委員会議で本審査を開始した。 本法案は全会一致で原案通り可決した。	『社会教育法制研究資料』一四巻 日本社会教育学会社会教育法制研究会

年	月日	事項	拠所・文献
	12月1日	博物館の健全な発達を図る目的で、待望の博物館法が法律第二八五号で公布された。 目次は 　第1章総則（第1条―第9条） 　第2章登録（第10条―第17条） 　第3章公立博物館（第18条―第26条） 　第4章私立博物館（第27条・第28条） 　附則 博物館という名称は、元来ミューズの神の殿堂即ち学芸研究の場所としての意味を持つものであって、中世期においては、珍品、奇物の収集品の陳列場所という固定化した意味の過程を辿ったこともあるが、文芸復興を契機として学術研究及び教育普及の場所としての近代的博物館発達のめばえをもたらし、19世紀以降において、現代の博物館に見るような自由的教育活動の普及促進を目的とする社会的教育機関として、その機能を整備するに至った。従って、博物館は今日では既に教育組織の一公共機関として評価され、実物資料の利用により、直接大衆の眼、耳を通じて具体的な教育の効果を普遍的に能率的に浸透させるよう、その機能の展開を図ることが大きな特質とされている。 1. 博物館はおおむね次の事項を規定している。 （イ）新しい博物館の機能を確立したこと （ロ）博物館の登録制度を設けたこと （ハ）専門職員の資格及びその養成の方法を定めたこと （ニ）博物館に対する助成措置を講じたこと 2. 問題点 （1）博物館機能の整備充実 　イ、博物館資料の展示方法とその技術 　ロ、博物館の普及及び教育活動 　ハ、博物館の研究活動 （2）職員組織の確立 （3）職階制 　職階制の制定は、実質的に職員の身分保障に関連する問題となるので、充分研究を要することである。 3. 結語 博物館法の制定によって、新しい発展への第一歩を踏み出したが、前途には困難な問題が山積している。博物館サービスの改良、展示技術の研究、博物館学の研究等に至急解決を迫られているものが多く、関係者のたゆまぬ努力が要請される。	『社会教育法制研究資料』一四巻 日本社会教育学会社会教育法制研究会 C―25、一五五頁 『官報（号外）』第一〇二号 昭和二六年一二月一日土曜日

12月5日	文部省社会教育局長は、文社施第四八八号により、都道府県教育委員会、五大市教育委員会にあて「博物館法の制定について」通知した。 本法の主要な点は次の通りである。 1. 新しい博物館の性格を明らかにして、その本来の機能を確立し、博物館が教育委員会の所管に属することを明確にしたこと。 2. 博物館の職員制度を確立し、専門的職員の資格及び養成の方法を定め、博物館の職員組織を明らかにしたこと。 3. 博物館の民主的な運営を促進するために博物館協議会を設け、土地の事情にそった博物館のあり方を規定したこと。 4. 公立博物館に対する国庫補助金交付の規定を設け、その維持運営の奨励的補助を行うことにしたこと。 5. 博物館資料の輸送料についての規定を設けたこと。 6. 私立博物館については、固定資産税、市町村民税、入場税の課税の免除を規定し、私立博物館の独自な運営発展を促進するようにしたこと。 (別記) 博物館法の公布に伴い準備すべき事項 1. 博物館の登録に関し必要な事項 (都道府県教育委員会規則) 2. 博物館の設置に関する事項 (設置条例) 3. 博物館協議会に関し必要な事項 (協議会条例) 4. 法附則第六項第四号の規定による推薦 5. 昭和二七年度に行われる学芸員の講習受講について、図書館の司書及び司書補の講習に準ずる予算的措置	『近代日本教育制度史料』第二七巻 近代日本教育制度史料編纂会、一八九頁 『博物館法の制定』 「社会教育第七巻第二号」
12月26日	地財委税第二〇三八号で地方財政委員会事務局長、地方自治庁次長は、各都道府県知事あてに博物館法の制定及び租税特別措置法の一部改正に伴う地方税の取扱について通達した。 博物館法による地方税法の一部改正に関する要点は、 (イ) 博物館への入場に対しては、入場税を課税されないこととされた。 (ロ) 博物館の設置を主たる目的とする民法第三四条の法人は、市町村民税を課税されないこととされた。 (ハ) 民法第三四条の法人又は宗教法人がその設置する博物館において、直接その用に供する固定資産に対しては、固定資産税が課税されないこととされた。	『博物館関係法令集』日本博物館協会

年	月日	事項	拠所・文献
一九五二　昭和27	1月14日	日本博物館協会は特別委員会で検討した「博物館法に伴う博物館の基準等に関する意見書」を文部省に具申した。 内容は Ⅰ、博物館の設置及びその職員 一)、博物館の用地　二)、博物館の建物 三)、博物館の設備　四)、博物館の職員 五)、動物園の用地　六)、動物園の建物 七)、動物園の設備　八)、動物園の職員 九)、植物園の用地　一〇)、植物園の設備 一一)、植物園の職員　一二)、水族館の設置 一三)、水族館の設備　一四)、水族館の職員 Ⅱ、博物館の事業とその運営 一)、博物館資料及び事業活動 二)、博物館の運営 三)、その他	『日本博物館協会会報』第一三号「消息欄」 『わが国の近代博物館施設発達資料の集成とその研究 大正・昭和編』日本博物館協会、一九一頁
	1月21日	日本博物館協会特別委員会第二部会で討議された博物館の基準等に関する審議事項が報告された。 1、首都及び特に必要と認められる都市に、全国を対象に、国民文化の最高水準を示す設備内容を備え、あまねく内外国民の教育、学術及び文化の発展に寄与することを目的とする。国立の博物館を設置すべきこと。 2、各都道府県の中心都市、または特に必要と認めらるる土地に、その地方の学術、文化及び産業発達のために必要な資料、並びに地方的に特色ある資料を備え、同地方をおもな対象として運営される都道府県立博物館を設置すべきこと。 3、各市町村には、その地域内及び附近の学術、文化及び産業発達のために必要な資料。並に郷土的資料を備え、その地域をおもな対象とする市町村立の博物館を設置すべきこと。 4、前記各号によるものの外、土地の状況に応じ、例えば、電気、交通、天文、積雪、山岳、昆虫、考古、演劇、民芸、鉱山、農業等を主とする特殊な博物館が適当な場所に設置され、それぞれの特色を最大限に発揮することも、また望ましいこと。 5、その他適当な法人又は私人の設置する私立博物館についても、極力その育成、助成の途を講ずべきこと。	『社会教育法制研究資料』〔E―二〕日本社会教育学会社会教育法制研究会 「博物館法に関する特別委員会第二部会報告」 『わが国の近代博物館施設発達資料の集成とその研究 大正・昭和編』日本博物館協会、一九三頁
	1月25日 26日	文部省は教育委員会はじめ博物館関係者に対する「博物館法趣旨説明会」を国立科学博物館で開いた。招請範囲は、北海道、東北、関東、中部の一部で、出席者七〇名。	『日本博物館協会会報』第一三号「消息欄」

2月1日	文部省社会教育施設課川崎繁は、「博物館法の制定」と題して、博物館法制定の必要性、制定の経緯、博物館の現状、博物館法の要旨に分けて概要を解説した。 内容は、 一、新しい博物館の性格を明かにして本来の機能を確立し、教育委員会の所管に属することを明確にしたこと 二、職員制度を確立し、専門的職員の資格及び養成の方法を定め、博物館の職員組織を明かにしたこと 三、民主的な運営を促進するために博物館協議会を設け、土地の事情にそった博物館のあり方を規定したこと 四、公立博物館に対する国庫補助金交付の規定を設け、その維持運営の奨励的補助を行うことにしたこと 五、博物館資料の輸送料について規定を設け、特に私立博物館については、固定資産税、市町村民税、入場税の課税の免除を規定し、私立博物館の独自な運営発展を促進するようにしたこと	『社会教育』第七巻第二号 社会教育研究会 「博物館法の制定」
2月1日	国際博物館会議（ＩＣＯＭ）は、日本国内委員会の加盟を承認した。 イコム日本委員会の委員名は 委員長中井猛之進、委員は浅野長武、黒田源次、望月信成、河竹繁俊、柳宗悦、伊藤文吉、上田穰、古賀忠道、本田政次、高橋誠一郎、金森徳次郎、徳川宗敬、棚橋源太郎の計一四名	『文化行政の歩み』文化庁 『現代日本教育制度史料』一巻、五九八頁 『日本博物館協会会報』第一四号 「イコムの正式加入きまる」
2月4日	日本博物館協会特別委員会の第二部会小委員会で、博物館資料の運賃割引、博物館法第八条の望ましい基準について検討した。 博物館資料の運賃割引については、 一、割引率は、従来、展覧会、博物館資料は二割引であるが、博物館資料は五割減とする 二、動物の輸送は、貨車輸送にすると日数と費用がかさむのと、特別の審査、許可を経て、安全と認められるさいには、特別扱の客車使とし、混載にする 三、割引の対象となる博物館は、博物館法によって認められるものと、否とにかかわらず、博物館全体に適用する 四、証明者は館長とし、各駅長の認可ですむようにする 五、輸送は、博物館相互間、巡回移動展、資料貸出等を含める 運営上の望ましい基準については、さきに日本博物館協会が文部省に参考意見として具申した「博物館法に伴う学芸員の講習・博物館の基準に関する意見」を逐條的に再検討し、修正を加える。	『日本博物館協会会報』第一四号 「消息欄」
2月6日	文部省は文社施第九号で「第二回博物館法趣旨説明会開催について」を通達した。	『日本博物館協会会報』第一四号 「博物館法の施行をめぐって」
2月6日	文部省は文社施第九号で「第三回博物館法趣旨説明会開催について」を通達した。	『日本博物館協会会報』第一四号 「博物館法の施行をめぐって」

年	月日	事項	拠所・文献
	2月9日	文部省社会教育局長は、文社施第六二号で各教育委員会あてに「博物館法第一六条の規定に基く都道府県教育委員会規則制定事項について」を通達した。 その内容は Ⅰ、博物館登録原簿に関すること （一）、登録原簿の様式（別紙参照） （二）、その他 Ⅱ、登録申請に関すること （一）、登録申請書の提出 （二）、登録申請書の様式 （三）、その他 Ⅲ、登録の審査に関すること （一）、登録審査方法 （二）、博物館資料目録の様式 （三）、その他 Ⅳ、登録事項などの変更に関すること （一）、登録変更 （二）、添付書類の変更届 （三）、その他 Ⅴ、登録の取消に関すること （一）、陳述の方法 （二）、その他 Ⅵ、博物館の公示に関すること （一）、博物館の登録及び登録変更 （二）、博物館の取消 （三）、博物館の廃止	『日本博物館協会会報』第一四号 「博物館法の施行をめぐって」 『現代日本教育制度史料』第二巻、五五一頁 『博物館関係法令集』日本博物館協会、二八頁
	2月13日	文部省社会教育局長は、文社施第六四号で各都道府県教育委員会あてに「博物館法に規定する博物館に相当する施設指定に関する調査について」を通達した。 博物館法附則第四項及び第六項の規定による文部大臣の指定する博物館に相当する施設要項に基き、近く第一次公示を行う。この指定は、学芸員となる資格附与のための経験年数の通算に関係するため慎重に扱う。第一次指定を行うについてＡ―調査をお願いする。 相当施設指定要領　次のＡ―調査及びＢ―調査の二種類の調査に基く審査指定法を採用し、第一次指定、第二次指定等を逐次公表する Ⅰ、Ａ―調査 一、趣旨　昭和二七年二月一日現在に現存し、明らかに相当施設と認められるものを調査し、本省において再審査 二、調査期日　昭和二七年二月一日現在 三、調査対象　従来の博物館、美術館、水族館、動植物園、社寺宝物殿等 四、調査方法	『日本博物館協会会報』第一四号 「博物館法の施行をめぐって」 『現代日本教育制度史料』第二巻、五五三頁

	Ⅱ、B—調査 一、趣旨　学芸員となる資格を得ようとするものの個人申請に基き、その個人の所属する施設を審査して、相当施設を指定する 二、申請期間　昭和二七年三月三一日まで 三、調査対象　学芸員となる資格を得ようとする者 四、調査方法　教育委員会は、調査目的、調査対象、申請期間、申請書の様式などを公示する	
2月16日	文部省近藤社会教育施設課長らは運輸省に下島業務課長を訪ね、博物館資料の運賃割引きについて交渉した。	『日本博物館協会会報』第一四号「消息欄」
2月21日	文部省社会教育局長は、文社施第七二号で各都道府県教育委員会に「博物館の登録について」通達した。 この登録は、法第一二条の規定により、都道府県教育委員会において登録の可否を決定するが、はじめての登録であるので、昭和二七年度については、登録の公平、妥当性を失しないようにお願いしたい。 昭和二七年度博物館登録実施要項 一、趣旨　この登録実施要項は、昭和二七年のみに適用する 二、登録申請　この申請書は三月三一日までに提出する 三、登録　当局は登録審査標準を作成し都道府県教育委員会に送付する 四、その他　昭和二六年三月三一日以降の登録申請については、当局に送付するを要せず、教育委員会において審査の上登録する	『日本博物館協会会報』第一四号「博物館法の施行をめぐって」 『近代日本教育制度史料』第二七巻 近代日本教育制度史料編纂会、一九〇頁
2月21日 22日	文部省は博物館法に関する趣旨説明会を山口市で開いた。招請範囲は、四国、九州、中国の一部。	『日本博物館協会会報』第一四号「消息欄」
2月28日 29日	文部省は博物館法に関する趣旨説明会を京都市で開いた。招請範囲は、近畿、中国、中部の一部。	『日本博物館協会会報』第一四号「消息欄」
3月1日	昭和二六年一二月一日法律第二八号で公布された博物館法は、この日から施行された。	『社会教育の現状』文部省社会教育局
3月10日	文部省は番号無社会教育施設課長名で「博物館登録に関する規則参考案等について」通達した。	『日本博物館協会会報』第一四号「博物館法の施行をめぐって」
3月11日	日本博物館協会は、博物館法の制定とともに、各地に博物館建設拡張の機運が高まったので、これに対処するため「博物館、動植物園新設、運営に関する部会」を開いた。棚橋顧問より提示された地方博物館の建設モデルプランを中心に意見交換がなされた。	『日本博物館協会会報』第一四号「消息欄」
3月14日	日本動物園協会は博物館法の施行を巡り、臨時総会を開き、中部近畿地域の提案による「博物館法適用除外について」を審議した、公立動物園は各都市の実情により教育委員会に属することは、動物園の運営上適切でないので、改正されるようにとの文部大臣あての陳情を採択した。 陳情書の内容は 「今般公布されました博物館法中第一九条所管に関する件については、公立動物園は各都市の実情によりまして目下のところ、教育委員会に属することは、動物園の運営上適切ならざるものがありますので、速に改正されるよう陳情致します。なお、前記理由により目下登録されない動物園が多いことと思われますが、これら公立私立動物園に対しても本法の精神の趣旨によりこれに準ずる取扱をされるよう切望致します。」とある。	『日本博物館協会会報』第一四号「消息欄」 『日本動物園水族館要覧』

年	月日	事項	拠所・文献
	3月17日	昭和三年博物館事業促進会が創設されやがて日本博物館協会に改組され、爾来二四年間、協会の博物館事業の振興に従事し特に博物館法の成立に大きく貢献した棚橋源太郎に日本博物館協会から感謝状が贈呈された。	『日本博物館協会会報』第一四号
	3月20日	政令第四七号で博物館法第二五条第二項の規定に基き及び同法の規定を実施するため「博物館法施行令」が制定された。 補助金交付の基準となる経費等の範囲（第一条） 博物館補助金申請書の提出（第二・第三条） 附則	『現代日本教育制度史料』第二巻、二五八頁 『近代日本教育制度史料』第二七巻 近代日本教育制度史料編纂会、一九二頁 『日本博物館協会会報』第一四号 「博物館の助成措置等に就て」
	3月25日	文化財保護委員会規則第三号により、京都国立博物館組織規定が定められた。	『文化財関係法規集』文化財保護委員会昭和二八年版
	3月25日	文化財保護委員会規則第四号により、東京国立文化財研究所組織規定が定められた。	『文化財関係法規集』文化財保護委員会
	3月25日	文化財保護委員会規則第五号により、奈良国立文化財研究所組織規定が定められた。	『文化財関係法規集』文化財保護委員会
	3月26日	文部省は文社施第一一八号で「博物館法施行令の制定について」通達した。	『日本博物館協会会報』第一四号 「博物館法の施行をめぐって」
	3月29日	文化財保護委員会規則第六号により「国宝又は重要文化財の出品又は公開に起因する損害の補償に関する規則」を定めた。	『文化財関係法規集』文化財保護委員会
	4月1日	恩賜京都博物館は文化財保護委員会の所管となり、「京都国立博物館」と改称した。国立博物館を「東京国立博物館」と改称し、美術研究所を「東京文化財研究所」と改称し、新たに「奈良文化財研究所」が設置された。	『文化行政の歩み』文化庁
	4月3日	博物館法による博物館資料の運賃割引きをすみやかに実現するため、近藤社会教育施設課長らは、日本国有鉄道を訪問し、運賃割引について最後交渉を行った。	『日本博物館協会会報』第一四号 「消息欄」
	4月4日	地方財政委員会事務局税務部長から、地財委税第三五〇号で、各都道府県知事あてに、昭和二七年度に限っての博物館の固定資産税軽減措置方について通知した。	『日本博物館協会会報』第一四号 「博物館の助成措置等に就て」 『社会教育の現状』文部省社会教育局 『現代日本教育制度史料』第二巻、五五九頁
	4月10日	日本博物館協会は「学芸員の職務内容基準」に関する部会を開き、学芸員の職務内容基準を検討した。 文部省から博物館に相当する施設の第一次指定案が提供されたので、それに対して参考意見が述べられた。 学芸員の職務内容基準については、図書館司書の職務内容が示されたが、科学および人文関係の博物館、動物園、植物園について、具体的な参考案を委員が準備することとなった。	『日本博物館協会会報』第一四号 「消息欄」
	4月14日	文部省社会教育局長は、文社施第六一号で都道府県教育委員会あてに「昭和二七年度における博物館に対する固定資産税の軽減について」通達した。 博物館法の規定による博物館で、民法第三四条又は宗教法人の設置するものについては、その博物館において、直接その用に供する固定資産に対して課する固定資産税は非課税となる。 昭和二七年度に限り、固定資産税の賦課期日（一月一日）と法の施行期日（三月一日）との間	『社会教育の現状』文部省社会教育局、二八九頁 『日本博物館協会会報』第一四号 「博物館法の施行をめぐって」

係で非課税とならないので、軽減の措置を受けるためには、各市町村税務当局に申請書を提出しなければならないので、遺漏のないように周知してほしい、という通達であった。

4月17日

文部省告示第一三号によって第一次の「博物館に相当する施設」一九二館が指定された。

一、公私立の施設で博物館に相当する施設

網走市立郷土博物館・釧路市立郷土博物館・函館市立郷土博物館・岩手県立生活博物館・岩手県立胆沢高等学校附属水沢科学博物館・岩手県立広田高等学校附属広田水産博物館・中尊寺宝物庫・宮城県県北水産科学博物館・斎藤報恩会博物館・松島水族館・瑞巌寺宝物庫・以文会（旧酒井家図書研究所文会堂を含む）・本間美術館・掬粋巧芸館・上杉神社稽照殿・三山神社宝物殿・光丘文庫郷土参考室・鼠ヶ関水族館・野口英世博士記念館・茨城県立美術館・常陽明治記念館・鹿島神宮宝物陳列館・徳川光圀西山荘・日光宝物殿・秩父自然科学博物館・成田山霊光館・宗吾霊宝殿・東京都恩賜上野動物園・東京都井之頭自然文化園・東京都電気研究所附属電気博物館・大島公園自然動物園・平山博物館・津村薬用植物園・山階鳥類研究所・根津美術館・民族学博物館・書道博物館・加藤昆虫研究所蟬類博物館・日本民芸館・聖徳記念絵画館・明治神宮宝物殿・交通博物館・赤十字博物館・大倉集古館・多摩聖蹟記念館・武蔵野博物館・神奈川県立近代美術館・県立金沢文庫・市立鎌倉国宝館・鶴ヶ岡八幡宮宝物殿・箱根神社宝物殿・長谷寺宝物陳列所・箱根関所考古館・新潟県立科学技術博物館・長岡市立科学博物館・佐渡植物園・北方文化博物館・如是蔵博物館・貞観園保存会付設茶道美術館・積雪科学館・市立高岡美術館・宮崎村立自然博物館・敦賀市三島町郷土博物館・市立甲府動物園・身延山宝物殿・松本市立博物館・上田市徴古館・岡谷市記念館・大町山岳博物館・中山村立考古館・大本願宝物館・大勧進宝物館・諏訪美術館・名和昆虫博物館・県立葵文庫郷土室・久能山東照宮宝物館・三嶋大社博物館・名古屋市東山植物園・名古屋市東山動物園・瀬戸市陶磁器陳列館・徳川美術館・神宮徴古館農業館・鈴屋遺跡保存会・伊賀文化産業城・滋賀県立産業文化館・大典記念京都植物園・大礼記念京都美術館・京都市記念動物園・舞鶴市立児童博物館・有隣館・乃木神社宝庫・広隆寺霊宝殿・天龍寺・岩倉公旧蹟保存会・養源院・大阪市立自然科学博物館・大阪市立電気科学館・大阪市立美術館・大阪市立動物園・生駒山天文博物館・市立神戸美術館・姫路市立動物園・白鶴美術館・宝塚動植物園・六甲高山植物園・神戸王子動物園・大和国史館・東洋民俗博物館・春日大社宝物館・万葉植物園・法隆寺大宝蔵・高野山霊宝館・熊野速玉神社宝物館・番所山植物園・鳥取県立科学館・米子市立山陰歴史館・小泉八雲記念館・津和野町郷土館・出雲大社宝物殿・津山市郷土館・大原美術館・倉敷考古館・吉備考古館・倉敷民芸館・五流博物館・広島県庄原町立博物館・厳島神社宝物館・山口県立山口博物館・市立岩国徴古館・長府博物館・忌宮神社宝物館・萩科学博物館・高松市立美術館・観音寺町立讃岐博物館・志度寺宝物館・栗林公園動物園・金刀比羅宮学芸館・金刀比羅宮宝物館・鎌田共済会郷土博物館・愛媛県長浜町水族館・大山祇神社宝物館・高知県立懐徳館・市立高知動物園・青山文庫考古学室陳列館・桂浜水族館・太宰府神社宝物殿・菅公歴史館・志賀島水族館・佐賀県立文化館・長崎博物館・原城跡史蹟室・熊本動物園・熊本博物館・本妙寺宝物館・菊池神社宝物館・阿蘇神社斎館・臼杵市立図書館郷土資料室・市立別府美術館・耶馬渓風物館・宮崎県立博物館・妻郷土館・鹿児島県立図書館附属郷土館・鹿児島市立鴨池動植物園

『日本博物館協会会報』第一四号
「博物館の助成措置等に就て」
『近代日本教育制度史料』第二七巻 近代日本教育制度史料編纂会、一九二頁
『現代日本教育制度史料』第二巻、五四頁

年	月日	事項	拠所・文献
		二、国立の施設で博物館に相当する施設 東京国立博物館（奈良分館を含む）・京都国立博物館・国立科学博物館・国立自然教育園・通商産業省特許庁附属陳列館・逓信博物館・労働省産業安全研究所附属産業安全参考館 三、国立大学の附属施設で博物館に相当する施設 北海道大学農学部附属植物園・北海道大学理学部附属臨海実験所水族館・北海道大学附属博物館・東北大学理学部附属臨海実験所水族館・東北大学附属八甲田山植物実験所高山植物園・岩手大学附属植物園・秋田大学鉱山学部附属鉱山博物館・山形大学附属郷土博物館・東京大学理学部附属植物園・東京大学理学部附属臨海実験所水族館・東京芸術大学附属図書館（旧美術学校文庫）・東京教育大学理学部附属臨海実験所水族館・東京水産大学附属水産博物館・東京農工大学繊維学部附属繊維博物館・岐阜大学学芸学部附属郷土博物館・名古屋大学理学部附属臨海実験所水族館・京都大学理学部附属臨海実験所水族館・京都大学附属植物園・広島大学理学部附属臨海実験所水族館・宮崎大学農学部附属農業博物館 四、公私立大学の附属施設で博物館に相当する施設 大阪市立大学理工学部附属動物園・早稲田大学坪内博士記念演劇博物館	
	4月18日	日本博物館協会は、「学芸員の職務内容基準」に関する第二回部会を開き、国立博物館、国立科学博物館案を審議した。 国立博物館は「美術歴史博物館学芸員職務内容案」国立科学博物館は「学芸員及び学芸員補の職務内容」であり、両博物館の提案を比較しながら討議した。	『日本博物館協会会報』第一四号「消息欄」
	4月21日	文部省社会教育局長は、文社施第一二九号で「博物館に相当する施設の指定について」各都道府県教育委員会に通達した。	『日本博物館協会会報』第一四号「博物館法の施行をめぐって」
	5月10日	関西博物館連盟は、「博物館法の適用に関する意見書」を提出した。連盟は愛知県以西岡山県以東の地域に存在し文化財を扱う博物館美術館が相互に連携助力し日本における文化の発展に寄与する活動を行うことを目的とした。	『国立博物館ニュース』六四号「関西博物館連盟について」
	5月11日	文部省告示第四九号により、武蔵野博物館を「都立武蔵野郷土館」に、財団法人製紙記念館を「財団法人製紙博物館」に、鹿児島県の県立図書館附属郷土館を「県立博物館」に、労働省産業安全研究所附属産業安全参考館を「国立産業安全博物館」に改正した。	『博物館研究』第一巻四・五号合併号「文部省告示第一三号の改正」
	5月13日	日本国有鉄道公示第一五九号で日本国有鉄道総裁長崎惣之助は、博物館資料に対する運賃割引賃率を所定賃率の三割減と定めた。 一、品名　博物館資料 二、発駅　国鉄線及び連絡社線各駅 三、着駅　国鉄線及び連絡社線各駅 四、扱種別　小荷物並びに小口扱及び車扱貨物 五、賃率　所定賃率の三割減 六、荷送人及び荷受人　博物館長（博物館に相当する施設の管理者を含む。）又はその指定する者	『鉄道公報』第八四七号（昭和二七年五月一三日火曜日） 『社会教育関係法令集』文部省社会教育局

七、条件
（一）博物館資料とは別に定める公立及び私立博物館並びに文部大臣が博物館に相当するものとして指定した施設において収集し、保管し、又は展示するもので、歴史、芸術、民俗、産業及び自然科学に関する実物、標本、模写、模型、文献、図書、写真、フィルム及びレコードの類をいう。
（二）この貨率は、当該博物館長が発行した別記様式による博物館資料であることの証明書を荷物とともに提出したものに限って適用する。

5月13日

日本国有鉄道公示第一五九号で博物館資料の取扱方が定められたが、同公示中第七号（一）に定める「別に定める国立、公立及び文部省から指定を受けた博物館（博物館に相当する施設を含む。）」とあり、その施設名を列挙している。

北海道　網走市立郷土博物館、釧路市立郷土博物館、函館市立博物館
岩手県　県立生活博物館、県立胆沢高等学校附属水沢科学博物館、県立広田高等学校附属広田水産博物館、中尊寺宝物庫
宮城県　県北水産科学博物館、斎藤報恩会博物館、松島水族館、瑞巌寺宝物館
山形県　以文会（旧酒井家図書研究所文会堂を含む）、本間美術館、掬粋巧芸館、上杉神社稽照殿、三山神社宝物殿、光丘文庫郷土参考室、鼠ヶ関水族館
福島県　野口英世博士記念館
茨城県　県立美術館、常陽明治記念館、鹿島神宮宝物陳列館、徳川光圀西山荘
栃木県　日光宝物殿
埼玉県　秩父自然科学博物館
千葉県　成田山霊光館、宗吾霊宝殿
東京都　東京都恩賜上野動物園、東京都井之頭自然文化園、東京都電気研究所附属電気博物館、大島公園自然動物園、平山博物館、津村薬用植物園、山階鳥類研究所、根津美術館、民族学博物館、書道博物館、加藤昆虫研究所蟬類博物館、日本民芸館、聖徳記念絵画館、明治神宮宝物殿、赤十字博物館、大倉集古館、多摩聖蹟記念館、武蔵野博物館
神奈川県　県立近代美術館、県立金沢文庫、市立鎌倉国宝館、鶴ヶ岡八幡宮宝物殿、箱根神社宝物殿、長谷寺宝物陳列所、箱根関所考古館
新潟県　県立科学技術博物館、長岡市立科学博物館、佐渡植物園、北方文化博物館、如是蔵博物館、貞観園保存会付設茶道美術館、積雪科学館
富山県　市立高岡美術館、宮崎村立自然博物館
福井県　郷土博物館（敦賀市三島町）
山梨県　市立甲府動物園、身延山宝物殿
長野県　松本市立博物館、上田市徴古館、岡谷市記念館、大町山岳博物館、中山村立考古館、大本願宝物館、大勧進宝物館、諏訪美術館
岐阜県　名和昆虫博物館
静岡県　県立葵文庫郷土室、久能山東照宮宝物館、三嶋大社博物館
愛知県　名古屋市東山植物園、名古屋市東山動物園、瀬戸市陶磁器陳列館、徳川美術館
三重県　神宮徴古館農業館、鈴屋遺蹟保存会、伊賀文化産業城
滋賀県　県立産業文化館

『鉄道公報』第八四七号（昭和二七年五月一三日火曜日）「博物館資料の取扱方について（営業局）」

年	月日	事項	拠所・文献
		京都府　大典記念京都植物園、大礼記念京都美術館、京都市記念動物園、舞鶴市立児童博物館、有鄰館、乃木神社宝庫、広隆寺霊宝殿、天龍寺、岩倉公旧蹟保存会、養源院	
		大阪府　大阪市立自然科学博物館、大阪市立電気科学館、大阪市立美術館、大阪市立動物園、生駒山天文博物館	
		兵庫県　市立神戸美術館（池長美術館を含む）、姫路市立動物園、白鶴美術館、宝塚動植物園、六甲高山植物園、神戸王子動物園	
		奈良県　大和国史館、東洋民俗博物館、春日大社宝物館、万葉植物園、法隆寺大宝蔵	
		和歌山県　高野山霊宝館、番所山植物園、熊野速玉神社宝物館	
		鳥取県　県立科学館、米子市立山陰歴史館	
		島根県　小泉八雲記念館、津和野町郷土館、出雲大社宝物殿	
		岡山県　津山市郷土館、大原美術館、倉敷考古館、吉備考古館、倉敷民芸館、五流博物館	
		広島県　庄原町立博物館、厳島神社宝物館	
		山口県　県立山口博物館、市立岩国徴古館、長府博物館、忌宮神社宝物館、萩科学博物館	
		香川県　高松市立美術館、観音寺町立讃岐博物館、志度寺宝物館、栗林公園動物園、金刀比羅宮学芸館、金刀比羅宮宝物館、鎌田共済会郷土博物館	
		愛媛県　長浜町水族館、大山祇神社宝物館	
		高知県　県立懐徳館、市立高知動物園、青山文庫考古学室陳列館、桂浜水族館	
		福岡県　太宰府神社宝物殿、菅公歴史館、志賀島水族館	
		佐賀県　県立文化館	
		長崎県　長崎博物館、原城跡史蹟室	
		熊本県　熊本動物園、熊本博物館、本妙寺宝物館、菊池神社宝物館、阿蘇神社斎館	
		大分県　臼杵市立図書館郷土資料室、市立別府美術館、耶馬渓風物館	
		宮崎県　県立博物館、妻郷土館	
		鹿児島県　県立図書館附属郷土館、鹿児島市立鴨池動植物園	
		国立の施設で博物館に相当する施設	
		東京国立博物館（奈良分館を含む）	
		京都国立博物館	
		国立科学博物館	
		国立自然教育園	
		通商産業省特許庁附属陳列館	
		逓信博物館	
		労働省産業安全研究所附属産業安全参考館	
		国立大学の附属施設で博物館に相当する施設	
		北海道大学農学部附属植物園	

	北海道大学理学部附属臨海実験所水族館 北海道大学附属博物館 東北大学理学部附属臨海臨海実験所水族館 東北大学附属八甲田山植物実験所高山植物園 岩手大学附属植物園 秋田大学鉱山学部附属鉱山博物館 山形大学附属郷土博物館 東京大学理学部附属植物園 東京大学理学部附属臨海実験所水族館 東京芸術大学附属図書館（旧美術学校文庫） 東京教育大学理学部附属臨海実験所水族館 東京水産大学附属水産博物館 東京農工大学繊維学部附属繊維博物館 岐阜大学学芸学部附属郷土博物館 名古屋大学理学部附属臨海実験所水族館 京都大学理学部附属臨海実験所水族館 京都大学附属植物園 広島大学理学部附属臨海実験所水族館 宮崎大学農学部附属農業博物館 公私立大学の附属施設で博物館に相当する施設 大阪市立大学理工学部附属植物園 早稲田大学坪内博士記念演劇博物館	
5月14日	文部省社会教育局長は、文社施第一七一号で「博物館資料及び料金の割引について」各都道府県教育委員会あてに通達した。	『日本博物館協会会報』第一四号 「博物館法の施行をめぐって」 『現代日本教育制度史料』第二巻、五六四頁 『社会教育の現状』文部省社会教育局
5月15日	博物館相当施設の資料の輸送について三割減の措置が実施された。	『日本博物館協会会報』第一四号 「博物館の助成措置に就て」 『社会教育の現状』文部省社会教育局
5月15日	文部省社会教育局長は、文社施第一七七号により、各都道府県教育委員会あてに、「社会教育法、図書館法ならびに博物館法の規定による国庫補助金申請書の提出について」通知した。	『現代日本教育制度史料』第二巻、五六七頁
5月17日	日本博物館協会は「博物館の登録審査基準」に関する第二回目の研究部会を開き、文部省が作成した「博物館の登録審査基準案」について検討した。建築については、博物館、美術館等にあっては、凡そ五〇坪以上の陳列室、資料保管室、事務室を整備し、動植物園にあっては、五〇〇坪以上の土地及び必要な施設、事務室を整備する必要のあることが認められた。	『日本博物館協会会報』第一四号 「消息欄」

年	月日	事項	拠所・文献
	5月23日	文部大臣は、文部省令第一一号で「博物館法施行規則」を定めた。 博物館法施行規則目次 第一章　大学又は学芸員の講習において修得すべき博物館に関する科目の単位（第一章—第三条） 第二章　講習（第四条—第九条） 第三章　雑則（第一〇条—第一四条） 附則 この規則の要綱は次の通りである。 一、大学において修得すべき博物館に関する科目の単位一〇単位及び学芸員の講習において修得すべき博物館に関する科目の単位を一二単位とし、特に「実習」を重視して定めたこと。 二、講習において修得すべき博物館に関する科目の単位一二単位は、必修科目七単位、選択科目五単位としたこと。 三、講習の受講資格者を次のように定めたこと。 (イ)、学士の称号を有する者 (ロ)、大学に二年以上在学し、六二単位以上の修得した者で、三年以上学芸員の職にあった者 (ハ)、六年以上学芸員補の職にあった者 (ニ)、右の者と同等以上の資格を有するものと認められた者 四、講習実施の必要な事項についておよそ次のことを定めたこと。 (イ)、単位の授与に関すること (ロ)、修了証書の付与に関すること (ハ)、その他 五、前記三に掲げる同等以上の資格者を定めたこと。 六、学芸員の暫定有資格者については、都道府県教育委員会において、審査の上、人文科学又は自然科学学芸員の種別を定めるようにしたこと。 七、単位修得について特例を定めたこと。	『社会教育法制研究資料』〔Ｅ—八〕日本社会教育学会社会教育法制研究会 『社会教育の現状』文部省社会教育局 『現代日本教育制度史料』第一巻、四〇七頁
	5月23日	文部省は文社施第一九一号で「博物館の登録審査基準要項」を都道府県教育委員会あてに通知した。 基準要項は 一、博物館資料　博物館資料は、質量ともに国民の教育、学術及び文化の発展に寄与するにたるものであって、資料の利用を図るため、必要な説明、指導、助言等に関する教育的配慮が払われており、更に学校教育の援助に留意していること。 二、学芸員その他の職員　館長及び学芸員のほか、必要な学芸員補その他の職員を有すること。	『博物館研究』第三四巻第九号「博物館の設置基準に関する問題」 『現代日本教育制度史料』第一巻、五七六頁 『社会教育・生涯教育ハンドブック』社会教育推進全国協議会、一三〇頁

	三、建物及び土地　次に掲げる博物館、美術館、動物園、植物園、水族館等は、博物館法第二条第一項に規定する博物館であるが、便宜上その名称を区分して列記する。 ①、博物館、美術館にあっては、凡そ、五〇坪以上の建物があることを原則とし、陳列室、資料保管室、事務室等が整備されている、一般公衆の利用を図るための建物及び土地があること。但し、博物館資料を有せず、単にその場所を貸与することのみを目的とする博物館、美術館は該当しない。 ②、動物園にあっては、凡そ、五〇〇坪以上の土地があり、動物収容展示施設、事務室等が整備されている。 ③、植物園にあっては、凡そ、五〇〇坪以上の土地があり、植栽園、事務室等が整備されている。 ④、水族館にあっては、凡そ、ガラス面三尺平方の展示水槽五個以上があり、放養、飼養池、事務室が整備されている。 四、開館日数　開館日数は、本館の開館日数を指すものであること。但し、特別の事情のある場合は、本館外における館外活動の日数を含めてもよい。 五、備考 ①、分館については、本館との緊密な連繋の下に博物館機能を発揮できるかどうかを一及び四に留意して審査すること。	
5月23日	文部事務次官は、文社施第一九二号で教育委員会、博物館等の関係機関に「博物館法附則第六項の規定による学芸員の暫定資格者の調査について」を通知した。	『現代日本教育制度史料』 『社会教育法制研究資料』第二巻〔E—五〕日本社会教育学会社会教育法制研究会、五七八頁
6月6日	内閣は、政令第一七六号により、文部省設置法の規定に基き、中央教育審議会令を制定した。この審議会は、文部大臣の諮問に応じて教育に関する基本的な制度、その他教育、学術又は文化に関する基本的な重要施策について調査審議し、文部大臣に建議する。	『現代日本教育制度史料』第一巻、二七三頁
6月6日	文部省設置法（昭和二四年法律第一四六号）が改正され、法律第一六八号で「国立近代美術館」が設置された。	『国立近代美術館年報』 『文化行政の歩み』文化庁
6月6日	文部省社会教育局長は、文社施第二〇五号で、各都道府県教育委員会教育長あてに「博物館職員の辞令様式等について」通知した。	『社会教育の現状』文部省社会教育局 『現代日本教育制度史料』第二巻、五八二頁
6月9日	文部事務次官は、文社施第二〇八号で国、公、私立大学長あてに「学芸員の講習の相当科目単位認定について」通知した。	『現代日本教育制度史料』第二巻、五八四頁
6月21日	法律第二〇七号により「ユネスコ活動に関する法律」が制定された。 ユネスコ活動は、国際連合教育科学文化機関憲章の定めるところに従い、国際連合の精神に則って、教育、科学及び文化を通じ、わが国民の間に広く国際的理解を深めるとともに、わが国民と世界諸国民との間に理解と協力の関係を進め、もって世界の平和と人類の福祉に貢献することを目標としている。	『社会教育関係法令集』文部省社会教育局 『現代日本教育制度史料』第一巻、七八頁 『文部法令要覧』文部省大臣官房総務課

年	月日	事項	拠所・文献
	6月24日	ICOM日本委員会は正式加入後最初の会合を国立科学博物館で開催した。昭和二七年度の事業方針は、 ① 日本における科学および科学技術博物館の活動に関する調査ならびにイコムを通じての海外への紹介。 ② イコムニュースに掲載する海外博物館事情を翻訳して毎月紹介する。 ③ 国内の博物館の主要な活動状況を海外へ紹介する。 イコム日本委員会委員長・国立科学博物館長 中井猛之進 副委員長：東京国立博物館長 浅野長武、同副委員長・京都国立博物館長 神田喜一郎 委員：黒田源次、望月信成、河竹繁俊、伊藤文吉、柳宗悦、上田穣、古賀忠道、小倉謙、高橋誠一郎、金森徳次郎、徳川宗敬、棚橋源太郎、一五名	『現代日本教育制度史料』第二巻、五九八頁
	6月27日	政令第二一二号により、ユネスコ活動に関する法律施行令が公布された。 第一章　ユネスコ活動に対する援助 第二章　日本ユネスコ国内委員会の委員の選考基準 第三章　日本ユネスコ国内委員会の小委員会	『文部法令要覧』文部省大臣官房総務課 『現代日本教育制度史料』第一巻、二八〇頁
	6月30日	法律第二一九号により「国有財産特別措置法」が公布された。博物館法第二章第二項の公立博物館の施設に対し、国の普及財産は、時価から五割以内を減額した対価で譲渡し、又は貸し付けることができる、こととなった。	『社会教育関係法令集』文部省社会教育局
	7月9日	日本博物館協会長徳川宗敬は、地方自治庁長官岡野清豪に、地方公務員としての学芸員は、すべて研究職種に属するものとして取り扱うことを要望した。 学芸員を研究職とする理由 1．学芸員は、博物館法第五条で厳しい資格要件を定められており、すなわち大学において博物館に関する所定の科目を修得するか、博物館法第六条による大学卒業程度を受講資格とする講習の過程を経て、はじめてその正式資格を与えられるものである。また、学芸員の職責は、博物館法第四条に定める通り、博物館資料の収集、保管、展示等の活動から、博物館資料およびその保管、展示等についての専門的な研究、さらには博物館所在地に於ける文化財を社会教育面でひろく活かすための活動等にまで及んでおり、高度な知識と経験を要する専門的職務が要求されている。 2．今後各地の博物館を、博物館法の趣旨に沿い、地方における社会教育活動の主要なセンターとするために、地方公共博物館の活動の質的水準の向上をはかることは頗る重要であり、そのためには学芸員に優れた人材を求めねばならない。その意味から、学芸員としての職務にふさわしい待遇を保障しておく必要がある。 3．国立博物館についてみても、その専門職員（学芸員）は、職階制上「研究職」となることに決定しているので、地方公務員の場合も、これと同様に取り扱われるのが当然と考える。	『社会教育法制研究資料』［E－九］日本社会教育学会社会教育法制研究会 『日本博物館協会会報』第一五号 「地方公務員職務制実施に伴う公立博物館学芸員の格づけに関する協会の陳情」

7月17日	日本博物館協会の会員であるブリヂストン博物館は、美術博物館として西洋絵画の優品を常置して活発な活動を行っている。博物館法による登録を受けていないので、いまだに入場税の課税対象となり、各方面への影響が考えられるので、協会の杉田常務理事及び倉田主事が中央税務事務所に赴き、安井都知事あての陳情書を提出した。	『日本博物館協会会報』第一五号「ブリヂストン美術館にたいする入場税の免除申請」
7月21日～8月29日	昭和二七年度の学芸員講習会を東京芸術大学で開催した。受講申込者六五名 講師 博物館概論 博物館史　棚橋源太郎 管理運営一般　人文科学　深見吉之助 〃　自然科学　杉田光 〃　動物園　古賀忠道 〃　水族館　大島泰雄 〃　植物園　丹羽鼎三 博物館事情外回（人文科学）　原田治郎 〃　（自然科学）　中井猛之進 〃　新しい博物館と日本の現状　内日英二 〃　博物館のあり方と今後の課題　成瀬政男 博物館資料収集保管法 〃　人文科学　野間清六 〃　自然科学・博物館理科　朝比奈貞一 〃　博物館動物　滝庸 〃　博物館地学　尾崎博 〃　博物館植物　佐竹義輔 〃　動物園　古賀忠道 〃　水族館　大島泰雄 〃　植物園　丹羽鼎三 博物館資料の分類及目録法 〃　図書館資料の分類及目録法　服部金太郎 〃　博物館資料の分類及目録法　石田茂作 〃　佐竹義輔 博物館資料展示法 〃　人文科学　石沢正男 〃　自然科学博物館　中山道雄 〃　自然科学動物園　古賀忠道 〃　自然科学水族館　大島泰雄 〃　自然科学植物園　鶴田総一郎	『日本博物館協会会報』第一五号「博物館学芸員の講習」

年	月日	事項	拠所・文献
		教育原理 〃　社会教育概論　　近藤春文 〃　　　　　　　　赤石清悦 〃　視聴覚教育　　　鈴木勉 〃　　　　　　　　青木章春 〃　視覚教育（美術）　桜林仁 〃　聴覚教育（音）　城田又兵衛 （以上は必修科目） 自然科学　自然科学史　湯浅光朝 〃　理化学　　　　朝比奈貞一 〃　〃　　　　　　植村泰忠 〃　生物学　　　　湯浅明 〃　地学　　　　　小口八郎 人文科学　文化史　　谷信一 〃　美術工芸史　　前田泰次 〃　考古学　　　　藤田亮策 〃　民俗学　　　　宮本馨太郎 （以上は選択科目）	
	7月24日	文部省は学芸員の取扱いについて地方自治庁に対し意見書を提出した。学芸員は常に高度な専門的知識技術を要求されている。博物館資料の収集、保管、展示及び調査研究の専門的職務をつかさどる。地方公務員職階制においては、これを研究職に含めて取り扱うことが必要である。	『社会教育法制研究資料』〔E－八〕日本社会教育学会社会教育法制研究会 『日本博物館協会会報』第一五号 「学芸員の取扱いについて、文部省より地方自治庁に意見書を提出」
	7月31日	東京国立博物館奈良分館は「奈良国立博物館」として独立した。	『文化行政の歩み』文化庁
	8月7日	文部省社会教育局長、文部省大学学術局長は、文社施第二八三号で各都道府県教育委員会、国公私立大学長あてに「国際博物館会議（略称ＩＣＯＭ）について」その創立の趣旨や経過について理解し、活用するように通知した。 国際博物館会議（略称ＩＣＯＭ）は、博物館事業の国際的協力を促進し、国際的規模において教育、学術、文化関係の国際的組織と協力して、次の事項の達成を図り世界の博物館の発展に資する目的で一九四六年（昭和二一年）に創立された。 一、知識の保存、増進及び普及 二、民衆教育及び文化の普及 三、各国民相互の知識と理解を深めること 組織としては独立した機構であるが、ユネスコに対しては、その諮問機関としての役割を果す。	『現代日本教育制度史料』第二巻、五九一頁

8月14日	法律第三〇五号「日本赤十字法」による改正で、博物館法の一部改正となり第一〇条中「地方公共団体又は民法第三四条の法人若しくは宗教法人が、博物館を設置しようとするときは…」を「日本赤十字社、民法第三四条の法人又は」に改められた。	『社会教育の歩みと現状』文部省社会教育局
8月14日	文化財保護委員会規則第八条により、「奈良国立博物館組織規程」が制定された。	『文化財関係法規集』文化財保護委員会
8月22日	東京芸術大学で開かれた文部省主催の「児童文化会議」の第九分科会において児童文化施設について討議された。 一、児童文化施設の管理運営はいかにあるべきか。 二、児童文化施設における視聴覚教育の適切な方法如何。 三、児童文化施設の指導者養成の問題	『日本博物館協会会報』第一六号 「児童文化会議開かる」
	右記等が中心議題であったが、特に児童博物館の設立の必要、博物館法と動植物園の現実問題の解決等について意見が出された。	
8月	文部省から学芸員暫定資格者人文科学二五七名、自然科学一五四名、計四一一名が発表された。	『日本博物館協会会報』第一七号 「博物館学芸員暫定資格者の発表」
9月5日	日本博物館協会の評議員会が国立科学博物館で開かれ、昭和二七年度の事業計画が審議され決定した。 博物館法に関しては 「博物館法が真に本邦博物館事業の発達普及に資するよう関係者のあいだにおける同法の理解を深めることに努め、博物館と所轄官庁とのあいだの相互理解と努力の態勢を促進する。また、法律実施当初の過度的段階において発生する種々の問題を検討して、その解決に努力する」とある。	『日本博物館協会会報』第一七号 「評議員会開催」
9月17日 18日	日本動物園協会は臨時総会を開き、特に博物館法について審議し、文部省社会教育局長に対し、次の希望を提出した。 一、主管を当分の間でも地方の状況に応じて教育委員会の主管でなくてもよいことに変更されたい。 二、変更できなければ実際の運営等を現在のままにするような便法を考えられたい。 三、本法施行以来、私立の園で、特に動物輸入において不利益を受けていることに対しては善処されたい。	『日本博物館協会会報』第一七号 「日本動物園協会臨時総会」
10月2日	明治四年に聖堂大成殿において開催された博物館事業から八〇周年にあたるので、東京国立博物館において博物館創設八〇周年記念式が挙行された。参加者は約四〇〇名で、総理大臣代理、文部大臣代理、参議院議長、宮内庁長官、東京都知事、及び徳川日本博物館協会長から祝辞があり、全国博物館の発展を祝福した。	『日本博物館協会会報』第一八号 「博物館創設八〇周年記念式挙行さる」
10月15日	博物館学芸員の第一回講習終了者に対し、終了証書が交付された。人文科学三三名、自然科学三三名。 (人文科学)赤星直忠、藤田愼一郎、古河静江、馳川太郎、橋本輝夫、橋本澄子、冷牟田富美子、樋口秀雄、伊藤吉彦、鎌木義昌、金木弘三、笠井太慶喜、黒木淳吉、丸子亘、宮栄二、望月清、諸岡利雄、村岡景夫、村井嵓雄、永竹威、佐伯敬紀、酒井千尋、佐々木利三、島内八郎、高橋恭一、天王寺谷卓三、寺間勝藏、外村吉之助、上野晴朗、米村喜男衛、吉田格、三森達夫、田中磐 (自然科学)新井重三、相原熊太郎、羽根田彌太、本間陸雄、石川政治、香川勇、香川美民、鈴木皓夫、田口武二郎、田辺澄生、筒井嘉隆、西松直子、溝口睦	『日本博物館協会会報』第一八号 「学芸員講習の終了証書を交付」

年	月日	事項	拠所・文献
	12月3日	文部省告示第九五条で一七館園が博物館に相当する施設として指定された。（第二次指定）財団法人蟹仙洞、米沢市立米沢郷土博物館、財団法人製紙記念館、財団法人東明美術保存会箱根美術館、仁和寺霊宝館、竜安寺、西芳寺、醍醐寺宝聚院、仏教児童博物館、神戸市森林植物園、阪神パーク動植物園、国立近代美術館、奈良国立博物館、東京大学文学部列品室、東京大学農学部附属水産実験所水族館、滋賀大学経済学部史料館、國學院大學考古学資料室	『日本博物館協会会報』第一九号 「博物館相当施設の第二次指定」 『現代日本教育制度史料』第二巻、二四五頁
	12月3日	文部省告示第九六号で、昭和二七年文部省告示第一三号（四月一七日）の博物館に相当する施設に指定された館園の名称等の一部が改正された。 大典記念京都植物園 →大典記念京都植物園（西京大学附属植物園を含む） 庄原町立博物園 →比和町立科学博物館 萩科学博物館 →萩科学博物館（萩公民館科学室を含む） 通商産業省特許庁附属陳列館 →特許庁万国工業所有権資料館 京都大学附属植物園 →京都大学理学部附属植物園	『日本博物館協会会報』第一九号 「博物館相当施設指定の一部改正」
	12月20日	一三館が加盟している関西博物館連盟は、博物館法第六条に伴う学芸員講習実施について、学芸員暫定資格期限の延長、講習開催地を関西方面での実施、通信教授に代えること等の声明を発表した。 一三館は、 奈良国立博物館、京都国立博物館、大阪市立美術館、京都市立美術館、市立神戸美術館、白鶴美術館、滋賀県立産業文化館、奈良県立大和歴史館、徳川美術館、大阪城天守閣、大原美術館、天理参考館、高松美術館。	『日本博物館協会会報』第二〇号 「学芸員講習会実施についての関西博物館連盟の陳情」
一九五三 昭和28	1月6日	日本博物館協会長徳川宗敬は、大蔵大臣向井忠晴に対し、博物館に対する国庫補助金増額の陳情をした。	『日本博物館協会会報』第二〇号 「公立博物館にたいする国庫補助金増額の陳情」
	1月17日	社会教育主事講習等規程の一部を改正する省令（文部省令第三号）により、大学において修得すべき社会教育に関する科目の単位は甲群、乙群、丙群に分かれており、甲群は三科目一〇単位のすべて、乙群は七科目一八単位の中から三科目八単位以上、丙群は一二科目三二単位の中から三科目以上の修得となり、丙群の科目の中に「博物館学・二単位」が挿入された。	『社会教育の現状』文部省社会教育局
	1月19日	文部省が主催し「博物館学芸員講習テキストの検討会」が東京国立博物館で開かれた。	『博物館問題研究会会報』No.七 「戦後博物館年報」

1月29日	博物館資料の取扱方について、昭和二七年五月一三日付けの日本国有鉄道公示第一五九号の一部が改正された。 山形県に財団法人蟹仙洞、米沢市立米沢郷土博物館を、東京都に財団法人製紙記念館を、神奈川県に財団法人東明美術保存会箱根美術館を、京都府に大典記念京都植物園（西京大学附属植物園を含む）に改め、仁和寺霊宝館、龍安寺、西芳寺、醍醐寺宝聚院、仏教児童博物館を加えた。 兵庫県に神戸森林植物園、阪神パーク動植物園を加える。 広島県は庄原町立博物館を比和町立科学博物館に改め、山口県は萩科学博物館を萩科学博物館（萩公民館科学室を含む）に改める。 通商産業省特許庁附属博物館を特許庁万国工業所有権資料館に改め、国立近代美術館、奈良国立博物館を加える。 東京大学理学部附属臨海実験所水族館の次に東京大学文学部列品室、東京大学農学部附属水産実験所水族館を、岐阜大学学芸部附属郷土博物館の次に滋賀大学経済学部史料館を加え、京都大学附属植物園を京都大学理学部附属植物園に改める。 大阪市立大学理工学部附属植物園の前に國學院大學考古学資料室を加える。	『鉄道公報』第一〇五〇号 「『博物館資料の取扱方について』の一部改正について」
1月31日	郵政大臣は、郵政省告示第九三条により日本放送協会受信料免除基準の変更を認可した。昭和二五年八月二二日電波監理委員会認可の全部を改正したのであるが、博物館等については、一〇項に「博物館又は展覧会において、無線科学及びその応用についての資料として、公衆の観覧に供する受信設備」とある。	『現代日本教育制度史料』第二巻、七〇六頁
2月25日 26日	文部省、大阪府教育委員会、大阪市教育委員会の共同主催で全国博物館研究協議会が大阪府立夕陽丘会館で開催された。 第一分科会　博物館の設置および運営の望ましい基準の検討 第二分科会　博物館、美術館、動植物園などの教育活動のあり方の研究 第三分科会　博物館の振興計画の具体化について 二日目における総合討議の結果は、博物館設置のための地方債の起債を要望する決議を本会の名において当局に提出すること、指導ならびに連絡のため学芸員を地方の博物館に巡回派遣されたいこと、などが可決された。	『日本博物館協会会報』第二一号 「全国博物館研究協議会開催経過」
3月24日	文化財保護委員会の専門審議会が東京国立博物館で開かれ、第三分科会の民俗資料部会は「民俗資料の指定基準」を決定した。 一、衣食住に関するもの　二、生産・生業に関するもの　三、通信・交通・運輸に関するもの　四、交換・交易に関するもの　五、社会制度に関するもの　六、言語・表現に関するもの　七、信仰に関するもの　八、民間知識・技術・教育に関するもの　九、民間芸術・娯楽に関するもの　一〇、人の一生に関するもの　一一、年中行事に関するもの　一二、その他	『日本博物館協会会報』第二一号 「民俗資料の指定基準発表さる」 『日本博物館協会会報』第二二号 「民俗資料指定基準の説明」

年	月日	事項	拠所・文献
	3月	文部省社会教育局編の『学芸員講習講義要綱』を刊行した。 目次内容は 博物館概論…序説、博物館の歴史と現状、博物館の機能、博物館法と関係法規、博物館の形態、博物館の管理、博物館の運営、博物館の評価 博物館資料収集保管法 博物館資料分類及び目録法 博物館資 料展示法 各論…動物園、植物園、水族館 執筆等の関係者は、棚橋源太郎、丹羽鼎三、小倉謙、大島泰雄、宮本馨太郎、古賀忠道、杉田光、佐竹義輔、滝庸、尾崎博、朝比奈貞一、中山道雄、深見吉之助、石田茂作、野間清六、石沢正男、鶴田総一郎	『日本博物館協会会報』第二一号 「学芸員講習講義要綱の内容」 『博物館研究』第三六巻第一号 「特集・博物館学確立のために」
	4月4日	日本博物館協会は、地方自治庁に対し、公立博物館の学芸員を研究職として取り扱うように陳情した。	『日本博物館協会会報』第二一号 「地方自治庁への陳情運動」
	5月1日	文部省社会教育施設課は、五月一日現在の日本における博物館の悉皆調査を実施した。博物館総数は二〇一であった。	『博物館調査』文部省
	5月2日	文部省では博物館法第二四条にもとづく昭和二八年度の国庫補助金を交付する手続きについて各都道府県教育委員会に通達した。申請書は教育委員会でまとめて六月三〇日までに文部省に提出する。	『日本博物館協会会報』第二一号 「公立博物館への国庫補助金申請に関する手続き」
	5月22日	郵政大臣は、郵政省告示第六七九号により、日本放送協会放送受信規約第一三条第一項の受信料免除基準を定めた。博物館等については、「博物館又は展覧会において、無線科学及びその応用についての資料として、公衆の観覧に供する受信設備」と記されている。	『現代日本教育制度史料』第五巻、七〇四頁
	5月26日	日本博物館協会は、再度地方自治体に対し、公立博物館の学芸員を研究職として取り扱うよう陳情した。	『日本博物館協会会報』第二一号 「地方自治庁への陳情運動」
	7月13日 ～ 8月12日	東京芸術大学と大阪大学で昭和二八年度の博物館学芸員講習を実施した。受講者は規定により一二〇名。 講習科目は 必修科目…博物館概論、博物館資料収集保管法、博物館資料分類及び目録法、博物館資料展示法、教育原理、社会教育概論、視聴覚教育 選択科目…自然科学学芸員、人文科学学芸員の資格の別により、生物学、地学、理科学、美術工芸史、考古学、博物館実習	『博物館研究』第一巻第一号 「昭和二八年度の博物館学芸員講習」 『日本博物館協会会報』第二一号 「昭和二八年度博物館学芸員の講習」

9月8日	政令第二七六号で、博物館法施行令（昭和二七年政令第四七号）の一部が改正され、第三条の次に次の一条が加えられた。（学芸員の暫定資格の決定） 第四条、法附則第六項第一号から第三号までの各号に掲げる者が、人文科学学芸員となる資格を有するか又は自然科学学芸員となる資格を有するかは、都道府県の教育委員会において、その者が従事した当該各号に定める職務が、人文科学に関するものであるか又は自然科学に関するものであるかを考慮して定めるものとする。 二、法附則第六項第四号の規定により都道府県の教育委員会が推薦する者は、人文科学又は自然科学に関する学識経験及び調査研究の業績を有する者でなければならない。 三、前項を規定する者が、人文科学学芸員となる資格を有するか又は自然科学学芸員となる資格を有するかは、文部大臣において、その者の学識経験及び調査研究の業績が、人文科学に関するものであるか又は自然科学に関するものであるかを考慮して定めるものとする。	『官報』第八〇〇四号　昭和二八年九月八日 『博物館研究』第一巻第一号 「博物館法施行令の一部改正」 『現代日本教育制度史料』第三巻、一三三頁
9月10日	日本博物館協会理事会において、二八年度事業計画に「博物館法の趣旨がよりよく達成せられるために、同法の施行にともなって生起しつつある諸問題を解決するよう努力する」が決定した。	『博物館研究』第一巻第一号
9月24日	日本博物館協会は、文部省、大蔵省及び衆参両院の文部委員に対し、博物館関係国庫補助金の増額を図るための陳情をした。その内容は、最近における公立博物館の概況と国庫補助金増額の緊急性について」であった。	『博物館研究』第一巻第一号 「博物館にたいする国庫補助金増額の運動」
10月	財団法人日本常民文化研究所理事長桜田勝徳は「国立民俗博物館新設に関する建議書」を財団法人日本民俗学協会・日本人類学会に提出した。	『博物館研究』第一巻第一号 「国立民俗博物館建設促進の運動」
11月12日	国社第九〇号で文部省社会教育局長は、都道府県教育委員会、都道府県知事、国立の博物館長、大学学術局長、文化財保護委員会あてに、外交官に対する博物館入場料の免除取扱いについて依頼した。	『博物館研究』第二九巻第四号 「在日外交官に対する国公立博物館入場料の免除について」
12月3日	第一回全国博物館大会に「博物館法第四条に付帯する事項及び同法第二五条に関連する事項について」「博物館法と動物園の所管問題について」等が協議題目として提案された。	『第一回博物館大会報告書』
12月3日〜5日	戦後の第一回全国博物館大会は文部省が主導し、東京国立博物館と国立科学博物館で開催された。 協議題は 一、学芸員の待遇、身分、人事の交流について（レジャーセンター　サイエンスルーム） 二、日本の現状における学芸員の必要性について（掬粋巧芸館） 三、私立博物館に於いても登録済の博物館に対しては、資料の収集に際して免税の特免を与えられた事件（生駒山天文博物館） 四、美術品借上に対する謝礼価格の基準又は統一について（神戸市美術館） 五、情報交換について（白鶴美術館） 六、博物館法第四条に付帯する事項及び同法第二五条に関連する事項について（山口県立博物館） 七、博物館法と動物園の所管問題について（日本動物園協会） 八、博物館施設とその運営はどうすればよいか（岸和田市社会教育課） 九、私立博物館の運営と国庫補助について（秩父自然科学博物館） 松本市立博物館の緊急提案になる「国立民俗博物館設置促進に関する要望」が決議された。	『全国博物館大会協議題一覧』 『博物館研究』第三二巻第一〇号 「大会の歩み」 『博物館研究』第三六巻第一〇号 「戦後10回全国博物館大会の歩み」

年	月日	事項	拠所・文献
	12月4日	「松方コレクション受入れについて」閣議で了解され、文部省に「フランス美術館」（仮称）設置準備協議会が設けられた。（一二月一〇日発足）	『文化行政の歩み』文化庁
	12月5日	第一回全国博物館大会において、松本市立博物館の緊急提案になる「国立民俗博物館設置促進に関する要望」が決議された。	『博物館研究』第三六巻第一〇号「戦後10回全国博物館大会の歩み」
	12月28日	日本博物館協会は、文部省、大蔵省及び衆参両院の文部委員に対し、再度博物館関係国庫補助金の増額を図るための陳情をした。	『博物館研究』復刊第一巻第一号「博物館にたいする国庫補助金増額の運動」
一九五四 昭和29	1月4日	大蔵省の昭和二九年度の予算案の内示があったが公立博物館への補助金をはじめ、博物館学芸員の講習経費まで金額を削られた。図書館や公民館の場合も同じであった。徳川宗敬は、日本博物館協会を代表して直ちに文部大臣に面接して事情を訴えた。	『博物館研究』復刊第一巻第一号「国庫補助金予算復活の陳情経過」
	1月5日	博物館関係一同会合、対策協議ののち、文部大臣、寺中社会教育局長に面接、続いて国会議員を歴訪、終って公民館、図書館に呼びかけ、三者連合して運動する方針を決定した。	『博物館研究』復刊第一巻第一号「国庫補助金予算復活の陳情経過」
	1月7日	博物館、図書館、公民館三団体の代表者多数会合、共同の陳情を開始、当日は各団体の陳情文をそれぞれ提出した。日本博物館協会棚橋源太郎・富士川金二が同行した。文部大臣、政務次官、事務次官、国会、衆参文部委員会、総理大臣官邸、自由党政調会、大蔵省等を歴訪した。	『博物館研究』復刊第一巻第一号「在京陳情経過」
	1月8日	博物館、図書館、公民館の代表が国会議員を歴訪陳情した。博物館を代表して富士川金二が参加した。	『博物館研究』復刊第一巻第一号
	1月9日	博物館、図書館、公民館、三団体の提携を一層強化する方針について連絡協議した。	『博物館研究』復刊第一巻第一号
	1月11日	三団体の代表は共同の陳情書をもって、国会、関係方面を陳情した。博物館からは杉田光、深見吉之助、河野喬、中沢満丸、島田俊一、伊佐山正治、久保木繁、宮田平吉等が参加した。	『博物館研究』復刊第一巻第一号
	1月12日	三団体の代表が参集、国会に陳情した。博物館側からは古賀忠道、今野伝、杉田光、鶴田総一郎、河野喬、田口武二郎、倉田平吉等が参加した。	『博物館研究』復刊第一巻第一号
	1月13日	三団体の代表一同は文部政務事官その他関係者に面接した。博物館側からは小倉謙、杉田光、棚橋源太郎、石塚三郎、河野喬、田村説三、諸岡利雄、倉田平吉、宮本馨太郎	『博物館研究』復刊第一巻第一号
	1月15日	最後の内示があり、昨年度の実績額の約四分の三の復活が認められた。	『博物館研究』復刊第一巻第一号

1月29日	三団体の代表が参集し、感謝文をもって文部大臣をはじめ文部省各関係者、および国会議員を歴訪、挨拶をおこなった。博物館側からは小倉謙、今野伝、棚橋源太郎、山下武夫、河野喬、倉田平吉等が参加した。 感謝文は全国公民館連絡協議会、社団法人日本図書館協会、日本博物館協会の三団体連名で次の通りである。 謹啓、厳寒砌貴台にはますます御清栄の御事と御慶び申し上げます。 さて、大蔵省の昭和二九年度予算案においては、緊縮を理由に公民館、図書館、博物館等の社会教育施設にたいする国庫補助金が全面的に削除され、しかもその復活が極めて困難視されましたにも拘らず、一部減額の上とはいえ、復活が認められましたことは、ひとえに貴台の御力添えの賜物でありまして、関係者一同強く肝に銘じ感謝しております。こゝに衷心より感謝申し上げます。 その後、伝え聞くところによりますと、大蔵省当局は、社会教育法、図書館法ならびに博物館法に定められております補助規定を削除することにより、補助金支出の道を絶つことを考慮されつゝあるやに承りおります。 このように補助金制度の廃止という一律的な措置によって、社会教育施設事業を破滅に導くような結果が招来されますことは、民衆から生活文化の糧を奪うに等しいものと思量いたします。 つきましては、これらの事業に特に御理解ふかき貴台の御援助を今後とも切に懇願いたすものであります。 こゝに全国の関係者一同に代り、重ねて厚く御礼と御願いとを申し上げる次第でございます。　敬具	『博物館研究』復刊第一巻第一号
2月16日	社会教育審議会は、社会教育施設の整備について、次の三点につき万全の措置を講ぜられるよう建議した。 一、社会教育施設運営費補助額の増額 二、社会教育施設建築費補助の増強 三、昭和二八年度における社会教育施設の建築に対する起債の確保	『博物館に関する基礎資料』国立教育政策研究所社会教育実践研究センター 国立教育政策研究所社会教育実践研究センター
2月20日	入場税法案が国会に上程され、博物館相当施設等に課税の対象となるおそれが生じたため、日本動物園協会、東京動物園協会は、大蔵省等に課税反対の陳情をした。	『博物館研究』復刊第一巻第二号 「博物館の入場税に反対」
2月24日	日本博物館協会は、博物館施設の入場税法案に反対し、大蔵省主税局長、税制二課長に陳情した。協会長の陳情文 このたび国会に上程されます入場税法案によりますと、地方公共団体設立の博物館（動物園、植物園、水族館を含む）および文部省が博物館に相当する施設として指定したもの（文部省告示第一三号）までが課税対象となっております。（中略） つきましては、今回の法案において、国立の博物館、公立の博物館および博物館法第二条第一項の博物館ならびに政府が博物館に相当する施設としてすでに指定し、また今後において指定する民間の博物館にたいしては、当然免税の措置が講ぜらるべきものと思量いたしますので、何卒この点につき貴台の特別の御配慮を賜り度、全国の博物館を代表して、右陳情申し上げます。とある。	『博物館研究』復刊第一巻第二号 「博物館の入場税に反対」
3月18日	大蔵省が従来の各種国庫補助金を整理する目的で国会に上程した「補助金等の臨時特例等に関する法律案」に反対し、日本博物館協会は、衆議院文部常任委員及び特別委員会の委員に陳情した。	『博物館研究』復刊第一巻第二号 「国庫補助金整理に関連しての陳情運動」

年	月日	事項	拠所・文献
	5月11日	文部省告示第四九号で、昭和二七年文部省告示第一三号（博物館に相当する施設の指定）の一部が改正された。	『博物館研究』復刊第一巻第四・五合併号「文部省告示第13号の改正」
	5月13日	法律第九六号によって入場税法が公布され、国立の博物館、登録博物館、博物館相当施設は非課税対象となった。新たに都道府県民税、不動産取得税等が設定され、「博物館法第二条第一項の博物館を設置することを主たる目的とする民法第三四条の法人、宗教法人、民法第三四条の法人で学術の研究を目的とするもの」は、道府県民税が非課税となった。	『博物館研究』復刊第一巻第四・五合併号「入場税の国税移管」「地方税法の一部改正」
	5月28日	補助金の臨時特例等に関する法律第一二九号により、補助の特例が認められた。博物館法に基く補助の特例は、第五条公立博物館に関する国の補助については、博物館法第二四条及第二五条の規定によらず、次項及び第三項に定めるところによる。国は博物館を設置する地方公共団体に対し、予算の範囲内において、次に掲げる経費についてその一部を補助することができる。 一、博物館の施設に要する経費 二、博物館に備え付ける博物館資料その他の設備に要する経費	『現代日本教育制度史料』第五巻、五三頁
	5月29日	法律第一三一号により、文化財保護法の一部を改正する法律が公布された。七月一日から施行された。この改正は昭和二五年八月文化財保護法施行後三年有半の運用の経験から、規定を整備したものである。主要な点は、 一、重要文化財について新たに管理団体の制度を設けたこと。 二、無形文化財について新たに指定制度を設ける等その保護の規定を整備強化したこと。 三、民俗資料の保護に関する制度を有形文化財の保護に関する制度から切り離して確立したこと。 四、異議申立の制度等史跡名勝天然記念物等の保護と所有権等の財産権及び他の公益との調整に関する規定を設けたこと。 五、史跡名勝天然記念物の無断現状変更等に対し、原状回復命令の制度を設けるとともに、刑罰を課しうるものとしたこと。 であった。	『文化財保護関係法令集』文化財保護法研究会
	5月	大学で「博物館学」をもうけ、開講している大学は、東京大学（教育学部）、京都大学（文学部）、大阪市立大学（文学部）、立教大学（文学部）、早稲田大学（教育学部）、同志社大学（文学部）の合計六大学であった。昭和二九年五月現在、三四名の学芸員資格取得者が卒業した。	『社会教育の現状』文部省社会教育局
	6月1日	法律第一三五号「文部省関係法令の整理に関する法律」により、「古器旧物保存方（明治四年太政官布告第二五一号）」が廃止された。	『現代日本教育制度史料』第五巻、九九頁

6月14日	補助金等の臨時特例等に関する法律の制定によって、昭和二九年度の公立博物館に対する国庫補助金は、従来の維持運営費の補助金とは異なり、施設費補助、設備費補助として交付されることを文部省は文社施一九〇号で各都道府県教育委員会に通知した。	『博物館研究』復刊第一巻第四・五合併号「公立博物館への補助金の交付」
6月25日	日本博物館協会理事会において昭和二九年度の事業計画では学芸員の資格等に関する問題の解決、国庫補助金の増額、免税への運動等をすすめることとなった。また、学芸員の資格、博物館の所管帰属等をめぐり博物館法の改正が必要であるとの意見が出され、当局へ陳情することとなった。	『博物館研究』復刊第一巻第四・五合併号号外「本会理事会ならびに評議員会」
6月25日	『博物館研究』第一巻第四・五合併号で学芸員に関する問題が特集され、学芸員に関する行政上の問題点等が提示された。	『博物館研究』復刊第一巻第四・五合併号号外「学芸員の資格等に関する行政上の諸問題」鶴田総一郎
6月28日	文部省社会教育局長は、文社施第二二〇号で、「社会教育に関係のある法令の制定等について」各都道府県教育委員会宛に、その運用に遺漏のないよう留意してほしいとの連絡をした。 博物館関係には、 一、入場税の国税移管に伴い入場税法が制定されたが「公私立博物館、文部大臣の指定する博物館に相当する施設及び国立の博物館への入場については、入場税が課せられない」 二、道府県民税は「私立図書館及び私立博物館において、直接その用に供する不動産の取得に対しては、不動産取得税が課せられない」 三、市町村税は「私立博物館に対しては、市町村税が課せられない」 四、「私立図書館及び私立博物館において、直接その利用に供する固定資料については、固定資産税が課せられない」	『現代日本教育制度史料』第六巻、三二二頁
6月29日	文化財保護委員会規則第三号により、「国宝又は重要文化財の現状変更等及び輸出並びに重要有形民俗文化財の輸出の許可申請等に関する規則」を定めた。 国宝又は重要文化財の現状変更等の許可の申請 国宝又は重要文化財の現状変更等の許可申請書の添付書類等 国宝又は重要文化財の輸出の許可の申請 国宝又は重要文化財の輸出の許可申請書の添付書類等 重要有形民俗文化財の輸出の許可の申請 重要有形民俗文化財の輸出の許可申請書の添付書類等 終了の報告 維持の措置の範囲 国の機関による現状変更等	『文化財保護関係法令集』文化財保護法研究会
6月29日	文化財保護委員会規則第四号で「国宝又は重要文化財の修理の届出に関する規則」を定めた。	『文化財保護関係法令集』文化財保護法研究会
6月29日	文化財保護委員会規則第七号により「史跡名勝天然記念物標識等設置基準規則」を定めた。標識には、次の事項を彫り、記載する。 一、史跡、名称又は天然記念物の別（特別史跡、特別名勝又は特別天然記念物の別を表示する）及び名称 二、文部科学省（仮指定されたものは、仮指定を行った都道府県の教育委員会の名称）の文字 三、指定又は仮指定の年月日 四、建設年月日	『文化財保護関係法令集』文化財保護法研究会

年	月日	事項	拠所・文献
	7月2日	日本博物館協会は「博物館学芸員の資格認定、所管等の問題に関しては、現下の日本の博物館事情に則して博物館法を改正されるよう御配慮願いたい。尚、博物館法改正の手続きに当っては日本博物館協会の意見を充分尊重されるよう御措置願いたい」と文部省に陳情した。	『博物館研究』復刊第一巻第四・五合併号外二 「博物館法改正についての陳情」
	7月22日	日本博物館協会は公立博物館に対する昭和三〇年度国庫補助金の確保と増額をめざし、文部省と大蔵省に陳情した。	『博物館研究』復刊第一巻第四・五合併号外二 「国庫補助金増額の陳情」
	8月2日～31日	昭和二九年度の学芸員講習会が東京芸術大学と神戸大学で実施された。八月三一日終了式を行った。受講生は芸術大学一〇四名、神戸大学六〇名であった。学芸員講習会は、この年度で打ち切られた。	『博物館研究』復刊第一巻第四・五合併号外一 「昭和二九年度学芸員講習始まる」 『博物館研究』復刊第一巻第八号 「学芸員講習終る」
	8月18日	日本博物館協会は専門部会を開き、博物館法の不備、現状に添わない問題点等について討議した。 学芸員に関する緊急の問題を研究するため東京国立博物館で開催された。 出席者・顧問棚橋源太郎、杉田光、深見吉之助両常務理事、川崎繁（文部省社会教育施設課）、新井重三（秩父自然科学博物館）、今野伝（東京都電気博物館）、鶴田総一郎（国立自然教育園）、宮本馨太郎（民族学博物館）、倉田平吉（日本博物館協会） 学芸員に関する主要な問題は次の三点 Ⅰ．法による博物館となるためには、専門職員である学芸員を置くことが必要とされている。 ・法による博物館であるためには、学芸員を置くことは勿論必要であるし、原則として館長も学芸員の資格を有することが望ましい。 Ⅱ．学芸員の暫定資格が昭和三〇年二月末日で消滅する。 ・暫定資格の期間延長―現状の引延しであって万全の策とは思われない。 Ⅲ．学芸員の講習も本年度限りで打ち切られる情勢にある。 ・法の通り暫定資格を打ち切るとすれば一番すっきりするようであるが、現状に添わない結果をまねくと思われる。例えば、暫定資格が消滅して、登録条件を欠く博物館がでてくることが予想される。	『博物館研究』復刊第一巻第四・五合併号外三 「専門部会報告」
	9月3日	日本博物館協会は専門部会を開き、博物館法全般について討議した。 第一．学芸員問題 ①法による博物館となるためには、専門職員である学芸員を置く必要がある。 ②学芸員の暫定資格が三〇年二月で消滅する。 ③学芸員の講習も本年度で打ち切られる。 第二．学芸員の格付 ①専門職としての「学芸員」を職種とする。 ②学芸員には一級～七級位の階梯を作る。 ③学芸員の種類には、人文・自然の中に美術、歴史、考古、民俗、理学、地学、動物、植物などの専門分野を入れる。	『博物館研究』復刊第一巻第七号 「博物館法等に関する専門部会報告」

月日	事項	出典
	第三．学芸員の養成 ①国立大学に博物館学科を設置する。 ②国立の博物館職員養成所を設ける。 第四．相当施設 ①教育委員会所管のもとで登録条件を備えたものは登録博物館とする。 ②教育委員会以外の所管のものは、その実績によって登録博物館とする。	
9月10日	文部省は入場税法の制定に伴い、相当施設について再検討するため、博物館相当施設の調査を行った。	『博物館研究』復刊第一巻第八号 「博物館相当施設の調査文部省で実施」
10月9日	昭和二九年度第三回学芸員講習会（東京芸術大学）の在京修了者懇談会が国立近代美術館で開かれた。二ヶ月間机を並べて講習を受けた受講生が、今後も博物館活動を行う上で懇親を重ねることが重要である。	『博物館研究』復刊第一巻第九・一〇合併号 「第三回学芸員講習在京修了者懇談会開かる」
10月19日	郵政省告示第一三四〇号により、放送法の規定に基き、昭和二九年一〇月八日、日本放送協会受信料免除基準の一部変更を認可したが、昭和二八年八月郵政省告示第一〇四六号の全文を改正した。博物館等については「博物館又は展覧会において、無線科学及びその応用についての資料として、公衆の観覧に供する受信設備」と定められた。	『現代日本教育制度史料』第五巻、七七一頁
11月10日	第二回全国博物館大会で「博物館相当施設指定の期間を延長する件について」「博物館に対する国庫の補助について」「学芸員の資格採用について」等が協議された。	『博物館研究』復刊第一巻第一一号 「第二回全国博物館大会特集号」
11月10日	第二回全国博物館大会で、博物館の資料収集に必要な写真機、映写機等機械類の購入税金免除についての要望が出され、文部当局も日本博物館協会も努力中であり、今後も努力することを申し合せた。	『博物館研究』第三六巻第一〇号 「戦後一〇回全国博物館大会の歩み」
12月25日	文化財保護委員会告示第五五号により、「重要無形文化財の指定及び保持者の認定基準」が示された。 第一．重要無形文化財の指定基準 芸能関係では音楽、舞踊、演劇その他の芸能のうち次の各号の一に該当するもの。 ①芸術上特に価値の高いもの ②芸術史上特に重要な地位を占めるもの ③芸術上価値が高く又は芸術史上重要な地位を占め、かつ地方的又は流派的特色が顕著なもの 工芸技術関係では陶器、染織、漆芸、金工その他の工芸技術のうち次の一つに該当するもの ①芸術上特に価値の高いもの ②芸術に資する技術として特に貴重なもの ③工芸史上特に重要な地位を占めるもの ④芸術上価値が高く、芸術に資する技術として貴重であり又は工芸史上重要な地位を占めるもので、かつ、地方的特色が顕著なもの 第二．重要無形文化財の保持者の認定基準 ①芸能関係では重要無形文化財に指定される芸能、芸能の技法又は技能若しくは技術を高度に体現できる者 ②重要無形文化財に指定される芸能、芸能の技法又は技能若しくは技術を正しく体得し、これに精通している者	『文化財関係法規集』文化財保護委員会 『文化財保護の歩み』文化財保護委員会

年	月日	事項	拠所・文献
		③重要無形文化財に指定される芸能の性格上保持者とすべき者の保持する無形文化財に個人的特色が薄く、かつ、保持者とすべき者が多数である場合には、それらの者の代表者を保持者として認定することができる ④工芸技術関係では、重要無形文化財に指定される工芸技術又は技術を高度に体得している者 ⑤重要無形文化財に指定される工芸技術又は技術を正しく体得し、かつ、これに精通している者 ⑥重要無形文化財に指定される工芸技術又は技術の性格上保持者とすべき者の保持する無形文化財に個人的特色が薄く、かつ、保持者とすべき者が多数である場合には、それらの者の代表者を保持者（代表者）として認定することができる。	
	12月25日	文化財保護委員会告示第五六号により、「記録作成等の措置を講ずべき無形文化財の選択基準」が示された。 芸能関係 音楽、舞踊、演劇その他の芸能及びこれらの芸能の成立、構成上重要な要素をなす技法並びにこれらの芸能又はその技法を成立させる上に欠くことのできない技能又は技術のうち、わが国の芸能の変遷の過程を知る上に貴重なもの。ただし、重要無形文化財に指定されたものを除く。 工芸技術関係 陶芸、染織、漆芸、金工その他の工芸技術及び有形文化財の修理、模写、模造等の技術、規矩術等の建築術その他美術に関する技術のうち、わが国の工芸技術又は美術に関する技術の変遷の過程を知る上に貴重なもの。ただし、重要無形文化財に指定されたものを除く。	『文化財関係法規集』文化財保護委員会
	12月25日	文化財保護委員会告示第五八号により、「重要民俗資料指定基準」が示された。 有形の民俗文化財のうちその形様、制作技法、用法等において我が国民の基盤的な生活文化の特色を示すもので、 ①衣食住に用いられるもの ②生産、生業に用いられるもの ③交通、運輸、通信に用いられるもの ④交易に用いられるもの ⑤社会生活に用いられるもの ⑥信仰に用いられるもの ⑦民俗知識に関して用いられるもの ⑧民俗芸能、娯楽、遊戯に用いられるもの ⑨人の一生に関して用いられるもの ⑩年中行事に関するもの	『文化財関係法規集』文化財保護委員会 『文化財保護関係法令集』文化財保法研究会

年	月日	事項	出典
	12月25日	文化財保護委員会告示第五九号により、「記録作成等の措置を講ずべき無形の民俗文化財の選択基準」が示された。 一．風俗慣習のうち、由来、内容等において我が国民の基盤的な生活文化の特色を示すもので典型的なもの。年中行事、祭礼、法令等の中で、行われる行事で芸能の基盤を示すもの。 二．民俗芸能のうち、芸能の発生又は成立を示すもの。芸能の変遷の過程を示すもの。地域的特色を示すもの。 三．民俗技術のうち、技術の発生又は成立を示すもの。技術の変遷の過程を示すもの。地域的特色を示すもの。	文化財関係法規集』文化財保護委員会 『文化財保護関係法令集』第三次改訂版 文化財保護法研究会
一九五五 昭和30	1月28日	「博物館法改正案」が示された。第三章「国立博物館」、第四章「公立博物館」、第五章「学校博物館」、第六章「私立博物館」となっている。	『日本博物館協会保管資料』 「博物館法改正案」
	1月	この頃博物館法改正案要綱がまとまった。 1．従来の学芸員資格付与のための講習を廃止し、現状に即応する学識経験を生かした資格取得の方法を講ずること。 2．現行の登録制度を再検討し、博物館は広く登録できるような措置を講ずること。	『博物館研究』第二八巻第一号 「博物館法改正案具体的研究進む」
	2月10日	文部省告示第五号で、博物館相当施設二五館が指定された。（第三次指定） 一．公私立の施設で博物館に相当する施設 北海道　札幌市円山動物園 福島県　勿来美術館 茨城県　笠間町立美術館 千葉県　銚子水族館 東京都　ブリヂストン美術館 神奈川県　横須賀市博物館 富山県　魚津水族館、天然記念物魚津埋没林保存館 福井県　福井市立郷土歴史館 長野県　平出遺跡博物館、藤村記念館 静岡県　浜松市動物園 三重県　二見ヶ浦水族館 大阪府　大阪城天守閣、日本工藝館、堺市立水族館 島根県　大社水族館、浜田市立水族館 福岡県　福岡市動物園 長崎県　町立平戸博物館 二．国立大学の附属施設で博物館に相当する施設 北海道大学厚岸博物館、京都大学文部陳列館 三．公私立大学の附属施設で博物館に相当する施設 明治大学刑事博物館、天理大学天理参考館、別府大学上代文化博物館	『博物館研究』第二八巻第二号 「博物館相当施設の第三次指定及び従来の指定施設の一部取消しについて」 『官報』第八四三一号 昭和三〇年二月一〇日（木）、一六八頁

年	月日	事項	拠所・文献
	2月10日	文部省告示第四号で、五九館が博物館相当施設の指定取消しとなった。これらの施設は、昭和二七年文部省告示第一三号及び昭和二七年文部省告示第九五号で博物館に相当する施設として指示されていたものである。これらは博物館法第二条の規定による博物館となっており登録済となっているので、博物館に相当する施設ではないので、指定を取消したものである。このことを文部省社会教育局長は、文社施第三一号で都道府県教育委員会、関係大学長あてに通知した。	『博物館研究』第二八巻第二号「博物館相当施設の第三次指定及び従来の指定施設の一部取消しについて」『現代日本教育制度史料』第八巻、四一六頁「博物館法附則第四項及び第六項の規定に基く博物館相当施設の指定並びに従来の博物館相当施設の取消しについて」
	2月15日	文化財保護委員会告示第一八号により文化財保護法の改正により、従来の「選定」から一歩進めた最初の「指定」である。重要無形文化財に指定された件数は計二四件。 一・芸能の部　演劇四件、音楽三件、舞踊二件 二・工芸技術の部　陶芸五件、染織七件、漆芸・金工・人形各一件	『博物館研究』第二八巻第二号「初の「重要無形文化財」指定さる」
	2月28日	博物館相当施設の指定を受けた施設は、国立三四、公立五七、私立八四館総計一七五施設であった。 博物館に相当する施設は、博物館法附則第四項および第六項の規定に基いて文部大臣が指定していたが、この制度は学芸員の指定資格附与に関連して、当該資格附与に必要とする経験年数を法上の博物館経験年数とみなしうる施設として、設置主体のいかんを問わず指定するものであって、これらの指定は、原則として学芸員指定資格附与期限である昭和三〇年二月二八日までの経過措置であった。したがって昭和三〇年三月一日以降、これらの指定は必然的に消滅する。	『社会教育の現状』文部省社会教育局「第四章第二節博物館」
	3月16日	全国公民館連絡協議会、日本図書館協会、日本博物館協会役員は合同で「社会教育施設に対する国庫補助金確保陳情書」をもって、文部当局、大蔵省、衆参両議員関係方面に陳情した。博物館関係では、棚橋源太郎顧問、古賀忠道・杉田光両常務理事、吉田浩堂理事、渋江二郎評議員、倉田平吉、石原東、丸子亘らが参加した。	『博物館研究』第二八巻第三・四合併号「公立博物館国庫補助金確保陳情経過」
	3月24日	博物館法改正案について、文部省社会教育施設分科審議会博物館小委員会に建議するため、日本博物館協会は、常務理事会を開き、小委員会の委員（浅野東京国立博物館長、岡田国立科学博物館長、古賀上野動物園長、棚橋日本博物館協会顧問）と協議した。	『博物館研究』第二八巻第三・四合併号「事務局日誌」
	3月25日	博物館法の改正について、社会教育施設分科審議会博物館小委員会は答申書を文部省に提出した。	『博物館研究』第二八巻第三・四合併号「事務局日誌」
	3月28日	衆議員文教委員全員に陳情書を提出した。	『博物館研究』第二八巻第三・四合併号「公立博物館国庫補助金確保陳情経過」
	4月2日	大蔵省第一次査定予算案が内示されたが、博物館に対する補助金全額が削除されていた。よって全国公立博物館に情況を報告。陳情書を全衆参両議員に提出した。	『博物館研究』第二八巻第三・四合併号「公立博物館国庫補助金確保陳情経過」

4月4日	衆参両議員のうち文教委員、予算委員を主にして陳情した。参加者・棚橋源太郎顧問、杉田光常務理事、関山秀夫、田村説三、丸子亘、石原東。古賀忠道常務理事は別に高碕達之助経済審議庁長官を通じて陳情を行った。	『博物館研究』第二八巻第三・四合併号 「公立博物館国庫補助金確保陳情経過」
4月6日	衆参両議員のうち主として文教委員、政調会関係者に陳情を行った。 深見吉之助常務理事は、浅野長武東京国立博物館長、土岐善麿図書館協会会長と共に文部事務次官、文部政務次官に陳情した。	『博物館研究』第二八巻第三・四合併号 「公立博物館国庫補助金確保陳情経過」
4月7日	国会政調会関係者に陳情した。	『博物館研究』第二八巻第三・四合併号 「公立博物館国庫補助金確保陳情経過」
4月8日	衆参両院議員のうち文教委員、政調会及び新聞社、放送局、一般文化人に陳情した。	『博物館研究』第二八巻第三・四合併号 「公立博物館国庫補助金確保陳情経過」
5月4日	日本博物館協会は、博物館法の学芸員の資格附与のための学芸員講習が実情にそわないこと、国立博物館に関する規定のないこと、登録及び所管に関する規定が地方公共団体の実情に添わない現状にあること、等を文部大臣、衆参両院文部委員に陳情した。 改正希望要項 一．定義 博物館の設置主体を拡大してこれに伴う登録制度を合理化し、博物館の体系を整備して、従来の公私立のほか新たに国立の博物館をも含めて博物館活動の総合的な発展に資するようその法的体制を確立すること。（第二条、第一〇条―第一七条） 二．学芸員 イ・人文科学学芸員及び自然科学学芸員の区分は、これを撤廃して単に「学芸員」とすること。（第四条五） ロ・学芸員の講習は現状に添わないので、これを廃止し、これに代り文部大臣の認定制度に改めること。（第五条、第六条） 三．公立博物館の所管 現行の博物館法による所管規定は、博物館の特性及び将来の発展に資する上から必ずしも適切でないので、教育委員会の専管規定は緩和すること。（第一九条） 四．博物館相当施設の指定 この指定制度は、博物館の教育活動を助長するため必要であるから現行規定を改正し明確に規定すること。（附則四条および六）	『博物館研究』第二八巻第五号 「博物館法改正のためのその後の陳情経過」 「事務日誌」
5月10日	文化財保護委員会裁定第一号により、「重要無形文化財の保持者に交付する認定書に関する規則」を定めた。	『文化財関係法規集』文化財保護委員会
5月12日	「博物館法の一部を改正する法律案」が文部省議に提案され決定した。	『博物館研究』第二八巻第七号 「博物館法の一部改正について」
5月24日	「博物館法の一部を改正する法律案」が閣議で決定した。	『博物館研究』第二八巻第七号 「博物館法の一部改正について」

年	月日	事項	拠所・文献
	5月24日	日本博物館協会理事会の席上において太田社会教育施設課長は、博物館法の改正について 一．政令で定める法人（特殊法人等）を博物館の設置主体として認め、博物館の教育活動の発展に資するよう改めたこと。 二．従来の学芸員資格附与講習の制度を文部大臣の資格認定制度に改めたこと。 三．文部大臣の指定する博物館に相当する施設に関する規定を明確にし、その教育活動を助長するようにしたこと。 四．必要な経過措置を規定したこと。 等の方針を明らかにした。	『博物館研究』第二八巻第五号 「博物館法改正のためのその後の陳情経過」 「事務局日誌」
	5月25日	「博物館法の一部を改正する法律案」が国会へ提出される。	『博物館研究』第二八巻第七号 「博物館法の一部改正について」
	6月1日	日本博物館協会杉田常務理事は、参議院常任委員会専門委員に博物館法改正案の重要事項等につき詳細な意見の開陳を行った。	『博物館研究』第二八巻第六号 「事務局日誌」
	6月10日	「博物館法の一部を改正する法律案」が参議院を通過した。	『博物館研究』第二八巻第七号 「博物館法の一部改正について」
	7月6日	博物館法改正に伴う「学芸員認定制度」の研究会が国立科学博物館で開かれた。	『博物館研究』第二八巻第七号 「事務局日誌」
	7月15日	「博物館法の一部を改正する法律案」が衆議院を通過した。	『博物館研究』第二八巻第七号 「博物館法の一部改正について」
	7月22日	法律第八一号で「博物館法の一部を改正する法律」が公布施行された。博物館の設置主体の範囲を拡げ、学芸員の資格取得の講習を廃止し、次の二通りの方法で文部大臣が認定する資格取得制度に改めた。 （一）大学において博物館学に関する科目を修得して資格を取得する方法。 （二）文部大臣の資格認定（試験認定又は無試験認定による方法）。但し、この資格認定制度は、所定科目の認定試験の成績によって認定するものと、試験を行わず、博物館に関する学識および業績を審査して認定するものとがある。	『博物館研究』第二八巻第七号 「博物館法の一部改正について」 『国立博物館ニュース』一〇〇号 「博物館法の一部改正」 『社会教育の現状』文部省社会教育局 『現代日本教育制度史料』第七巻、二四頁 『博物館研究』第二八巻第一〇号 「学芸員の資格認定と博物館相当施設の新指定制度について」
	7月22日	法律第八一号により「博物館法の一部を改正する法律」が公布され第四条第五項が削除された。第五項は、「学芸員は、そのつかさどる専門的事項の区分に従い、人文科学学芸員又は自然科学学芸員と称する」であった。	『社会教育の歩みと現代』文部省社会教育局
	7月22日	法律第八一号により「博物館法の一部を改正する法律」が公布され第六条が全改された。第六条は「学芸員の講習は、文部大臣の委嘱を受けた大学が行う」であったが、学芸員補の資格に関した内容となり「学校教育法（昭和二二年法律第二六号）第五六条第一項の規定により大学に入学することのできる者は、学芸員補となる資格を有する」となった。	『社会教育の歩みと現代』文部省社会教育局
	7月22日	法律第八一号により「博物館法の一部を改正する法律」による改正で、第一〇条中「地方公共団体、日本赤十字社、民法第三四条の法人又は宗教法人が、博物館を設置しようとするときは」を「博物館を設置しようとする者は、当該博物館について」に改めた。	『社会教育の歩みと現代』文部省社会教育局

明治時代

大正時代

昭和時代　一九五五〜

平成時代

7月22日	法律第八一号により「博物館法の一部を改正する法律」による改正で、第一一条第一項第一号中「日本赤十字社、民法第三四条の法人又は宗教法人にあってはその」を「私立博物館にあっては設置者の」に改め、同条第二項第一号及び第二号中「館長の氏名及び学芸員の種別ごとの」を「館長及び学芸員の」に改めた。	『社会教育の歩みと現代』文部省社会教育局
7月22日	法律第八一号による「博物館法の一部を改正する法律」による改正で、第一三条第一項中「又は」を「について変更があったとき、又は」に、「変更」を「重要な変更」に改めた。	『社会教育の歩みと現代』文部省社会教育局
7月22日	法律第八一号による「博物館法の一部を改正する法律」による改正で第四章の次に次の一章を加えた。 第五章　雑則 （博物館に相当する施設） 第二九条　博物館の事業に類する事業を行う施設で、文部大臣が文部省令で定めるところにより、博物館に相当する施設として指定したものについては、第七条及び第九条の規定を準用する。	『社会教育の歩みと現代』文部省社会教育局
7月25日	文部省社会教育局長は、文社施第一〇〇号により、郵政省電波監理局長、厚生省社会局長、各都道府県教育委員会、国立の博物館長、文化財保護委員会、関係大学長あてに「博物館法の一部を改正する法律の施行について」通知した。 改正の要綱には 一．政令で定める法人を博物館の設置主体として認めたこと。 二．従来の学芸員資格付与講習の制度を文部大臣の資格認定制度に改めたこと。 三．従来の登録事項等の変更届出を簡易にしたこと。 四．文部大臣の指定する博物館に相当する施設に関する規定を明確にし、その教育活動を助長するようにしたこと。 五．必要な経過措置を規定したこと。	『現代日本教育制度史料』第八巻、四二二頁
7月27日	博物館、図書館双方の関係者が一緒になり、視聴覚器材に関する物品税免税に関して大蔵省主税局長に陳情を行った。	『博物館研究』第二八巻第七号 「博物館購入の視聴覚器材に関する物品税のための陳情」
8月1日	日本博物館協会は大蔵大臣に対し視聴覚器材の物品税の免税について陳情した。 陳情書 博物館が購入する視聴覚器材に対する物品税の免除について 博物館及び図書館が購入する別記視聴覚器材等に対しては、現在、物品税が課せられておりますが、すでに公民館は免除されており、これら施設の社会教育機関としての性格からして免税の措置を講じて頂きたく。なお、博物館法第二九条に基き、博物館相当の施設として文部大臣により特に指定されているものに対しても速やかに右の措置が適用されますように、左に理由を具して陳情致します。 理由 一．博物館法が明示する通り社会教育機関としての博物館の任務は明らかであり、わけても学校教育において博物館のしめる役割は、いよいよ重大となりつつある。教育機関としての博物館の性格を学校に対すると同様、適性に評価されたいこと。 二．博物館は実物教育を実施する処であって、補助設備として視聴覚器材を欠くことはできない。	『博物館研究』第二八巻第七号 「博物館購入の視聴覚器材に関する物品税のための陳情」

年	月日	事項	拠所・文献
		三．大多数の博物館は地方公共団体の窮乏財政の下に置かれ、予算的条件に頗る恵まれていない。 別記 視聴覚器材等の種類 写真機、映写機、幻灯機、蓄音機、テレビジョン受像機、受像用真空管、楽器、ラジオ聴取機、テープレコーダー、マイクロフォン、拡声器、拡声用増幅器、顕微鏡、望遠鏡、電気冷蔵庫、書棚（含書架）、木箱及書類箱の類	
	8月16日	政令一八二号で物品税法施行規則の一部が改正され、映写機、幻灯器等が追加され免税物品になった。	『博物館研究』第二八巻第八・九合併号 「博物館に備付ける物品税の免税について」
	8月19日	文部省社会教育局長は文社施第一九九号で、都道府県教育委員会、文化財保委員会、国立の博物館長、国立国会図書館長、国立大学附属博物館長に対して「社会教育施設等に備付ける物品に対する物品税の免税について」通知した。	『現代日本教育制度史料』第八巻、四二四頁
	8月23日	日本博物館協会理事会において、「国際博物館週間」の実施要項案が承認された。 一．名称　国際博物館週間 二．主催　文部省、外務省、日本ユネスコ国内委員会、文化財保護委員会、日本博物館協会 三．時期　昭和三一年一〇月第二週（一週間継続）	『博物館研究』第二八巻第一〇号 「国際博物館週間の実施要項案」
	8月23日	日本博物館協会昭和三〇年度第二回理事会が東京国立博物館で開催され、博物館法の改正に関して、今後の問題が報告された。	『博物館研究』第二八巻第八・九合併号 「理事会」
	8月24日	博物館法の一部改正に伴って、博物館を設置することのできる法人を定める必要が生じたので、政令第一九二号で博物館法施行令の一部が改正公布され、七月二二日にさかのぼって適用された。 政令で定めた法人は、「日本赤十字社」と「日本放送協会」 学芸員の種別廃止に伴い、現行規定中の補助金申請資料中の専門職員の欄を改めた。 博物館法施行規則改正要綱には 一．博物館法第五条第一項第三号の規定により、学芸員となる資格を有すると同等以上の学力及び経験を有する者と認める学芸員の資格認定について定めた。 二．博物館法第二九条に規定する文部大臣の指定する博物館について定めた。 三．従前の規定による学校の卒業者等に対し、資格認定の受験資格を認めた。 四．学芸員の種別廃止に伴い大学において修得すべき博物館に関する科目の単位に関する規定を定めた。 五．経過措置として、学芸員の暫定資格者について試験認定科目の一部の免除を定めた。	『博物館研究』第二八巻第八・九合併号 「博物館法施行令の一部改正について」 『現代日本教育制度史料』第七巻、一〇四頁 『現代日本教育制度史料』第八巻、四二六頁 『官報』第八五九四号　昭和三〇年八月二四日
	9月30日	文部省社会教育局長は、文社施第二二〇号で都道府県教育委員会、国公私立大学長、文化財保護委員会、国立の博物館長あてに「博物館法施行規則の改正及び博物館相当施設の指定申請について」通知した。	『現代日本教育制度史料』第八巻、四二七頁

10月4日	文部省令第二四号で「博物館法施行規則」が定められた。学芸員の資格認定制度（試験認定及び無試験認定）を確立するとともに、博物館相当施設の指定制度を明確にした。従前の規則（昭和二七年五月二三日省令第一一号）を廃止した。	『文部法令要覧』文部省大臣官房総務課 『社会教育の現状』文部省社会教育局
10月4日	文部省令第二四号により、博物館法施行規則の全部を改正した。 第一章　大学において修得すべき博物館に関する科目の単位 第二章　学芸員の資格認定 第三章　博物館に相当する施設の指定 第四章　雑則 大学において修得すべき博物館に関する科目の単位は、博物館学四単位、教育原理一単位、社会教育概論一単位、視聴覚教育一単位、博物館実習三単位と定めた。 学芸員の資格認定では、試験科目、試験方法が定められた。 博物館に相当する施設として指定を受けようとする場合、国立の施設はその施設長から文部大臣に、その他は教育委員会を経て文部大臣に提出する。	『社会教育・生涯学習ハンドブック』社会教育推進全国協議会 『現代日本教育制度史料』第七巻、三三〇頁
10月19日	文部省管理局長は、文管教第四三八号により各都道府県知事、各都道府県教育委員会、関係各国公私立大学長、関係各短期大学長、文化財保護委員会事務局長あてに「物品税法施行規則一部改正について」通知した。 博物館の物品税の免除は、「国立博物館又ハ地方公共団体ノ設置スル博物館ガ其ノ博物館ニ於テ陳列シ又ハ使用スル為購入シ其ノ博物館ニ備付クル別表ニ掲ゲル書画及骨董並ニ映写機、蓄音器、家具、引幕及幻燈機、但シ家具ハ書棚、本箱及書類箱ニ限ル」とある。	『現代日本教育制度史料』第八巻、四九四頁
10月19日	文化財保護委員会規則第三号により、「文化財保護法の規定により交付される補助金の交付に関する規則」が定められた。	『文化財関係法規集』文化財保護委員会
10月27日	文化財保護委員会事務局長は、文委管第八七号の「補助金等に係る予算の執行の適正化に関する法律等の施行に伴う文化財保護法の規定により交付される補助金の交付に関する規則の施行について」各都道府県教育委員会教育長あてに通知した。	『文化財関係法規集』文化財保護委員会
11月16日	第四回全国美術館会議で「入場税非課税の限度について」「物品税の免税申請について」「学芸員資格試験実施並びに受験資格範囲について」等が協議された。	『博物館研究』第二九巻第一・二合併号「第四回全国美術館会議」
11月20日	第三回全国博物館大会に「私立博物館に物品税免除の特典を与える件」「学芸員資格認定試験に関し、無試験認定の期日を試験認定期日前に実施するよう要望の件」の協議題が提案された。 その他の協議題は、 一. 地方に於ける文化財の発掘保存について博物館はいかにあるべきか（秩父自然科学博物館） 二. 地域的綜合博物館の増設促進の件（網走市立郷土博物館） 三. 大学に於ける博物館講座の実習について（立教大学） 四. 博物館に於ける調査研究（積雪博物館） 五. 博物館学の理念（早稲田大学） 六. 国立公園に於ける植物採集につき研究機関または博物館等に特別措置を要望する件（長岡市立科学博物館） 七. 「学校博物館」の制定について（新潟県立科学技術博物館）	『第三回全国博物館大会報告書』 『全国博物館大会協議題一覧』

年	月日	事項	拠所・文献
		八．国立公園博物館の性格と位置づけ（富士国立公園博物館） 九．関西地方に国立科学博物館の設置を要望する件（大阪市立自然科学博物館） 一〇．公立博物館員の格付について（鳥取県立科学博物館） 一一．国際博物館キャンペーン実施について（文部省） 一二．私立博物館に物品税免除の特典を与える件（生駒山天文博物館） 一三．博物館自然科学学芸員協議会について（博物館学芸員協議会） 一四．資料のあっせん援助について（新潟県立科学技術博物館） 一五．学芸員資格認定試験に関し無試験認定の期日を試験認定期日前に実施するよう要望の件（熊本博物館）	
	11月21日	文部省告示第九八号で「文化財保護法の規定により交付する補助金について、その交付に関する事務を文化財保護委員会に委任した件」として告示した。	『文化財関係法規集』文化財保護委員会
	12月13日	国立科学博物館において博物館相当施設指定審査会が開かれた。	『博物館研究』第二九巻第一・二合併号「事務局日誌」
	12月23日	文部省社会教育局長は、文社施第二六四号で都道府県教育委員会、国公私立大学長、国立の博物館長などにあて「学芸員補の職に相当する職又はこれと同等以上の職の指定及び学芸員の試験認定の試験科目に相当する科目の試験を免除する講習等の指定について」通知した。 内容は ①　学芸員補の職又はこれと同等以上の職の指定 ②　学芸員の試験科目に相当する科目の試験を免除する講習等の指定	『現代日本教育制度史料』第八巻、四三〇頁
	12月26日	文部省社会教育局長は、文社施第二七二号により、各都道府県教育委員会、関係国公私立大学長、関係国立博物館長あてに「博物館法第二九条の規定に基く博物館に相当する施設の指定について」通知した。指定要件の整備には、「博物館法施行規則第一九条に規定する資料、専門施設及び設備、職員及び当該施設、設備の公開に関して、さらに一層整備充実を図るよう留意し、特に職員については、現職員をして学芸員の資格を取得せしめ、新に学芸員有資格者を採用するなど、その質的向上に努めるよう指導されたい。」とある。	『現代日本教育制度史料』第八巻、四三〇頁
	12月28日	文部省告示第一〇九号により博物館法（昭和二六年法律第二八五号）第五条第二項および博物館法施行規則（昭和三〇年文部省令第二四号）第五条第二号の規定により、学芸員補の職に相当する職またはこれと同等以上の職が指定された。 一．博物館法第二九条の規定により文部大臣が指定した博物館に相当する施設において、同法第二条第三項に規定する博物館資料に相当する資料の収集、保管、展示および調査研究に関する職務に従事する職員の職。 二．文化財保護法第二〇条に規定する文化財保護委員会附属機関において、文化財の収集、保管展示および調査研究に関する職務に従事する職員の職。	『博物館関係法令集』日本博物館協会（昭和五六年）、三六頁 『社会教育関係法令集』文部省社会教育局 『現代日本教育制度史料』第七巻、四七八頁

	三．学校教育法第一条に規定する学校において、博物館資料に相当する資料の収集、保管、展示および調査研究に関する職務に従事する職員の職。 四．博物館法の一部を改正する法律による改正前の博物館法附則第四項および第六条の規定により、博物館資料に相当する資料の収集、保管、展示および調査研究に関する職務に従事した職員の職。この職は、昭和三〇年七月二一日までのものとする。 五．その他文部大臣が前各号に掲げるものに相当する職と認めた職。	
12月28日	文部省告示第一一〇号により、博物館法施行規則（昭和三〇年文部省令第二四号）第七条の規定により、同規則第六条第二項に規定する試験認定の試験科目に相当する科目の試験を免除する講習等が指定された。 一．社会教育主事講習等規程の規定による社会教育主事講習 二．図書館法施行規則の規定による司書の講習 三．旧博物館法施行規則の規定による学芸員の講習 四．昭和二五年度文部省主催社会教育主事講習 五．昭和二三年度文部省主催視聴覚教育指導者講習会、昭和二五年度文部省主催視聴覚教育研究会 六．教育職員免許法施行規則の規定による大学の公開講座、免許法認定 七．旧教育職員免許法施行規則の規定による校長講習、教育長講習 八．文部省設置法による国立社会教育研修所の行なう博物館職員講習	『博物館関係法令集』日本博物館協会 『社会教育関係法令集』文部省社会教育局
12月28日	文部省告示第一〇八号で文部大臣の指定する博物館に相当する施設が定められた。 一．国立の施設 国立自然教育園、国立科学博物館、逓信博物館、国立近代美術館、国立産業安全博物館。 二．公立の施設 札幌市円山動物園、岩手県立広田水産高校附属水産博物館、牡鹿町鯨博物館、市立米沢博物館、千葉県立富津海洋博物館、東京都恩賜上野動物園、東京都井の頭自然文化園、都立武蔵野郷土館、東京都電気研究所附属電気博物館、神奈川県立近代美術館、横浜市野毛山遊園地動物園、市立甲府動物園、新潟県立科学技術博物館、佐渡植物園、尖石考古館、平出遺跡考古博物館、岐阜市児童科学館、静岡考古館、磐田市立郷土館、浜松市動物園、瀬戸陶磁器陳列館、豊橋市動物園、名古屋市東山動物園、名古屋市東山植物園、滋賀県立産業文化館、京都市美術館、京都市記念動物園、大阪市電気科学館、大阪城天守閣、大阪市立動物園、堺市立水族館、市立神戸美術館、神戸市立森林植物園、神戸王子動物園、姫路市立動物園、大和歴史館、福井市立郷土歴史館、大社町立水族館、観音寺市立讃岐博物館、愛媛県郷土芸術館、愛媛県立道後動物園、長浜町立長浜水族館、鹿島博物館、福岡市動物園、佐賀県文化館、熊本動物園	『博物館研究』第二九巻第一・二合併号 「博物館相当施設一覧」 『現代日本教育制度史料』第八巻、四三二頁

年	月日	事項	拠所・文献
		三・私立の施設 十和田水族館、東北大学理学部附属臨海実験所水族館、松島水族館、本間美術館、財団法人白鷺会勿来美術館、秩父自然科学博物館、銚子水族館、宗吾霊宝殿、勝山水族館、霊光館、谷津動植物園、ブリヂストン美術館、赤十字博物館、労働科学資料館、交通博物館、明治神宮宝物殿、加藤昆虫研究所蝉類博物館、箱根博物館、箱根神社宝物殿、江ノ島水族館、江ノ島熱帯植物園、身延山宝物館、財団法人藤村記念館、大勧進宝物館、三嶋大社宝物殿、久能山東照宮附属宝物館、神宮徴古館農業館、財団法人仏教児童博物館、対法文庫、養源院、醍醐寺宝聚院、西芳寺、龍安寺、生駒山天文博物館、財団法人日本工芸館、甲子園動植物園、白鶴美術館、六甲高山植物園、宝塚動植物園、法隆寺大宝蔵殿、菖蒲池遊園地動物園、あやめ池自然博物館、神宮徴古館農業館、熊野速玉神社宝館、和歌山自然動物園、高野山霊宝館、番所植物園、財団法人鎌田共済会郷土博物館、財団法人松浦史料博物館、本妙寺宝物館、菊池神社宝物館 四・大学の附属施設 北海道大学理学部附属臨海実験所水族館、北海道大学農学部附属博物館、北海道大学厚岸博物館、北海道大学農学部附属植物園、東北大学理学部八甲田山植物実験所附属高山植物園、岩手大学農学部附属植物園、秋田大学鉱山学部附属鉱山博物館、山形大学附属郷土博物館、東京大学理学部附属植物園日光分園、東京水産大学附属水産博物館、早稲田大学坪内博士記念演劇博物館、東京農工大学繊維学部附属繊維博物館、明治大学刑事博物館、東京大学理学部附属植物園、国学院大学考古学史料室、東京大学文学部列品室、東京大学理学部附属臨海実験所の「水族室及標本室」、岐阜大学学芸学部附属郷土博物館、東京教育大学理学部附属臨海実験所水族館、東京大学農学部附属水産実験所附属水族館、滋賀大学経済学部史料館、京都大学文学部陳列館、大阪市立大学理工学部附属植物園、京都大学理学部附属瀬戸臨海実験所水族館、別府大学上代文化博物館	
一九五六 昭和31	1月21日	東京国立博物館において最初の学芸員資格所得の無試験認定の予備審査会が開かれた。	『博物館研究』第二九巻第一・二合併号 「学芸員資格所得国家試験」
	1月25日	東京国立博物館において最初の学芸員資格所得の無試験認定の本審査会が開かれた。受験者一一五名中、八四名が合格した。	同右
	1月30日	鶴田総一郎は植物園の設置基準についての私案を提出した。	『博物館学入門』日本博物館協会、二〇〇—二〇五頁
	2月1日	国社第一四号により文部省社会教育局長は、都道府県教育委員会、都道府県知事、国立の博物館長、大学学術局長、文化財保護委員会あてに「在日外交官に対する国公立博物館入場料の免除取り扱いに付いて」通達した。 ドイツ連邦共和国は、わが国の大使館外交官に対し、当該国立及び都市立博物館への入場料免除取り扱いを決定した旨申越してきたので、わが国においても博物館特別入場証を在日ドイツ連邦共和国大使館外交官に対して交付した。	『博物館関係法令集』日本博物館協会 『博物館研究』第二九巻第四号 「在日外交官に対す国公立博物館入場料の免除について」

2月3日	日本国有鉄道総裁は、日本国有鉄道公示第三二号により、博物館資料にたいする割引賃率を改正し「別に定める国立、公立及び文部省から指定を受けた博物館（博物館に相当する施設を含む）」を「別に定める公立及び私立博物館並びに文部大臣が博物館に相当するものとして指定した施設」に改めた	『現代日本教育制度史料』第九巻、八二二頁「博物館資料に対する割引賃率の一部を改訂する件」
2月6日	国立科学博物館において学芸員国家試験問題作成打合会を開いた。	『博物館研究』第二九巻第三号「事務局日誌」
2月16日	文社施第一三号により文部省社会教育局長は都道府県教育委員会あてに「博物館資料の輸送運賃の割引について」通達した。 博物館法第二条第一項の規定による博物館及び同法第二九条の規定により文部大臣が指定した博物館に相当する施設の博物館資料の輸送運賃に対する三割引取扱いが去る二月五日から改正施行された。	『博物館関係法令集』日本博物館協会
2月18日 19日	東京芸術大学、大阪市立大学で第一回学芸員資格認定試験が実施された。受験者は東京は三三名、大阪は一八名であった。 一八日―筆記試験　一九日―口述試験 口述試験の試験委員は、東京は古賀忠道、鶴田総一郎、野間清六、宮本馨太郎、大阪は上田穣、酒詰仲男、筒井嘉隆、望月信成であった。	『博物館研究』第二八巻第一二号「学芸員資格認定試験について文部省から発表」 『博物館研究』第二九巻第一・二合併号「学芸員資格取得国家試験」
2月22日	東京国立博物館において学芸員資格取得無試験認定再審査会が開かれた。	『博物館研究』第二九巻第三号「事務局日誌」
3月12日	文化財保護委員会規則第一号により「重要民俗資料指定書規則」が定められた。	『文化財関係法規』文化財保護委員会
3月17日	文部省告示第二二号で「学芸員資格取得国家試験合格者」が官報に告示された。	『博物館研究』第二九巻第四号「事務局日誌」
3月23日	「国際博物館会議日本委員会規約」が定められた。その規約の第三条には「本委員会は、各分野における日本の博物館事業関係者を代表して、ＩＣＯＭに参加協力することを目的とする」とある。 本委員会は、日本博物館協会の顧問、役員のうちより選出される一五名以内の委員で組織する。	『博物館研究』第二九巻第五号「国際博物館会議日本委員会規約」
3月25日	『博物館研究』第二九巻第三号で「学芸員国家試験」が特集された。昭和三〇年度学芸員認定試験問題、学芸員資格認定試験合格者名簿、合格者手記（岸本㐂代治、平井嚴、木村光生、椎名仙卓、本間博、梅宮茂、杉浦宏）	『博物館研究』第二九巻第三号「特集・学芸員国家試験」
3月28日	社会教育審議会は「社会教育施設振興の方策はいかにすべきか」を答申した。 博物館に関しては、 （一）登録制度の合理化 （二）学芸員資格制度の改善 （三）博物館相当施設指定の明確化 （四）補助金の確保とその増額 であった。	『博物館に関する基礎資料』国立教育政策研究所社会教育実践研究センター―国立教育政策研究所社会教育実践研究センター―
3月31日	政令第六三号により、文部省組織令の一部が改正された。社会教育施設課を廃止した。	『社会教育の歩みと現状』文部省社会教育局

年	月日	事項	拠所・文献
	4月10日	文化財保護委員会委員長は、文化財保護委員会訓令第二号「国立博物館及び国立文化財研究所の長に対する任命権等の委任に関する訓令」で、一部の官職を除いて、それぞれの機関長に任命権を委任した。	『文化財関係法規集』文化財保護委員会
	6月6日	博物館相当施設の指定は、博物館法改正直後の昭和二七年四月一七日に一回目が指定されたが、事務上の手違いや新設博物館等のために第二回目の指定申請を促進させることとなった。文部省社会教育局長は、文社社一九七号で、都道府県の教育委員会、国公私立大学長あてに「植物館相当施設の指定申請について」通知した。指定されると次の特典が与えられる。 一．入場税の非課税 二．物品税の免除（国立・公立の施設） 三．資料の輸送運賃の三割減取扱	『博物館研究』第二九巻第四号 「第二回博物館相当施設の指定」
	6月16日	文部大臣裁定により、文管振第二三三号で教育用品展示館管理規定を設けた。「教育用品展示館は、教育その他の教育関係者に、教育用品の調査研究に必要な資料を提供し、教育用品の適正を選択に資することを目的とする。」とある。展示館は、日曜日及び国民の祝日を除いて毎日開館する。	『現代日本教育制度史料』第一〇巻、三五八頁 「教育用品展示館の開設および理科用品の展示について」
	6月25日	文部省管理局長は、文管振第二四〇号で、各国公私立大学長、各国立高等学校長、各都道府県教育委員会教育長、各都道府県知事あてに「教育用品展示館の設置および理科用品の展示について」通知した。	『現代日本教育制度史料』第一〇巻、三五八頁
	6月30日	政令第二二五号で物品税法施行規則の一部が改正され、博物館に備付ける物品で飾幕、マイクロフォン、拡声用増幅器の物品税が免除された。	『博物館研究』第二九巻第六・七合併号 「博物館に備付ける免税品の追加」
	6月30日	法律第一六三号の「地方教育行政の組織及び運営に関する法律の施行に伴う関係法律の整理に関する法律」による改正で、博物館法第七条が削除された。削除された第七条は「文部大臣は、都道府県の教育委員会に対し、都道府県の教育委員会は、市（特別区を含む。以下同じ。）町村の教育委員会及び私立博物館に対し、その求めに応じて博物館の設置及び運営に関して、専門的、技術的な指導又は助言を与えることができる」と記されていた。	『社会教育の歩みと現代』文部省社会教育局
	10月18日	文部省告示第八六号で、二回目の博物館施設相当施設二二館が指定された。 一．公立の施設 北海道立水族館、秋田県立鷹巣農林高等学校附属農林博物館、茨城県立美術館、茨城県立大洗水族館、相川町相川郷土博物館、諏訪市美術館、高山市郷土館、神戸市立教材植物園、懐徳館、福岡県立糸島高等学校郷土博物館、鹿児島市立美術館、鴨池動物園、西桜島水族館 二．私立の施設 山形県鼠ヶ関水族館、財団法人常陽明治記念会、積雪科学館、広隆寺霊宝殿、出雲大社宝物殿、和鋼記念館、邪馬渓風物館 三．大学の附属施設	『博物館研究』第二九巻第九号 「第二回博物館相当施設の指定」 『現代日本教育制度史料』第一〇巻、三四二頁

一九五七 昭和32		
11月14日	第四回全国博物館大会が奈良県天理大学で開催された。 協議題は 一．博物館の差別撤廃について（積雪科学館） 二．公私立博物館の学芸員の給付格付について（鳥取県立科学博物館） 三．学芸員の待遇について（長岡市立科学博物館） 四．地域社会と博物館との結びつき―特に青少年を中心として―実情報告（京都市教育委員会科学教室、レジャーセンターサイエンスルーム、高松市美術館、宮崎県立博物館、鳥取県立科学博物館） 五．人はどんな動物を好むか（栗林公園動物園） 六．博物館事業と観光（松本市立博物館） 七．見学者はどのような展示に興味をもっているか（秩父自然科学博物館） 八．二重展示の必要性とその方法について（秩父自然科学博物館） 九．博物館法と文化財保護法（立教大学） 一〇．大学博物館講座における実習方法（立教大学） 一一．館員の研究を容易ならしむるために博物館手帳を作成してはどうか。また、徽章の制定も臨む（新居浜市立郷土博物館） 一二．綜合的地域博物館の増設促進（網走市立郷土博物館） 一三．博物館活動としての自然保護について（横須賀市博物館） 一四．学校博物館の育成に関する件（レジャーセンターサイエンスルーム） 一五．国立博物館学芸員養成所の設置を要望する件（博物館学芸員協議会）	『博物館研究』第三六巻第一〇号「戦後一〇回全国博物館大会の歩み―第四回（天理）大会」
11月15日	日本博物館協会評議員会で「博物館法及び博物館事業に関する諸法令の研究」が昭和三二年度の重点事業となった。	『博物館研究』第二九巻第一〇・一一・一二合併号「評議委員会」
11月15日	日本博物館協会総会において、博物館法の一部改正後における諸問題の究明と解決にあたり、学芸員資格国家試験が実施され、無試験認定予備審査委員並に本審査委員に協会代表を送って、協会関係者に不利のないよう配慮したと報告された。	『博物館研究』第二九巻第一〇・一一・一二合併号「総会」
11月15日	第四回全国博物館大会で「博物館法と文化財保護法」「国立博物館学芸員養成所の設置を要望する件」等が報告され協議された。大会の名において「総合的地域博物館の増設促進について」が決議された。	『博物館研究』第三〇巻第三号「第四回全国博物館大会特集号」 『博物館研究』三六巻第一〇号「戦後一〇回全国博物館大会の歩み」
12月5日	国際連合教育科学文化機関は、ニューデリーにおける第九回ユネスコ総会において、「考古学上の発掘に適用される国際的原則に関する勧告」を採択した。	『文化財保護の現状と問題』文化庁
12月10日	第二回学芸員資格取得国家試験が上野公園の図書館職員養成所で行なわれた。試験認定受験者は全員で三八名であったが、内二二名は大学・前年度学芸員試験等で全課目単位取得済みで、今回の受験は形式的なものであった。無試験認定受験者は四二名で、博物館法施行規則第九条第一項に該当する者五名、同第二項二名、同第三項七名、同第四項二八名であった。	『博物館研究』第二九巻第一〇・一一・一二合併号「事務局日誌」 『昭和三一年度学芸員国家試験の実施』
5月23～25日	第六回全国美術館会議で「博物館施設の入場料免除について」「美術品の鉄道輸送の割引について」等が協議された。	『博物館研究』第三〇巻第一〇号「第六回全国美術館会議の模様」
5月	山本鎮郎の「飼育動物の最低基準」の試案が提示された。	『飼育動物の最低基準作成の試み』日本動物園水族館協会

年	月日	事項	拠所・文献
	7月3日	第五回全国博物館大会は北海道釧路市で開かれ、「学芸員の研修制度及びその方法について」「地方公務員給与改訂に伴う学芸員の取扱について」等が協議題として提案された。	『博物館研究』第三〇巻第九号 「盛会だった第五回全国博物館大会をかえりみて」
	7月3日	日本博物館協会の昭和三三年度事業計画で「博物館法及び博物館事業に関する諸法令の研究」が重点事業となった。	『博物館研究』第三〇巻第九号 「昭和三三年度（第一回）総会記録」
	8月8日	文部省は各都道府県の教育委員会委員長、人事委員会委員長に地方公務員の「学芸員は博物館法の規定による教育機関の専門職員であるので、給与の格付けにあたってはとくに格別の御配慮をお願い」と通知した。	『博物館研究』第三〇巻第九号 「学芸員の給与の取扱いについて文部省の通知」
	11月11日	中央教育審議会は、社会教育における科学技術教育について「科学博物館の設置を奨励するとともに、内容の充実および運営等については諸外国における好例をも参考として、さらに検討の上最善すること」と答申した。	『博物館に関する基礎資料』国立教育政策研究所社会教育実践研究センター国立教育政策研究所社会教育実践研究センター
	12月9日	日本博物館協会は専門部会を開き、博物館法をめぐる諸問題について検討した。	『博物館研究』第三〇巻第一二号 「専門部会報告」
一九五八 昭和33	1月23日	文部省告示第八号で昭和三二年度学芸員国家試験認定及び無試験認定合格者が『官報』に公告された。試験認定合格者一九名、無試験認定合格者二四名。	『博物館研究』第三一巻第二号 「学芸員試験認定及無試験認定合格者名簿」
	1月31日	文部省告示第一七号で昭和三二年度の博物館相当施設の指定が行なわれた。 公立の施設 神戸市立須磨水族館、浜田市立水族館、新居浜市立郷土館 私立の施設 温泉科学博物館、義烈館、杉野学園衣裳博物館、鳥羽水族館、みさき公園自然動物園、みさき公園自然水族館、石橋美術館、以上の一〇館	『博物館研究』第三一巻第二号 「博物館相当施設（昭和三二年度）の指定」
	3月7日	日本博物館協会の専門部会は、「博物館法は改正の必要ありや―学芸員の養成、学芸員の資格、博物館の所管、博物館の基準等について―」の主題で討議した。	『博物館研究』第三一巻第三号 「専門部会報告」
	4月30日	日本博物館協会の専門部会は「博物館の規準について」討議した。	『博物館研究』第三一巻第四号 「専門部会報告」
	5月1日	国立西洋美術館が設置された。	『文化行政の歩み』文化庁
	6月14日	第三回目の「全国大学博物館学講座協議会」が國學院大学で開催された。 一．陳情書の提出について イ．学芸員の待遇について ロ．博物館学の科目の取扱いについて ハ．大学博物館に関して ニ．「学校博物館法」の制定について 二．博物館実習の取扱いと文部省当局の考え方について 三．三三年度講座実施状況	『博物館研究』第三一巻第七号 「全国大学博物館講座協議会の開催」

		四．博物館学に関する卒業論文 五．各大学共同実習について 等が協議決定した。	
	11月17日	第六回全国大学博物館大会に「学芸員資格の再検討」「郷土博物館と学校博物館法について」等の研究協議題が提出された。 全体会議では次の事項を決議又は陳情事項として関係方面と折衝するよう博物館協会理事会に要請した。 一．古文化財の保護・修復等のための起債の枠の認可 二．動物の和名統一に関する審議機関の設立 三．博物館が主催する事業の入場税の免除・博物館施設起債の許可	『第六回全国博物館大会報告書』 『博物館研究』第三六巻第一〇号「戦後一〇回全国博物館大会の歩み」
	11月18日	日本博物館協会昭和三三年度総会において、＜博物館法及び博物館事業に関する諸法令の研究＞事項で次のことが報告された。 （一）国家公務員の給与改訂に伴う、学芸員相当者の給与取扱等について、自治庁へ陳情するとともに、各都道府県教育委員会並びに人事委員会に善処を依頼、同様趣旨を各関係公立博物館へ連絡した。 （二）三二年度国庫補助の交付については施設費一館三〇万円、設備費は二六館に対し一八三万円の交付があった。 （三）三二年度学芸員資格取得者の国家試験並びに博物館相当施設の指定審査が実施され、これの審査員に協会代表をおくり、協会関係者のため公正を期した。その結果はそれぞれ一月二三日、同三一日に告示された。 （四）社会教育分科審議会委員に博物館を代表し、深見常務理事が、また七月には古賀常務理事が任命された。 （五）博物館施設並びに設備に欠くことのできない物品で未だ免税措置がとられていない写真機、テープレコーダー、家具（展示用ケース類）等の追加とともに、博物館法による私立博物館についても物品税の免税をするように大蔵省へ陳情書を提出した。なお、博物館法による博物館を「入場税法施行令」第六条（免税条件を緩和される「主催者」の指定）に加えるよう、国税庁へ陳情するとともに国会、大蔵委員あてにも同書を提出した。 なお、昭和三四年度事業計画案では、「博物館法及び博物館事業に関する諸法令の研究」が継続事業となった。	『博物館研究』第三二巻第一二号 「日本博物館協会昭和三三年度総会会務報告」
	12月15日	文社施第三〇三号で「博物館相当施設指定申請要項」が発表された。	『博物館研究』第三二巻第一号 「博物館相当施設の指定申請について（広報）」
一九五九 昭和34	4月1日	郵政省告示第二二〇号により、「日本放送協会受信料免除規準」が定められた。受信料を全額免除する受信施設として、博物館等については 「一三 博物館または展覧会において、無線科学及びその応用の資料として公衆の観覧に供する受信設備」 と記された。	『社会教育関係法令集』文部省社会教育局

年	月日	事項	拠所・文献
	4月6日	文部大臣は、文部省告示第三八号により、博物館に相当する施設を指定した。 公立の施設 　市立小樽水族館、福井県立岡島美術記念館、豊中市立民俗館、徳島市動物園、西条市立郷土博物館、長崎市児童科学館、鴨池水族館 私立の施設 　秩父宮記念スポーツ博物館、ひぐち動物園、比叡山頂自然科学館。一〇館	『現代日本教育制度史料』第一五巻、三八四頁
	4月30日	法律第一五八号「社会教育法等一部を改正する法律」による改正で、第二四条は、「国は博物館を設置する地方公共団体に対し、予算の範囲内において、博物館の施設、設備に要する経費その他必要な経費の一部を補助することができる。」とある。 博物館法の第二五条は「補助金の交付は、博物館を設置する地方公共団体の各年度における博物館の維持運営に要する経費等の前年度における精算額を勘案して行なうものとする。」であった。	『社会教育の歩みと現状』文部省社会教育局 『現代日本教育制度史料』第一五巻、八二頁
	4月30日	政令第一五七号により博物館法施行令（昭和二七年政令第四七号）の一部を改正した。 （施設、設備に要する経費の範囲） 第二条法第二四条第一項に規定する博物館の施設、設備に要する経費の範囲は、次に掲げるものとする。 一．施設費　施設の建築に要する本工事費、付帯工事費及び事務費 二．設備費　博物館に備え付ける博物館資料、及びその利用のための器材器具の購入に要する経費第三条及び第四条を削る。別記第一号様式から別記第三号様式までを削る。	『官報』第五六八号　昭和三四年四月三〇日
	4月30日	文部事務次官稲田清助は、文社社第二八三号により、各都道府県教育委員会あてに「社会教育法等の一部を改正する法律等の施行について」通達した。	『社会教育の現状』文部省社会教育局
	4月30日	文部省社会教育局長福田繁は、文社社第二八三号により「社会教育法等の一部を改正する法律及び同法施行令等の一部を改正する政令等の施行について」通達した。	『社会教育の現状』文部省社会教育局
	6月2日	文化財保護委員会事務局長は、文委員第二四号で「国宝・重要文化財の公開について」各都道府県教育委員会教育長、各国立博物館長、大阪市立美術館長あてに通知した。常設の博物館、美術館以外の臨時展観の場所における国宝・重要文化財の公開が激増し、同一の国宝あるいは重要文化財が連続して数カ所の展覧会場に出品されたり、破損の程度が高いもの、特別出品許可を申請してくる等、文化財保護法の第一の目的である貴重な文化財の保存の万全を期しがたい場合がままあり憂慮されるものがある。これらの物件に対する安全への協力依頼である。	『文化財関係法規集』文化財保護委員会
	9月4日	我が国の教育および文化に関し、一般国民の関心と理解を深めるため。各種の教育・文化に関する行事を集中的に実施する。名称・教育・文化週間、期間一一月一日から七日まで（一週間）。	昭和三四年九月四日閣議了解
	10月4日	第七回全国博物館大会に「学芸員の資格に関する件」「博物館法の盲点の一・二について」「学校博物館法について」等の協議題が提案された。 一．博物館施行に関する若干の問題について（金沢文庫） 二．学芸員の資格に関する件（金沢文庫）	『博物館研究』第三二巻第一一号 「第七回全国博物館大会報告号」

		三．学芸員養成の現状について（全国大学博物館学講座協議会） 四．博物館の盲点の一・二について（秋吉台科学博物館） 五．地域社会の発展に於ける文化センターとしての博物館の役割（日本博物館協会） 六．学校博物館について（全国大学博物館学講座協議会） 七．学校教育のための地域博物館について（網走市立郷土資料館）	
	10月5日	日本博物館協会総会が長崎市立博物館会議室で開かれた。重要事業として「博物館法及び博物館事業に関する諸法令の研究」で、種々の特典、免税措置、国庫補助金、職員の身分確立等に目標をおき検討された。	『博物館研究』第三二巻第一一号 「日本博物館協会総会会議録」
	11月20日	日本博物館協会は博物館法をめぐる博物館学、登録、相当施設、所管、学芸員、人事、国公私立の差別待遇等についての問題点の指摘や対策を、各施設に依頼した。	『博物館研究』第三三巻第一号 「博物館運営についての問題を探って」
一九六〇 昭和35	1月	各施設から投稿された博物館法に関する意見を『博物館研究』第三三巻第一号、第三三巻第二号、三三巻三号に特集した。 松浦史料博物館・ふじわらしげる・石井左近（博物館等に関する改正意見）、山本寿々雄（博物館法をめぐる問題点について）、星野敏謙（動物園相当施設の最低基準について）、友重繁（現在の博物館法をめぐる問題点について）、福井洸一（博物館相当施設要件の審査）、渡辺庸一（博物館法と農地法について）、鷺安次郎・上田穣・角田保・川上潜・中条幸（博物館法をめぐる問題点）、勝谷稔（博物館法における差別思想）、茨城県立原子力館（博物館法施行にともなう財源の法的明確化）、佐伯敬紀（博物館法をめぐる問題点）、木庭次守・金刀比羅宮博物館（博物館法をめぐる問題点）、椎名仙卓（博物館法をめぐる一・二の問題）筒井嘉隆（博物館法に関する私見）、築瀬義一（博物館法をめぐる諸問題）、手塚映男（博物館の当面する諸問題の体系づけ）、奥山俊秀（私立博物館をめぐる問題点）、小森厚（相当施設としての言い分）、下津谷達男（地方公立博物館と博物館法）、阿部繁（社会教育としての科学技術博物館について）、北村博史（博物館としての植物園のありかたについて）、山本鎮郎（動物園と博物館）、奥山俊秀（委託研究精度を設けてはいかが）、黒田倍行（博物館活動実施上における現博物館法の問題について）、中川成夫（博物館法改正に関する問題点）	『博物館研究』第三三巻第一・二・三号 「博物館運営についての問題を探って」
	2月17日	昭和三四年度学芸員資格認定試験が東京で実施された。願書提出者は三八名。合格者は一一名。	『博物館研究』第三三巻第五号 「昭和三四年度学芸員資格認定試験合格者」
	3月1日	博物館法を検討するための論文と博物館法の全文を掲載した。 地方公立博物館と博物館法（下津谷達男） 社会教育としての科学技術博物館（阿部繁） 博物館としての植物園のあり方（北村博史） 動物園と博物館（山本鎮郎） 博物館活動実施上における現博物館法の問題について（黒田倍行） 博物館法改正に関する問題点（中川成夫）	『博物館研究』第三三巻第三号
	3月28日	文部省告示四〇号により石川県美術館、到津動物園、犬山自然植物園、大洗海洋博物館、小田原市郷土文化館、広島県立宮島水族館、日光博物館が博物館に相当する施設に指定された。七館。	『博物館研究』第三三巻第五号 「昭和三四年度博物館相当施設の指定」 『現代日本教育制度史料』第一七巻、三〇二頁

年	月日	事項	拠所・文献
	9月1日	『博物館研究』第三三巻第九号で「博物館の設置規準について」特集した。 博物館設置基準の一考察（築瀬義一） 人的構成から見た設置基準とその運営について（千々岩富士夫） 動物園の最低基準私見（山本鉦郎） 遊園地と博物館（村井貞三） 博物館法第二九条による博物館と相当する施設の最低基準について（鶴田総一郎）	『博物館研究』第三三巻第九号 「特集・博物館の設置基準について」
	9月5日〜30日	「地域社会の発展における文化センターとしての博物館の役割」を主題として、博物館に関する諸問題を研究討議し、博物館の国際協力を促進するため、東京（国際文化開館）、京都（京都会館）を開催地として、ユネスコが主催する国際的な「アジアおよび太平洋地域博物館セミナー」を実施した。 セミナーの最終目標であったＩＣＯＭや汎太平洋学術会議に対する勧告は、 Ⅰ概論について 一．博物館の性格について 二．博物館に対する政府、地域社会の協力援助について 三．博物館は、外国の情報提供の窓口であると共に正しい意味での観光文化紹介の重要施設であることについて 四．博物館資料の産業への活用について 五．自然、民俗、科学技術博物館の重要性について 六．技術研究室の設置、技術研究員の養成等について Ⅱ博物館事業の細目について 一．収集・保存について 二．教育について 三．職員について	『社会教育の現状』文部省社会教育局
	11月28日	第八回全国博物館大会に「博物館の基準に関する専門委員会設置について」が報告され、「博物館設置の基準について」等が協議題として討議された。 一．博物館学の基礎的研究の促進について（全国大学博物館学講座協議会） 二．学芸員の公募について（全国大学博物館学講座協議会） 三．博物館専門職員の身分待遇に関する基礎的調査について（野田市郷土博物館） 四．学芸員その他の専門職員について（長崎市博物館） 五．博物館の基準に関する専門委員会設置について（神奈川県博物館協会） 六．博物館設置の基準について（長崎市博物館） 七．博物館の大衆化について（上田市立博物館）	『第八回全国大学博物館大会報告書』 『博物館研究』第三三巻第一一号 「第八回全国博物館大会開催要項・提出議題一覧」
	11月29日	日本博物館協会総会での昭和三六年度事業計画で、臨時専門部会を設置し、博物館施設の設置基準、博物館法の改正などについて検討することとなった。	『博物館研究』第三四巻第二号 「会務報告」

一九六一 昭和36		
12月4日	国際連合教育科学文化機関は、パリで開催された第一一回ユネスコ総会において、「博物館をあらゆる人に開放する最も有効な方法に関する勧告」を採択した。 Ⅰ．定義 本勧告の趣旨にかんがみ、「博物館」とは各種方法により、文化価値を有する一群の物品ならびに標本を維持・研究かつ拡充すること。特にこれらを大衆の娯楽と教育のために展示することを目的とし、全般的利益のために管理される恒久施設、即ち、美術的、歴史的、科学的及び工芸的収集、植物園、動物園ならびに水族館を意味するものとする。 Ⅱ．一般原則 加盟各国は、各自国内の博物館が経済的又は社会的地位に関係なく、すべての人に利用されるようにあらゆる適切な措置をとる 適用されるべき措置の選定に当っては、加盟各国内にある種々の形態の博物館管理方式を考慮する。 Ⅲ．博物館における史料の配置と観覧 収集品は明瞭な展示方法、簡潔な情報を与える説明が与えられる案内書や折り本の出版、各種階層の参観者に適応した註釈づきの案内人による規則的な観覧の編成によってすべての階層の人々が容易に鑑賞できるようにすべきである。 観覧料はできる限り無料とすべきである。観覧料は常時無料でなく、または、それが名目的なものに過ぎなくとも、小額観覧料を徴収することが必要であると認められる場合には、各博物館の観覧料は少なくとも一週間に一日あるいはこれに相当する期間無料とすべきである。 Ⅳ．博物館の広報 加盟各国は、地方当局が自らの文化活動事業部あるいは旅行事業部のいずれかを仲介として、かつ国の教育ならびに国際関係とも関連し、その権限の範囲内で博物館ならびにその展示会の観覧者数の増大を奨励するためあらゆる手段を講ずべきである。 Ⅴ．地域社会における博物館の地位と役割 博物館は、各地域で知的、文化的中枢として奉仕すべきである。博物館は地域社会の知的、文化的生活に貢献すべく、地域社会はこれに対し、博物館の活動と発展に参画する機会が与えられるべきである。 このことは特に、その規模と不釣り合いなほど重要性を持つ小都会及び村落にある博物館に適用されるべきである。博物館が学校及び成人教育に対してなしうる寄与を認め、かつ促進すべきである。	『博物館に関する基礎資料』国立教育政策研究所社会教育実践研究センター国立教育政策研究所社会教育実践研究センター 『ユネスコ関係条約・勧告集』日本ユネスコ国内委員会
12月14日	国際連合教育科学文化機関は、パリで開催された第一一回ユネスコ総会において、世界人権宣言が無差別の原則を主張し、かつ、すべての人は教育を受ける権利を有すると宣言しているので、「教育における差別待遇の防止に関する条約」を採択した。	『ユネスコ関係条約・勧告集』日本ユネスコ国内委員会
12月22日	文部省告示第一〇六号により、飛騨民俗館、明石市立天文科学館、香椎植物園が博物館相当施設に指定された。三館園	『博物館研究』第三四巻第三号 「昭和三五年度博物館相当施設指定」 『現代日本教育制度史料』第一七巻、三七一頁
6月20日	文化財保護委員会裁定第一号で「有形文化財及び民俗資料買取要領」が定められた。文化財買取協議会及び文化財買取価格評価員に関する規程（昭和二六年五月一九日文化財保護委員会裁定第七号）は廃止された。	『文化財関係法規集』文化財保護委員会

年	月日	事項	拠所・文献
	6月23日	日本博物館協会が主催する第一回博物館研究部会が東京国立博物館で開催された。 討議された陳情事項は、 一．文部省へ 学校教育、ことに理科教育の中に自然保護に関する課程を加えること。 二．文化財保護委員会へ 文化財保護行政上に、博物館をもっと積極的に参加せしめるため、その立場を博物館法中に明確に規定すること。 三．厚生省へ レンジャー（国立公園管理人）に博物館専門職員を採用する道をもっと考慮してほしい。 四．林野庁へ 指導員、監視員に博物館専門職員を活用されるよう要望する。 五．厚生省および農林省へ 自然保護地区設定を厳重に行ない自然保護の促進をはかってもらいたい。	『神奈川県博物館協会会報』第七号 「第一回博物館研究部会報告」 『博物館研究』第三四巻第九号 「第一回博物館研究部会報告」
	8月21日	日本博物館協会の第二回博物館研究部会で博物館設置基準に関する問題が討議された。 問題点として、 一．基準とは何か 二．博物館資料の単位並びに点数について 三．基準設定の項目 四．基準設定の場合の博物館の区分 等について討議した。 次回は人文と自然とに分けた基準に関する部会を開くことにした。	『博物館研究』第三四巻第一一号 「博物館の設置基準について」 『日本博物館協会所蔵資料』
	9月5日	第九回全国博物館大会で「学芸員資格取得のための認定講習制の復活を望む」「公立博物館設立に資する博物館の基準的モデルプランニング作成について」「博物館設置の法制について」等が協議題として討議された。 「国立民俗博物館の設置を要望する」旨の決議がなされた。 館などの発表題目は、 一、学芸員資格取得のための認定講習制の復活を望む（平出遺跡考古博物館） 二、公立博物館設立に資する博物館の基準的モデルプランニングの作成について（金沢文庫） 三、公立博物館増築の場合の国庫補助及び起債について（北信越博物館協会） 四、公立博物館に於ける学芸員の身分保証について（三重県立博物館） 五、博物館設置の法制について（北信越博物館協会）	『第九回全国博物館大会報告書』 『博物館研究』第三四巻第一〇号 「戦後一〇回全国博物館大会の歩み」 『社会教育の現状』文部省社会教育局 『全国博物館大会協議題一覧』
	9月5日	日本博物館協会総会において＜博物館及び博物館事業に関する諸法令の研究とその振興＞事業で、次の事項が報告された。 （一）博物館法に関し、特に問題とされている学芸員の資格、資料、教育活動、設置基準等に重点をおき、それぞれに調査を実施するとともに専門家の意見を徴し、機関誌「博物館研究」に年間を通じ特集として掲載した。 （二）三五年度学芸員資格取得の国家試験並びに博物館相当施設の指定審査の実施に際し、協会関係者からも委員が選出された。	『博物館研究』第三四巻第一〇号 「昭和三五年度会務報告」

月日	事項	出典
10月9日	文化財保護委員会事務局次長は、文委美第六二号で「国宝・重要文化財の公開許可申請について」各都道府県教育委員会教育長あてに通知した。	『文化財関係法規集』文化財保護委員会
10月25日	日本博物館協会は博物館法制定一〇周年を迎えるにあたり、全国の四〇〇館園に対しアンケート調査を実施した。 その内容は、 一、貴館園の該当項目を○でかこむ。 国立博物館、公立博物館、私立博物館の別 二、貴館園の該当項目を○でかこむ 登録ずみ、博物館相当施設として認定ずみ、資格があるが、登録または相当施設の申請をしていない。 三、博物館法施行一〇周年の歩みが貴博物館に与えた影響について 館園発展の基本線になったと思う、有名無実だった、博物館法とははじめから何の関係もない 四、登録博物館または博物館相当施設で受けている税法上の特典について実績を記入する 五、博物館法の今後のあり方については○でかこむ 現在のままでよい、改正する必要がある 六、博物館法に関して今後日本博物館協会に何を望まれるか。ご所見を。	『博物館研究』第三四巻一二号「一〇周年を迎えた博物館法の今後のあり方について」鶴田総一郎
11月15日	博物館法制定一〇周年記念座談会を東京国立博物館で開いた。 出席者、内田英二（日本育英会理事、元文部省社会教育局視学官）、岡部稔成（文部省社会教育施設主任官室）、鬼山信一（国立科学博物館庶務部長）、古賀忠道（上野動物園長）、近藤春文（文部省調査局宗務課長・元社会教育施設課長）、三浦勇助（東京国立博物館庶務部長）、司会、鶴田総一郎（国立自然教育園次長）	『博物館研究』第三四巻第一一号「博物館法制定一〇周年記念」
一九六二　昭和37		
1月24日	文部大臣は、文部省告示第四号で博物館に相当する施設を指定した。 公立の施設 滋賀県立琵琶湖文化館、徳山市立動物園、佐世保市亜熱帯動植物園 私立の施設 岡山天文博物館、新和歌浦水族館 大学の施設 東北大学理学部附属青葉山植物園、六館	『現代日本教育制度史料』第二二巻、五二九頁
2月15日 16日	文部大臣が与える学芸員の資格認定が東京で実施された。試験認定は、受験者四二名のうち一七名が、無試験認定は、受験者一三名のうち八名が、学芸員資格を取得した。 これにより、学芸員の資格取得者は一四九一名となった。	『社会教育の現状』文部省社会教育局
3月29日	法律第三五号により、文部省設置法の一部が改正され、国立科学博物館は、従来の博物館事業のほか、日本における自然史科学センターとしての機能を果す機関となり、研究部の組織も二部八課となった。同時に国立自然教育園（港区白金台町）が附属施設となった。	『社会教育の現状』文部省社会教育局 『国立科学博物館百年史』
5月30日	文部大臣は文部省告示第一一八号の「博物館に相当する施設の指定の一部を改正する件」で、「東北大学理学部附属青葉山植物園」を「東北大学理学部附属植物園」に改めた。	『現代日本教育制度史料』第二二巻、六六八頁
6月12日	日本博物館協会は、東京国立博物館において「博物館法改正についての意見聴取会」を開催した。	『博物館研究』第三五巻第八号「事務局往来」

年	月日	事項	拠所・文献
	7月9日	東京国立博物館で博物館法改正専門部会（第一回）が開かれた。 関東、東海、北海道、近畿、中国、四国、九州、東京の各地区代表者が提案を報告した。 関東地区（新井重三）代表意見 一）具体的な財政援助を 二）学芸員の処遇問題 三）館長の資格規定について 東海地区（星野直隆）代表意見 一）博物館を知事部局所管へ 二）国・公・私立の規定を 三）内容規定を明確に 四）公私立博物館の認可は府県知事に 五）補助規定を明確にすること 北海道地区（米村喜男衛）代表意見 一）館長は学芸員有資格者に 二）館の新・改築に起債を認めよ 三）館長の定年制廃止を 四）学校に博物館教諭を 近畿地区（筒井嘉隆）代表意見 一）博物館の任務 二）天然記念物の保護規定を 三）学芸員について 四）博物館の区分 五）施設認可 六）学校教育と並行する社会教育を 中国地区（脇英夫）代表意見 一）公私を同列に 二）所管について 三）学芸員について 四）文化財保護 五）国立博を包含、文化財保護法と博物館法の合併を 四国地区（中村良三）代表意見 一）望ましい指定基準を 二）学芸員の資格 九州地区代表意見（欠席につき事務局に提出された報告書による） 一）文化財について 二）登録についての基準を明示する 三）第二章と第三章の中間に、国立博物館の一章を入れる 四）博物館の振興を図るために博物館振興法を制定する	『博物館研究』第三五巻第九号 「博物館法改正専門部会報告」

西暦	和暦	月日	事項	出典
			五）博物館専門職員の待遇改善について 東京地区（西村 清）代表意見 一）博物館法人法（仮称）として、特別法人格を与える 二）国立博物館の挿入 三）国・公立の予算確保 四）人材の受け入れ態勢を 五）各業種別の特殊事項を規定せよ 六）私立に国家補助を 七）関係法令の包含 八）国際文化交流機関の設置	
		7月20日	日本博物館協会西日本地区総会で設置基準の早急な作成を文部省に要請することとなった。	『博物館研究』第三五巻第一一号 「日本博物館協会西日本地区総会」
		8月6日	文化財保護委員会事務局長は、文委美第二五号「文化財の焼失・盗難事故の防止について」各都道府県教育委員会教育長あて通知した。	『文化財関係法規集』文化財保護委員会
		9月4日	東京国立博物館において博物館法改正専門部会（第二回）が開かれた。主として、一・特別法の制定に対する可否について、二・所管について、三・公・私立博物館の認可の権限を知事所管とする、四・国立の博物館も本法内に挿入すべきである、五・文化財保護について、六・文化財保護法を博物館法にとり入れることの可否、七・各種税法その他に対しては再検討する、八・設置・指定等の基準を制令等で規定すること、九・博物館が研究機関であることを強調すべきである、一〇・自然保護に関する条項も本法に挿入すること、一一・学芸員・学芸員補・技術専門職員の制度の確立、一二・館長の資格を明らかにし、停年制から除外すること、一三・博物館の区分に人文・自然の区別を法文化する、一四・学校に博物館教諭（学芸教諭）を置くこと、等であった。	『博物館研究』第三五巻第一〇号 「博物館法改正専門部会（第三回）報告」 「博物館法改正専門部会（第二回）報告」
		9月23日	日本博物館協会総会で、昭和三六年度の事業の状況が報告され、博物館設置基準に関する研究部会が開かれて問題点として、①基準とは何か、②博物館資料の単位並びに点数について、③基準設定の項目、④基準設定の場合の博物館の区分等について、討議し、更に部会を継続することとなった。	『博物館研究』第三五巻第一二号 「日本博物館協会（報告）」
		9月24日	東京文化会館で開かれた第一〇回全国博物館大会は、日本博物館協会から博物館法改正専門部会の報告がなされ、西日本地区動物園・水族館協会から「博物館法一部改正の件」などが出された。 主な審議要望事項として「博物館施設・設備に対する国庫補助の大幅の増額を望む。博物館専門職員としての学芸員の格付、待遇の明確化を計られたい。探検博物館の設立を望む。私立博物館補助金対策、等が提案された。	『博物館研究』第三五巻第一二号 「第一〇回全国博物館大会報告」 『博物館研究』第三六巻第一〇号 「戦後一〇回全国博物館大会の歩み」
		12月10日	国際連合教育科学文化機関は、パリで開かれた第一二回ユネスコ総会において、「教育における差別待遇の防止に関する条約の締約国間に生ずることのある紛争の解決を求める責任を有する調停あっせん委員会を設立する議定書（仮訳）」を採択した。効力発生は一九六八年（昭和四三年）一〇月二四日。	『ユネスコ関係条約・勧告集』日本ユネスコ国内委員会
一九六三	昭和38	2月15日 16日	文部大臣が年一回実施する学芸員の資格認定試験が東京で行われた。 試験認定は、受験者四四名のうち一三名が、無試験認定は、受験者二二名のうち一四名が合格した。	『社会教育の現状』文部省社会教育局

年	月日	事項	拠所・文献
	6月13日	蔵税第四一号により「社会教育施設建設募金を特定寄付金等とする場合の指定基準」について、募集法人の内容、建設する施設の内容などを大蔵省主税局長より文部省社会局長あてに通知した。	『改定増補博物館学』富士川金二 「第三章博物館の法体系」、八四頁
	6月26日	日本博物館協会は、博物館法改正専門部会を開催した。	『博物館研究』第三六巻第八号 「事務局往来」
	7月22日～24日	日本博物館協会・東京国立博物館が主催し、「第一回博物館資料保存技術研修会」を東京国立博物館で開催した。 講義内容 野間清六、外国博物館の資料保存技術のしくみと日本の保存技術に関する配慮について 山辺知行、染織品の保護保存について 飯島勇、東京絵画の取扱いについて 松下隆章、文化財管理指導（文化財パトロール）の要領（美術工芸品について） 佐藤貫一、刀剣類の管理について 河合正一、資料の保存技術を加えた博物館建築 蔵田蔵、美術資料輸送保全上の留意点 嘉門安雄、油絵の保存方法について 岡田穣、工芸品類の取扱い処置と注意 三木文雄、考古資料の取扱い処置と注意 祝宮静、民俗資料収集に伴う留意点 岩崎友吉、文化財保存のための化学的処置 門倉武夫、文化財と空気汚染 出席者八三名には終了証を授与した。	『博物館研究』第三六巻第九号 「第一回博物館資料保存技術研修会」
	10月1日	宮本馨太郎によって博物館法改正に関する意見が条項ごとにまとめられた。更に博物館法施行規則、博物館法施行令に関する各種の意見もそえられている。税法その他関係法令の特例は表示してある。	『博物館研究』第三六巻第一〇号「博物館法改正に関する意見―一九五九年以降の(博物館研究)から」
	10月17日	日本博物館協会総会において博物館法改正専門部会は、「博物館法改正研究部会を各ブロックごとに開催し、総合意見をまとめた。それを、中央専門部会は数回にわたり開催し内容を検討した」と報告した。	『博物館研究』第三六巻第一一号 「日本博物館協会報告」
	10月17日	昭和三七年三月「棚橋賞」が設置されたがその第一回授章式が第一一回全国博物館大会の席上で実施された。東北大学臨海実験所水族館長平井越郎の論文「水族館内容の一企画―マイクロアクアリウム―」	『博物館研究』第三六巻第一一号
	10月18日	第一一回全国博物館大会で博物館法の改正に関して、専門部会の改正案が提示され協議された。	『第一一回全国博物館大会報告書』
	10月1日	上田穣の「博物館法改正私案」が提示された。特に国立博物館が博物館から除外されている事と公立博物館が教育委員会の所管であるべしという、この二点が改正の主眼となっている。	『天文教室』第一八巻第一〇号（通巻一五四号） 「生駒山天文協会」

一九六四 昭和39	11月1日	博物館研究は「博物館学確立のために」を特集した。博物館概論の問題点、博物館資料収集保存の問題点、博物館資料分類・目録法の問題点、博物館資料展示法の問題点などを酒詰仲男、樋口秀雄、小森厚、椎名仙卓、手塚映男、下津谷達男、福井洸一、原秀太郎、小菅貞男らによって執筆された。	『博物館研究』第三六巻第一一号「特集・博物館学確立のために」
	6月21日	わが国の博物館における研究活動の相互体制を強化、充実させるため「博物館機能促進強化委員会設置案」が準備委員会で承認された。	『博物館研究』第三七巻第六・七号「日博協通信・博物館機能促進強化委員会設置」
	6月22日〜25日	日本博物館協会、東京国立博物館、国立科学博物館の三者の主催で、第二回学芸員研修会が、人文・自然部門にわかれて開催された。 内容 蔵田蔵、国立博物館の地方博物館に対する協力 鶴田総一郎、地域社会における博物館の役割 宮本馨太郎、人文系博物館の研究調査活動について 岡田要、馬の興亡 松下隆章、文化財の公開について―博物館の役割 佐藤貫一、刀装及び刀装具の変遷とその鑑識 登石健三、文化財資料の科学的鑑識 蔵田蔵、仏教遺物（とくに金工）資料の時代考証について 飯島勇、近世絵画の流派とその鑑識 山辺知行、染織品における時代の変遷と鑑識 菊地貞夫、浮世絵版画の制作と鑑識 三木文雄、埴輪についての鑑識 堀江知彦、書道の変遷と筆跡鑑識の留意点 田中作太郎、陶磁器の制作技法と鑑識 岡田譲、漆芸の技法と鑑識 尾崎博、地学資料の分類学的な取扱いについて 大井次三郎、日本の植物分類学史と博物館 今泉吉典、博物館における分類学研究の現状について（動物学） 上谷慶次、博物館における分類学研究の現状について（地学） 中山道雄、博物館標本の作製について 本田晋、ハトの剥製実習について 村内必典、オーストラリアとニュージーランドの科学博物館ついて 石田清一、博物館の相互提携について 青木国夫、理工学資料の特質およびその収集保管について 竹村嘉夫、接写・複写・顕微鏡写真の理論と実習 参加者、人文科学部門五〇名、自然科学部門三三名計八三名に終了証を交付した。	『博物館研究』第三七巻第六・七号「日博協通信・第二回学芸員研究会開催」

年	月日	事項	拠所・文献
	11月25日	第一二回全国博物館大会で博物館法改正専門部会の強化について報告があり、また博物館法の改正などについて協議された。 第一二回博物館会議全体会議で、代表者星野直隆は、博物館法改正の委員会が設けられ、法改正問題にどの様に取り組んだらよいか検討したが、一つのビジョンをまとめるにすぎなかった。ビジョンの内容は第一に国であっても地方公共団体であっても、博物館の在り方に関して深い理解と認識を高められることを要請する。関係行政の一元化を考えてもらう。このような立場から文部大臣の諮問機関として、博物館振興審議会（仮称）を設置するように交渉する。 第二に、博物館の水準を高め、学術研究機関としての使命、機能を明らかにし専門職員である学芸員の資格、待遇等を明らかにして改善を期し、かつ高いレベルの設備、機能を有する博物館の設置普及をはかることが必要である。 このような立場にたって博物館法が改正されるよう望んでいる。	『博物館研究』第三七巻第一一・一二合併号 「第一二回全国博物館大会報告」
	11月25日	日本博物館協会総会で昭和四〇年度の事業計画として、博物館法改正専門部会は、あらためて法改正について検討することとなった。	『博物館研究』第三七巻第一一・一二合併号 「日本博物館協会報告」
一九六五　昭和40	3月12日	四〇委社社第一号で文部省社会教育課長は、山口県教育委員会の照会による「私立博物館登録要件の審査について」回答した。 「博物館法第一二条第一項第二号の規定により、「博物館に置かれる学芸員は、当然に専任の職員でなければならないと解さなくても差支えない」と回答した。	『博物館関係法令集』日本博物館協会
	3月31日	法律第二五号により、文部省設置法の一部が改正され、「国立社会教育研修所」が設置された。	『社会教育の歩みと現状』文部省社会教育局
	11月26日	第三回全国博物館大会で、文部省社会教育局長は博物館の当面する諸問題について講演された。	『第一三回全国博物館大会報告書』
一九六六　昭和41	1月13日	法律第一号により「古都における歴史的風土の保存に関する特別措置法」が公布された。その目的を「この法律は、我が国固有の文化的資産として国民がひとしくその恵沢を享受し、後代の国民に継承されるべき古都における歴史的風土を保存するために国等において講ずべき特別の措置を定め、もって国土愛の高揚に資するとともに、ひろく文化の向上発展に寄与することを目的とする」とある。	『文部法令要覧』文部大臣官房総務課
	9月29日	第一四回全国博物館大会で博物館の基準が速かに設定されるよう要望された。また、博物館に対する寄付金等の免税が実現するよう決議された。	『第一四回全国博物館大会報告書』 『日本博物館協会ニュース』第四号 「第一四回全国博物館大会に於て決議されまたは協議された重要事項について」
	11月11日	明治一〇〇年記念準備会議は、記念事業の一つとして「国立歴史民俗博物館の建設」を採択した。	『文化行政の歩み』文化庁
	11月24日	文部省告示第二七六号で昭和四一年度における学芸員資格認定実施要項が発表された。	『博物館研究』第三九巻第一二号 「昭和四一年度における学芸員資格認定実施要項発表さる」

西暦	和暦	月日	事項	出典
一九六七	昭和42	1月24日	文社社第四八号で文部省社会教育局長は各関係大学長あてに「学芸員資格証明書交付のとり止めについて」通知した。 その記には、 「大学において博物館に関する科目の単位を修得した者は、当然学芸員としての資格が発生いたしますが、これを明らかにする必要がある場合は、大学が発行する卒業証明書および博物館に関する科目の単位取得証明書を任命権者に提出すること。」とある。	『博物館関係法令集』日本博物館協会、三八頁 「学芸員資格証明書交付のとり止めについて」
		3月31日	東京都教育委員会規則第一三号で「東京都学芸員の設置に関する規則」が定められた。	『博物館問題研究会会報』No.一〇 「専門職員要求運動資料」
		5月4日	文部大臣は、文部省告示第一八〇号で「博物館法に規定する博物館に相当する施設を指定する件」で、昭和四二年四月一日に指定した施設を連絡した。 公立の施設 名古屋市立名古屋科学館（設置者・名古屋市） 山本鼎記念館（設置者・上田市） 私立の施設 南山大学人類学研究所陳列室（設置者・学校法人南山学園） 江の島マリンランド（第二水族館）（設置者・日本教育観光ＫＫ） 堂本美術館（設置者・社団法人堂本美術館）	『現代日本教育制度史料』第三巻、七七二頁
		5月31日	国立近代美術館京都分館は、独立して「京都国立近代美術館」となる	『文化行政の歩み』文化庁
		6月27日	第一五回全国博物館大会で公立、私立博物館の振興方策が討議され、私立博物館振興法（仮称）の立法化が提示された。	『第一五回全国博物館大会報告書』 『日本博物館協会ニュース』二―二 「第一五回全国博物館大会の経過」
		9月16日	私立博物館振興準備委員会が設置された。 五島美術館で協議会が開催された。 協議内容 （一）私立美術館の管理・運営の実態が把握されていない。速かに実態調査を行う。 （二）私立博物館の全国組織という考え方もあるが、その段階として準備委員会を設ける。 （三）委員は当日参集の館園長がこれにあたる。 （四）実態調査については、山下金義、金子功両氏に調査票作成を一任する。 （五）調査の結果については、第一六回全国博物館大会の際に報告する。 出席者・吉田康治、堀内武夫（熱海美）、西村清、横井孝作（五島美）、山下金義（観音崎）、丸山晴久（横浜海洋博）、篠塚庸之助（大洗海洋博）、上田穣（生駒山天文台）、伊藤文吉（北方文化博）、中司稔（鉱物博）、金子功（豊橋天文台）、小島弘義（灯台博）、星野直隆（日博協）以上一三名	『日本博物館協会ニュース』二―三 「私立博物館振興準備委員会の設置」
		11月27日	文部省主催の第一回全国登録博物館長会議が国立科学博物館で開かれた。「博物館の設置運営について」協議された。公立・私立の博物館長が七〇余名出席した。林部社会教育課長から昭和四三年度予算要求の概要及び博物館行政に関する説明、鹿海（しかみ）文化課長から美術館行政の諸問題及び予算行政について説明。午後は博物館機能の諸問題、学芸員の諸問題について討議された。	『日本博物館協会ニュース』二―四 「第一回全国登録博物館長会議開かる」
一九六八	昭和43	4月	文部省は博物館設置基準制定のため学識経験者による研究会を発足させた。委嘱は、新井重三、井上万寿蔵、古賀忠道、鶴田総一郎、西村清、星野直隆、宮本馨太郎の七氏であった。	『東京都博物館協議会会報』No.四 「基準研究の経過」

年	月日	事項	拠所・文献
	6月15日	法律第九九号により文部省設置法の一部が改正され「文化庁」が設置された。初代長官に今日出海が就任した。	『文化庁事始』安達健二
	9月1日	文部省は博物館設置の基準資料を作成するため、都道府県教育委員会に実態調査を依頼した。	『博物館ニュース』三―七 「博物館設置基準問題文部省具体的調査にかかる」
	10月28日	第二回全国博物館長会議に「博物館の基準について」「公立博物館設備費補助の大幅な増額と配分方法の改善」「私立博物館の振興について」が協議された。	『博物館ニュース』三―八 「第二回全国博物館長会議に出席して」 『東京都博物館協議会会報』No.二 「第二回全国博物館長会議」
	10月29日	第一六回全国博物館大会で「わが国博物館振興のための方策について」「博物館設置基準について」等が提案され協議された。関係税法改正に関する陳情を大会の名で行うことになった。	『第一六回全国博物館大会報告書』 『博物館ニュース』三―六 「全国博物館大会における研究発表」
一九六九 昭和44	3月31日	大蔵省令第一三号により物品税法施行規則の一部が改正され、私立博物館でも物品を購入する場合に、物品税が免除されることとなった。	『博物館関係法令集』日本博物館協会
	4月5日	文社社第九七号で文部省社会教育局長は各都道府県教育委員会教育長あてに「私立博物館の用に供する物品に対する物品税の免除について」通知した。 物品税が免除される物品とは、どん帳、蓄音機、蓄音機用のレコードのレコードプレヤー、ラジオ受信機、拡声用増幅機、スピーカーシステム及びマイクロホン並びに写真機、撮影機、引伸機、フィルム及び幻灯機	『博物館関係法令集』日本博物館協会（昭和五六年四月発行）、六四頁
	4月	柳宏吉の博物館設置基準私案が示された。	『博物館ニュース』四―一 「設置基準をわたしはこう考える」
	9月2日	私立博物館振興のため関税法の改正について、文部省・大蔵省、衆参両院大蔵文部両委員会、自由民主党政務調査会等に陳情した。	『博物館ニュース』四―八 「税法改正に関する陳情」
	10月3日	第一七回全国博物館大会で、文部省から博物館設置基準の研究とその経過について報告された。	『第一七回全国博物館大会報告書』
	11月6日	東京私立博物館振興会は、五島美術館において、第二回総会を開き、私立博物館と国・公立博物館との法律上および税法上の取扱について、差別撤廃運動の推進を審議・議決した。	『東京都博物館協議会会報』No.五 「東京私立博物館振興会の動向」
	12月10日	全国登録博物館長会議の席上で「博物館の設置ならびに運営に関する基準（案）」の一部が公表された。	『博物館ニュース』五―一 「基準案示さる」
一九七〇 昭和45	4月7日	文部大臣は、文部省告示第一七八号で、博物館法（昭和二六年法律第二八五号）第二九条に規定する博物館に相当する施設として昭和四五年四月一日に指定した。 国立の施設 信州大学教育学部附属志賀自然教育研究施設 公立の施設 東京都多摩動物公園 私立の施設 株式会社東京油壺マリンパーク	『現代日本教育制度史料』第三九巻、六二八頁

10月6日	第一八回全国博物館大会に博物館基準研究会の「博物館の設置および運営に関する基準」試案が示された。 学芸員制度については、全国一〇ブロックと大学学芸員養成グループ計一一ブロックから選出された委員によって具体的に調査することとなった。私立博物館に対する免税・補助については、研究会でも作って積極的に推進する必要がある。社会教育審議会委員に博物館界からも委員を加えて欲しいと議決された。	『第一八回全国博物館大会報告書』 『東京都博物館協議会会報』No.一八 「第一八回全国博物館大会の決議事項の中から」
11月14日	国際連合教育科学文化機関は、パリで開かれた第一六回ユネスコ総会において「文化財の不法な輸出、輸入及び所有権譲渡の禁止及び防止に関する条約」を採択した。効力発生は一九七二年四月二四日から。	『ユネスコ関係条約・勧告集』日本ユネスコ国内委員会
12月18日	「飛鳥地方における歴史的風土及び文化財の保存等に関する方策について」閣議決定した。	『文化行政の歩み』文化庁
12月19日	日本博物館協会長副会長は坂田文部大臣を訪ね、第一八回全国博物館大会で決議された博物館振興上の問題点に適切な措置を講ぜられるよう要望書を手渡した。	『博物館ニュース』五―九・一〇 「第一八回全国博物館大会決議の扱いについて」
12月25日	社会教育審議会が文部大臣から諮問された「急激な社会構造の変化に対処する社会教育のあり方について」の中間答申案に対して、日本博物館協会長は意見書を送付した。	『博物館ニュース』六―二 「社会教育審議会中間発表出される」
一九七一 昭和46		
2月3日	都道府県教育長協議会第二部会（都道府県社会教育部課長協議会）で博物館法改正に対する取り組みが開始された。	『博物館問題研究会会報』No.五 「法改正問題資料目録」
2月9日	文化庁は、国立歴史民俗博物館（仮称）基本構想委員会（委員長・坂本太郎）を設置した。	『東京都博物館協議会会報』No.一一 「国立歴史民俗博物館（仮称）基本構想の中間まとめ」
2月22日 23日	日本博物館協会の学芸員制度調査会で検討した「博物館の設置および運営に関する基準（案）における学芸員の規定について望ましい基準」が示された。	『博物館ニュース』六―四 「学芸員制度調査会の経過」
2月	この頃社会教育法の改正が検討され、博物館法、図書館法等の特別法を廃止して改正法の中に組み入れようとする構想が出され、文部省から改正に当って検討すべき問題点が提示された。	『博物館ニュース』六―六 「社会教育法改正をめぐる波紋」
2月25日	参議院文教委員会において、小笠原貞子議員は、博物館法の改正について質問した。	『博物館問題研究会会報』No.五 「法改正問題資料目録」
3月20日	駒沢大学教授・基準研究会委員中島俊教、前交通博物館長井上万寿蔵、五島美術館西村清は、「博物館設置基準（案）について」それぞれの立場から意見を開陳した。	『東京都博物館協議会会報』No.九 「博物館設置基準（案）について」
4月27日	国立歴史民俗博物館（仮称）基本構想委員会は、第四回会議において「国立歴史民俗博物館（仮称）基本構想の中間まとめ」を発表した。	『東京都博物館協議会会報』No.一一 「国立歴史民俗博物館（仮称）基本構想の中間まとめ」
4月30日	社会教育審議会は文部大臣に対し「急激な社会構造の変化に対処する社会教育のあり方について」答申した。博物館は、単に収集品の保存、展示の場だけでなく、我が国の未来の産業、文化生活を創造するための学習の場としてとらえることが重要であるとしている。博物館は、美術館、歴史館、科学館、産業館、動物園、植物園、水族館等の名称を問わず、それぞれ実物・模型の資料を一般公衆の利用に供したり、その資料に関する調査研究を行なうもので、入館者数は近年大幅に増加し、一般の関心が増大している。しかし、多くの博物館が資料や教育機能の不足に悩んでいる。歴史、芸術、科学等に関する実物教育は、知識を啓培し、情操を豊かにし、創造力を養うものであるから、博物館を単に収集品の保存・展示の場として考えるにとどまらず、我が国の未来の産業、文化生活を創造するための学習の場としてとらえることが重要であり、次の点に留意する必要がある。	『博物館ニュース』六―六 「社会教育審議会答申出る」 『博物館に関する基礎資料』国立教育政策研究所社会教育実践研究センター 『現代日本教育制度史料』第三八巻、七二頁 『博物館関係法令集』日本博物館協会

年	月日	事項	拠所・文献
		（一）施設・設備の近代化、資料の計画的収集、補充および教育事業の充実を促進する必要がある。 （二）博物館の地域格差を解消するため都道府県や大中都市はいうまでもなく、小都市や町村においても、地域事情を考慮しつつ特色のある博物館を設置する必要がある。博物館の未設地域については巡回展などを行ない、資料不備の博物館へは資料の豊富な博物館からこれを貸与する等、博物館間の相互協力によって格差の是正につとめる必要がある。なお、観光事業の開発に関連して、地方公共団体や民間企業が博物館に準ずる施設を設置する傾向が増大しているが、これらの施設との連携を強化する必要がある。 （三）博物館と学校教育または社会教育の組織的な学習活動との結びつきを図るべきである。学校教育との関係においては教育課程との関連を考慮し、博物館を有効に児童・生徒に利用させ、社会教育との関係においては、社会教育施設や社会教育関係団体の教育活動に結びついて、見学、研究、学習の場として利用されるよう連絡提携につとめるべきである。 （四）私立博物館については、税制上の優遇措置その他の国の積極的な育成策を講ずる必要がある。	
	5月15日	文部省社会教育局長は、文社社一〇五号で「社会教育審議会答申に伴なう文部省の考え方について」各都道府県教育長あてに社会教育審議会答申「急激な社会構造の変化に対処する社会教育のあり方について」の写しを送付した。	『博物館問題研究会会報』No.五 「特別研究資料」 『現代日本教育制度史料』第三八巻
	6月1日	法律第九六号で「許可、認可等の整理に関する法律」が公布され、同法により博物館法第二九条が改正され、従来文部大臣が行なってきた博物館に相当する施設の指定は、国が設置する施設では文部大臣が、その他の施設にあっては当該施設の所在する都道府県の教育委員会が行なうことになった。	『博物館ニュース』六―七 「博物館法一部改正」 『社会教育の歩みと現状』文部省社会教育局 『現代日本教育制度史料』第三八巻、四四頁
	6月1日	文部大臣は、文部省令第二二号により、博物館法施行規則（昭和三〇年文部省令第二四号）の一部を改正した。改正は字句の訂正を含めて第一条第二項、第一八条第一項、第一九条第一項、第二〇条、第二一条、第二二条（削除）、第二三条、第二四条第一項。	『現代日本教育制度史料』第三八巻、二四三頁
	6月2日	富士川金二は、改訂増補『博物館学』第三章博物館の法体系の中で、博物館法の成立経緯、博物館法の内容、博物館の設置基準、博物館相当施設の指定要件について法の概要を解説した。	『改定増補博物館学』富士川金二
	6月5日	文社社第二二号により文部省社会教育局長は、各都道府県教育委員会教育長あてに「博物館に相当する施設の指定について」通知した。従来文部大臣が行なってきた博物館に相当する施設の指定は、国が設置する施設を除き、当該施設の所在する都道府県の教育委員会が行なうことになった。 別紙 博物館に相当する施設指定審査要項	『博物館関係法令集』日本博物館協会 『博物館に関する基礎資料』国立教育政策研究所社会教育実践研究センター 『社会教育・生涯学習ハンドブック』社会教育推進全国協議会 『博物館関係法令集』（昭和五六年）日本博物館協会、二三三頁 「博物館に相当する施設の指定について」

		一．施設 ①総合博物館、歴史博物館、民俗博物館、考古博物館、美術博物館、科学博物館について、建物はおよそ一三二㎡以上の延面積を有する ②動物園、植物園について、およそ三三〇㎡以上の土地がある ③水族館について、展示用水槽が四個以上で、水槽面積の合計三六〇㎡以上ある 二．資料 ①資料は、実物、標本、模型等の所蔵資料を有することが原則であるが、寄託資料であってもよい 三．職員　一般職員のほか、専門的職員として、学芸員有資格者、学芸員に相当する者 四．事業　展示は常設展はもとより、特別展なども行なっている 五．運営　館園の設置規程、利用規則、職員組織規定等必要な諸規則が整備されている。	
	8月12日	六月二六日の公立博物館長の意見交換で討議された事項をまとめて成案とし、日本博物館協会常務理事会に付議した。	『博物館ニュース』六―九 「博物館法廃止と社会教育法全面改正に関する問題と関係方面への質疑と意見書」
	8月16日	日本図書館協会（JLA）社会教育法改正問題対策委員会は、現行図書館法を堅持することとなった。	『博物館問題研究会会報』No.五 「法改正問題資料目録」
	8月20日	日本博物館協会長は文部省社会教育局長に対し、社会教育法の改正に対し、次の四点を明らかにした。 一）現行博物館法を廃止し社会教育法（新案）に統合し、一本化することには反対である。 二）現行博物館法を充実、強化する方向へ向って改正すべきである。 三）現行法改正については文部省は広く館界の意見を聞き、それを尊重して慎重に取扱われたい。 四）社会教育審議会が答申している内容のうち博物館の本質機能、役割について正しく理解されてはいない憾みがある。博物館を単なる社会教育の機関としてとらえられていること自体に博物館に関する認識としての問題がある。	『博物館ニュース』六―九 「博物館法廃止と社会教育法全面改正に関する問題と関係方面への質疑と意見書」
	8月20日	日本博物館協会長は、「博物館法の廃止、社会教育法の全面改正の問題について」全国教育長協議会幹事長、全国社会教育課長協議会長に参考意見書を送付した。	『博物館ニュース』六―九 「博物館法廃止と社会教育法全面改正に関する問題と関係方面への質疑と意見書」
	8月25日	全国公共図書館協議会（全公図）は、社会教育法の改正にあたり、図書館単独法で存続させてほしいとする要望書を提出した。	『博物館問題研究会会報』No.五 「法改正問題資料目録」
	9月14日	図書館問題研究会第一八回全国大会で「社会教育法の改悪に反対し、現行図書館法の理念をまもる決議」をした。	『博物館問題研究会会報』No.五 「法改正問題資料目録」
	10月15日	博物館問題研究会設立準備委員会は、会報四号を博物館法制定二〇周年記念特集号とした。A・文献資料編、B・統計資料編、C・法改正問題資料、に分けており、更に棚橋法案（博物館動植物園法）全文を収録した。	『博物館問題研究会会報』No.四
	10月25日 26日	第一九回全国博物館大会で「博物館の振興方策について」「博物館の設置基準について」等が協議され、「博物館法による登録、或は相当施設は、その実態を再検討し、充実した機能をもつ博物館とすること」「国は学芸員養成の実情を調査し、養成内容の充実と向上をはかること」等九項が決議された。	『第一九回全国博物館大会報告書』
	12月20日	坂本太郎、富本馨太郎、三上次男、堀米庸三、滝口宏、井上光貞を発起人とする「国立歴史民俗博物館設立に関する要望書」が内閣総理大臣、文部大臣、文化庁長官、大蔵大臣等に提出された。	『歴史と博物館』創刊号 「国立歴史民俗博物館設立に関する要望書」

年	月日	事項	拠所・文献
一九七二　昭和47	2月	日本社会教育学会社会教育法制研究会は「社会教育法制研究資料一四」で博物館法成立史関係資料をまとめて刊行した。A博物館法案関係資料〔A一～A一六〕、B文化財保護改正運動関係資料〔B一～B一三〕、C博物館法関係資料〔C一～C二九〕、D新聞関係資料〔D一〕、E博物館法体制整備過程関係資料〔E一～E九〕、F特別資料〔F一～F六〕、G年表〔G一・二〕に分類し、原文を掲載した。	『社会教育法制研究資料』第一四号 日本社会教育学会社会教育法制研究会
	4月27日	文部大臣は、文部省令第一六号で博物館法施行規則の一部を改正した。第一二条第一項中「合格点を得た者」の下に「（試験科目の全部について試験の免除を受けたものを含む。）」を加えた。	『現代日本教育制度史料』第三九巻、二一七頁
	4月27日	文部省告示第五一号で博物館法施行規則の一部が改正された。国立教育研究所が実施する博物館職員講習が国家試験を免除する講習に指定された。	『博物館問題研究会会報』No.九 「社会教育研究所による初の学芸員資格習得講座実施」
	4月28日	政令第一〇六号で「沖縄の復帰に伴う文部省関係法案法令の適用の特別措置等に関する政令」が公布され、琉球政府が設置した博物館で学芸員に相当する職員であった者は、この法の施行から六年間は学芸員となる資格を有することとなった。（第二四条・学芸員の資格に関する経過措置）	『博物館関係法令集』日本博物館協会 『現代日本教育制度史料』三九巻、七九頁 『博物館関係法令集』（昭和五六年）日本博物館協会、三七頁
	5月11日	九州博物館協議会で「博物館の設置および運営に関する基準（案）の諮問に対する九博協としての取り組み状況について」が協議された。	『博物館ニュース』七—八 「九州博物館協議会開催報告」
	7月27日〜8月24日	科学系分野の学芸員の育成を目的とした国立社会教育研修所主催の第一回目の「博物館職員講習」が開かれた。受講者二九名。	『全科協ニュース』二—四 「昭和四七年度博物館職員講習全日程決まる」 『全科協ニュース』三—二 「昭和四七年度博物館職員講習の経過」
	9月1日	社会教育審議会教育施設分科会博物館部会で検討されていた「博物館の設置および運営上望ましい基準について」の問題点を中心とする中間的な経過報告が掲載された。	『全科協ニュース』二—六 「博物館の設置および運営上望ましい基準についての問題点など（中間報告）」
	9月19日〜21日	第二〇回全国博物館大会で文部省から現状の博物館行政が報告され、「博物館の設置ならびに運営に関する基準の公示に並行して、その運営の根幹をなす学芸員制度の基準を確立し、専門職員（学芸員、学芸員補）の充実と資質の向上をはかり、その設置費に対しその三分の一程度の国庫補助金を交付されたいこと」等が決議された。	『第二〇回全国博物館大会報告書』日本博物館協会
	10月上旬	社会教育審議会教育施設分科会博物館部会は、博物館の設置および運営上望ましい基準について、原案を文部省社会教育局へ提出した。	『全協会ニュース』二—六 「社教審博物館基準部会終わる」
	11月15日	第一回日本博物館協会公立・私立博物館長会議が開催された、	『博物館ニュース』七—一一 「博物館長会議常任委員会開催」
	11月16日	第二〇回全国博物館大会の決議を文部大臣、文化庁長官等に陳情した。	『博物館ニュース』七—一〇 「第二〇回全国博物館大会決議上申さる」
	11月16日	国際連合教育科学文化機関は、パリにおける第一七回ユネスコ総会において、「世界の文化遺産及び自然遺産の保護に関する条約」を採択した。	『ユネスコ関係条約・勧告集』日本ユネスコ国内委員会

1月23日	全国美術館会議の会員館が博物館の設置基準について検討し、私立博物館独自の基準案を作成して検討することとなった。	『博物館ニュース』八―三「私立博物館設置基準について」
4月12日	内閣総理大臣、法務・外務・大蔵・文部・厚生・農林・通商産業・運輸・郵政・労働・建設・自治各大臣は法律第一〇号で「国民の祝日に関する法律の一部を改正する法律」で、国民の祝日が日曜日にあたるときは、その翌日を休日とすることに改正した。	『現代日本教育制度史料』第四〇巻、五頁
5月14日	第一五回北信越博物館研究協議会で「博物館の設置および運営に関する基準」を研究テーマとした。	『博物館ニュース』八―六「第一五回北信越博物館研究協議会開催される」
5月31日〜7月4日	国立社会教育研修所主催の第二回目の「博物館職員講習」が開かれた。受講者二七名。	『全科協ニュース』三―四「昭和四八年度博物館職員講習終わる」
10月1日	法律一〇五号により「動物の愛護及び管理に関する法律」が公布された。この法律は、動物の虐待防止、動物の適正な取扱いその他動物の愛護に関する事項を定めて国民の間に動物を愛護する気風を招来し、生命尊重、友愛及び平和の情操の涵養に資するとともに、動物の管理に関する事項を定めて動物による人の生命、身体及び財産に対する侵害を防止することを目的としている。	『博物館に関する基礎資料』国立教育政策研究所社会教育実践研究センター
11月14日	第二一回全国博物館大会で、「博物館法に定める設置基準を速やかに公示し、その拠るところを明示せられたい」と決議された。	『第二一回全国博物館大会報告書』日本博物館協会
11月30日	文部省告示第一六四号により文部大臣は、博物館法（昭和二六年法律第二八五号）第八条の規定に基づき、「公立博物館の設置及び運営に関する基準」を定めた。 第一条は趣旨で公立博物館の設置及び運営に関する基準を定めた。 第二条は定義で「総合博物館」「人文博物館」「自然系博物館」の三種類あることを説明している。 第三条は、設置で都道府県は博物館を設置するものとし、市町村はその規模及び能力に応じて、単独で又は他の市町村と共同で設置する。 第四条は施設及び設備で、資料の保管、資料の展示、資料に関する教育活動、資料に関する調査及び研究、利用者の休憩及び安全、などを備える。動物園は六五種類以上の飼育、植物園は一五〇〇種類以下の栽培植物、水族館は一五〇種以上の飼育。 第五条は、施設の面積で、建物の延べ面積は都道府県立は六〇〇〇平方メートル、市町村立にあっては二〇〇〇平方メートルを標準とする。 第六条は資料で、一次資料、二次資料を必要に応じて収集し保管する。 第七条は展示の方法などで、総合展示、課題展示、分類展示、生態展示、動態展示などで効果を上げる。 第八条は教育活動で、各種の講座又は集会活動、資料の貸出し、館外巡回展示の開催など。 第九条は目録の作成など。 第一〇条は開館日程などで年間の開館日は、二五〇日を標準とする。 第一一条は入場制限等、第一二条は職員、第一三条は職員の研修。	『現代日本教育制度史料』第四〇巻、八三頁

年	月日	事項	拠所・文献
	11月30日	文部省社会教育局長は、文社社第一四一号により、各都道府県教育委員会教育長あてに「公立博物館の設置及び運営に関する基準の取扱いについて」通達した。 第一条関係。この基準は博物館法第八条の規定に基づき、公立博物館の健全な発達を図るために博物館の設置及び運営上の望ましい基準として定めたものである。登録要件に係る審査基準でも補助金の交付基準でもない。 第二条関係。博物館を大別して、総合博物館、人文系博物館及び自然系博物館としているが、これは博物館の設置及び運営のあり方を類型的に示すうえの便宜に基づくものであり、現に設置されている博物館の名称を統一する趣旨ではない。 第三条関係。都道府県が広域的団体であることにかんがみ、総合博物館を設置しない場合は、人文系博物館及び自然系博物館の両者を設置することを期待している。 第四条関係。博物館の設計に当たっては、車椅子の使用等、身体障害者の利用の便宜を考慮することが望まれる。 第五条関係。六〇〇〇平方メートル及び二〇〇〇平方メートルの用途別面積を掲げた。 第六条関係。動物園、植物園及び水族館の資料数に示す、「種」の収集にあたっては、広い範囲にわたって比較展示ができるように生物分類学上における複数の「綱」及び「目」にわたることが望ましい。	『博物館ニュース』八－一一・一二合併号「公立博物館の設置及び運営に関する基準」の告示について 『現代日本教育制度史料』第四〇巻、一〇三六頁
	12月5日	都道府県立・指定都市立博物館長会議で文部省から「公立博物館の設置及び運営に関する基準」について説明があった。	『博物館ニュース』九－二「都道府県立・指定都市立博物館長会議開催」
一九七四 昭和49	2月2日	博物館問題研究会は、博物館の設置基準に関して考察するために会報で特集号を組んだ。「博物館の設置及び運営に関する基準」案の社会的背景とその法理論上の自己矛盾について（伊藤寿朗）、一弱小博物館と「基準」（小見秀宮）、基準に置去りにされた学芸員制度の諸問題（福永重樹）、資料としては「博物館の設置および運営に関する基準（案）」が示された。	『博物館問題研究会会報』No.一三
	5月	博物館法第八条に関する問題点を中心として「博物館法改正意見の展開」が述べられた。	『博物館ニュース』九－五「博物館法改正意見の展開」
	6月14日	コペンハーゲンで開かれた第一一回イコム総会において、「国際博物館会議（略称イコム）定款」が採択された。第二章定義において「博物館とは、社会とその発展に寄与することを目的として広く市民に開放された営利を目的としない恒久施設であって、研究・教育・レクリエーションに供するために、人類とその環境に関する有形の物証を収集し、保存し、調査し、資料としての利用に供し、また展示を行うものをいう。」とある。	『社会教育・生涯学習ハンドブック』社会教育推進全国協議会、一二三六頁
	7月16日	国立国際美術館（仮称）設立準備調査会が発足した。	『文化行政の歩み』文化庁

10月4日	第二二回全国博物館大会に「設置基準に法的拘束力をもたせると共に、通達別記一の第一条関係の二項は削除されたい」「博物館法第二三条入館料の規定は、諸物価高騰の折柄、原則を大きく逸脱できる余地を残しており問題が多い。指導官庁よりの厳密な解釈を示されたい」「博物館法第一九条と関連して、教育委員会以上の部局の博物館建設をどう認めるのか、国としての統一見解を示されたい」「地方税法三四八条による固定資産税の対象を、博物館法第二九条の相当施設に適用拡大されたい」「博物館法第二条による私立博物館に対する寄贈に関して、法人税、所得税等関係税法の優遇措置を講ぜられたい」等が提案され審議された。	『第二二回全国博物館大会報告書』
一九七五 昭和50		
4月1日	文部大臣は、文部省令第一〇号で国立学校設置法（昭和二四年法律第一五〇）第一三条の規定に基づき、国立民族学博物館組織運営規則の一部を改正した。	『現代日本教育制度史料』第四二巻、二六三頁
7月1日	文部大臣、建設大臣、自治大臣、内閣総理大臣は、法律第四九号で文化財保護法の一部を改正した。「民俗資料」を「民俗文化財」に改めた。 第一章・総則。第二章・削除。第三章・有形文化財。第三章の二・無形文化財。第三章の三・民俗文化財。第四章・埋蔵文化財。第五章・史跡名勝天然記念物。第五章の二・伝統的建造物群保存地区。第五章の三・文化財の保存技術の保護。第五章の四・文化財保護審議会。第六章・補則。第七章・罰則。	『文化行政の歩み』文化庁 『現代日本教育制度史料』第四二巻、二六三頁
7月26日	文部省令第一二三号で博物館法施行規則（昭和三〇年文部省令第二四号）の一部が改正され、第一六条第一項の表一の項中「三〇〇円」を「一〇〇〇円」に、同表二の項中「一〇〇〇円」を「二〇〇〇」円に改めた。	『博物館研究』第一〇巻第六号 「学芸員国家試験・五〇年一月二〇・二一日」 『現代日本教育制度史料』第四二巻、三三八頁
9月9日	政令第二六七号により「文化財保護法施行令」を公布する。	『文化財保護関係法令集』第三次改訂版 文化財保護法研究会
11月20日	文部省告示第一五六号で「重要無形民俗文化財指定基準」が定められた。 1. 風俗慣習のうち次のいずれかに該当し、特に重要なもの。 ①由来、内容等について我が国民の基礎的な生活文化の特色を示すもので典型的なもの。 ②年中行事、祭礼、法会等の中で行われる行事で芸能の基盤を示すもの。 2. 民俗芸能のうち次の一に該当し、特に重要なもの。 ①芸能の発生または成立を示すもの。 ②芸能の変遷の過程を示すもの。 ③地域的特色を示すもの。 3. 民俗技術のうち次のいずれかに該当し、特に重要なもの。 ①技術の発生又は成立を示すもの。 ②技術の変遷の過程を示すもの。 ③地域的特色を示すもの。	『文化財保護関係法令集』第三次改訂版 文化財保護法研究会
11月20日	文部省告示第一五七号で「重要伝統的建造物群保存地区選定基準」が定められた。 一、伝統的建造物群が全体として意匠的に優秀なもの。 二、伝統的建造物群及び地割が良く旧態を保持しているもの。 三、伝統的建造物群及びその周囲の環境が地域的特色を顕著に示しているもの。	『文化財保護関係法令集』第三次改訂版 文化財保護法研究会

年	月日	事項	拠所・文献
	12月22日	文部省告示第一六六号で「選定保存技術の選定並びに保持者及び保存団体の認定の基準」が定められた。 第一、選定保存技術の選定基準 〔有形文化財等関係〕 有形の民俗文化財又は記念物の保存のために欠くことのできない伝統的な技術又は技能のうち修理、復旧、復元、模写、模造等に係るもので保存の措置を講ずる必要のあるもの。 有形文化財等の修理等の技術等の表現に欠くことのできない材料の生産、製造等又は用具の製作、修理等の技術又は技能で保存の措置を講ずる必要のあるもの。 〔無形文化財等関係〕 無形文化財又は無形の民俗文化財の保存のために欠くことのできない伝統的な技術又は技能のうち芸能、の技法若しくは工芸技術又は民俗芸能の表現に欠くことのできない用具の製作、修理等又は材料の生産、製造等の技術又は技能で保存の措置を講ずる必要のあるもの。 第二、選定保存技術の保持者又は保存団体の認定基準 選定保存技術に選定される技術又は技能を正しく体得し、かつ、これに精通している者。 選定保存技術に選定される技術又は技術を保存することを主たる目的とする団体（財団を含む。）で、当該技術又は技能の保存上適当と認められる事業を行うもの。	『文化財保護関係法令集』第三次改訂版 文化財保護法研究会
一九七六 昭和51	6月23日	文部大臣によって「社会教育施設整備費補助金交付要綱」が裁定され、公立博物館施設整備の事業が対象とされた。	『第二五回全国博物館大会資料Ⅱ』
一九七七 昭和52	4月1日	立教大学学校社会教育講座博物館学研究室は、日本博物館協会より、「学芸員の実態調査」の委託研究を引きうけた。その結果を「学芸員およびその養成制度の実態調査」としてまとめた。 その内容目次は、 調査の概要、調査回答集計資料、調査結果の概要、第Ⅰ章博物館の専門的職員の実態、第Ⅱ章大学における学芸員養成内容、参考資料。	『立教大学博物館学研究室調査報告』一七号
	4月18日	文部省令第一二号により「大学共同利用機関組織運営規則」が定められた。第一章から第一五章まであり、第一三章が国立民族学博物館（第七四条～第八〇条）企画調整官を置く内部組織は、管理部、第一研究部、第二研究部、第三研究部、第四研究部、第五研究部、情報管理施設及び地域研究企画交流センターを置く。第一四章が国立歴史民俗博物館（第八一条～第八五条）企画調整官を置く。内部組織は、管理部、情報資料研究部、歴史研究部、考古研究部、民俗研究部の五部。	『文部法令要覧』文部大臣官房総務課
	5月20日	文部省設置法の一部改正により、国立国際美術館が設置された（一〇月　五日開館）。日本美術の発展と世界の美術との関連を明らかにするために必要な美術に関する作品その他の資料を収集し、保管して公衆の観覧に供し、あわせてこれに関連する調査研究及び事業を行う機関とする。	『文化行政の歩み』文化庁 『文部法令要覧』文部大臣官房総務課

西暦	和暦	月日	事項	出典
		6月21日	日本博物館協会主催第一回館長会議で、「設置運営基準に拘束力を持つよう陳情していただきたい」「免税と補助の問題は法の上での不平等があるわけで、国、公立博物館の場合資料を売る側に免税措置がある。特別委員会で検討の上措置していただきたい」等が示された。	『館長会議資料』『第二六回全国博物館大会資料』
		8月1日	日本博物館協会長は、自由民主党文教部会、自由民主党文教制度調査会に「博物館の拡充整備に関する要望について」陳情した。	『第二五回全国博物館大会資料』
		9月23日	第二六回全国博物館大会で「設置運営基準に拘束力を持つよう陳情されたい」が分科会において討議された。	『第二六回全国博物館大会報告書』
		10月	文化庁・文化財保護部は「市町村立歴史民俗資料館の設置・運営のあり方」について定めた。 目的 市町村立歴史民俗資料館は、各種開発事業の急速な進展と生活様式の変貌に対処して、山村・漁村・離島・平地農村及び町方など広くその地域の特色を示す民俗文化財あるいは地域の歴史の流れを裏付ける遺物・文書などの歴史資料の保存活用を図り、郷土の歴史と文化に対する住民の知識と理解を深めることを目的とする。 設置及び管理 市町村（特別区を含む）が設置し、管理は当該市町村教育委員会が行う。職員を常駐させるなど、資料の保存、活用、学習活動などが適切かつ円滑に行われるよう管理体制を確立する。 設置と資料館活動 用地は原則として公有地とし、施設の管理運営に適切な場所を選定する。建設予定地の付近に建造物・美術工芸品・民俗文化財・遺跡及び名勝地などの文化財や、公民館・美術館・図書館及び文化会館等の教育文化施設があり、有機的に文化・文化財の学習活動ができることが望ましい。 施設 施設は、 ア、耐火構造として新設するもの イ、地方的特色を示す民家、または郷土にとって歴史的に重要な構造物などの既存の建物を利用するもの。いずれかとする。 収蔵品は、その地域の特色を示す民俗文化財、地域の歴史の流れを裏付ける文書、遺物等の歴史資料、考古資料。	『博物館に関する基礎資料』国立教育政策研究所社会教育実践センター 『博物館関係法令集』日本博物館協会
一九七九	昭和54	2月	文部省社会教育局は、昭和五三年七月八日付で各大学に依頼した「社会教育学・図書館学・博物館学関係講座などの開設状況について」の調査回答を公表した。	「大学における社会教育主事・司書・学芸員関係科目開設状況」
		2月	川崎繁の「博物館法の思い出」が掲載された。	『博物館研究』第一四巻第二号
		3月	森田恒之「公立博物館の学芸員に対する教育公務員特例法適用に関する提案」が掲載された。	『博物館研究』第一四巻第三号
		5月	古賀忠道の〝動物保護及び管理に関する法律〟と博物館法との関係が述べられた。 ① 博物館法は動物園が教育施設であることについてのみ条件付けをしているが、やはり動物保護法による条件を考慮して登録や指定をするように心がけてもらいたい。 ② 博物館法による登録や指定を受けている動物園は、動物保護法適用の除外を受けているので、それに価するような努力をすることが必要だ。	『博物館研究』第一四巻第五号 「動物園と〝博物館法〟並びに〝動物保護及び管理に関する法律〟について」
		5月	千地万造「公立博物館の設置および運営に関する基準の制定について」が掲載された。	『博物館研究』第一四巻第五号
		9月21日	第二七回全国博物館大会で「私立博物館資料の寄贈、購入等の場合における税制上の措置を国・公立博物館に準じて扱われたい」が決議された。	『第二七回全国博物館大会報告書』 『昭和五五年度社団法人日本博物館協会総会資料』

年	月日	事項	拠所・文献
一九八一 昭和56	3月23日	文部大臣は、文部省令第八号により、博物館法施行規則の一部を改正する省令を定めた。第一六条第一項の表四の項中「五〇円」を「一〇〇円」に改め、同表五の項中「五〇円」を「一〇〇円」に改めた。	『現代日本教育制度史料』第四八巻、一七八頁
	4月1日	社団法人日本博物館協会は、初めて『博物館関係法令集』を発行した。昭和五八年六月に改訂版が発行され、以後平成三年四月、平成一〇年一月、平成一一年四月、平成一三年四月、平成一四年一〇月、平成一六年四月、平成一七年四月、平成一九年四月、平成二一年四月に発行されている。	『博物館関係法令集』日本博物館協会
	4月14日	法律第二三号により、国立学校設置法の一部が改正され、国立大学共同利用機関として「国立歴史民俗博物館」が設置された。	『国立歴史民俗博物館要覧』
	6月11日	中央教育審議会は、基本的な方針として、人間の乳幼児期から高齢期に至る、生涯のすべての発達段階に即して、人々の各時期における望ましい自己形成を可能にする方途を考察し、また、教育機能の領域・形態の面から、家庭の持つ教育機能をはじめ、学校教育、社会教育、企業内教育、さらには民間の行う各種の教育・文化事業等にわたって、社会に幅広く存在する諸教育機能を生涯教育の推進の観点から総合的に考察した「生涯教育について」を答申した。 第一章、我が国における生涯教育の意義 第二章、我が国の生涯教育に関する状況・今後の課題 第三章、成人するまでの教育 第四章、成人期の教育 第五章、高齢期の教育	『生涯学習・社会教育行政必携』生涯学習・社会教育行政研究会 「生涯教育について」
	11月5日	東京の科学技術館で開かれた第二九回全国博物館大会において、皇太子殿下をお迎えし、「博物館法制定三〇周年記念式典」が挙行された。	『博物館研究』第一六巻第一一号
一九八二 昭和57	1月25日	日本博物館協会は、博物館法施行三〇周年を記念して、博物館法に対する意見問題提起等を特集掲載した。 伊藤寿朗〈博物館法は〝博物館の自由〟を保障する〉 小野木三郎〈博物館法について〉 金子功〈博物館法について〉 佐々木利三〈博物館法に思う〉 鈴木清〈博物館法について〉 高原正文〈博物館法に望む〉 中川成夫〈博物館法制定三〇周年に考える〉 中村齋〈博物館法と教育活動〉 広瀬鎮〈博物館法を想う〉 松井保〈博物館法と弱小地方博物館の願い〉 村井工一〈「学芸員」は有名無実か〉 山下正雄〈博物館法制定三〇周年に際して〉 椎名仙卓〈博物館の法令等に関する年表〉	『博物館研究』第一七巻第一号 「博物館法三〇年」

年	和暦	月日	事項	出典
一九八三	昭和58	5月10日	文部省令第二一号により、博物館法施行規則の一部が改正された。博物館法施行規則（昭和三〇年文部省令第二四号）の第二〇条が削除され、第二四条中「博物館相当施設」を「文部大臣又は都道府県の教育委員会の指定する博物館に相当する施設（以下「博物館相当施設」という。」に改めた。	『博物館研究』第一八巻第五号「博物館法一部改正」 『現代日本教育制度史料』第五〇巻、二三六頁
		6月24日	文部省社会教育局長は、文社社第七一号で、各都道府県教育委員会教育長あてに「博物館法施行規則の一部改正について」を通知した。改正の要点は、文部大臣又は都道府県教育委員会が行う博物館相当施設の指定及び指定の取り消しに伴う館報広告を廃止したことである。以後、都道府県教育委員会が博物館相当施設として指定した場合及び取り消した場合は、登録博物館の例に準じて都道府県教育委員会において公示することとなった。	『生涯学習・社会教育行政必携』生涯学習・社会教育行政研究会 『博物館に関する基礎資料』国立教育政策研究所社会教育実践研究センター 『博物館関係法令集』日本博物館協会
		11月18日	日本学術会議会長塚田裕三は、総学庶第一二五九号により、日本学術会議第九一回総会の議決に基づき、内閣総理大臣、衆議院・参議院両文教委員会委員長、大蔵大臣、文部大臣、行政管理庁長官、文化庁長官にあて、我が国の考古学界には、国内の発掘資料を体系的に収納し、保存・公開・活用する専門施設がないので、二一世紀に向けて新しい学問創造の場として、「国立考古学博物館」（仮称）の設置について」を勧告した。	『日本学術会議配布資料』「国立考古博物館施設設置の趣旨ならびに構想」
一九八四	昭和59	8月8日	法律第六五号により「臨時教育審議会設置法」が公布された。目的には、社会の変化及び文化の発展に対応する教育の実現の緊要性にかんがみ、教育基本法の精神にのっとり、その実現を期して各般にわたる施策につき、必要な改革を図ることにより、同法に規定する教育の目的の達成に資するため、となっている。審議会は、内閣総理大臣の諮問に応じ、基本的な事項について調査審議する。	「教育改革に関する第二次答申」（付・参考資料昭和六一年四月二三日発行）臨時教育審議会
		8月21日	臨時教育審議会委員が任命され、臨時教育審議会が発足した。	「教育改革に関する第一次答申」臨時教育審議会
		9月5日	総総第七九二号により、内閣総理大臣中曽根康弘は、臨時教育審議会会長に対し「我が国における社会の変化及び文化の発展に対応する教育の実現を期して各般にわたる施策に関し必要な改革を図るための基本的方策について」諮問した。	「教育改革に関する第二次答申」臨時教育審議会
		11月7日	臨時教育審議会第八回会議（総会）で、部会の設置及び審議事項が定められた。	「教育改革に関する第二次答申」臨時教育審議会
		11月14日	臨時教育審議会第九回会議（総会）で「審議経過の概要（その一）」の決定を公表した。	「教育改革に関する第二次答申」臨時教育審議会
一九八五	昭和60	4月24日	臨時教育審議会第一六回会議（総会）で「審議経過の概要（その二）」の決定を公表した。	「教育改革に関する第二次答申」臨時教育審議会
		6月26日	臨時教育審議会は、教育に関する第一次答申をした。教育基本法の精神にのっとって、個人の尊厳を重んじ、伝統文化を継承し、日本人としての自覚に立って、国際社会に貢献し得る国民の育成を図ることを目標としており、時代の進展に対応して、教育改革を推進するために「個性重視の原則」を基本的な考え方とした。	『生涯学習・社会教育行政必携』生涯学習・社会教育行政研究会
		9月4日	臨時教育審議会は、国際化に関する委員会・家庭・学校・地域の連携に関する分科会、スポーツと教育に関する分科会を設置した。	「教育改革に関する第二次答申」臨時教育審議会
		9月25日	臨時教育審議会は、情報化に関する委員会を設置した。	「教育改革に関する第二次答申」臨時教育審議会
一九八六	昭和61	1月22日	臨時教育審議会第四三回会議（総会）で「審議経過の概要（その三）」の決定を公表した。	「教育改革に関する第二次答申」臨時教育審議会

年	月日	事項	拠所・文献
	4月23日	臨時教育審議会は、教育改革に関する第二次答申をした。学校教育の意義と役割の限界を確認して、家庭、社会、職場の果たす教育的な役割を活性化するため、学校教育中心の考え方から脱却して、生涯学習社会体系への移行を主軸として、二一世紀に向けての教育の基本的で総合的な再編成の目標を提案した。	『生涯学習・社会教育行政必携』生涯学習・社会教育行政研究会 「教育改革に関する第二次答申」臨時教育審議会
	11月4日	一九八六年一一月四日アルゼンチンブエノスアイレスに於ける第一五回イコム総会で「イコム職業倫理規範」が採択された。職業倫理に関する一般規定であり、博物館専門職として最小限度必要とされる事柄を扱っている。 Ⅰ、定義 一、一　国際博物館会議（ＩＣＯＭ） 一、二　博物館 一、三　博物館専門職 一、四　管理母体 Ⅱ、博物館の倫理 二、　博物館管理の基本原則 二、一　博物館の最低基準 二、二　規約 二、三　財政 二、四　土地建物 二、五　職員 二、六　博物館の教育活動と地域の役割 二、七　公共対策 二、八　展示・展覧会・特別活動 二、九　コマーシャル・サポートとスポンサー 二、一〇　ミュージアム・ショップと商業活動 二、一一　法的義務 三、　博物館収集品の取得 三、一　収集品政策 三、二　不法資料の取得 三、三　実地研究と収集 三、四　収集政策上の博物館相互協力 三、五　条件付き取得と他の特別要素 三、六　借用 三、七　利害の衝突 四、　収集品の処理 四、一　収集品の維持に関する一般規定 四、二　処理に関する法律とその他の権限 四、三　処理政策と手続き 四、四　文化財の返却	『博物館研究』第二八巻第一号 日本博物館協会 『ICOMNEWS』「イコム職業倫理規定」

	Ⅲ、専門職の行為 五、　一般原則 五、一　博物館専門職の倫理義務 五、二　個人的行為 五、三　個人的利益 六、　収集品に関する個人的責任 六、一　博物館収集品の取得 六、二　収集品のケア 六、三　収集品の保存と修復 六、四　収集員のドキュメンテーション 六、五　収集品の処理 六、六　生きている動物の福祉 六、七　人間遺産と宗教遺産 六、八　個人的収集品 七、　公共に対する個人的責任 七、一　専門職基準の遵守 七、二　一般社会との関係 七、三　秘密事項 八、　専門職同志及び専門職としての個人的責任 八、一　専門的関係 八、二　専門的協力 八、三　取引 八、四　他の利害の問題 八、五　鑑定、評価と不法資料 八、六　専門職にあるべからざる行為 （翻訳　日本博物館協会）	
12月3日	社会教育審議会社会教育施設分科会は、「社会教育施設におけるボランティア活動の促進について」報告した。 第一章、生涯学習とボランティア活動 第二章、社会教育施設におけるボランティア活動 第三章、ボランティア活動促進のための条件整備	『博物館に関する基本資料』国立教育政策研究所社会教育実践研究センター
一九八七 昭和62		
2月8日	日本民俗学会第四回理事会において、第一期博物館特別委員会の設置が了承された。委員会は、内田賢作を委員として、博物館現場の職員構成、学芸員の配置状況についてのアンケート調査を実施した。	『日本民俗学』八四号 「博物館における学芸職員の職名と位置づけ―第一期博物館特別委員会報告―」
4月1日	臨時教育審議会は、教育改革に関する第三次答申をした。 これからの学習は、学校教育の基盤の上に立って、各人の能力と自発的な意思により、生涯を通じて行われるべきものである。その学習成果が適正に評価され、社会で生かせるようなシステムにする必要がある。そこに「開かれた学校」への転換を促進し、家庭・学校・地域が相互に連携・融合するようなシステムをつくることが必要であり、この一環として、評価の多次元化と生涯学習の基盤整備を進めることを提言した。	『生涯学習・社会教育行政必携』生涯学習・社会教育行政研究会 「教育改革に関する第三次答申」
8月7日	臨時教育審議会は、教育改革に関する第四次答申（最終答申）をした。最終答申として、第三次までの基礎的な提案を改めてまとめ、二一世紀に向けての教育改革に情熱をもって取り組むことを期待した。	『生涯学習・社会教育行政必携』生涯学習・社会教育行政研究会 「教育改革に関する第四次答申」

年	月日	事項	拠所・文献
	10月6日	臨時教育審議会答申に示された教育の基本的な在り方に関する教育改革について、生涯学習体制の整備、初等中等教育の改革、高等教育の改革、学校の振興、時代の変化に対応するための改革、教育行財政の改革、教育改革の推進体制の機関、に分けた改革提言「教育改革に関する当面の具体的方策について」が閣議決定した。	『生涯学習・社会教育行政必携』生涯学習・社会教育行政研究会
一九八八 昭和63	2月25日	立教大学名誉教授中川成夫、博物館学講座で学芸員を養成する立場から、法制定当時とは社会情勢が変化しているので、改めて学芸員資格の質的向上を提言した。具体策として、学芸員資格の取得も大学院レベルまで向上させる。学芸員養成課程をもつ大学には、附属博物館の設置を義務付ける、などであった。	『博物館研究』第二三巻第二号 日本博物館協会「博物館法と学芸員養成について」
	8月25日	日本博物館協会が調査した日本の博物館学芸員の実態が報告された。	『博物館研究』第二三巻第八号 日本博物館協会「博物館学芸員の実態」

日本の博物館の父・田中芳男

博物館法の制定に貢献した棚橋源太郎

東京博物館・上野別館「人形の家」

『モナ・リザ展』の観覧者・大蔵集古館

公園内に列をなした『中国の恐竜展』

特別展示された「月の石」

年	月日	事項	拠所・文献
一九八九 平成1	5月8日	日本民俗学会第六回理事会において、第Ⅱ期博物館特別委員会の設置が決定した。調査の検討事項は、 ①文部省から学術研究機関として認定されている博物館の調査 ②職員構成・学芸員の配置状況の詳細調査 ③文部省・文化庁へ、博物館学芸員の適正配置に関する指導などについての要望方法の検討 ④大学における学芸員養成講座の現況調査、の四項目であった。	『民俗世界と博物館―展示・学習・研究のために』日本民俗学会
	6月21日	日本学術会議、考古学研究連絡委員会、文化人類学、民俗学研究連絡委員会、合同の「学芸員問題に関するヒアリング（第一回）」を開催した。世田谷区立郷土博物館長寺田良喜、平塚市博物館小川直之、群馬県立歴史博物館田中宏之が学芸員の現状を報告した。	『歴史手帳』 『民俗世界と博物館―展示・学習・研究のために』日本民俗学会、一九八頁
	6月29日	社会教育審議会は、昭和六三年一二月九日文部大臣から「新しい時代に向けての社会教育施設の整備・運営の在り方について」諮問をうけ、社会教育施設分科会で討議し、生涯学習時代において利用者に「親しまれる」「開かれた」博物館として一層発展するため「博物館の整備・運営の在り方について」としてまとめた。	『博物館研究』第二五巻第七号 日本博物館協会 「博物館の整備・運営の在り方について」
	6月29日	法律第七一号により、生涯学習振興のための推進体制及び地域における生涯学習に係る機会の整備を図るための「生涯学習の振興のための施策の推進体制等の整備に関する法律」が公布された。 第一条　目的 第二条　施策における配慮等 第三条　生涯学習の振興に質するための都道府県の事業 第四条　都道府県の事業の推進体制の整備に関する基準 第五条　地域生涯学習振興基本構想 第六条　承認基準 第七条　基本構想の変更 第八条　基本構想の実施等 第九条　負担金についての損金算入の特例 第一〇条　生涯学習審議会 第一一条　都道府県生涯学習審議会 第一二条　市町村の連携協力体制	『博物館に関する基礎資料』国立教育政策研究所社会教育実践研究センター 『文部科学法令要覧』文部科学法令研究会 『博物館関係法令集』日本博物館協会

年	月日	事項	出典
	6月29日	政令第一九四号により「生涯学習の振興のための施策の推進体制等の整備に関する法律施行令」を定めた。 （生涯学習に係る機会の総合的な提供に必要な業務） 第一条　生涯学習の振興のための施策の推進体制等の整備に関する法律（以下「法」という）。第五条第二項第四号の政令で定める業務は、次のとおりとする。 一．法第五条第二項第三号に規定する民間等業者に対し、生涯学習に係る機会の提供を行うために必要な資金の借入れに係る債務の保証を行うこと。 二．生涯学習に係る機会の提供に従事する者に対する研修を行うこと。 三．生涯学習に係る機会に関する広報活動を行うこと。 四．生涯学習に係る機会に対する需要に関する調査研究を行うこと。 五．前各号に掲げる業務に附帯する業務を行うこと。 （生涯学習に係る機会の提供の程度が著しく高い地域） 第二条　法第五条第四項第一号の政令で定める地域は、平成二年六月一日における東京都の特別区の存する区域、大阪市の区域及び名古屋市の区域とする。 （政令で定められる審議会） 第三条　法第五条第五項の政令で定める審議会は、産業構造審議会とする。	『生涯学習・社会教育行政必携』生涯学習・社会教育行政研究会 『文部法令要覧』文部省大臣官房総務課
	6月29日	政令一九五号により、「生涯学習審議会令」を定めた。	『生涯学習・社会教育行政必携』生涯学習・社会教育行政研究会
	9月28日	文部事務次官は、文生生第一八〇号で各都道府県知事、各都道府県教育委員会あてに「生涯学習の振興のための施策の推進体制等の整備に関する法律等いついて」を通達した。	『生涯学習・社会教育行政必携』生涯学習・社会教育行政研究会
	10月27日	石川県社会教育センターで開催された第三八回全国博物館大会において「博物館法の改正」「学芸員等の資質向上の処遇改善」が決議された。	『博物館研究』第二五巻第二号　日本博物館協会 「第三八回全国博物館大会決議」
一九九一 平成3	2月7日	文部省告示第五号により、「生涯学習の振興に資するための都道府県の事業の推進体制の整備に関する基準」が示された。 一、目的　この基準は生涯学習の振興のための施策の推進体制等の整備に関する法律第三条第一項各号に掲げる事業の推進体制の整備に関し望ましい基準を定め、各都道府県がその判断に基づいて体制を整備する場合の参考に供し、生涯学習の振興に資することを目的とする 二、推進体制の整備 三、地域の実情に即した事業の実施 四、一体的かつ効果的な事業の実施 五、他部局との連携 六、地域において生涯学習に資する事業を行う機関及び団体との連携 七、事業の具体的内容 （一）学習情報の収集。整備及び提供 （二）住民の学習に対する需要及び学習成果の評価に関する調査研究 （三）地域の実情に即した学習の方法の開発 （四）住民の学習に関する指導書及び助言者に対する研修 （五）地域における学校教育、社会教育及び文化に関する機関及び団体相互の連携に関する照会、相談への対応及び助言その他の援助 （六）社会教育のための講座の開設その他の住民の学習機会の提供に関し必要な事業	『生涯学習・社会教育行政必携』生涯学習・社会教育行政研究会

年	月日	事項	拠所・文献
	2月7日	文部省生涯学習局は「生涯学習の振興に資するための都道府県の事業の推進体制の整備に関する基準」(平成三年二月七日文部省告示第五号)の趣旨及び留意点について、その内容を達した。	『生涯学習・社会教育行政必携』生涯学習・社会教育行政研究会
	4月19日	中央教育審議会は「新しい時代に対応する教育の諸制度の改革について」答申した。生涯学習社会への対応では、今後の生涯学習社会の実現に向けて、学校は期待される役割や具体的施策を示すとともに、生涯学習の成果を適切に評価する仕組みの拡充など、今後の方策を提言した。	『生涯学習・社会教育行政必携』生涯学習・社会教育行政研究会
一九九二 平成4	2月20日	青少年の学校外活動に関する調査研究協力者会議は「休日の拡大等に対応した青少年の学校外活動の充実についての審議のまとめ」を発表した。地域社会の教育の中心となっている公民館、図書館、博物館、文化会館等は、子供のみを対象にした施設ではないが、子供の興味・関心に応じた活動の場として提供したり、学校外活動に関連した拠点として有効活用を図ることが出来る。これらの社会教育施設の整備充実に努めるとともに、学校外活動に配慮した事業の展開や施設の整備を一層進めることが望まれる、としている。	『博物館に関する基礎資料』国立教育政策研究所社会教育実践研究センター
	4月12日	日本学術会議、考古学研究連絡委員会、文化人類学・民俗学研究連絡委員会合同「学芸員問題」に関するヒアリング(第二回)が開催された。明治大学の倉田公裕が博物館学講座について報告した。	『歴史手帳』 『民俗世界と博物館―展示・学習・研究のために』日本民俗学会
	6月26日	法律第八八号により「地域伝統芸能等を活用した行事の実施により観光及び特定地域商工業の振興に関する法律」を定めた。この法律は、地域伝統芸能等を活用した行事の実施が、地域の特色を活かした観光の多様化による国民及び外国人観光客の観光の魅力の増進に資するとともに、消費生活等の変化に対応するための地域の特性に即した特定地域商工業の活性化に資するための措置を講ずることにより、観光及び、特定地域商工業の振興を図り、もってゆとりのある国民生活および地域の固有の文化等を活かした個性豊かな地域社会の実現、国民経済の健全な発展並びに国際相互理解の増進に寄与することを目的とする。	『文化財保護関係法令集』文化財保護法研究会
	7月29日	生涯学習審議会は「今後の社会の動向に対応した生涯学習の振興方策について」答申した。公民館、博物館、図書館、婦人教育会館等の社会教育施設、学校施設の運営改善を進めるとともに、都道府県において生涯学習の振興に資するための事業を一体的に行う〝生涯学習センター〟の整備が必要である、としている。	『公民館に関する基礎資料』国立教育政策研究所社会教育実践研究センター
	10月4日	第四四回日本民俗学会年会において、ミニシンポジウム「民俗学と博物館学芸員の処遇と活動」が開催された。	『民俗世界と博物館―展示・学習・研究のために』日本民俗学会
一九九三 平成5	4月	全国美術館会議は、前年の一二月に実施したアンケートによる「博物館法について」その集計結果を公表した。	アンケート「博物館法について」集計報告

年	月日	事項	出典
	7月11日	日本民俗学会第五回理事会において、第Ⅲ期博物館特別委員会の設置が決定した。委員会では、博物館問題に関して、学会員に対するアンケート調査、日本学術会議が推進していた博物館問題のシンポジウムに全面的に協力した。また、文部省へ提出する要望書の具体案を作成した。 ①全国の博物館に専任学芸員が適切に配置されること。 ②既存の学芸員研修講座に加え、学芸員の国内外機関への派遣・留学・リカレント教育などの支援やその制度化 ③文部省科学研究費補助金の対象を全学芸員に拡大すること ④学芸員資格に、博物館の現状にかんがみた専門分野の明示をすること。 ⑤博物館法に明記されている学芸員の専門職としての地位確立の制度化 ⑥大学の学芸員養成講座における民俗学など専門分野教育の充実	『民俗世界と博物館—展示・学習・研究のために』日本民俗学会
	10月14日	全国大学博物館学講座協議会西日本部会において「学芸員資格取得における大学院飛び級制度の法改正について」同志社大学から、大学院飛び級制度で進学した学生は、修士あるいは博士の学位は取得できるが、学士の学位がないので学芸員資格が取得できない。博物館法第五条第六項を「学士又は修士の学位を有するもので……」に改正できないかと提案された。文部省大学学術局等に打診することになった。	『全博協会報』第三一号 「平成五年度全国大会・東西両部会報告」
	12月1日	日本博物館協会は、学芸員の実態を把握するために、全国の博物館二九九一館を対象に、調査表による記入調査を実施した。調査結果は雑誌『博物館研究』に三回に分けて報告した。	『博物館研究』第三〇巻第六・七・八合併号 日本博物館協会 「学芸員等に関する実態調査報告(一)・(二)・(三)」
一九九四 平成6	7月	文化財保護審議会の下に設置された文化財保護特別委員会は、新たに文化財保護制度の在り方について総合的に審議し、「時代の変化に対応した文化財保護施策の改善充実について—文化財保護企画特別委員会審議経過報告—」を取りまとめ公表した。 第一、社会の変化と新しい課題について 第二、文化財保護の対象・保護措置の拡大について 第三、文化財の保存伝承基盤の充実について 第四、文化財の活用の推進について 第五、文化財の国際交流・協力の推進について 第六、文化財保護行政の体系化と機能の強化について	『博物館に関する基礎資料』国立教育政策研究所社会教育実践研究センター
	9月1日	社会経済情勢の変化に伴い大きな課題となっている近代の文化遺産の適切な保護を図るため、その保存と活用の在り方について調査研究を行うことを目的に「近代の文化遺産の保存・活用に関する調査研究協力者会議」が設置され、記念物、建築物、美術、歴史資料、生活文化・技術の四分科会が設置された。	『博物館に関する基礎資料』国立教育政策研究所社会教育実践研究センター
	9月20日	生涯学習審議会社会教育分科審議会施設部会は「学習機会提供を中心とする広域的な学習サービス網の充実について—新たな連携・協力システムの構築を目指して—」を報告した。	『博物館に関する基礎資料』国立教育政策研究所社会教育実践研究センター 『公民館に関する基礎資料』国立教育政策研究所社会教育実践研究センター

年	月日	事項	拠所・文献
		社会教育施設の役割は、人々の様々な学習活動を支援する専門施設として、充実した学習機会を提供することに加え、学習情報提供機能、学習相談機能、さらには学習グループの育成や学習者ネットワークの形状などに対する支援機能を充実するとともに、自らの機能特性を生かすことなどを通じて、個性的で開かれた施設として、広域的な要請にも積極的に応えていくことが期待される。なお、国立科学博物館、国立青少年教育施設、国立婦人教育会館、国立教育会館社会教育研修所などの国立の社会教育施設は、ナショナルセンターとしての役割をふまえ、その機能を強化し、全国的な生涯学習に関する情報の収集・提供、先導的な学習プログラムの研究開発、指導者養成など地域の社会教育施設の活動を積極的に支援していくことが重要である、としている。	
	11月24日	文部省令第四六号をもって「学校教育法施行規則の一部を改正する省令」が交付された。小学校、中学校、高等学校及び幼稚園における毎月の第二土曜日及び第四土曜日を休業日とする学校週五日制の実施である。平成七年四月一日から実施された。	『生涯学習・社会教育行政必携』生涯学習・社会教育行政研究会
	11月24日	文部省初等中等教育局長・生涯学習局長は、文初第三六九号で、各都道府県教育委員会教育長にあて「学校週五日制の実施について」通知した。	『生涯学習・社会教育行政必携』生涯学習・社会教育行政研究会
	12月12日	科学技術会議は、自然や科学技術に関する博物館、科学館、動物園、植物園、水族館、青少年教育施設などが、科学的なものの見方・考え方を育む最適な場として、科学技術立国を目指す我が国にふさわしい魅力ある施設に整備・充実するため「科学技術系人材の確保のための方策について」答申した。	『博物館に関する基礎資料』国立教育政策研究所社会教育実践研究センター
一九九五 平成7	1月20日	近代の文化遺産の保存・活用に関する調査研究協力者会議記念物分科会は、四回の検討会を踏まえ、近代の遺跡の保護に関する調査研究結果をとりまとめた。 内容は 一、近代の遺跡の保護の在り方に関する検討の視点 二、近代の遺跡の保護の指針等	『博物館に関する基礎資料』国立教育政策研究所社会教育実践研究センター
	8月	文化庁文化財保護部は、文化財公開施設計画の基本的な考え方として、文化財の保存と重大な影響を及ぼすことの内容、施設・設備等について 一、建設予定地の環境、建物の配置が文化財の保存・公開にふさわしいものであること。 二、建物は、耐火・耐震性能に配慮し、安全性を確保していること。 三、建物内の展示室、収蔵庫等の配置が展示、収蔵、管理などの面から機能的であり、かつ、十分な広さを確保していること。 四、展示室、収蔵庫等の施設が、適切な展示及び保存環境を確保していること。 五、文化・防犯等の各設備が適切に配置されていること。	『博物館に関する基礎資料』国立教育政策研究所社会教育実践研究センター
	9月29日	第一六期日本学術会議の文化人類学・民俗学研究連絡委員会と考古学研究連絡委員会が主催し、日本学術会議講堂で、「〝地域博物館〟の現在—博物館王国の実態を探る—」と題するシンポジウムを開催した。基調講演・祖父江孝男、利用者の立場から・鶴岡真弓、研究・教育の実際、金関恕・小川直行、学芸員養成の在り方・大塚和義、であった。	『民俗世界と博物館—展示・学習・研究のために』日本民俗学会

年	月日	事項	出典
	10月16日	近代の文化遺産の保存・活用に関する調査研究協力者会議・建造物分科会は六回の検討会を踏まえ、近代の構造物の保護に関する調査研究結果を取りまとめ報告した。内容は、 一、近代の建造物の保存の在り方に関する検討の視点。 二、近代の建造物の保護の指針。 三、近代の建造物の保存と活用の在り方。 四、今後の課題。	『博物館に関する基礎資料』国立教育政策研究所社会教育実践研究センター
	10月25日	日本民俗学会は、第四七回年次大会会員総会の議決を経て「博物館学芸員制度について（要望書）」を文部省生涯学習局社会教育課長 谷川裕恭に手渡した。要望内容は、 ①全国の博物館に専任学芸員が適切に配置されること ②既存の学芸員研修講座を加え、学芸員の国内外機関への派遣・留学・リカレント教育などの制度化 ③文部省科学研究費補助金の対象を全学芸員に拡大すること ④学芸員資格に博物館の現状にかんがみた専門分野の明示をすること ⑤博物館法に明記されている学芸員の専門職としての地位確立の制度化、など	『民俗世界と博物館―展示・学習・研究のために』日本民俗学会
一九九六 平成8	1月18日	学術審議会学術情報資料分科会学術資料部会は、「ユニバーシティ・ミュージアムの設置について―学術標本の収集、保存活用体制の在り方について―」を報告した。 Ⅰ、学術標本の現状と課題 Ⅱ、学術標本の保護・活用の在り方 Ⅲ、ユニバーシティ・ミュージアムの整備で、新たに大学にミュージアムを設置することは、学術研究を支える新たな基盤を構築しようとするものであり、速やかに対応することが望まれている。	『博物館に関する基礎資料』国立教育政策研究所社会教育実践研究センター 平成二二年度、三九五頁
	3月31日	犬塚康博は「制度における学芸員概念―形成過程と問題構造―」を発表した。	『名古屋市博物館研究紀要』第一九巻
	4月14日	日本民俗学会、地方史研究協議会は、共同でシンポジウム「博物館の現代的課題と展望」を國學院大学院友会館で開催した。武士田忠・日本民俗学会の博物館問題に対する取り組み、大塚和義・展示の理念と評価の方法、伊藤暢直・地方史研究協議会の博物館問題に対する取り組み、青木俊也・現代史展示の実際―松戸市立博物館の場合―を発表した。	『民俗世界と博物館―展示・学習・研究のために』二〇八号 日本民俗学会、一九八頁
	4月24日	生涯学習審議会社会教育分科審議会は、「社会教育主事、学芸員及び司書の養成、研修等の改善方策について」を報告した。学芸員に関しては、学芸員養成内容の改善・充実と資格取得方法の弾力化、学芸員研修内容の充実と研修体制の整備などであった。「学芸員の高度な専門性を評価する名称の付与制度について」が添付されており、学芸員の専門分野に対応した「高度で実践的な専門的能力」を評価の対象とするには、専門学芸員（仮称）、上級学芸員（仮称）などが考えられ、専門分野が、明確になるよう次のような分野名を付記する。分野名の例・歴史、民族、科学・技術、自然科学、芸術、産業、教育普及（又は学習援助）、名称例としては、専門学芸員（歴史）又は上級学芸員（歴史）などであった。	『生涯学習・社会教育行政必携』生涯学習・社会教育行政研究会 『公民館に関する基礎資料』国立教育政策研究所社会教育実践研究センター 『博物館に関する基礎資料』国立教育政策研究所社会教育実践研究センター
	4月24日	生涯学習審議会は、文部大臣から「地域における諸施設の生涯学習機能の充実方策について」、及び「学習成果の活用方策について」審議要請を受けた。その結果を「地域における生涯学習機会の充実方策について」として答申した。この中に、大学はユニバーシティ・ミュージアムを設置して、学術標本の多面的活用を図ることが必要であると提言した。	『博物館に関する基礎資料』国立教育政策研究所社会教育実践研究センター

年	月日	事項	拠所・文献
	6月27日	全国大学博物館学講座協議会の全国大会において、お茶の水女子大学の鷹野光行教授から、生涯学習審議会社会教育分科審議会で検討された「大学における学芸員養成内容の改善・充実」について、その内容が報告された。	『全博協会報』第三四号 「平成八年度全国大会・東西両部会報告」
	7月8日	近代の文化遺産の保存・活用に関する調査研究協力者会議は、四分科会（美術・歴史資料、生活文化・技術、記念物、建造物）の調査研究のまとめを「近代の文化遺産の保存と活用について」として報告した。 美術・歴史資料分科会は、一二回の検討会を踏まえ結果をまとめた。 内容は、 一、近代の文化遺産（美術・歴史資料）の保護の必要性 二、近代の歴史資料等の検討の視点 三、近代の歴史資料などの保護にあたっての考え方 四、今後の課題 生活文化・技術分科会は、一〇回の検討会を踏まえ 一、近代の生活文化・技術の保護の必要性 二、近代の生活文化・技術の特質と保護の在り方 三、近代の生活文化・技術の保護方策への提言 記念物分科会は平成七年一〇月一六日に、建造物分科会は平成七年一月二〇日に報告した。 四分科会の総括としては、近代の文化遺産の保護の必要性とその保護の在り方、保護推進のための具体的な方策を挙げている。	『博物館に関する基礎資料』国立教育政策研究所社会教育実践研究センター
	7月19日	中央教育審議会は「二一世紀を展望した我が国の教育の在り方について」第一次答申をした。 これらの地域社会における教育の在り方については、博物館、動物園、植物園、水族館などにおいては、動植物の観察や天体観測、化石の収集など、それぞれの地域や専門性を活かした体験型の講座や教育の充実、美術館や文化会館においては、芸術の鑑賞、コンサート絵画・彫刻・演劇等の実技講座などの子ども・親子向けの事業の充実などが必要。子どもたちの科学や技術に対する知的好奇心を高めるため、大学や研究所、企業などの協力を得て、科学教室を実施したり、科学博物館なども子どもたちが五感を通じて体験することが出来るような学習の場として整備することが必要である、等としている。 第一部、今後における教育の在り方 第二部、学校・家庭・地域社会の役割と連携の在り方 第一章、これからの学校教育の在り方 第二章、これからの家庭教育の在り方 第三章、これからの地域社会における教育の在り方 第四章、学校・家庭・地域社会の連携 第五章、完全学校週五日制の実施について 第三部、国際化、情報化、科学技術の発展等社会の変化に対応する教育の在り方 第一章、社会の変化に対応する教育の在り方	『博物館に関する基礎資料』国立教育政策研究所社会教育実践研究センター 『公民館に関する基礎資料』国立教育政策研究所社会教育実践研究センター

	第二章、国際化と教育 第三章、情報化と教育 第四章、科学技術の発展と教育 第五章、環境問題と教育 今後の検討課題	
7月24日	青少年の野外教育の進行に関する調査研究協力者会議は、我が国における青少年の野外教育の現状や課題を明らかにし、その上で多様な野外教育プログラムの開発や、野外教育の指導者養成など、野外教育を充実・進行するための方策等について検討した「青少年の野外教育充実について」報告した。	『生涯学習・社会教育行政必携』生涯学習・社会教育行政研究会
8月2日	文化庁告示第九号により「重要文化財の所有者及び管理団体以外の者による公開に係る博物館その他の施設の承認に関する規程」が告示された。重要文化財の公開の促進を図るため、文化庁長官が公開承認施設として定めるものである。承認の基準としては、 一、博物館等の施設の設置者が、重要文化財の公開を円滑に実施するために必要とされる経理的基礎及び事務的能力を有しており、かつ、重要文化財の公開に係る事業を実施するにふさわしい者であること。 二、博物館等の施設の組織等が、重要文化財の保存及び活用について専門的知識又は識見を有する施設の長が置かれていること。学芸員の資格を有するもので、文化財の取り扱いに習熟している専任者が二名以上置かれていること。 三、施設の建物及び設備が文化財の保存又は公開のために必要な措置が講じられていること。 四、施設において、承認の申請前五年間に重要文化財の公開を適切に三回以上行った実績があること。	『博物館研究』第三一巻第三号 日本博物館協会 「文化財保護法の一部を改正する法律について」 『博物館に関する基礎資料』国立教育政策研究所社会教育実践研究センター 『文化財保護法関係法令集』文化庁文化財部
8月28日	文部大臣は、文部省令第二八号により、「博物館法施行規則の一部を改正する省令」を定めた。 大学において修得すべき博物館に関する科目の単位は、生涯学習概論（一単位）、博物館概論（二単位）、博物館経営論（一単位）、博物館情報論（一単位）、博物館実習（三単位）、視聴覚教育メディア論（一単位）、教育学概論（一単位）の八科目一二単位となった。	『学会ニュース』No.四二 「博物館法施行規則の改正について」 『官報』号外第一九五号平成八年八月二八日
8月28日	文部省告示第一五〇号により「学芸員の試験認定の試験科目についての試験を免除する講習会の指定」が告示される。試験を免除する講習会については、〝文部省の行う博物館職員講習〟と記されており、国立社会教育研修所等で毎年実施している博物館職員研修会がこれに相当する。昭和三〇年一二月二八日文部省告示第一〇九号は、平成九年三月三十一日で廃止された。	『学会ニュース』No.四二 「博物館法施行規則の改正について」
8月28日	文部省告示第一五一号により、「博物館法第五条第二項の規定により、学芸員補の職に相当する職又は、これと同等以上の職を指定」が告示され、平成九年四月一日から適用された。職の指定は、「文部大臣又は都道府県の教育委員会が指定した博物館に相当する施設において、博物館資料に相当する資料の収集、保管、展示及び調査研究に関する職務に従事する職員の職」とある。 昭和三十年文部省第一〇九号の旧告示は、平成九年三月三十一日をもって廃止された。	『学会ニュース』No.四三 「博物館法施行規則の改正について」

年	月日	事項	拠所・文献
	9月5日	文化庁告示第一四号により、「重要有形民俗文化財の所有者及び管理団体以外の者による公開に係る博物館その他の施設の事前の届出の免除に関する規程」が定められた。第一条・報告、第二条・事前の届出の免除、第三条・事前の届出の免除の基準、第四条・事前の届出の免除の申請、第五条・変更の届出等、第六条、災害及び事故の書類の提出、第七条・事前の届出の免除の取消し、この規定は、平成八年一〇月一日から施行。	『博物館に関する基礎資料』国立教育政策研究所社会教育実践研究センター 『文化財保護関係法令集』第二次改訂版 文化財保護法研究会
	9月13日	文部省生涯学習局長は、文生社第一三五号で各都道府県教育委員会教育長、各国公市立大学長あてに「博物館法施行規則の一部改正について」通知した。大学において修得すべき博物館に関する科目及び単位数は、生涯学習概論一単位、博物館概論二単位、博物館経営論一単位、博物館資料論二単位、博物館情報論一単位、博物館実習三単位、視聴覚教育メディア論一単位、教育学概論一単位の合計八科目、一二単位と定められた。平成九年四月一日から施行。また、科目の単位の修得方法については、次のとおりとした。 （一）、博物館概論、博物館経営論、博物館資料論及び博物館情報論の単位は、これ等の科目の内容を統合した科目である博物館学の単位（六単位以上）をもって替えることができる。 （二）、博物館経営論、博物館資料論及び博物館情報論の単位は、これらの科目の内容を統合した科目である博物館学各論の単位（四単位以上）をもって替えることができる。 （三）、博物館実習の単位数は、大学における博物館実習に係る事前及び事後の指導の単位を含むものとする。	『博物館に関する基礎資料』国立教育政策研究所社会教育実践研究センター 「博物館法施行規則の一部改正について（通知）」 『文化財保護関係法令集』第二次改訂版 文化財保護法研究会
	12月16日	文化庁文化財保護部で組織した「重要文化財（建造物）の活用指針に関する調査研究協力者会議」は「重要文化財（建造物）の活用に対する基本的な考え方（報告）」を取りまとめた。 一．文化財の保存と活用 二．文化財の活用に求められるもの 三．文化財の活用における景観や環境の役割 四．文化財の活用を進めるための施策	『博物館に関する基礎資料』国立教育政策研究所社会教育実践研究センター
	12月25日	文化庁文化財保護部長は、庁保健第一六一号で、各都道府県教育委員会教育長にあて「重要文化財（建造物）の活用について」通知した。	『博物館に関する基礎資料』国立教育政策研究所社会教育実践研究センター
一九九七 平成9	3月	学芸員の資質向上の在り方に関する調査研究協力者会議は、主として、自然科学系博物館に勤務する学芸員の現職研修の体系化のための基本的な考え方及び方策等をまとめた「自然科学系学芸員の体系的な現職研修の実施について」を提示した。	『博物館に関する基礎資料』国立教育政策研究所社会教育実践研究センター
	3月31日	文部省告示第五四号により、私立博物館が青少年に対し魅力的な学習機会の提供を円滑に進めるため「私立博物館における青少年に対する学習機会の充実に関する基準」を定めた。充実に関する基準には、青少年に対する魅力的な学習機会の提供を円滑に進めるため、一年を通じて開館日数が原則として二五〇日以上であることと、週に一日以上は、児童	『博物館研究』第三二巻第七号 日本博物館協会 「博物館を運営する民法人に対する税制上優遇措置について」

	生徒の入場を無料とするなど、青少年の利用に対する優遇措置を講じること、としている。 告示の内容 　第一条（目的関係） 　第二条（望ましい基準）関係 　第三条（期待される取組）関係 　第四条（告示等）関係 　附則関係、施行期日平成九年四月一日とした。	
6月16日	二一世紀に向けての美術館の在り方に関する調査研究協力者会議は、美術館時代をめざして、その在り方について検討した結果を取りまとめた。 Ⅰ．美術館の歴史と現状 　一．美術館の歴史 　二．我が国の美術館の現状 Ⅱ．美術館の在り方 　一．美術館とは 　二．これからの美術館像 Ⅲ．美術館における基本的な議題と方策 　一．調査・研究機能の充実 　二．収蔵品および常設展示の充実 　三．保存・修復の充実 　四．企画展の充実 　五．教育・普及活動の充実 　六．利用者に対するサービスの向上 　七．人材の確保・養成 　八．民間企業等との協力の促進 Ⅳ．今後望まれる美術館の諸活動 　一．情報化の推進 　二．美術品の公開促進 　三．新しい視点に基づく美術作品の評価 　四．国際的な文化発信・交流の促進 　五．ボランティア活動等の推進 　六．美術館の相互連携の促進	『博物館に関する基礎資料』国立教育政策研究所社会教育実践研究センター 「二一世紀に向けての美術館の在り方について」
6月23日	文部省生涯学習局長は、文生社第二一七号で各都道府県教育委員会あてに、青少年に対する魅力的な学習機会の提供を円滑に進めていくための望ましい基準として「私立博物館における青少年に対する学習機会の充実に関する基準の告示について」を通知した。 都道府県教育委員会においては、管下の各私立博物館に対し、その周知徹底を図るとともに、私立博物館に対する指導又は助言に当たっての参考とされるようお願いします。 この告示に定める望ましい基準等を満たす私立博物館が貴管下の学校教育活動や青少年の学習や体験活動の場として積極的に活用されることについて、ご配慮下さるようお願いします。	『生涯学習・社会教育行政必携』生涯学習・社会教育行政研究会 『博物館関係法令集』日本博物館協会

年	月日	事項	拠所・文献
		この告示は、私立博物館を対象とするものですが、博物館において青少年に対する魅力的な学習機会の提供を進めていくことの重要性にかんがみ、必要に応じ、貴所管の博物館の運営及び貴管下の各公立博物館に対する指導又は助言に当たっての参考とされるようにお願いします。	
	6月	文化庁文化財保護部は、阪神・淡路大震災の経験から震災対策を確立することが急務であると判断し、総合的な災害対策を変える際の参考に資するため「文化財（美術工芸員等）の防災に関する手引」をまとめ配布した。 第一章・文化財を災害から守る基本的な考え方 第二章・収穫・保護に当たっての災害対策 第三章・公開・展示に当たっての災害対策 第四章・災害発生時における緊急の保存措置等に関する対策	『博物館に関する基礎資料』国立教育政策研究所社会教育実践研究センター
	7月1日	文化庁長官裁定により「重要文化財公開促進事業実施要項」が定められた。その趣旨には、重要文化財は、国民全体の文化遺産であることから適切な施設における公開活用を進めることが必要であるため、施設独自に企画する展覧会等に重要文化財を出品することにより国民の文化財に対する理解と関心を高めることを目的とする。 【公開承認施設】 青森県　八戸市博物館、弘前市立博物館 岩手県　岩手県立博物館 宮城県　仙台市博物館 福島県　福島県立博物館 茨城県　茨城県立博物館 栃木県　栃木県立博物館 群馬県　群馬県立歴史博物館、笠懸野岩宿文化資料館 埼玉県　埼玉県立博物館、埼玉県立歴史資料館 千葉県　国立歴史民俗博物館、千葉県立総南博物館、千葉市美術館 東京都　東京国立博物館、町田市立博物館、（財）出光美術館、サントリー美術館、（財）根津美術館、江戸東京博物館、東武美術館、渋谷区立松濤美術館 神奈川県　鎌倉国宝館、川崎市市民ミュージアム、神奈川県立歴史博物館 石川県　石川県立美術館、石川県立歴史博物館 福井県　福井県立博物館、福井県立若狭歴史民俗資料館 山梨県　山梨県立考古博物館 長野県　長野市立博物館、長野県立歴史館 岐阜県　岐阜市歴史博物館 静岡県　静岡県立美術館、（財）ＭＯＡ美術館、（財）佐野美術館 愛知県　名古屋市博物館、（財）徳川黎明会徳川美術館、熱田神宮宝物館、豊橋市美術館 三重県　三重県立美術館、四日市市立博物館、斎宮歴史博物館	『月刊文化財』No.四五六 「重要文化財公開促進事業について」文化庁美術学芸課

	滋賀県　滋賀県立安土城考古博物館、長浜市立長浜城歴史博物館、野洲町立歴史民俗資料館、彦根城博物館、滋賀県立琵琶湖文化館、大津市歴史博物館、栗東歴史民俗博物館 京都府　京都国立博物館、宇治市歴史資料館、京都府立山城郷土資料館、（財）今日庵茶道資料館、（財）京都文化財団京都文化博物館 大阪府　和泉市久保惣記念美術館、大阪城天守閣、大阪市立東洋陶磁美術館、大阪市立博物館、大阪市立美術館、大阪府立弥生文化博物館 兵庫県　兵庫県立歴史博物館、神戸市立博物館 奈良県　奈良国立博物館、（財）大和文化館、奈良県立美術館、奈良県立橿原考古学研究所附属博物館 和歌山県　和歌山市立博物館、和歌山県立博物館 鳥取県　鳥取県立博物館、倉吉博物館 岡山県　岡山県立美術館、岡山県立博物館、（財）林原美術館 広島県　広島県立歴史博物館 徳島県　徳島市立徳島城博物館、徳島県立博物館 福岡県　福岡市博物館、福岡市美術館、九州歴史資料館、福岡県立美術館 佐賀県　佐賀県立美術館、佐賀県立博物館 長崎県　長崎県立美術博物館 熊本県　八代市立博物館未来の森ミュージアム、熊本県立美術館 大分県　大分県立歴史博物館、大分県立芸術会館 鹿児島県　鹿児島県歴史資料センター黎明館 沖縄県　沖縄県立博物館 （平成一三年九月一日現在）	
8月13日	文化庁長官は「出土品の取り扱いに関する指針」を裁定した。 取扱いの基本方針 （ア）出土品については、一定の基準に基づき、将来にわたり文化財として保存を要し、活用の可能性のあるものとそれ以外のものとに区別し、その区分に応じて取り扱うこと。 （イ）保存・活用の必要性・可能性があるとされた出土品については、その文化財としての重要性活用の状況等に応じて、適切な方法で保護・管理を行うこと。 （ウ）出土品の活用については、広範な方途により、積極的に行うこと。 （エ）文化財保護法第六三条第一項の規定により、国庫に帰属した出土品は法第六四条の規定により、出土品の保存のため又は効用からみて国において保存・活用を行う必要がある場合は国が保有し、それ以外の場合は、地方公共団体等に譲与すること。 （オ）国で保有した出土品については、その活用のために必要があるときには、地方公共団体等に対して、貸し付けることができること。	『博物館に関する基礎資料』国立教育政策研究所社会教育実践研究センター

年	月日	事項	拠所・文献
	8月13日	文化庁次長は、庁保記第一八二号により、各都道府県教育委員会教育長あてに「出土品の取扱いについて」通知した。 内容項目 一．出土品の取扱いに関する基本的な考え方（「指針」一関係） 二．保存・活用の必要性・可能性のある出土品等の区分（「指針」二関係） 三．出土品の保管・管理等（「指針」三関係） 四．出土品の活用（「指針」四関係） 五．出土品の整理の促進 六．出土品の国保有（「指針」五関係） 七．出土品の地方公共団体等への譲与（「指針」六・七関係） であった。	『博物館に関する基礎資料』国立教育政策研究所社会教育実践研究センター 「出土品の取り扱いについて」
一九九八 平成10	3月31日	生涯学習局長は、「公立社会教育施設整備費補助金に係る財産処分の承認等について」を裁定した。	『博物館に関する基礎資料』国立教育政策研究所社会教育実践研究センター
	4月17日	生涯学習審議会は、「社会の変化に対応した今後の社会教育行政の在り方について」中間的なまとめを発表した。博物館に関連する事項は、①公立博物館の設置運営上の基準、②博物館の設置主体に関すること、の二点であった。	『博物館研究』第三三巻第五号 日本博物館協会 「社会の変化に対応した今後の社会教育行政の在り方について」（生涯学習審議会中間まとめ）
	4月17日	文部省生涯学習局長は、文生社第一九四号で各都道府県教育委員会教育長にあて、公共の施設は、教育委員会の所管するものだけでなく、地方公共団体の長等が所管する博物館施設についても、博物館相当施設として指定することが適当であるという「博物館に相当する施設の指定の取り扱いについて（通知）」を発した。	『博物館研究』第三三巻第五号 日本博物館協会 「社会の変化に対応した今後の社会教育行政の在り方について」（生涯学習審議会中間まとめ）
	6月10日	美術品の登録制度を実施し、それを登録美術品として、公開するために、法律第九九号で「美術品の美術館における公開の促進に関する法律」が公布された。この法律には、目的（第一条）、定義（第二条）、美術品の登録（第三条）、契約美術館の設置者の義務（第四条）、承継（第五条）、登録の取消し（第六条）、登録美術品の所有者の報告（第七条）、契約美術館の設置者の報告等（第八条）、美術館の設置者のあっせん（第九条）、情報の提供等（第一〇条）、登録美術品の公開等に関する指導等（第一一条）、国が所有権を取得した登録美術品の公開（第一二条）、文化財保護法の特例（第一三条）これにより、相続税を物納する場合には、登録美術品での納入が第一位の優先順位となった。	『官報』第二三九九号 『博物館研究』第三四巻第一号 日本博物館協会 「登録美術品制度について」 『博物館研究』第三三巻第六号 日本博物館協会 「美術品の美術館における公開の促進に関する法律」（概説）
	6月25日	文化庁文化政策室長垣内恵美子は、「美術品の美術館における公開の促進に関する法律」の概要を報告した。	『博物館研究』第三三巻第六号 日本博物館協会 「美術品の美術館における公開の促進に関する法律について（概要）」

9月17日	生涯学習藩議会は、「社会の変化に対応した今後の社会教育行政の在り方について」答申した。その中に「博物館の種類を問わず、現行のような定量的かつ詳細な基準を画一的に示すことは、現状に合致しない部分が現れている。そのため、現在の博物館の望ましい基準を大綱化・弾力化の方向で見直すことを検討する必要がある」と指摘した。さらに、公立博物館の学芸員定数規定の廃止については「学芸員及び学芸員補は博物館にとって欠くことができない専門的職員であるものの、その配置基準については、博物館の種類、規模、機能等のいかんや地域の実情を問わず一律に定めることは適切でない、少なくとも現行の国基準第一二条第一項の学芸員又は学芸員補の定数規定は廃止することが適当である」と記されている。	『博物館研究』第三八巻第八号 日本博物館協会 「公立博物館の設置及び運営に関する基準について」 『博物館に関する基礎資料』国立教育政策研究所社会教育実践研究センター
11月27日	文部相令第四三号により、「美術品の美術館における公開の促進に関する法律施行規則」が定められた。 登録の申請（第一条）、意見の聴取（第二条）、美術品の登録（第三条）、登録等の通知（第四条）、承継の届出（第五条）、登録の取消し（第六条）、登録の取消しの通知（第七条）、登録美術品の引き渡し前の滅失等に係る所有者の報告（第八条）、登録美術品公開契約の締結に係る所有者の報告（第九条）、登録美術品の引受けに係る契約美術館の設置者の報告（第一〇条）、登録美術品の引受け後の滅失等に係る契約美術館の設置者の報告（第一一条）、登録美術品公開契約の内容の変更に係る契約美術館の設置者の報告（第一二条）、登録美術品公開契約の終了に係る契約美術館の設置者の報告（第一三条）、登録美術品の公開及び保管の計画等に係る契約美術館の設置者の届出（第一四条）、登録美術品の公開及び保管の状況に係る契約美術館の設置者の報告（第一五条）、登録美術品の価値の評価（第一六条）、価格の評価の結果の通知（第一七条）、附則で構成されている。	『文部科学法令要覧』文部科学法令研究会 『文化財保護関係法令集』第三次改訂版 文化財保護法研究会
11月27日	文化庁次長は、各都道府県知事、各都道府県教育委員会教育長、各国立博物館長、各国立近代美術館長、国立西洋美術館長、国立国際美術館長にあて、庁文地第一五七号で「美術品の美術館における公開の促進に関する法律等の施行について」を通知した。この法律は人類の共有財産とも言うべき貴重な美術品については、文化的社会資本として、公開、活用することが重要であると考えられている。法制定の趣旨は、第一条に記されている。 1．定義（法第二条関係）、2．美術品の登録（法第三条関係）、3．契約美術館の設置者の義務（法第四条関係）、4．承継（法第五条関係）、5．登録の取消し（法第六条関係）、6．登録美術品の所有者の報告（法第七条関係）、7．契約美術館の設置者の報告等（法第八条関係）、8．美術館の設置者のあっせん（法第九条関係）、9．情報の提供等（法第10条関係）10．登録美術品の公開等に関する指導等（法第一一条関係）、11．国が所有権を取得した登録美術品の公開（法第一二条）、12．文化財保護法の特例（法第一三条関係）、13．施行期日（法附則第一項関係）、14．検討（法附則第二項関係）、15．相続税の物納の特例（法附則第三項関係）、16．価格の評価（施行規則第一六条関係）	『美術品公開促進法Q&A』美術品公開促進法研究会 『文化財保護関係法令集』文化財保護法研究会

年	月日	事項	拠所・文献
	11月27日	文部大臣は、文部初告示第一五八号により「登録美術品登録基準」を定めた。 美術品の美術館における公開の促進に関する法律の登録を受けることができる美術品の基準は、世界文化の見地から貴重なものであり、かつ、当該美術品の制作者が生存中でないものである。 絵画は制作が優秀なもの、絵画史上特に意義があるもの。（第二条一） 彫刻は制作が優秀なもの、彫刻史上特に意義があるもの。（第二条二） 工芸品は制作が優秀なもの、工芸史上特に意義があるもの。（第二条三） 文字資料は制作が優秀なもの、文化史上特に意義があるもの。（第二条四） 考古資料は出土品であって、学術上特に意義があるもの。（第二条五） 歴史資料は、歴史上の重要な事象又は人物に関する遺品であって、学術上特に意義があるもの。（第二条六） 複合資料は異なる種類の美術品が系統的又は統一的にまとまって存在することにより、特に意義があるもの。（第二条七）	『文化財保護関係法令集』文化財保護法研究会
	11月27日	文化庁次長は、庁文地第一五七号で「美術品の美術館における公開の促進に関する法律等の施行について」を各都道府県知事、各都道府県教育委員会教育長、各国立博物館長、各国立近代美術館長、国立西洋美術館長、国立国際美術館長あてに通知した。この法律は、人類の共有財産である貴重な美術品について、文化的社会資本として、公開・活用することが重要であることから、主として①登録美術品制度の創設、②登録美術品による相続税の物納の特置の導入を図ったので、域内市区町村長や教育委員会などに法の趣旨や内容等の周知をお願いした。 1、法制定の趣旨（法第一条関係） 2、法の内容及び留意事項 ① 定義（法第二条関係） ② 美術品の登録（法第三条関係） ③ 契約美術館の設置者の義務（法第四条関係） ④ 承継（法第五条関係） ⑤ 登録の取消し（法第六条関係） ⑥ 登録美術品の所有者の報告（法第七条関係） ⑦ 契約美術館の設置者の報告等（法第八条関係） ⑧ 美術館の設置者のあっせん（法第九条関係） ⑨ 情報の提供等（法第一〇条関係） ⑩ 登録美術品の公開等に関する指導等（法第一一条） ⑪ 国が所有権を取得した登録美術品の公開（法第一二条） ⑫ 文化財保護法の特例（法第一三条） ⑬ 施行期日（法附則第一項関係） ⑭ 検討（法附則第二項関係） ⑮ 相続税の物納の特例（法附則第三項関係） ⑯ 価格の評価（施行規則第一六条関係）	『文化財保護関係法令集』文化財保護法研究会

年	月日	事項	出典
	12月7日	「公立博物館の設置及び運営に関する基準（昭和四八年文部省告示第一六四号）の一部改正」が告示された。これにより博物館学芸員の定数規定が廃止された。	『博物館研究』第三三巻第一二号 日本博物館協会 「公立博物館の設置及び運営に関する基準」の一部改正について
一九九九 平成11	1月25日	「美術品の美術館における公開の促進に関する法律」の施行に当たって、文化庁文化部地域文化振興課長は、登録美術品制度について解説した。	『博物館研究』第三四巻第一号 日本博物館協会 「登録美術品制度について」
	4月1日	文化庁長官は、「民族文化財伝承・活用等事業費国庫補助要項」を裁定した。	『博物館に関する基礎資料』国立教育政策研究所社会教育実践研究センター
	6月3日	全国大学博物館学講座協議会は、西南学院大学で全国大会を開催、「博物館経営論とは何か―理論と実験」をテーマとするフォーラムを開いた。鷹野光行は、経営論の考え方を述べたが、その中に生涯学習審議会の専門委員会でまとめた「博物館経営論」が出現するまでの経過を次のように報告した。 第一回 一九九四年一月二七日 検討事項の整理 第二回 一九九三年三月九日 大学での養成の見直し私案提示 第三回 一九九四年四月一二日 全博協アンケート案提示、科目内容例示 第六回 一九九四年七月六日 大学での養成の見直し案提示 第九回 一九九四年一一月二日 まとめ作成 第一〇回 一九九五年六月一四日 養成制度の改善、研究制度事務局案提示 第一一回 一九九五年六月二一日 資格取得の弾力化、高度な専門性の名称養成科目と単位 第一二回 一九九五年七月二二日 大学での養成科目と単位、高度な名称 第一三回 一九九五年八月一五日 大学での養成科目と単位 第一四回 一九九五年一一月一七日 審議会の公開について、大学での養成科目と単位 第一五回 一九九六年二月二一日 学芸員専門委員会の審議のまとめについて	『全博協会報』第三七号 「平成一一年度全国大会・東西両部会報告」
	6月9日	生涯学習審議会は、第四五回生涯学習審議会総会に提出された「学習の成果を幅広く生かす―生涯学習の成果を生かすための方策について―」に関して答申した。 これまでの行政は、学習機会の提供であったが、今後は生涯学習の成果の活用促進にも力をいれる必要がある。そのためには、社会的な仕組みの構築が重要で、学習の成果を一定の資格に結びつける。その個人が資格を活用して様々な活動に参加すれば、新たな学習課題の発見をもたらす、それはキャリア開発、ボランティア活動の推進、地域活動の振興ともなる。博物館等の社会教育施設は、ボランティアの受入れを社会的な責務として捉えることにより、学習成果の活用が図られ、施設運営の活性化にも役立つと期待される、としている。	『学習の成果を幅広く生かす』生涯学習審議会
	6月9日	生涯学習審議会は「生活体験・自然体験が日本の子供の心をはぐくむ」を答申した。当面緊急にしなければならない事として ① 博物館や美術館を子供たちが楽しく遊びながら学べるようにする。 ② 博物館や美術館で、子供たちが主体的に五感を使って体験できるような展示活動を進める。 ③ 学校休業、土曜日等の博物館・美術館の無料開放等を促進する。 等を挙げた。	『生涯学習・社会教育行政必携』生涯学習・社会教育行政研究会生涯学習・社会教育行政会

年	月日	事項	拠所・文献
	7月16日	法律第一〇三号より「独立行政法人通則法」が公布された。 この法律は、独立行政法人の運営の基本、その他の制度の基本となる共通の事項を定め、各独立行政法人の名称、目的、業務の範囲等に関する事項を定める法律と相まって、独立行政法人制度の確立並びに独立行政法人が公共上の見地から行う事務及び事業の確実な実施を図り、もって国民生活の安定及び社会経済の健全な発展に資することを目的とする、とある。	『文部科学法令要覧』文部科学法令研究会
	7月16日	法律第九六号により、「文部科学省設置法」が公布された。 その任務は、教育の振興及び生涯学習の推進を中核とした豊かな人間性を備えた創造的な人材の育成、学術、スポーツ及び文化の振興並びに科学技術の総合的な振興を図るとともに宗教に関する行政事務を適切に行うこと、とある。	『官報』号外第一三五号　平成一七年七月一六日
	12月22日	法律第一六七号により「独立行政法人国立青少年教育振興機構法」が公布された。 法律第一六八号により「独立行政法人国立女性教育会館法」が公布された。 法律第一六九号により「独立行政法人国立青年の家法」が公布された。 法律第一七〇号により「独立行政法人国立少年自然の家法」が公布された。 法律第一七二号により「独立行政法人国立科学博物館法」が公布された。 目的には、 博物館を設置して、自然史に関する科学その他の自然科学及びその応用に関する調査及び研究並びにこれらに関する資料の収集、保管及び公衆への供覧等を行うことにより、自然科学及び社会教育の振興を目的とする、とある。 法律第一七七号により「独立行政法人国立美術館法」が公布された。 目的には、 美術館を設置して、美術に関する作品その他の資料を収集し、保管して公衆の観覧に供するとともに、これに関連する調査及び研究並びに教育及び普及の事業等を行うことにより芸術その他の文化の振興を図ることを目的とする。 法律第一七八号により、「独立行政法人国立博物館法」が公布された。 目的には、 博物館を設置して有形文化財を収集し、保管して公衆の観覧に供するとともに、これに関連する調査及び研究並びに教育及び普及の事業等を行うことにより、貴重な国民的財産である文化財の保存及び活用を図ることを目的とする。 法律第一七九号により、「独立行政法人文化財研究所法」が公布された。 目的は 文化財に関する調査及び研究並びにこれに基づく資料の作成及びその公表等を行うことにより、貴重な国民的財産である文化財の保存及び活用を図ることを目的とする。	『文部科学法令要覧』文部科学法令研究会

年	月日	事項	出典
	12月22日	法律第二二〇号により「独立行政法人の業務実施の円滑化等のための関係法律の整備等に関する法律」が公布された。博物館法の一部改正があげられており、次の内容になっている。 第一三条、博物館法（昭和二六年法律二八五号）の一部を次のように改正する 第二条第一項中「その他の法人」の下に「（独立行政法人（独立行政法人通則法（平成一一年法律第一〇三号）第二条第一項に規定する独立行政法人をいう。第二九条において同じ。）を除く。）」を加える。 第二九条中「国」の下に「又は独立行政を加える」。	『官報』号外第二五一号　平成一一年一二月二二日（水曜日）
二〇〇〇　平成12	3月27日	文部省・通商産業省告示第一号により、生涯学習の振興のための施策の推進体制等の整備に関する法律（平成二年法律第七一号）に基づき都道府県が作成した地域生涯学習振興基本構想の協議に依る判断に当たっての基準としての所要の事項を定める「地域生涯学習振興基本構想の協議に係る判断に当たっての基準」が告示された。 1. 生涯学習に係る機会の総合的な提供に関する基本的な事項。 2. 地区の設定に関する基本的な事項。 3. 総合的な提供を行うべき生涯学習に係る機会の種類及び内容に関する基本的な事項。 4. 生涯学習に係る機会の総合的な提供に必要な事業に関する基本的な事項。 5. 生涯学習に係る機会の総合的な提供に際し配慮すべき重要事項。	『生涯学習・社会教育行政必携』生涯学習・社会教育行政研究会生涯学習・社会教育行政研究会
	4月19日	文部省生涯学習局長は「科学系博物館活用ネットワーク推進事業委嘱要綱」を裁定した。その趣旨には、 「青少年の科学に関する学習の場として重要な役割を果たしている科学系博物館の機能の充実と有効活用の促進を図るため、地域において拠点となる博物館を中心に、複数の博物館と学校、関係機関・関係団体等が連携協力して、科学系博物館の専門性や特色を生かした多様な事業をモデル的に実施し、その成果を全国に普及する」とある。	『生涯学習・社会教育行政必携』生涯学習・社会教育行政研究会生涯学習・社会教育行政研究会
	4月19日	生涯学習局長は、「親しむ博物館づくり事業委嘱要綱」を裁定した。 一．趣旨．博物館の有する機能を積極的に活用し、学校休業土曜日を中心に青少年が楽しく遊びながら自然科学の原理、技術、歴史、伝統文化などを体験的に理解できる機会を提供するため、参加体験型の展示の開発やハンズ・オン（自ら見て、触って、試して考えること）手法を用いた活動を導入することをはじめとする多様な事業をモデル的に実施し、その成果を全国に普及する。 二．委嘱内容．青少年が博物館において、楽しみながら学習活動を展開できるようにするため、参加体験型やハンズ・オン手法を用いた展示・教育普及活動、博物館以外の場所で行う博物館活動（アウトリーチ活動）等の先導的な事業の実施及びそれらを実施するための調査研究事象を委嘱する。 三．委嘱先、四．実施方法、五．実施期間、六．経費、七．実態調査、八．その他	『生涯学習・社会教育行政必携』生涯学習・社会教育行政研究会生涯学習・社会教育行政研究会
	6月7日	政令第二七九号で「科学技術・学術審議会令」が公布された。	『文部科学法令要覧』文部科学法令研究会
	6月7日	政令第二八〇号で「中央教育審議会令」が公布された。 組織（第一条）。委員等の任命（第二条）。委員の任期等（第三条）。会長（第四条）。分科会（第五条）、審議会には、教育制度分科会、生涯学習分科会、初等中等教育分科会、大学分科会、スポーツ・青少年分科会をおく。部会（第六条）。幹事（第七条）。議事（第八条）。資料の提出等の要求（第九条）。庶務（第十条）。雑則（第一一条）。	『教育小六法』学陽書房

年	月日	事項	拠所・文献
	6月7日	政令第二八一号で「文化審議会令」が公布された。組織（第一条）。委員等の任命（第二条）。委員の任期等（第三条）。会長（第四条）。分科会（第五条）、分科会には、国語分科会、著作権分科会、文化財分科会、文化功労者選考分科会がある。部会（第六条）。議事（第七条）。資料の提出等の要求（第八条）。庶務（第九条）。雑則（第一〇条）。附則・この政令は平成一三年一月六日から施行する。	『文部科学法令要覧』文部科学法令研究会、一〇七六頁 『文化財保護関係法令集』第三次改訂版 文化財保護法研究会
	6月7日	政令三一六号で「独立行政法人の組織、運営及び管理に係る共通的な事項に関する政令」が公布された。	『文部科学法令要覧』文部科学法令研究会
	6月9日	全国美術館会議博物館法検討委員会は、第四九回全国美術館会議総会・特別フォーラム資料、中間報告「美術館基準（案）」について発表した。 基準案の構成は a．美術館の理念 一．美術館の定義、二．美術館の公共性、三．美術館の倫理、四．運営の理念と意思決定 b．美術館の組織、運営、活動業務 五．運営の指針、六．美術館の協力、七．美術館の活動業務 c．美術館職員 八．美術館職員（専門性、要件、倫理、性格、養成、名称） d．その他 九．補則	『全国美術館会議第四九回総会報告書Ⅱ』
	11月28日	生涯学習審議会は、生涯学習における情報化を推進するために「新しい情報・通信技術を活用した生涯学習の推進方策について―情報化が広がる生涯学習の展望―」を答申した。博物館に関しては、全国的にも貴重な学習資料や郷土を理解する上で重要な学習資料等を収蔵しているので、このような展示物を電子情報化し、インターネット等で提供する事が求められる。その実現のためデジタルアーカイブ化（資料の電子情報による保管）を進め、利用者が学習に関する情報を簡単に入手できるようにする。さらに全国的・体系的な電子博物館網（バーチャルミュージアム）の形成を目指すことが必要であるとしている。	『博物館に関する基礎資料』国立教育政策研究所社会教育実践研究センター
	12月11日	文部省告示第一八一号により「学芸員の試験認定の試験科目についての試験を免除する講習等の指定」が改正された。	『博物館に関する基礎資料』国立教育政策研究所社会教育実践研究センター
二〇〇一 平成13	2月7日	文部科学省独立行政法人評価委員会第一回総会が霞ヶ関東京会館で開かれ、独立行政法人制度の概要等が説明された。	
	4月1日	国立科学博物館は、「独立行政法人国立科学博物館」へ移行した。 東京国立博物館、京都国立博物館、奈良国立博物館、九州国立博物館は「独立行政法人国立博物館」へ移行した。 東京国立近代美術館、京都国立近代美術館、国立西洋美術館、国立国際美術館は「独立行政法人国立美術館」へ移行した。	『独立行政法人総覧』行政管理研究センター
	4月1日	東京国立文化財研究所は「独立行政法人文化財研究所東京文化財研究所」へ移行した。	『独立行政法人総覧』行政管理研究センター

月日	事項	出典
4月11日	文部科学大臣町村信孝は、一三文科生第二二号により、中央教育審議会に「青少年の奉仕活動・体験活動の推進方策等について」を諮問した。	
7月11日	法律第一〇六号で「社会教育法の一部を改正する法律」が公布され、同日から施行された。	
12月5日	法律第一四〇号により、「独立行政法人等の保有する情報の公開に関する法律」が公布された。	『文部科学法令要覧』文部科学法令研究会
12月7日	法律第一四八号により、文化芸術の振興に関し、基本理念を定め、国及び地方公共団体の責務を明らかにするとともに、文化芸術の振興に関する施策の基本となる施策を総合的に推進するための「文化芸術振興基本法」が公布された。その第二六条に「国は、美術館、博物館、図書館等の充実を図るため、これらの施設に関し、自らの設置等に係る施設の整備、展示等への支援、芸術家等の配置等への支援、文化芸術に関する作品等の記録及び保存への支援その他の必要な施策を講ずるものとする」とある。	『博物館に関する基礎資料』国立教育政策研究所社会教育実践研究センター 『文化庁月報』二〇〇二―一 「文化芸術の振興に関する基本的な方針」 『文化財保護関係法令集』文化財保護法研究会

二〇〇二　平成14

月日	事項	出典
3月2日	日本博物館協会は、文部科学省の委嘱をうけ、シンポジウム「今後の博物館の評価のあり方」を国立科学博物館講堂において開催した。プレゼンテーションで、文部科学省社会教育課地域学習活動企画官柳孝は、博物館法の登録・設置・運営基準の現状を概説した。	『シンポジウム「今後の博物館の評価のあり方」報告書』
6月11日	科学技術・学術審議会学術分科会は、「人文・社会科学の振興について―二一世紀に期待される役割に応えるための振興方策―」について報告した。研究基盤の整備に関し、画像資料等の電子化について「人文・社会科学の研究の裾野を広げ、比較研究や、より精緻な研究を行うためには、図書、文書、統計や地図情報、美術館・博物館の収蔵情報等をオリジナル画像のままでデータベース化することが重要である」と報告している。	『人文・社会科学の振興について（報告）』科学技術・学術審議会学術分科会
7月3日	「文化財の不法な輸出入等の規制等に関する法律」及び「文化財保護法の一部を改正する法律」が公布された。この二法は、「文化財の不法な輸入、輸出及び所有権移転を禁止し、及び防止する手段に関する条約」を、我が国として締結するための国内措置について定めたものである。	『博物館研究』第三七巻第九号　日本博物館協会 「文化財不法輸出入規制法等の制定について」
7月3日	法律第八一号で「文化財の不法な輸出入等に関する法律」が公布された。その目的を第一条では「この法律は、文化財の不法な輸入、輸出及び所有権移転を禁止し及び防止する手段に関する条約の適確な実施を確保するため盗取された文化財の輸入、輸出及び回復に関する所要の措置を講ずることを目的とする」とある。第二条は定義、第三条は特定外国文化財、第四条は輸入の承認、第五条は届出の公示等、第六条は特定外国文化財に係る善意取得の特則、第七条は国民の理解を深める等のための措置、となっている。この法律は、条約が日本国について効力を生じる日から施行する。	『文化財保護関係法令集』文化財保護法研究会
7月29日	中央教育審議会は、「青少年の奉仕活動・体験活動の推進方策について」答申した。	『博物館に関する基礎資料』国立教育政策研究所社会教育実践研究センター
8月28日	文部科学省生涯学習政策局長は、一四文科生第四一九号で、各都道府県教育委員会教育長にあて、「私立博物館における青少年に対する学習機会の充実に関する基準」の一部改正を通知した。	『博物館に関する基礎資料』国立教育政策研究所社会教育実践研究センター

年	月日	事項	拠所・文献
	10月19日	日本史研究会は、国文学研究資料館に置かれている史料館を大学共同利用機関法人「人間文化研究機構（仮称）」直轄の組織とし、その将来的な設置形態については、慎重に検討することを求める要望書を国文学研究資料館長、国立歴史民俗博物館長、国際日本文化研究センター長、国立民族学博物館長、総合地球環境学研究所長、文部科学大臣に提出した。	『日本史研究』第四八四号 「国文学研究史料館に置かれている史料館を大学共同利用機関法人〝人間文化研究機構（仮称）〟直轄の組織とし、その将来的な設置形態については慎重に検討することを求める要望書」
	11月14日	文化庁次長は、一四庁財第二六七号で、各都道府県知事、各都道府県教育委員会教育長、各国公立私立大学長、各国公立私立短期大学長、日本芸術文化振興会々長、文化庁関係各独立行政法人の長、独立行政法人国立科学博物館長、各文部科学大臣所轄宗教法人、文化庁所管各公益法人の長あてに「文化財の不法な輸出入等の規制等に関する法律」及び「文化財保護法の一部を改正する法律」等の施行について、その周知方をお願いした。これらの法律は、文化財の不法な輸入、輸出及び所有権移転を禁止し及び防止する必要性を踏まえて締結された「文化財の不法な輸入、輸出及び所有権移転を禁止し及び防止する手段に関する条約」の適確な実施を確保するために、条約上求められている義務を担保するための国内措置を定めるものである。	『文化財保護関係法令集』文化財保護法研究会
	11月14日 15日	日本博物館協会は、文部科学省の委託事業である博物館運営の活性化・効率化に資する評価の在り方に関する調査研究で「今後の博物館設置・運営基準と評価の在り方に関するシンポジウム」を開催した。司会・国立科学博物館長佐々木正峰、講師・東京都江戸東京博物館長竹内誠、大阪市立自然史博物館長那須孝悌、佐野美術館長渡辺妙子、石川県立美術館長嶋崎丞。	『今後の博物館設置・運営基準と評価の在り方に関するシンポジウム報告書』
	12月10日	文化芸術振興基本法（平成一三年法律第一四八号）の基本方針に基づき、文化芸術の振興に関する施策の総合的な推進を図るため「文化芸術の振興に関する基本的な方針（第一次基本方針）」が閣議で決定した。	『博物館に関する基礎資料』国立教育政策研究所社会教育実践研究センター
	12月13日	法令第一五八号により、「独立行政法人科学技術振興機構法」が公布された。 この法律は、独立行政法人科学技術振興機構の名称、目的、業務の範囲等に関する事項を定めることを目的としている 第一章　総則（第一条～第九条） 第二章　役員及び職員（第一〇条～第一七条） 第三章　業務等（第一八条～第二〇条） 第四章　雑則（第二一条～第二五条） 第五章　罰則（第二六条～第二八条） 附則	『文部科学法令要覧』文部科学法令研究会

年	月日	事項	出典
	12月13日	法律第一六三号により、「独立行政法人日本芸術文化振興会法」が公布された。 この法律は、独立行政法人日本芸術文化振興会の名称、目的、業務の範囲等に関する事項を定めることを目的としている 第一章　総則（第一条～第六条） 第二章　役員及び職員（第七条～第一一条） 第三章　評議員会（第一二条～第一三条） 第四章　業務等（第一四条～第一七条） 第五章　雑則（第一八条～第二〇条） 第六章　罰則（第二一条～第二三条） 附則	『文部科学法令要覧』文部科学法令研究会
二〇〇三 平成15	4月1日	文化庁長官は「史跡等総合整備活用推進事業費国庫補助要項」を定めた。 この要項は文化財保護法により指定された史跡、名勝又は天然記念物のうち、各地域の中核・拠点となる史跡等について、その規模・特徴等に応じた多様な整備と積極的な活用を図るために必要な経費について、国が行う補助に関し必要な事項を定めた。	『博物館に関する基礎資料』国立教育政策研究所社会教育実践研究センター
	6月6日	「公立博物館の設置及び運営に関する基準（昭和四八年文部省告示一六四号）」が廃止され、新たに「公立博物館の設置及び運営上の望ましい基準」が告示された。文部科学省告示第一一三号 （趣旨） 第一条　この基準は、博物館法（昭和二六年法律第二八五号）第八条の規定に基づく公立博物館（同法第二条第二項に規定する公立博物館をいう。以下「博物館」という。）の設置及び運営上の望ましい基準であり、博物館の健全な発達を図ることを目的とする。 二　博物館及びその設置者は、この基準に基づき、博物館の水準の維持及び向上に努めるものとする。 （設置） 第二条　都道府県は、博物館を設置し、歴史、芸術、民俗、産業、自然科学等多様な分野にわたる資料を扱うよう努めるものとする。 二　市（特別区を含む。以下同じ。）町村は、その規模及び能力に応じて、単独で又は他の市町村と共同して、博物館を設置するよう努めるものとする。 （資料） 第三条　博物館は、実物又は現象に関する資料（以下「一次資料」という。）について、当該資料に関する学問分野、地域における当該資料の所在状況及び当該資料の展示上の効果を考慮して、必要な数を収集し、保管（育成を含む。以下同じ。）し、及び展示するものとする。 二　博物館は、実物資料について、その収集若しくは保管が困難な場合、その展示のために教育的配慮が必要な場合又はその館外貸出しが困難な場合には、必要に応じて、実物資料に係る模型、模造、模写又は複製の資料を収集又は制作するものとする。 三　博物館は、一次資料のほか、一次資料に関する図書、文献、調査資料その他必要な資料（以下「二次資料」という。）を収集し、保管するものとする。	『文部科学省告示』第一一三号 『博物館研究』第三八巻第八号　日本博物館協会 「公立博物館の設置及び運営に関する基準について」 『博物館学雑誌』第二〇巻一号 「望ましい基準の改定」 『文部科学法令要覧』文部科学法令研究会

年　月日　事項　拠所・文献

四　博物館は、一次資料の所在等の調査研究を行い、その収集及び保管（現地保存を含む。）に努めるとともに、資料の補修及び更新、新しい模型の制作等により所蔵資料の整備及び充実に努めるものとする。

（展示方法等）

第四条　博物館は、資料を展示するに当たっては、利用者の関心を深め、資料に関する知識の啓発に資するため、次に掲げる事項の実施に努めるものとする。

一　確実な情報及び研究に基づく正確な資料を用いること。

二　総合展示、課題展示、分類展示、生態展示、動態展示等の展示方法により、その効果を上げること。

三　博物館の所蔵する資料による通常の展示のほか、必要に応じて、特定の主題に基づき、その所蔵する資料又は臨時に収集した資料による特別展示を行うこと。

四　二次資料又は音声、映像等を活用すること。

五　資料の理解又は鑑賞に資するための説明会、講演会等を行うこと。

六　展示資料の解説並びに資料に係る利用者の調査及び研究についての指導を行うこと。

（学習活動等）

第五条　博物館は、利用者の学習活動に資するため、次に掲げる事項を実施するものとする。

一　資料に関する各種の説明会、講演会等（児童又は生徒を対象とした体験活動その他の学習活動を含む。）の開催、館外巡回展示の実施等の方法により学習機会を提供すること。

二　資料の利用その他博物館の利用に関し、学校の教職員及び社会教育指導者に対して助言と援助を与えること。

（情報の提供等）

第六条　博物館は、利用者の利用の便宜のために、次に掲げる事項を実施するものとする。

一　資料に関する目録、展示資料に関する解説書又は案内書等を作成するとともに、資料に関する調査研究の成果の公表その他の広報活動を行うこと。

二　事業の内容、資料等についてインターネットその他の高度情報通信ネットワークの活用等の方法により、情報の提供を行うこと。

（学校、家庭及び地域社会との連携等）

第七条　博物館は、事業を実施するに当たっては、学校、社会教育施設、社会教育関係団体、関係行政機関等との緊密な連絡、協力等の方法により、学校、家庭及び地域社会との連携の推進に努めるものとする。

二　博物館は、その実施する事業への青少年、高齢者、障害者、乳幼児の保護者、外国人等の参加を促進するよう努めるものとする。

	三　博物館は、その実施する事業において、利用者等の学習の成果並びに知識及び技能を生かすことができるよう努めるものとする。 （開館日等） 第八条　博物館は、開館日及び開館時間の設定に当たっては、利用者の要請、地域の実情、資料の特性、展示の更新所要日数等を勘案し、夜間開館の実施等の方法により、利用者の利用の便宜を図るよう努めるものとする。 （職員） 第九条　博物館に、館長を置くとともに、事業を実施するために必要な数の学芸員を置くものとする。 二　博物館に、前項に規定する職員のほか、事務又は技術に従事する職員を置くものとする。 （職員の研修） 第十条　都道府県の教育委員会は、当該都道府県内の博物館の館長、学芸員その他職員の能力及び資質の向上を図るために、研修の機会の充実に努めるものとする。 二　市町村の教育委員会は、当該市町村の教育委員会の所管に属する博物館の前項に規定する職員を、同項の研修に参加させるよう努めるものとする。 （施設及び設備等） 第十一条　博物館は、その目的を達成するため、必要な施設及び設備を備えるものとする。 二　博物館は、青少年、高齢者、障害者、乳幼児の保護者、外国人等の利用の促進を図るため必要な施設及び設備を備えるよう努めるものとする。 三　博物館は、資料を保全するため、必要に応じて、耐火、耐震、防虫害、防塵、防音、温度及び湿度の調節、日光の遮断又は調節、通風の調節並びに汚損、破壊及び盗難の防止に必要な設備を備えるよう努めるものとする。 四　博物館は、利用者の安全を確保するため、防災上及び衛生上必要な設備を備えるとともに、必要に応じて、入場制限、立入禁止等の措置をとるものとする。 （事業の自己評価等） 第十二条　博物館は、事業の水準の向上を図り、当該博物館の目的を達成するため、各年度の事業の状況について、博物館協議会等の協力を得つつ、自ら点検及び評価を行い、その結果を公表するよう努めるものとする。 附則 この告示は、公布の日から施行する。	
6月6日	文部科学省生涯学習政策局長は、一五文科生第三三四号で各都道府県教育委員会教育長あてに「公立博物館の設置及び運営上の望ましい基準」の告示について、通知した。	『博物館研究』第三八巻第八号　日本博物館協会 「公立博物館の設置及び運営に関する基準について」
6月13日	地方自治法の一部改正により公の施設管理を営利企業やＮＰＯ等を含む民間事業者にも開放する「指定管理者制度」が規定され、同年九月二日から施行された。	『博物館研究』第三九巻第八号　日本博物館協会 「公立博物館に対する指定管理者制度の考え方について」

年	月日	事項	拠所・文献
	6月15日	生涯学習政策局長は、文科生第三四四号で各都道府県教育委員会教育長にあて「公立博物館の設置及び運営上の望ましい基準」の告示について、通知した。 本告示は、 ① 地方分権の推進に伴う定量的、画一的な基準の大綱化。弾力化。 ② 多様化、高度化する学習ニーズや国際化、情報化等の進展に伴う現代的課題への対応 ③ 文化芸術振興基本法の成立等文化芸術の重要性の高まりなどを踏まえ、従来の「公立博物館の設置及び運営に関する基準」の全部を改正したものである。 一．第一条関係（趣旨） 二．第二条関係（設置） 三．第三条関係（資料） 四．第四条関係（展示方法等） 五．第五条関係（学習活動等） 六．第六条関係（情報の提供等） 七．第七条関係（学校・家庭及び地域社会との連携等） 八．第八条関係（開館日等） 九．第九条関係（職員） 一〇．第一〇条関係（職員の研修） 一一．第一一条関係（施設及び設備等） 一二．第一二条関係（事業の自己評価等）	『博物館関係法令集』財団法人日本博物館協会
	7月16日	法律第一一二号により、「国立大学法人法」が公布された。 この法律は、大学の教育研究に対する国民の要請にこたえるとともに、我が国の高等教育及び学術研究の水準の向上と均衡ある発展を図るため、国立大学を設置して教育研究を行う国立大学法人の組織及び運営並びに大学共同利用機関を設置して大学の共同利用に供する大学共同利用機関法人の組織及び運営について定めることを目的とする。とある。	『文部科学法令要覧』文部科学法令研究会
	7月16日	法律第一一六号により「独立行政法人メディア教育開発センター法」が公布された。総則の第一条に「この法律は、独立行政法人メディア教育開発センターの名称、目的、業務の範囲等に関する事項を定めることを目的とする。」とある。	『文部科学法令要覧』文部科学法令研究会
	9月29日	文部科学省令第四二号により、文化財の不法な輸出入等の規制等に関する法律施行規則を定めた。 （特定外国文化財の指定） 第一条　文部科学大臣は、文化財の不法な輸出入等の規制等に関する法律（以下「法」という。）第三条第一項の規定による通知を受けた場合において、当該通知に係る文化財が次の番号のいずれにも該当すると認めるときは、当該文化財を特定外国文化財として指定するものとする。ただし、当該文化財の種類（絵	『文部科学法令要覧』文部科学法令研究会

年	月日	事項	出典
		画、彫刻、工芸品、書跡、典籍、古文書、考古資料、歴史資料その他の当該文化財の種類をいう。）特徴（寸法、重量、材質、形状、色、その他の当該文化財の特徴をいう。）等に係る通知の記載が当該文化財を特定できる程度に明確でないと認められるときは、この限りでない。 一．法第二条第一項に規定する文化財であること。 二．文化財の不法な輸入輸出及び所有権移転を禁止し及び防止する手段に関する条約第七条（b）（i）に規定する施設から盗取された文化財であること。 三．法の施行前に盗取された文化財でないこと。 （指定の解除） 第二条　文部科学大臣は、特定外国文化財についてその指定の必要がなくなったと認めるときは、当該指定を解除するものとする。 附則 この省令は公布の日から施行する。	
	9月29日	文化庁次長は、一五庁財二七三号で各都道府県知事、各都道府県教育委員会教育長、各国公私立大学長、各国公私立短期大学長、放送大学長、日本芸術文化振興会会長、文化庁関係各独立行政法人の長、独立行政法人国立科学博物館長、国立民族学博物館長、国立歴史民俗博物館長、各文部科学大臣所轄宗教法人あてに「文化財の不法な輸出入等の規制等に関する法律施行規則等の施行について」通知した。	『博物館に関する基礎資料』国立教育政策研究所社会教育実践研究センター
	10月30日	文化庁文化財部記念物課長は、財記念第四九号により、出土品は我が国の歴史や文化を理解する上で欠くことのできない情報を提供する貴重な歴史的遺産であり、その出土品・記録類の適切な保管に努めるよう「出土品の保管について」各都道府県教育委員会教育長あてに通知した。	『博物館に関する基礎資料』国立教育政策研究所社会教育実践研究センター
二〇〇四 平成16	3月29日	中央教育審議会生涯学習分科会は、「今後の生涯学習の振興方策について」審議経過を報告した。 博物館等の社会教育施設は、学校教育施設と比較してＩＴ環境の整備が進んでいない。高度情報化を推進するためには、ネットワークの構築や、職員の情報活用能力の育成等を推進し、博物館の収蔵品の情報提供システムの拡充を図るなど、各機関同士の広域的な連携のネットワーク等を拡充することが必要であるとされた。	『博物館に関する基礎資料』国立教育政策研究所社会教育実践研究センター
	4月1日	国立大学は「国立大学法人」に移行した。国立大学法人法（平成一五年七月一六日、法律第一一二）により、大学共同利用機関の国立民族学博物館・国立歴史民俗博物館は「大学共同利用機関法人人間文化研究機構」に移行した。	『大学共同利用機関法人人間文化研究機構要項』 『国立歴史民俗博物館要覧』
	4月30日	環境省告示第三三号により「展示動物の飼養及び保管に関する基準」が告示された。第一・一般原則。第二・定義。第三・共通基準。第四・個別基準。第五・準用。	『博物館に関する基礎資料』国立教育政策研究所社会教育実践研究センター、一〇三頁
	7月30日	日本モンキーセンター学芸員三戸幸久は、「博物館法における〝博物館の定義〟に関連する事項の改正を」の中で、博物館の定義の最初は「収集」ではなく、まず対象物となる「調査・研究」にすべきではないかと提言した。	『全日本博物館学会ニュース』No.六八
	9月	日本博物館協会は、文化庁の委託で実施した「博物館総合調査」で指定管理者制度の導入状況を調査した。 法施行一年後すでに導入した博物館は、一、四八九館中二％（三〇館）であった。	『博物館研究』第四〇巻第八号　日本博物館協会 「指定管理者制度について」

年	月日	事項	拠所・文献
	10月	国際博物館会議（ＩＣＯＭ）職業倫理規定は、ソウルにおける第二一回総会において承認改訂された。	『博物館に関する基礎資料』国立教育政策研究所社会教育実践研究センター
	11月18日	文化庁告示第一七号により「盗取された国内文化財を公示する件」が公示された。 次の重要文化財について文化財保護法（昭和二五年法律第二一四号）第三三条の規定による届出があったので、文化財の不法な輸出入等の規則等に関する法律（平成一四年法律第八一号）第五条第一項の規定に基づき、公示する。	『文化財保護関係法令集』文化財保護法研究会
二〇〇五 平成17	2月2日	文化審議会文化政策部会は、地域社会を活性化させるための「地域文化で日本を元気にしよう」を報告した。 第一章　地域文化を振興する定義 第二章　地域における文化の現状 第三章　地域文化の振興に当たっての課題と方策 第四章　地域文化の活性化に向けて で構成されている。	『博物館に関する基礎資料』国立教育政策研究所社会教育実践研究センター
	3月28日	文部科学省告示第四四号で「登録有形文化財登録基準」を定めた。 建造物以外の部 建造物以外の有形文化財のうち、原則として製作後五〇年を経過したものであって、歴史的若しくは系統的にまとまって伝存したもの又は系統的若しくは網羅的に収集されたものであり、かつ、 一.文化的意義を有するもの、二.学術的価値を有するもの、三.歴史上の意義を有するもののいずれかに該当するもの。 建造物の部 土木建造物及びその他の工作物のうち、原則として建設後五〇年を経過し 一.国土の歴史的景観に寄与しているもの、二.造形の規範となっているもの、三.再現することが容易でないもの のいずれかに該当するもの。	『文化財保護関係法令集』文化財保護法研究会
	4月4日	大阪歴史学会、京都民科歴史部会、地方史研究協議会、日本史研究会、歴史科学協議会常任委員会、歴史研究会、歴史教育者協議会は、公立の資料館や博物館等の存在意識に鑑みて、地方自治体が管理形態もしくは管理者の指定を検討される際には、安易に短期的な有効性・効率性のみで判断することなく、対象となる機関や学術団体とも十分に議論し、その意見を参照していただきたいとする「資料館や博物館に対する指定管理者制度の導入に関する要望書」を提示した。	『日本史研究』第五一二号 「要望書」

10月13日	総理官邸四階大会議室において、第七回独立行政法人に関する有識者会議が開かれた。主な議題は、独立行政法人の見直しに関する各省のヒアリングであり、文部科学省は国立美術館、国立博物館、文化財研究所についての説明であった。委員からの発言では、国立美術館と国立博物館は、場所も近いし、収集・展示という業務の共通性がある。ノウハウを共有するメリットは大きい。また、国立博物館と文化財研究所は共に文化財保護を目的とする法人。文化財研究所の技術をより活用することで、国立博物館の文化財保存技術の向上が期待できる。このような三法人が統合すれば、職員の知見の相互交流、業務成果の共有、業務の相互補完・相乗効果の発揮等を通じた業務の質の向上と効率的な組織運営が期待できることから、三法人の統合について、更なる検討を行うことが必要である。	『独立行政法人に関する有識者会議第七回議事概要』内閣官房行政改革推進事務局 『独立行政法人に関する有識者会議ヒアリング関係資料』文化庁
10月28日	独立行政法人に関する有識者会議は、「独立行政法人の中期目標期間終了時の見直しに関する有識者会議の指摘事項」について、類似業務を行っている法人や共通の目的を有している法人は、職員の知見の相互交流、業務成果の共有、業務の相互補完・相乗効果の発揮については、再編・統合について、更なる検討を行うべきであるとしている。文部科学省関係では、「国立美術館と国立博物館と文化財研究所」の統合が指摘された。	『独立行政法人に関する有識者会議ヒアリング関係資料』文化庁 独立行政法人に関する有識者会議の「独立行政法人の中期目標期間終了時の見直しに関する有識者会議の指摘事項」
11月3日	平山郁夫、高階秀爾らが呼びかけ人となり、文化芸術の振興には、市場原理や効率性・採算性とは相容れない面があり、一律に効率性を追求することは極めて危険であるとして「効率性追求による文化芸術の衰退を危惧する」とするメッセージを発表した。賛同者三六名	「一般配布資料」
11月9日	『東京新聞』（夕刊）は、「国立美術館など統合反対・平山氏ら声明提出」の見出しで「効率性追求による文化芸術の衰退を危惧する」のメッセージを小坂憲次文部科学大臣と河合隼雄文化庁長官に提出した。と報じた。	『東京新聞』平成一七年一一月九日夕刊
11月15日	規制改革・民間開放推進会議の官業民営化等、WG主査鈴木良男、市場化テストWG主査八代尚宏は「効率性追求による文化芸術の衰退を危惧する」に対して、「規制改革・民間開放・市場化テストは文化芸術の振興のためにこそ行われる」とする推進会議としての考え方を表明した。	「一般配付資料」
12月11日	地方史研究協議会が主催し、シンポジウム「地域博物館・資料館と指定管理者制度」を開催した。	地方史研究協議会配付資料
二〇〇六 平成18		
2月3日	文化審議会文化政策部会は「文化芸術の振興に関する基本的な方針」の評価と今後の課題について（審議まとめ）を発表した。第一部は基本方針の在り方等について、第二部は基本方針の評価と今後の課題となっている。	『博物館に関する基礎資料』国立教育政策研究所社会教育実践研究センター
2月23日	第九回日本学術会議幹事会で「史学委員会博物館・美術館等の組織運営に関する分科会」が設置された。	『地域主権改革と博物館―成熟社会における貢献を目指して』日本学術会議
3月28日	「科学技術基本計画」が閣議決定された。幼少期から高齢者まで広く国民を対象として、科学技術に触れ、体験・学習できる機会の拡充を図る。具体的には、国立科学博物館・日本科学未来館をはじめとする科学館・博物館等の充実を図るとともに、その活動を支える職員、科学ボランティア・非営利団体（NPO）等の人材の育成と確保を促進する。さらに、大学、公的研究機関等が、施設設備の一般公開出前講座等の社会に開かれた活動を通じて、科学技術に対する国民意識の向上に貢献することを促進する、とある。	『博物館に関する基礎資料』国立教育政策研究所社会教育実践研究センター

年	月日	事項	拠所・文献
	3月31日	國學院大学教授青木豊は、学芸員養成科目の中に欠如している「博物館展示論」を「博物館展示情報論」として、設置することを提唱した。	『全国大学博物館学講座協議会研究紀要』第九号「学芸員養成科目としての〝博物館展示論〟の提唱」
	3月31日	明治大学文学部矢島國雄教授は、明治大学学芸員養成課程紀要に掲載した「指定管理者制度と博物館」の表題で、新たに導入された指定管理者制度の意義・内容とその問題点などについて、意見を披瀝した。	『Museum STUDY』№一七「指定管理者制度と博物館」
	5月22日	文部科学省社会教育課地域学習活動推進室長栗原祐司は、文部科学省で、「これからの博物館の在り方に関する検討協力者会議」を発足させ、主として博物館の登録制度、学芸員資格の見直し等の面から、博物館法を改正するためのこれまでの検討状況と、これからの展開などを概説した。さらに学芸員の積極的な協力を願っている。	『全日本博物館学会ニュース』№八三「博物館法改正に向けた検討状況について」
	6月15日	法律第七三号により、遺失物法が公布された。この法律は遺失物、埋蔵物その他の占有を離れた物の拾得及び返還に係る手続その他その取扱いに関し必要な事項を定めたものである。	『文化財保護関係法令集』文化財保護法研究会
	7月8日	地方史研究協議会の主催で、シンポジウム「地域博物館の社会的使命と指定管理者制度」が開催された。	『歴史資料の保存と地方史研究』地方史研究協議会「あとがき」
	9月	文部科学省生涯学習政策局に「これからの博物館の在り方に関する検討協力者会議」が設置された。委員には、佐々木秀彦（財団法人東京都歴史文化財団事務局総務課企画担当係長）、鷹野光行（お茶の水女子大学大学院人間文化創成科学研究科教授）、高安礼士（千葉県総合教育センターカリキュラム開発部長）、中川志郎（ミュージアムパーク茨城県自然博物館名誉館長）、名児耶明（財団法人五島美術館学芸部長）、水嶋英治（常磐大学大学院コミュニティ振興学研究科教授）の六名が任命された。	『これからの博物館の在り方に関する検討協力者会議』『新しい時代の博物館制度の在り方について』『委員一覧』
	10月11日	これからの博物館の在り方に関する検討協力者会議の第一回検討会議が開かれた。審議は、主査、副主査の選任、博物館制度の過去の検討結果の整理と現状、論点と今後のスケジュールについて、博物館に関する調査について、等であった。	『これからの博物館の在り方に関する検討協力者会議報告書』
	10月26日	全国大学博物館学講座協議会の平成一八年度東日本部会の教育・教務合同部会において、お茶の水女子大学の教授鷹野光行から「これからの博物館の在り方に関する検討協力者会議」に関する経過説明があった。	『全博協会報』第四四号
	11月1日	これからの博物館の在り方に関する検討協力者会議の第二回検討会議が開かれた。審議は、博物館法が対象にすべき博物館とは、学芸員資格制度の見直しに関する法改正の内容等であった。	『これからの博物館の在り方に関する検討協力者会議報告書』

11月4日	日本学術会議が主催し、日本博物館協会、日本展示学会など一二学会が後援し、東京大学理学部一号館小柴ホールにおいて「博物館が危ない！美術館が危ない！―指定管理者制度・公共サービス改革法の落とし穴―」とする公開講演会が開かれた。メッセージ・平山郁夫、提題・青柳正規。講演は、前沢和之「博物館と指定管理者制度、現場から見えてきたこと」。樺山紘一「ミュージアムと人文科学資料」、井上洋一「博物館におけるサービスの本質と将来ビジョン」、白藤博行「博物館・美術館と学術・文化行政の公共性」などであった。	『日本学術会議主催公開講演会配布資料』
11月21日	これからの博物館の在り方に関する検討協力者会議の第三回検討会議が開かれた。審議は、学芸員資格制度の見直しに関する法改正内容、登録制度改善のための法改正の内容等であった。	『これからの博物館の在り方に関する検討協力者会議報告書』
11月28日	『朝日新聞』は、「現行資格は「学芸員補」 経験積んだ専門員新設　学芸員格下げ?」とする見出しで、博物館法の見直しについて報じた。 その骨子は、 ①　現行の学芸員を学芸員補に格下げる。 ②　学芸員になるには五年以上の学芸員補経験や修士号取得、国家試験合格といった条件を設ける。 ③　一〇年以上の学芸員経験、実績や研修、国家試験による上級・専門学芸員を新設する。 などを柱とする案を議論中だ。と報じた。	『朝日新聞』一一月二八日 夕刊
12月1日	『千葉日報』は、去る一一月四日日本学術会議が主催して東京大学で開催したシンポジウム形式の公開講演会「博物館が危ない！美術館が危ない！」について、「効率採算重視の行政を批判」とする見出しで報じた。青柳正規国立西洋美術館長、馬渡駿介北海道大学教授、井上洋一東京国立博物館課長、前沢和之横浜市歴史博物館課長の考え方を概説した。	『千葉日報』一二月一日
12月13日	これからの博物館の在り方に関する検討協力者会議の第四回検討会議が開かれた。審議は、登録制度改善のための法改正の具体的な内容等であった。	『これからの博物館の在り方に関する検討協力者会議報告書』
12月17日	全国大学博物館学講座協議会は、協議会の全国委員を中心に「これからの博物館の在り方に関する検討協力者会議」の副主査水嶋英治、同委員の鷹野光行を交えて「博物館法改正に伴う意見交換会」を実施した。	『全博協会報』第四四号
12月22日	法律第一二〇号により、教育基本法（昭和二二年法律第二五号）の全部を改正した。 我々日本国民は、たゆまぬ努力によって築いてきた民主的で文化的な国家を更に発展させるとともに、世界の平和と人類の福祉の向上に貢献することを願うものである。 我々はこの理想を実現するため、個人の尊厳を重んじ、真理と正義を希求し、公共の精神を尊び、豊かな人間性と創造性を備えた人間の育成を期するとともに、伝統を継承し、新しい文化の創造を目指す教育を推進する。ここに、我々は、日本国憲法の精神にのっとり、我が国の未来を切り拓く教育の基本を確立し、その振興を図るため、この法律を制定する。（前文）	『博物館に関する基礎資料』国立教育政策研究所社会教育実践研究センター

年	月日	事項	拠所・文献
二〇〇七 平成19	1月初頭	全国大学博物館学講座協議会は、東西両部会長より、加盟各大学へ「博物館法改正に伴う意見交換会」の概要を報告し、この改正に関する意見の提出を要請した。	『全博協会報』第四四号 「平成一八年度全国大会・東西両部会報告」
	1月19日	國學院大学教授青木豊は、学芸員養成の立場から学芸員資格の高度化の方向などに関して、「これからの博物館の在り方に関する検討協議者会議」へ要望書を提出した。 主として内容は、 現行の不明瞭な短期大学での所定単位取得者を「学芸員補」の資格取得者として明確に規定すること。 学芸員の資質向上を目的として大学において修得すべき博物館に関する科目と単位数の改正・充実のこと。	『全博協会報』第四四号 「博物館法改正に係る要望について」
	1月19日	これからの博物館の在り方に関する検討協議者会議の第五回検討会が開かれた。審議は、「これからの博物館の在り方に関する検討協力者会議」の報告書案であった。	『これからの博物館の在り方に関する検討協力者会議報告書』
	1月下旬	全国大学博物館学講座協議会東日本部会長校東北学院大学博物館学芸員課程辻秀人は、「学芸員資格要件の高度化の方向について（要望）」を、文部科学省生涯学習政策局長加茂川幸、社会教育課長平林政吉に提出した。 その要望内容は 一．大学及び短期大学での学芸員養成課程のカリキュラムに地域社会とのコミュニケーションを学ぶ科目、展示等においてメッセージを伝える方法を学ぶ科目を加え、地域社会と連携して博物館活動を実施できる学芸員を養成する方向を目指すこと。 二．実習を含む所定の単位の修得を前提に大学卒業時に学芸員資格を取得できるようにすること。 三．上級学芸員を設ける場合、上級学芸員の社会的な位置づけを用意すること。	『全博協会報』第四四号
	2月9日	これからの博物館の在り方に関する検討協力者会議の第六回検討会議が開かれた。審議内容は、「これからの博物館の在り方に関する検討協力者会議」の報告書案についてであった。	『これからの博物館の在り方に関する検討協力者会議報告書』
	2月9日	文化芸術の振興に関する基本的な方針（第二次基本方針）が閣議で決定した。美術館、博物館については、次の施策が講じられた。 ・美術館、博物館が、地域の文化芸術の中核となり、長期的かつ継続的な視点に立った運営を行い、他の文化施設や学校等と連携を促進するなど、質の高い活動を活発に展開するよう、支援を行う。 ・登録美術品制度の活用を引き続き推進し、所蔵品の充実や安定した公開を図る。 ・優れた文化財、美術品等を積極的に保存・公開するため、所蔵品に関する情報のデジタル化を推進する。・美術館、博物館等に対する適切な評価の在り方について、検討を進める。	『博物館に関する基本資料』国立教育政策研究所社会教育実践研究センター

	・魅力ある施設づくりの核となる学芸員等の資質向上のための研修の充実を図る。 ・独立行政法人国立美術館が、我が国の美術振興の中心的拠点として、国民の感性をはぐくみ、新しい芸術創造活動を推進するための機能の充実を図る。 ・独立行政法人国立博物館及び独立行政法人文化財研究所が、我が国の文化財施策の一翼を担う機関として、国民の宝である文化財を収集・保存し、次世代へ適切に継承するための機能の充実を図る。	
2月26日	全国大学博物館学講座協議会委員長青木豊、同東日本部会長辻秀人、同西日本部会長芳井敬郎は、國學院大学において、文部科学省生涯学習政策局社会教育課課長補佐宮田幸宏、同地域学習活動推進室長行松泰弘、同指導研修係長毛利るみこ、と博物館法の改正などに関して意見交換した。	『全博協会報』第四四号 『これからの博物館の在り方に関する検討協力者会議報告書』
3月8日	これからの博物館の在り方に関する検討協力会議の第七回検討会議が開かれた。審議内容は、「これからの博物館の在り方に関する検討協力者会議」の報告書（案）についてであった。	
3月16日	これからの博物館の在り方に関する検討協力者会議の第八回検討会議が開かれた。審議内容には「これからの博物館の在り方に関する検討協力者会議」の報告書（案）について、であった。	『これからの博物館の在り方に関する検討協力者会議報告書』
3月30日	法律第七号による独立行政法人国立博物館法の一部を改正する法律で独立行政法人国立博物館と独立行政法人文化財研究所を統合し「独立行政法人独立文化財機構法」が発足した。 附則には 第一条　施行期日 第二条　研究所の解散など 第三条　機構への出資 第四条　研究所の職員から引き続き機構の職員となった者の退職手当の取扱いに関する経過措置 第五条　国有財産の無償使用 第六条　独立行政法人文化財研究所法の廃止 第七条　独立行政法人文化財研究所法の廃止に伴う経過措置 第八条　罰則に関する経過措置 第九条　政令への委任 第十条　文化財保護法の一部改正 第十一条　文化財保護法の一部改正に伴う経過措置 第十二条　国家公務員共済組合法の一部改正 第十三条　独立行政法人に係る改革を推進するための文部科学省関係法律の整備に関する法律の一部改正	『全日本博物館学会ニュース』No.八〇「最近公布の博物館関係法規改正」平成一九年三月三〇日官報（号外特七号）

年	月日	事項	拠所・文献
	3月30日	これからの博物館の在り方に関する検討協力者会議がまとめた「新しい時代の博物館制度の在り方について（中間まとめ）」が公表された。 目次は 第一章　博物館をめぐる昨今の動向 第二章　博物館とは 第三章　博物館登録制度の在り方について 第四章　学芸員制度の在り方について 第五章　博物館運営に関する諸問題について 第六章　博物館に関する総合的な専門機関の必要性 となっている。参考資料として 一．博物館等数及び入館者数の年代比較 二．館種別博物館等数及び入館者数の比較 三．博物館数の推移 四．館種別博物館数の推移 五．公立博物館における指定管理者の導入状況 六．公立博物館における社会教育費の推移 七．教育委員会の予算および生涯学習・社会教育に係る年間の事業額 八．設置者別博物館等数 九．所管別博物館相当施設及び博物館類似施設数（公立のみ） 一〇．博物館等における入館料の状況 一一．入館料を有料とする博物館等のうち減免措置のある館数 一二．博物館等のバリアフリー対応状況 一三．博物館におけるボランティア活動状況 一四．博物館等一館当たりの職員数の状況 一五．館種別博物館等数及び学芸員数 一六．学芸員制度全般に関する課題 一七．専門的職員への期待 一八．博物館の学芸員についての認識 一九．新任学芸系職員に最も期待する資質、能力（博物館園対象）	『これからの博物館の在り方に関する検討協力者会議報告書』
	3月30日	これからの博物館の在り方に関する検討協力者会議は、中間まとめの内容に関する意見募集を実施した。募集期間は、四月二三日（月）までであった。	『これからの博物館の在り方に関する検討協力者会議報告書』
	3月30日	法律第七号による独立行政法人国立博物館法の一部を改正する法律で独立行政法人国立博物館と独立行政法人文化財研究所を統合し「独立行政法人国立文化財機構」が発足した。	『全日本博物館学会ニュース』No.八〇「最近公布の博物館関係法規改正」 『官報』（号外特七号）平成一九年三月三〇日

4月10日	明治大学博物館学研究会は、会報に緊急特集として、博物館法の改正について取り上げ、これからの博物館のあり方に関する検討協力者会議がまとめた「新しい時代の博物館制度のあり方について（中間まとめ）」を紹介した。吉田優の「博物館法改正について」、矢島國雄の「協力者会議中間まとめに対する意見」などで問題を提起している。	『博物館学研究会会報』No.一五「緊急特集—博物館法の改正をめぐって」
4月13日	これからの博物館の在り方に関する検討協力者会議の第九回検討会議が開かれた。審議は「新しい時代の博物館制度の在り方について」（中間まとめ）に関するヒアリングで、法政大学キャリアデザイン学部教授金山喜昭、徳川美術館副館長山本泰一、トヨタ自動車株式会社産業技術記念館長島田紀彦、三井観光開発株式会社鴨川シーワールド顧問祖一誠らが意見を述べた。	『これからの博物館の在り方に関する検討協力者会議報告書』
4月19日	これからの博物館の在り方に関する検討協力者会議の第一〇回検討会議が開かれた。審議は、「新しい時代の博物館制度の在り方について」（中間まとめ）に関するヒアリングで、東近江市能登川博物館学芸員山本一博、昭和のくらし博物館学芸員毛塚万里、全国大学博物館学講座協議会東日本部会長校・東北学院大学教授辻秀人らが意見を述べた。	『これからの博物館の在り方に関する検討協力者会議報告書』
4月23日	財団法人日本博物館協会長竹内誠は、文部科学省生涯学習政策局社会教育課博物館振興係にあて「新しい時代の博物館制度の在り方について」（中間まとめ）に対する意見募集に関し、会長・副会長・役員有志の意見をとりまとめて提出した。その中の学芸員制度の在り方については、 　国際的な動向に十分留意して、世界の水準から見ても遜色のない人材を養成する仕組みを整備すべきである。博物館と大学院、更に研究機関を含めて、相互の連携により、新たな博物館職員の人材養成や博物館に勤務している学芸員の再教育のシステムを構築するよう検討されたい。 と記されている。（後に傍線部分が全国大学博物館学講座協議会から、抗議文となって示された。）	『全博協会報』第四五号「抗議文」
4月24日	「新しい時代の博物館制度の在り方について」意見を公募したところ三三九名から意見が寄せられた。文部科学省はその内容を公表した。	『意見公募による意見』文部科学省
4月27日	法律第三二号で「武力紛争の際の文化財の保護に関する法律」が公布された。この法律は、武力紛争の際の文化財の保護に関する議定書及びハーグで作成された武力紛争の際の文化財の保護に関するハーグ条約の第二議定書の適格な実施を保護するため、被占領地域流出文化財の輸入の規制等に関する措置を講じ、もって現在及び将来の世代にわたる人類の貴重な保護に資することを目的にしている。	『文化財保護関係法令集』文化財保護法研究会
5月9日	『日本経済新聞』は、「学芸員に〈上級〉資格」の見出しで、これから博物館の在り方に関する検討協力者会議で審議している学芸員の専門性を高めるための「上級学芸員」の資格を創設すべきであるとする中間報告を報じた。資格は七年程度の実務経験を積む。国家資格にするかどうか今後の検討事項とする。	『日本経済新聞』五月九日夕刊
5月24日	これからの博物館の在り方に関する検討協力者会議の第一一回検討会議が開かれた。審議は「新しい時代の博物館制度の在り方について」の報告書作成のためであった。	『これからの博物館の在り方に関する検討協力者会議報告書』

年	月日	事項	拠所・文献
	5月24日	日本学術会議学術・芸術資料保全体制検討委員会が中心となって審議した「博物館の危機をのりこえるために」の声明を日本学術会議は承認し公表した。 一、国公立博物館の役割と課題 二、博物館への指定管理者制度導入の現状と問題点 三、国立博物館に関わる新たな公的制度にむけて 四、博物館の中・長期的展望 とに分けている	『日本学術会議配布資料』
	5月28日	全国大学博物館学講座協議会委員長大学代表・國學院大学青木豊・同西日本部会長・花園大学芳井敬郎、同東日本部会長・東北学院大学辻秀人、三名の連名で、文部科学省伊吹文明に対し、博物館法の改正に当たっては学部での「学芸員」資格取得が可能な養成制度を維持するように学芸員養成講座開講大学の署名を添えて要望した。	『全博協会報』第四五号 「平成十九年度全国大学・東西両部会報告」
	5月31日	これからの博物館の在り方に関する検討協力者会議の第一二回検討会議が開かれた。審議は「新しい時代の博物館制度の在り方について」であった。	『これからの博物館の在り方に関する検討協力者会議報告書』
	5月31日	文部科学省生涯学習政策局社会教育課は、都道府県教育委員会における博物館関係業務の実態を把握するために、都道府県教育委員会に対して、博物館登録業務の状況及び博物館相当施設指定業務の状況、博物館行政の状況などについて調査し、その調査結果を「都道府県教育委員会における博物館業務の実態に関する調査結果について（概要）」として発表した。	『これからの博物館の在り方に関する検討協力者会議報告書』
	6月3日	お茶の水女子大学で開催された全日本博物館学会第三三回研究大会で、フォーラム「博物館法改正を考える」が開かれた。司会進行・井上敏（桃山学院大学）、問題提起・行松泰弘（文部科学省社会教育課）、パネラー・金山喜明（法政大学）、辻秀人（東北学院大学）、日露野好章（東海大学）、山本哲也（新潟県立歴史博物館）であった。	『学会ニュース』No.八一 「全日本博物館学会第三三回研究大会資料」
	6月8日	これからの博物館の在り方に関する検討協力者会議の第一三回検討会議が開かれた。審議は「新しい時代の博物館制度の在り方について」の報告書についてであった。	『これからの博物館の在り方に関する検討協力者会議報告書』
	6月13日	東京の一ツ橋記念講堂で開かれた第一四回全国博物館長会議で、文部科学省大臣官房担当官から、「新しい時代の博物館制度の在り方について」の内容が報告された。	『博物館研究』第四二巻第八号 「博物館法改正に向けた検討」
	6月13日	『日本経済新聞』は、「公立博物館の指定管理に警鐘・日本学術会議が声明」の見出しで、経済効率に優先する運営には、問題が多いという事を紹介した。	『日本経済新聞』
	6月15日	これからの博物館の在り方に関する検討協力者会議がまとめた「新しい時代の博物館制度の在り方について」報告書が公表された。内容は、 第一章　博物館をめぐる昨今の現状 一、博物館制度の問題点 二、博物館を取り巻く状況 三、生涯学習社会への対応	『博物館に関する基礎資料』国立教育政策研究所社会教育実践研究センター

	第二章　博物館とは 一、博物館に求められる役割 二、博物館法上の博物館の定義の在り方 第三章　博物館登録制度の在り方について 一、現行登録基準について 二、博物館登録制度改善の方向性 第四章　学芸員制度の在り方について 一、現状における学芸員制度の問題点 二、これからの学芸員制度に求められること 三、今後の見直しの方向性 第五章　博物館運営に関する諸問題について 一、指定管理者制度等について 二、公立博物館の原則無料規定の扱いについて 三、博物館倫理について 四、博物館を支える多様な人材の養成・確保 第六章　博物館に関する総合的な専門機関の必要性 一、博物館登録審査と博物館評価 二、上級学芸員等の人材の資格認定、資質向上 三、全国の博物館、大学、学会等に関するネットワーク形成支援 となっている。 参考資料として 一、参考文献等 二、第五四回全国博物館大会決議 三、「卓抜と均等～教育と博物館がもつ公共性の様相へ」「共通の富～博物館と学習へ」について 四、ユネスコやＩＣＯＭ規約など国際的な博物館の定義 五、諸外国における博物館職員の養成に関する参考事例 六、博物館職員の研修事業 七、「博物館をあらゆる人に開放する最も有効的な方法に関する勧告（第一一回ユネスコ大会採択）」等 別紙一、今後早急に検討する必要がある事項について 別紙二、新しい博物館登録制度によって期待されるプラス効果 別紙三、これまで博物館登録の対象外であった博物館についての考察 別紙四、将来の学芸員のキャリアパス（イメージ） 別紙五、「博物館に関する科目」の見直しの方向性 別紙六、学芸員資格所得までの流れ（大学卒業者の場合）（イメージ） 別紙七、学芸員の高度な専門性を評価する上位資格の創設について	
6月15日	『産経新聞』は、「博物館法五六年ぶり改正へ」の見出しで、全国の博物館の約八割が博物館法の対象外であり、有名無実化しているので、法を改正しようとする動きのあることを報じた。	『産経新聞』平成一九年六月一五日

年	月日	事項	拠所・文献
	6月21日	全国大学博物館学講座協議会は、東北芸術工科大学で開催された全国大会総会で、日本博物館協会長が文部科学省社会教育課博物館振興係にあてた意見書の内容について、全会一致の議決を以て強く抗議することとなった。 回答期限を定めた抗議文は 　貴協会が、学芸員養成制度について「博物館と大学院、更に研究機関を含めて、相互の連携により、新たな博物館職員の人材養成や博物館に勤務している学芸員の再教育のシステムを構築」すべきであるとする意見書を作成し、文部科学省生涯学習政策局社会教育課博物館振興係宛てに提出するとともに、その周知を図ったことについて、当協議会全国大会総会（平成一九年六月二一日、於・東北芸術工科大学）において全会一致の議決を以て貴協会に対して強く抗議する。 　全国大学博物館学講座協議会の全員および大学学芸員養成講座では、現博物館法の下、全国規模で大学間の連携を保ちながら、全国で活躍する学芸員の七割近くにも及ぶ数多くの学芸員を送り出してきた。当協議会は、貴会がこれまでの当協議会の努力と実績を全否定し、今後の学芸員養成制度において大学学芸員養成講座を締めだそうとする意図を表明したことは断じて容認できず、さらにその意見書を貴協会員に周知徹底したことも看過し得ない。 　当協議会は貴会に対して、現博物館法における当協議会及び大学学芸員養成講座が、学芸員養成について果してきた実績をどのように評価するのか、また今後の学芸員養成制度の中で、大学学芸員養成講座はどのような役割を果たすべきかとお考えなのか、速やかに回答するよう要求する。	『これからの博物館の在り方に関する検討協力者会議報告書』 「新しい時代の博物館制度の在り方についての概要」
	7月25日	東京都歴史文化財団事務局総務課企画広報係長佐々木秀彦は、日本博物館協会の常務委員という立場から、博物館協会が調査しまとめた「対話と連携」の中で、法制度の改正が進展することを期待し、その基本方針の明確化などを述べた。	『博物館研究』第四二巻第八号　日本博物館協会 「新しい時代の博物館制度の在り方について」
	7月26日	日本博物館協会は、全国大学博物館学講座協議会の抗議文（六月二一日・全国大学博物館学講座協議会全国大会総会議決文）に対し、 　この度文部科学省に提出したものは、現在大学を中心に行われている学芸員の養成制度を、更に充実したものにする観点からの意見書です。従って現状の制度も踏まえた上での意見書でありますので、現行の大学における学芸員の養成制度を否定するものではない。 と回答した。	『全博協会報』第四五号
	8月	これからの博物館の在り方に関する検討協力者会議の一組織として「学芸員の養成に関するワーキンググループ」が発足した。	『学芸員養成の充実政策について』（第二次報告書） 「はじめに」
	9月6日	全日本博物館学会の「学芸員養成のための博物館学の科目内容を考える特別委員会」の第一回会合がお茶の水女子大学で開催された。青木豊の「学芸員の資質向上を目的とする養成科目・単位数拡充試案」が提示された。	特別委員会配布資料

9月11日	これからの博物館の在り方に関する検討協力者会議の第一四回検討会議が開かれた。審議は、協力者会議等におけるこれまでの検討過程について、今後の協力者会議等における検討の方向性について、であった。	『学芸員養成の充実方策について』（第二次報告書）
9月14日	これからの博物館の在り方に関する検討協力者会議の第一回学芸員養成ワーキンググループの検討会が開かれた。 会議内容は、 ・学芸員養成ＷＧの設置について ・協力者会議等におけるこれまでの検討過程について ・今後のＷＧにおける検討課題と進め方について ・有識者ヒアリング「博物館学芸員に求められる資質・能力と望ましい養成内容について」 ・カリキュラムの在り方について 等の発表や意見交換などであった。	『学芸員養成の充実方策について』（第二次報告書）
9月25日	文部科学省の栗原祐司は、ミュージアム列島東西南北第三〇〇回の中で、博物館法改正の必要性が指摘されているが、中でも博物館登録制度と学芸員制度が改正の要であるとしている。そして、それらの制度の現状の問題点と将来の方向性を説いている。夢として、「博物館学大学院大学」を設けることである、と述べている。	『週間教育ＰＲＤ』三七巻三六号 「博物館法改正を考える」
9月28日	全日本博物館学会の「学芸員養成のための博物館学の科目内容を考える特別委員会に「大学における学芸員養成科目に関する意見（中間まとめ）」が発表された。共通の認識としては、現行の「博物館概論」「博物館経営論」「博物館資料論」「博物館情報論」だけでは不足であるという意見であった。	特別委員会配布資料
9月30日	『考古学研究』第五四巻第二号で「博物館制度はどう変わるのか—課題と展望」を特集した。 鷹野光行「これからの博物館の在り方に関する検討協力者会議報告書をめぐって」 青木豊「博物館法改正への経緯と望まれる学芸員資格と学芸員養成」 高井健司「博物館制度の見直しと公立博物館」等が掲載された。	『考古学研究』考古学研究会 第五四巻第二号（通巻二一四号） 「特集、博物館制度はどう変わるのか—課題と展望」
10月1日	これからの博物館の在り方に関する検討協力者会議の学芸員養成ワーキンググループの第二回検討会が開かれた。会議内容は、「学芸員養成カリキュラムに係る調査研究」調査票（案）について、「カリキュラムの在り方について」などであった。	『学芸員養成の充実方策について』（第二次報告書）
10月7日	地方史研究協議会の主催で、シンポジウム「博物館法改正と学芸員制度」を開催した。	『歴史資料の保存と地方史研究』地方史研究協議会 「あとがき」
10月13日	全日本博物館学会の学芸員養成のための博物館学の科目内容を考える特別委員会は、第二回委員会を明治大学学芸員養成課程実習室で開催した。委員から各種の意見・提案などが示された。	特別委員会配布資料

年	月日	事項	拠所・文献
	10月27日	全日本博物館学会の学芸員養成のための博物館学の科目内容を考える特別委員会は「大学における学芸員養成カリキュラム（案）」を発表した。 博物館学の改定案は、 博物館学概論二単位、博物館資料論二単位、博物館専門資料論または博物館資料収集論二単位、博物館経営論二単位、博物館展示論二単位、博物館教育論または博物館教育活動論二単位、博物館地域文化論または博物館と地域社会二単位、博物館と法一単位、博物館学総合演習二単位、博物館実習四単位、の総計二一単位であった。	特別委員会配布資料
	10月31日	これからの博物館の在り方に関する検討協力者会議の第一五回検討会議が開かれた。会議内容は、「博物館法制定当時の状況について」で、講師は、博物館法制定当時の文部省の係官であった川崎繁であった。	『学芸員養成の充実方策について』（第二次報告書） 『ミュゼ』第八三号「博物館法成立のころ」
	10月31日	これからの博物館の在り方に関する検討協力者会議の学芸員養成ワーキンググループの第三回検討会が開かれた。会議内容は、各委員からの意見発表「カリキュラムの在り方について」であった。	『学芸員養成の充実方策について』（第二次報告書） ワーキンググループ委員会「第三回配布資料」
	11月14日	全日本博物館学会の学芸員養成のための博物館学の科目内容を考える特別委員会の第三回委員会が明治大学で開催された。議事は学会意見のまとめと文部科学省への提出について、であった。	特別委員会配布資料
	11月15日 16日	新潟県長岡市で開催された第五五回全国博物館大会は、大会テーマが「新しい時代の博物館制度の在り方」であり、博物館法改正問題が柱であった。 シンポジウムは、「新しい時代における博物館制度の在り方」であった。 パネルディスカッションは、「新しい登録機関の在り方について」「博物館の評価システムの新登録基準について」「学芸員の在り方について」の三部会に分かれての開催であった。 フォーラムは、まちに活きる博物館、博物館法改正問題を考える、評価・ベンチマークづくり、指定管理者制度問題を考える、私立博物館の諸問題を考える、博物館におけるリスクマネージメント、の六題であった。 こうした結果から、博物館は生涯学習機関として、地域住民や利用者の積極的な参加が得られる博物館作りを進め、生涯学習社会や街づくりの中核施設として、その存在理由を公共社会に明らかにしていくことを決した。	『博物館研究』第四三巻第二号 日本博物館協会 「特集・第五五回全国博物館大会報告」
	11月30日	これからの博物館の在り方に関する検討協力者会議の学芸員養成ワーキンググループの第四回検討会が開かれた。内容は、全国博物館大会について、学芸員養成科目の在り方について、であった。	『学芸員養成の充実方策について』（第二次報告書）

年	月日	事項	出典
	12月3日	文部科学省生涯学習政策局社会教育課長、文化庁文化財部美術学芸課長、国土交通省総合政策局観光資源課長は、連名で、一九生社教第七二号、国総観資第九六号により、厚生労働省産業安全研究所附属産業安全博物館長、独立行政法人国立科学博物館長、独立行政法人国立文化財機構理事長、独立行政法人国立美術館理事長、博物館相当各都道府県教育委員会、博物館担当所管課長、施設設置国立大学法人秋田大学長他あてに、「国、独立行政法人、国立大学法人、都道府県立の登録博物館及び博物館相当施設における外国人見学者の受入れ体制等に関する協力依頼について（通知）」を発送し協力をお願いした。	『博物館に関する基礎資料』国立教育政策研究所社会教育実践研究センター
	12月10日	文部科学省令第三七号により、「武力紛争の際の文化財の保護に関する法律施行規則」を定めた。 特定文化財の指定の基準（第一条）、指定の通知（第二条）、指定の解除（第三条）、被占領地域流出文化財の指定（第四条）、指定の解除（第五条）、特殊標章の使用方法（第六条）、特殊標章の使用の許可の申請（第七条）、許可証の交付等（第八条）、文部科学大臣による特殊標章の使用（第九条）、文部科学大臣以外の各省庁の長による特殊標章の使用（第一〇条）、許可証の様式（第一一条）、身分証明書の様式（第一二条）、特殊標章の様式（第一三条）、附則	『文化財保護関係法令集』文化財保護法研究会
	12月20日	サントリー美術館において、座談会「ミュージアムのことを現場から、語ろう—博物館法改正と私立博物館—」を開いた。 出席者・相田一人（相田みつを美術館）、今井渉（サントリー美術館支配人）、渋谷文敏（大倉集古館理事）、司会・栗原祐司（文部科学省社会教育課地域学習活動推進室長）	『ミュゼ』第八三号「Journal Musee」
二〇〇八 平成20	1月24日	全日本博物館学会の学芸員養成のための博物館学の科目内容を考える特別委員会の「大学における学芸員養成カリキュラム（第二案）」が配布された。	全日本博物館学会特別委員会配布資料
	1月25日	これからの博物館の在り方に関する検討協力者会議の学芸員養成ワーキンググループの第五回検討会が開かれた。会議内容は、中央教育審議会の動きについて、フランス国立文化財研究所の学芸員養成制度について、学芸員養成科目の在り方について、博物館実習の在り方について、等であった。	『学芸員養成の充実方策について』（第二次報告書）
	1月30日	文部科学省社会教育課地域学習活動推進室長栗原祐司は、文部科学省が「これからの博物館の在り方に関する検討協力者会議」を発足させ、博物館法の基本制度である博物館の定義、博物館登録制度、学芸員制度などについてこれまでの検討内容などを紹介した。これからは行政主導でなく、関係団体が連携・協力していく必要がある、と説いた。	『学会ニュース』No.八三 「博物館法改正に向けた検討状況について」
	2月8日	千葉県立中央博物館において、「平成一九年度千葉県博物館職員研修会」が開かれた。千葉市立加曽利貝塚博物館副館長村田六郎太は、「博物館法改正の諸問題—市立博物館の立場から—」について述べ、公立博物館の設置及び運営上の望ましい基準、学芸員の養成、指定管理者制度の導入などについて私見を披瀝した。	配布資料
	2月16日	元文部省審議官川崎繁は、國學院大学で開催した全日本博物館学会の例会で、「博物館法制定時の事情」を講演された。	『学会ニュース』No.八三 「講演会開催のお知らせ（第六回例会）」

年	月日	事項	拠所・文献
	2月19日	中央教育審議会は、「新しい時代を切り拓く生涯学習の振興方策について―知の循環型社会の構築を目指して―」を答申した。 博物館については、各館の特色・目的を明確化した上で、地域の歴史や自然、文化あるいは産業等に関連した博物館活動を地域住民の参画を得ながら積極的に展開したり、地元出身の偉人を顕彰する記念館やシンボルである文化財や自然環境等を活用した博物館等を核として、地域住民が地元に対する誇りや愛着を得られるような町づくりを実施することなどが望まれている。また、博物館資料を活用した学校教育の支援を積極的に行うことが重要である。さらに、図書館や博物館が家庭教育の支援のための一活動を一層充実させるために、家庭教育の向上に資する活動を行う者を図書館協議会や博物館協議会の委員にするよう法令上明確に定める。	『博物館研究』第四三巻第四号 日本博物館協会 「博物館法の改正について」 『博物館に関する基礎資料』国立教育政策研究所社会教育実践研究センター
	2月29日	これからの博物館の在り方に関する検討協力者会議の学芸員養成ワーキンググループの第六回検討会が開かれた。会議内容は、「学芸員養成カリキュラムに係る調査研究について」「学芸員養成科目の在り方について」等であった。	『学芸員養成の充実方策について』（第二次報告書）
	3月29日	特定非営利活動法人・博物館活動支援センターは、法人設立記念として、第一回フォーラム「博物館のゆくえ―現状と課題―」を東京・科学技術館において開催した。	『JNMSCニュース』No.一
	3月31日	これからの博物館の在り方に関する検討協力者会議の学芸員養成ワーキンググループの第七回検討会が開かれた。会議内容は「学芸員養成カリキュラムに係る調査研究」「学芸員養成科目の在り方について」等であった。	『学芸員養成の充実方策について』（第二次報告書）
	3月31日	これからの博物館の在り方に関する検討協力者会議の第一六回検討会議が開かれた。審議は、「学芸員養成ワーキンググループ」からの報告について、博物館法改正案について、今後の検討協力者会議について、等であった。	『学芸員養成の充実方策について』（第二次報告書）
	3月31日	相模原市立博物館長大貫英明は、平成一九年六月一三日に開かれた全国博物館長会議で問題となった博物館法を基にして、公立の地域総合博物館を運営するという視点から、公立博物館でありながら財団運営を許すことは、教育基本法に基づき、公共性や公教育の原則を守ってきた、公立博物館の存在を危うくするものである。という私見を述べた。	『國學院大學博物館学紀要』第三二輯 「博物館の運営と博物館法の改正」
	5月23日	法律第四〇号で「地域における歴史的風致の維持及び向上に関する法律」が公布された。この法律は、地域におけるその固有の歴史及び伝統を反映した人々の活動と、その活動が行われる歴史上価値の高い建造物及びその周辺の市街地とが一体となって形成してきた良好な市街地の環境の維持及び向上を図るためのものである。 目次 第一章 総則（第一条～第三条） 第二章 歴史的風致維持向上基本指針（第四条） 第三章 歴史的風致維持向上計画の認定等（第五条～第一一条） 第四章 認定歴史的風致維持向上計画に基づく特別の措置 第一節 歴史的風致形成建造物（第一二条～第二一条） 第二節 歴史的風致維持向上施設の整備等に関する特例（第二二条～第三〇条）	『文化財保護関係法令集』文化財保護法研究会

	第五章　歴史的風致維持向上地区計画（第三一条～第三三条） 第六章　歴史的風致維持向上支援法人（第三四条～第三七条） 第七章　雑則（第三八条・第三九条） 第八章　罰則（第四〇条・第四一条） 附則	
6月3日	第一六九回国会文教科学委員会で社会教育法等の一部を改正する法律案が可決された。同時に、民主党・新緑風会・国民新・日本、自由民主党・無所属の会及び公明党の各派共同提案による付帯決議案が決議された。博物館に関する特段の配慮すべき事項としては「五、博物館については、多様な博物館がそれぞれの特色を発揮しつつ、利用者の視点に立った一層のサービスの向上が図られるよう、関係者の理解と協力を得ながら、登録制度の見直しに向けた検討を進めるとともに、広域かつ多岐にわたる連携協力を図り、国際的に遜色のない博物館活動を展開できるような環境の醸成に努力すること」であった。	『参議院会議録情報』第一六九回国会文教科学委員会第八号
6月4日	閣法第五一号の「社会教育法等の一部を改正する法律案」が衆参両院で可決、成立した。文部科学省生涯学習政策局社会教育課は「博物館法の改正と今後の課題について」の中で、博物館法改正に関する経緯（国会での審議通過）を次のように報告している。 衆議院 　四月二五日現地視察（市川市立中央図書館、千葉県立現代産業科学館） 　五月一六日文部科学委員会（提案理由説明、質疑一時間） 　五月二一日文部科学委員会（提案理由説明、質疑一時間） 　五月二三日文部科学委員会（参考人意見聴取一時間三〇分、質疑一時間、採決、付帯決議） 参議院 　五月二九日文教科学委員会（提案理由説明） 　文教科学委員会（質疑三時間五五分、採決、付帯決議） 　六月四日本会議（採決） 衆議院では博物館関連の質疑はあまり行われなかったが、参議院では、望ましい博物館の在り方にはじまって、博物館制度や「望ましい基準」の見直し、評価の在り方、国家補償制度の創設、国立博物館の高校生無料化、国際博物館会議（ＩＣＯＭ）総会の日本開催等について論議された。	『博物館研究』第四三巻第八号　日本博物館協会 「博物館法の改正と今後の課題について」
6月8日	特定非営利活動法人・博物館活動支援センターは、科学技術館において、「博物館における指定管理者制度の可能性と将来展望」と題する、平成二〇年度ＭＳＣ第一回博物館フォーラムを開催した。	フォーラム開催案内状

年	月日	事項	拠所・文献
	6月11日	法律第五九号で「社会教育法等の一部を改正する法律」が公布された。この法律の中に博物館法に関する規定の整備として、博物館の運営状況に関する評価及び改善並びに関係者への情報提供、学芸員等に関する資格所得要件の見直し及び資質の向上などに関する改正。 第二条、博物館資料に「電磁的記録」を含むことを明示した。 第三条、博物館の事業に、社会教育における学習の成果を活用して行う教育活動の機会を提供する事業を追加した。 第五条、社会教育施設等における専門的な職種の経験を、学芸員の資格を得るための実務として評価できるようにした。 第七条、文部科学大臣及び都道府県教育委員会に、学芸員及び学芸員補の研修を行う努力義務を課した。 第九条、博物館に運営状況の評価及び改善に努力すべき義務を課した。 第九条の二、博物館に地域住民等に対する情報提供の努力義務を課した。 第二一条、博物館協議会の委員に「家庭教育の向上に資する活動を行う者」を加えた。	『博物館研究』第四三巻第四号 日本博物館協会 「博物館法の改正について」 『官報』号外第一二三号 平成二〇年六月一一日（水曜日） 『生涯学習・会教育行政必携』生涯学習・社会教育行政研究会
	6月11日	文部科学大臣は、文部科学省令第一八号で、社会教育法の一部を改正する法律の施行に伴い、博物館法施行規則の一部を改正した。 第五条号列記以外の部分中「左の」を「次の」に、同条第二号中「学芸員補に相当する職又はこれと同等以上の職として文部科学大臣が指定するもの」を「法第五条第二項に規定する職」に改める。 第七条第二項中「第二項」の下に「各号及び大学通信教育設置基準（昭和五六年文部省令第三三号）第五条第一項第二号」を加える。	『官報』号外第一二三号 平成二〇年六月一一日
	6月11日	文部科学事務次官は、文科生第一六七号により、「社会教育法等の一部を改正する法律等の施行について」各都道府県教育委員会等に通知した。	『生涯学習・社会教育行政必携』生涯学習・社会教育行政研究会生涯学習・社会教育行政研究会
	6月15日	明治大学で開催された全日本博物館学会二〇〇八年度総会において、博物館法改正後に再開される大学における学芸員養成科目などについて、全日本博物館学会の意見が反映されるよう関係機関に要請することが決議された。	『学会ニュース』№八五 「学芸員養成のための博物館学の科目充実に関する決議」
	6月18日	『毎日新聞』は、「指定管理者が契約返上・入場者減に歯止めがかからず」の見出しで、千葉県茂原市の植物園「ひめはるの里」の実情を報じた。民間活力を生かした観光地再生に期待をかけたが指定管理者として、入場者の減少と賃金不足で運営を続けられないとの理由で、一年余りで撤退した。	『毎日新聞』六月一八日号
	6月20日	愛知大学で開催された全国大学博物館学講座協議会の全国大会で、文部科学省生涯学習政策局社会教育課企画官栗原祐司は、「今後の博物館法制度について」で、博物館法改正の行方などについて報告説明した。	『全博協会報』第四六号 「全国大学報告」
	7月2日	『産経新聞』は、「学芸員養成・履修増加へ」の見出しで、文部科学省が考えている博物館の機能を充実させるために、学芸員の養成が重要であり、その資格所得に必要な履修	『産経新聞』平成二〇年七月二日号

	科目の単位を増加させることによって、質の向上を図り、地域の学校との連携をはかる能力の育成・強化などを目指している。と報じた。	
7月24日	これからの博物館の在り方に関する検討協力者会議の第一八回検討会議と学芸員養成ワーキンググループ第八回会議を合同で開いた。討議内容は「学芸員養成科目の在り方について」であった。	『学芸員養成の充実方策について』（第二次報告書）
7月28日	日本博物館協会は、第一回「美術品取り扱い技術等に係わる委員会（委員長・青柳正規独立行政法人国立美術館理事長）を開き、意見交換がなされた。必要な知識・技能を持つ者が作業に従事することを保障するためには、資格制度を設けることが有効であるという意見が大勢を占めた。資格に関する試案を作成するために、作業部会を設置することとなった。	『博物館研究』第四四巻第一〇号 日本博物館協会「美術品取り扱い技術等に係わる委員会報告」
8月30日	『朝日新聞』は「博物館法改正　期待外れ」の見出しで、報じた。博物館法の改正は、半世紀ぶりの大改正であると期待されたが、結果は、〝空振り〟であるとの声が関係者から漏れている。と報じている。	『朝日新聞』平成二〇年八月三〇日号
10月2日	これからの博物館の在り方に関する検討協力者会議の学芸員養成ワーキンググループの第九回会議が開かれた。会議内容は、「大学における学芸員養成課程及び資格所得者の進路等に係る意識調査について」「博物館実習ガイドラインについて」であった。	『学芸員養成の充実方策について』（第二次報告書）
10月28日	全国大学博物館学講座協議会委員長大学・國學院大学青木豊、同西日本部会長・花園大学芳井敏郎、同東日本部会長・東北学院大学辻秀人の三者連名で、文部科学省生涯学習政策局社会教育課長森晃憲に対し、博物館学に関する科目についての要望書を提出した。要望書には 一、学芸員資格付与の段階でどの程度の知識と実技を修得すべきであるか、全体の教育目標を明確に示した上で、博物館学の体系に基づいた科目の設定と単位数を具体的に示していただきたい。 二、例えば「博物館情報論」と他科目との間にかなりの重複が認められる、これらの内容を十分に整理していただきたい。 三、現在の案のすべての科目が採用された場合、学生の負担が大きく、大学における学芸員養成課程の運営に困難な状況が予想されるため、科目数、単位数については、大学カリキュラム、他資格科目とのバランスを考慮されたい。 四、博物館実習は、十分な時間の確保と授業時間配分の上で混乱を来たすことがないよう具体的な例示を示されたい。 五、館務実習（学外）の実習にあたっては、受け入れ博物館の十分な理解が得られるようお取り計らいいただきたい。 六、今後、学芸員養成を意味あるものにする為にも、博物館における学芸員の適正で十分な配慮を進捗させていただきたい。 七、施行規則の実施にあたっては、二～三年の猶予期間を設けていただきたい。	『全博協会報』第四六号 全国大学博物館学講座協議会
10月30日	これからの博物館の在り方に関する検討協力者会議の第一九回会議と学芸員の養成に関するワーキンググループ第一〇回会議を合同で開催した。内容は、大学関係者からの意見聴取（山形県立米沢女子短期大学吉田歓准教授）と、「博物館に関する科目」の見直しについて、資格認定ワーキンググループ（仮称）の設置について、学芸員養成の充実方策について、であった。	『学芸員養成の充実方策について』（第二次報告書）

年	月日	事項	拠所・文献
	10月31日	政令第三三七号で、「地域における歴史的風致の維持及び向上に関する法律施行令」が公布された。 公共政策（第一条） 認定市町村が行うことができる都市公園の維持等（第二条） 歴史的風致形成建造物の増築等の届出を要しない通常の管理行為、軽易な行為その他の行為（第三条） 歴史的風致形成建造物の増築等の届出を要しない都市計画事業の施行として行う行為に準ずる行為（第四条） 歴史的風致形成建造物の増築等の届出を要しないその他の行為（第五条） 認定町村の教育委員会が行うことができる文化財保護法の規定による事務等（第六条） 公園管理者の権限の代行（第七条） 認定市町村の長が都市緑地法の規定による事務を行うこととする場合における手続等（第八条） 地区施設（第九条） 歴史的風致維持向上地区計画の区域の土地利用に関する基本方針にその用途等に関する事項を定めることができる建築物等（第一〇条） 歴史的風致維持向上地区整備計画において定める建築物等に関する事項（第一一条） 歴史的風致維持向上地区計画の地域内における行為の届出を要する行為（第一二条） 歴史的風致維持向上地区計画の区域内における行為の届出を要しない通常の管理行為、軽易な行為その他の行為（第一三条） 歴史的風致維持向上地区計画の区域内における届出を要しない都市計画事業の施行として行う行為に準ずる行為（第一四条） 歴史的風致維持向上地区計画の区域内における行為の届出を要しないその他の行為（第一五条） 支援法人の業務とし取得、管理及び譲渡を行う土地（第一六条） 事務の区分（第一七条）	『文化財保護関係法令集』文化財保護法研究会
	10月31日	文部科学省・国土交通省令第一号により、「地域における歴史的風致の維持及び向上に関する法律施行規則」を定めた。 歴史的風致形成建造物の指定の提案（第一条） 歴史的風致形成建造物の増築等の届出（第二条） 届出が必要な事項（第三条） 変更の届出（第四条・第五条） 歴史的風致形成建造物に関する台帳（第六条） 法令二七条第一項第二号の主務省令で定める施設（第七条）	『文化財保護関係法令集』文化財保護法研究会

10月31日	文部科学省令第三三号により「文部科学省関係地域における歴史的風致の維持及び向上に関する法律施行規則」を定めた。 歴史的風致形成建造物の管理又は修理に関する技術的指導（第一条） 書面等は指定を行った市町村の教育委員会を経由して、文化庁長官に提出するものとする。（第二条）	『文化財保護関係法令集』文化財保護法研究会
11月4日	文部科学省・農林水産省・国土交通省は、告示第一号により「地域における歴史的風致の維持及び向上に関する基本的な方針」を定めた。 本方針は、地域における歴史的風致の維持及び向上に関する法律（平成二〇年法律第四〇号）第四条第一項の規定に基づき策定するものであり、歴史的風致の維持及び向上に関する施策を総合的かつ計画的に講じるために必要な基本的事項を定めたものであるとともに、市町村が法第五条第一項に規定する「歴史的風致維持向上計画を作成する際の指針」となるほか、主務大臣（文部科学大臣、農林水産大臣、国土交通大臣）による当該計画の認定の際の基準となるものである。 第一章、地域における歴史的風致の維持及び向上の意義に関する事項 第二章、重点区域の設定に関する基本的事項 第三章、地域における歴史的風致の維持及び向上のために必要な文化財の保存及び活用に関する基本的事項 第四章、歴史的風致維持向上施設の整備及び管理に関する基本的事項 第五章、良好な景観の形成に関する施策との連携に関する基本的事項 第六章、歴史的風致維持向上計画の認定に関する基本的事項 第七章、その他地域における歴史的風致の維持及び向上に関する重要事項	『文化財保護関係法令集』文化財保護法研究会
11月	「学芸員資格認定の見直しに関するワーキンググループ」が発足した。	『学芸員養成の充実方策について』（第二次報告書）「はじめに」
11月10日	これからの博物館の在り方に関する検討協力者会議の資格認定ワーキンググループの第一回会議が開かれた。議題は　学芸員資格認定（試験・無試験認定）の現状について　学芸員資格認定の見直しに関する課題整理について、であった。	『学芸員養成の充実方策について』（第二次報告書）
11月25日	ミュージアムパーク茨城県自然博物館名誉館長中川志郎は、雑誌『博物館研究』誌上に「博物館法の改正に思う」と題して、博物館法改正の経過とその内容について概観し、さらにその問題点とこれに関連する日本博物館協会の行動指針について述べた。	『博物館研究』第四三巻第一二号　日本博物館協会 「博物館法の改正に思う」
11月25日	博物館研究の創立八〇周年記念号に日本博物館協会が作成した「歴史年表」（昭和五四年〜平成一九年）が掲載された。	『博物館研究』第四三巻第一二号　日本博物館協会 「日本博物館協会の歴史年表」
11月27日	これからの博物館の在り方に関する検討協力者会議の資格認定ワーキンググループの第二回会議が開かれた。協議題は、「学芸員資格認定の見直しの方向性について」であった。	『学芸員養成の充実方策について』（第二次報告書）
12月4日	これからの博物館の在り方に関する検討協力者会議・学芸員養成ワーキンググループの第一二回会議が開かれた。協議題は、「大学における学芸員養成科目のねらいと内容について」「博物館実習ガイドラインについて」等であった。	『学芸員養成の充実方策について』（第二次報告書）
12月8日	これからの博物館の在り方に関する検討協力者会議・資格認定ワーキンググループの第三回会議が開かれた。議題は、「学芸員資格認定の見直しの方向性について」であった。	『学芸員養成の充実方策について』（第二次報告書）

年	月日	事項	拠所・文献
	12月19日	日本学術会議の史学委員会は、第一回博物館・美術館等の組織運営に関する分科会を開き、今後の活動方針についての意見交換をした。	『地域主権改革と博物館―成熟社会における貢献をめざして―』日本学術会議
	12月24日	これからの博物館の在り方に関する検討協力者会議・資格認定ワーキンググループの第四回会議が開かれた。議題は、「学芸員資格認定の見直しについて」であった。	『学芸員養成の充実方策について』（第二次報告書）
	12月24日	これからの博物館の在り方に関する検討協力者会議の第二〇回会議が開かれた。 学芸員養成ワーキンググループからの報告について 資格認定ワーキンググループからの報告について 「学芸員養成の充実方策について」などの審議であった。	『学芸員養成の充実方策について』（第二次報告書）
二〇〇九 平成21	1月1日	『社会教育』No.七五一は、「新しい時代を創る博物館のあり方を探る」と題して、博物館は誰のために何のために存在しているのか、特集号を編した。 論文は 大堀哲「我が国の博物館が直面する問題・課題と今後の方向性」 矢島國雄「諸外国・我が国の博物館との相違について考える」 水嶋英治「学芸員養成の政策的課題」 等であった。	『社会教育』No.七五一 「全日本社会教育連合会」 「博物館は誰のために何のために存在しているのか」
	1月16日	文部科学省生涯学習政策局社会教育課は、これからの博物館の在り方に関する検討協力者会議のまとめた「学芸員養成の充実方策について」（検討協力者会議第二次報告書（案））及び「博物館実習ガイドライン」（案）に関する意見を募集した。意見募集期間は、平成二一年一月一六日から一月二六日まで。	『学芸員養成の充実方策について』（第二次報告書） 『意見募集の案内状』
	1月29日	『日本経済新聞』は、海外から作品を借用して展覧会を開く際、作品が破損したり、盗まれたりした時のために保険をかける。日本の美術館は、これまで民間の保険で補償してきたが、代わりに一部を国が補償する「国家補償制度」の導入に向けた検討が始まった、と報じた。	『日本経済新聞』 文化往来「海外美術品の国家補償制度導入を検討」
	2月16日	これからの博物館の在り方に関する検討協力者会議は「学芸員養成の充実方策について」と題する報告書を清水生涯学習政策局長に提出した。 主な内容は、現行の八科目一二単位以上を九科目一九単位以上に拡充し、新たに「博物館資料保存論」「博物館展示論」「博物館教育論」を必修とする提言であった。	『文教ニュース』第二〇二五号、平成二一年二月二三日 「司書、学芸員の資質向上に向けた報告書」 『博物館に関する基礎資料』国立教育政策研究所社会教育実践研究センター

2月	これからの博物館の在り方に関する検討協力者会議は、第二次報告書として「学芸員養成の充実方策について」をまとめた。その目次は、 Ⅰ、はじめに Ⅱ、大学において修得すべき「博物館に関する科目」の見直し 一、これまでの経緯 二、これからの学芸員に求められる資質・能力（改善の必要性） 三、「博物館に関する科目」の基本的考え方 四、「博物館に関する科目」の改善方策 五、経過措置について 六、各大学における取組の充実 Ⅲ、学芸員資格認定の見直し 一、これまでの経緯 二、学芸員資格認定制度の基本的考え方 三、試験認定の改善方策 四、無試験認定の改善方策 Ⅳ、今後の課題	『学芸員養成の充実方策について』（第二次報告書）
3月10日	平成二〇年度文部科学省委託事業である「大学における学芸員養成課程及び資格取得者の意識調査報告書」が発行された。	編集・発行 株式会社丹青研究所
3月10日	博物館評価制度等の構築に関する調査研究検討会議（主査・安村敏信板橋区立美術館長）のまとめた「博物館評価制度等の構築に関する調査研究報告書」が発行された。	編集・発行 日本博物館協会
3月25日	文部科学省生涯学習政策局社会教育課企画官栗原祐司は、「学芸員養成の充実方策について」の題で、学芸員養成に関するこれまでの経緯と、博物館に関する科目が改正された事などを紹介し、博物館活動の基礎は研究であり、学芸員がより一層研究しやすい環境を整備することが重要である、と述べている。	『博物館研究』第四四巻第四号 日本博物館協会 「学芸員養成の充実方策について」
3月30日	日本学術会議の史学委員会は、第二回博物館・美術館等の組織に関する分科会を開き、博物館の現状と課題について意見交換をした。	『地域主権改革と博物館―成熟社会における貢献をめざして―』日本学術会議
3月31日	國學院大学教授青木豊は「学芸員有資格者の採用を求めて」の中で、博物館で職員を採用する場合には、無資格者が「学芸員補」として配置されることがあるので短期大学での学芸員養成に意義を持たせるためにも、博物館法第八条の学芸員補の資格を明確にすべきであるとする提示である。	『全博協研究紀要』第一一号 「学芸員有資格者の採用を求めて」
3月31日	相模原市立博物館長大貫英明は、「博物館は、いつでも誰にでも開かれた公教育としての機会均等、公教育としての無償の原則を放棄してはならない」という立場から、博物館法改正の経過とその結果を検討している。	『國學院大學博物館学紀要』第三三輯 「博物館法改正と残された制度的課題」
4月1日	文部科学省生涯学習政策局社会教育課企画官栗原祐司は、「文化を伝え創造する学芸員の役割を考える」と題した中で、学芸員とは、学芸員に求められている専門性、学芸員養成科目の見直し、学芸員養成の充実の必要性、などについて述べている。	『社会教育』№七五四 「全日本社会教育連合会」

年	月日	事項	拠所・文献
	4月30日	平成二一年文部科学省令第二二号により、「博物館法施行規則の一部を改正する省令」が公布された。 改正内容は、 博物館に関する単位数について 試験認定における受験資格について 試験認定における試験科目について 審査認定の名称及び受験資格について 学芸員資格認定の合格者について 学芸員資格認定の受験の手続について などであった。	「博物館法施行規則の一部を改正する省令等の施行について」（通知）。二一文科生第六一七五号 『学会ニュース』No.九〇 「最近公布の博物館関係法規」
	4月30日	これからの博物館の在り方に関する検討協力者会議の中に置かれた「学芸員の養成に関するワーキンググループ委員会」の主査鷹野光行は、博物館に関する科目の見直しに関する検討内容の経緯、委員の浜田弘明は、博物館実習の在り方に関する検討内容の経緯、について全日本博物館学会のニュースに紹介した。	『学会ニュース』No.八八 「これからの博物館の在り方に関する検討協力者会議の第二次報告書をめぐって」
	5月10日	『文部科学時報』No.一六〇〇号で「学芸員育成の充実方策」について特集した。 生涯学習政策局社会教育課「博物館法施行規則改正」 鷹野光行「学芸員養成の新たな科目構成」 水嶋英治「世界に通用する学芸員資格を目指して」 高田浩二「自然系博物館の視点から」 邑田仁「植物園の視点から」 安藤享平「プラネタリウムの視点から」 等が掲載された。	『文部科学時報』No.一六〇〇 「特集・学芸員育成の充実方策」
	6月15日	日本学術会議の史学委員会は、第三回博物館・美術館等の組織運営に関する分科会を開き「指定管理者側からみた現状と問題点」について意見交換をした。	『地域主権改革と博物館—成熟社会における貢献をめざして—』日本学術会議
	8月3日	文部科学省告示第一二八号により、博物館法施行規則（昭和三〇年文部省令第二四号）第七条第一項の規定に基づき、平成八年文部省告示第一五〇号（学芸員の試験認定の試験科目についての試験を免除する講習等を指定する件）の全部を改正する。 この告示は、平成二四年四月一日から施行する。	『博物館に関する基礎資料』国立教育政策研究所社会教育実践研究センター 「博物館施行規則第七条第一項に規定する学修を定める件」

10月2日	日本博物館協会が主催し、文部科学省の後援で北海道旭川市で開かれた第五七回全国博物館大会において 一、私たちは、日本博物館協会の平成一三年の調査報告書『対話と連携の博物館』及びそれに基づく平成一五年の調査報告書『博物館の望ましい姿』を行動指定とし、各博物館は運営に関する評価を行い、それに基づき改善を進め、地域への運営状況の積極的な情報提供等に努め、地域とともに活きる博物館として総力を挙げて行動する。 二、博物館を今日の生涯学習社会、地域文化振興時代に相応しいものとするために、博物館登録制度、学芸員制度等を中心に博物館法の改正を引き続き要望する。 三、博物館の管理運営は、継続性を持って安定的に行われ、それぞれの博物館の目的・使命が効果的に達成されるように充分配慮されなければならない。公立博物館における指定管理者制度の導入等にあたっては、この点に特に留意し検討することが重要である。また、地方独立行政法人制度が博物館にも適用されることを引き続き要望する。 四、私立博物館は、国・公立博物館とともに、わが国文化を守り、育み、後世に継承していくという重要な役割を果たしている。新たな公益法人制度が平成二〇年一二月から施行されたが、特例民法法人から一般財団法人等に移行する法人が設置する博物館に係る固定資産税等については、経過措置終了後の平成二六年度以降も引き続き非課税とされるよう要望する。と決議された。	『博物館研究』第四五巻第三号 日本博物館協会 特集「第五七回全国博物館大会報告」
10月7日	地方分権改革の推進に関する基本的事項について調査審議するため、内閣府に設置された「地方分権改革推進委員会」は、「第三次勧告—自治立法権の拡大による〝地方政府〟の実現へ—」を公表し、鳩山由紀夫総理大臣に勧告した。 その中の見直し対象に博物館法が挙げられ、第一二条第一号・第三号の博物館登録の審査要件の廃止又は都道府県条例へ委任、同じく二一条の博物館協議会委員の資格を廃止又は都道府県及び市町村条例へ委任しようとする見直しが対象となっている。	『学会ニュース』No.九〇 「博物館法の見直しに対する意見」
11月1日	『社会教育』No.七六一号で「学芸員に求められる専門性を問う—必要な資質、能力とは何か—」をテーマで特集した。 二上政夫・我が国における学芸員養成上の諸問題 中川志郎・学芸員に求められる専門性を考察する 栗原祐司・学芸員とキュレーター—日米比較— 座談会・水嶋英治、伊藤香織、小池渉、東谷千恵子 説田健一、宮下東子・学芸員の在る一日、等が掲載された。	『社会教育』No.七六一 「全日本社会教育連合会」

年	月日	事項	拠所・文献
	11月5日	地方分権改革推進委員会の第三次勧告に、博物館法の改正問題も勧告しており、それに対して全日本博物館学会は、「地方分権改革推進委員会第三次勧告における博物館法の見直しに対する反対声明」を内閣総理大臣鳩山由紀夫に提出した。そのほか、内閣府特命担当大臣（地域主権推進担当）原口一博、内閣府地方分権改革推進委員会委員長丹羽宇一郎、内閣府地方分権改革推進委員会事務局長宮脇淳、総務大臣原口一博、文部科学大臣川端達夫、衆議院内閣委員会委員長田中慶秋、衆議院文部科学委員会委員長田中眞紀子、参議院内閣委員会委員長河合常則、参議院文教科学委員会委員長水落敏栄、文化庁長官玉井日出夫、日本学術会議会長金澤一郎、全国知事会会長麻生渡、全国都道府県議会議長会会長金子万寿夫、全国市長会会長森民夫、全国市議会議長会会長五木幸正、全国町村会会長山本文男、全国町村議会議長会会長野村弘、あてに提出した。 声明文には、「この勧告は近時の博物館法の改正の考え方および現在も継続している望ましい博物館の在り方の検討の方向とは整合しないものであり、拙速な決定は問題を残すものであると考える。」とある。 「そもそも登録博物館制度は、博物館を設置し、その活動を継続する上で必要な物（資料）・人（組織・職員）・場（施設・設備）という博物館の構成要素が、一定の水準以上にあることを公的に認知するための制度である。勧告では博物館法第一二条において、登録要件の審査基準に関して、年間開館日数を除いて条文（第一号乃至第三号）の廃止、条例への委任が示されている。館長・学芸員等の配置を定めた博物館法第四条、申請にあたり博物館用の建物・土地に関する書面・図面、所蔵資料の目録、館長・学芸員の名簿等の提出を求める第一一条等、登録博物館とするために必要な事項を示した条項は変更せずに維持されている。しかし、第一二条に示されていた、これらの実態を確認する登録審査に関する具体的な要件が明示的でなくなることで、将来、登録要件そのものがなし崩し的に空洞化・形骸化し、無意味なものになりかねないとの恐れを抱かざるを得ない。さらに審査項目やその基準が条例に委ねられることとなれば、登録要件の審査について都道府県毎に基準や判断にばらつきが生ずることになる可能性が高く、結果として博物館の質に地域的な不均衡が生じることが危惧される。こうした事態は、国の政策として芸術や文化の更なる振興と生涯学習の拡充を掲げる一方で、その一翼を担うとされている博物館について、現行法およびその運用、関連する行政通達等で維持されてきた、博物館の質の担保を目的とする登録博物館制度の基礎を危うくすることに繋がりかねない。また、博物館法第二一条の博物館協議会委員の資格に関する条文一部の廃止または条例委任は、昨年の第一六九回国会において、博物館協議会に利用者（受益者）を代表する者の参画を積極的に進めるために、同条を改正した意味を損ないかねないものである」。	『学会ニュース』No.九〇 「博物館法の見直しの勧告に対する反対声明」

年	月日	事項	出典
		今回の勧告の内、博物館法に関するものについては、上記のような問題があると考える。もとより、いたずらに規制を強化することやフレキシビリティーを圧迫することは望ましいことではないが、わが国の博物館を国際的なレベルに育てることを主導できるような方向での検討こそが望まれるのであって、これを危うくする可能性をはらむ方向での改正には賛同できない。 以上、全日本博物館学会として声明する。	
	11月13日	『毎日新聞』は「博物館法の見直し反対声明」の見出しで、全日本博物館学会（矢島國雄会長）は、政府の地方分権改革推進委員会の第三次勧告にある博物館法の見直しに対し、反対声明を出した。と報道した。	『毎日新聞』
二〇一〇 平成22	1月22日	『朝日新聞』は「博物館法改正にノー分権委勧告に学会など〝質が低下〟」の見出しで、地方分権改革推進委員会が博物館法改正を求める勧告に日本博物館協会は「登録博物館が都道府県ごとに質的格差を生じるなどの混乱を招く結果となることが予想され、全く理解しがたい」と要望書で訴えたと報じた。	『朝日新聞』
	3月	これからの博物館の在り方に関する検討協力者会議は、「これからの博物館の在り方に関する検討協力者会議」の第三次報告書「博物館の設置及び運営上の望ましい基準の見直しについて」発表した。 目次は Ⅰ、基本的な考え方 一、経緯 二、博物館（この項では登録博物館のほか、博物館に相当する施設、博物館類似施設を含む）の現状 三、新しい「望ましい基準」の検討に当たっての視点 Ⅱ、新たな望ましい基準に求める具体的内容 一、博物館法改正を踏まえて新たに盛り込むべき内容及び留意点等 二、これまでの「博物館の在り方に関する検討協力者会議」等での議論を踏まえて盛り込むべき内容及び留意点 （別添）登録・相当施設及び類似施設における各項目の上位三〇％の平均数値。 参考資料一覧 一、博物館及び学芸員に関する統計等 二、関係法令・告示等 三、これからの博物館の在り方に関する検討協力者会議設置要綱 四、会議開催状況	『これからの博物館の在り方に関する検討協力者会議報告書』
	8月1日	日本学術会議史学委員会は、第四回博物館・美術館等の組織運営に関する分科会において、地方分権改革推進委員会第三次勧告にかかわる博物館の対応についての報告と意見交換をした。	『地域主権改革と博物館―成熟社会における貢献をめざして―』日本学術会議
	8月26日	文化庁長官決定により「国立文化施設等に関する検討会」が組織された。検討事項は、国立美術館、国立文化財機構、日本芸術文化振興会及び国立科学博物館の独立行政法人化後の現状と課題、今後の望ましい運営の在り方について、等であった。	『国立文化施設等に関する検討会について』

年	月日	事項	拠所・文献
	9月24日	第一回「国立文化施設等に関する検討会」が、文部科学省東館五F三会議室において開催された。 出席委員は、福原義春座長、竹内順一座長代理、上原恵美委員、織田紘二委員、町田智子委員、水嶋英治委員、宮島博和委員、宮田亮平委員、山下治子委員、吉本光宏委員	『国立文化施設等に関する検討会（第一回）議事要旨』
	10月29日	「展覧会における美術品損害の補償に関する法律案」が閣議で決定され、第一七六回臨時国会に提出された。	『美術品損害補償法―政府の美術品補償制度の解説』美術品損害補償法研究会
	10月30日	日本学術会議史学委員会は、第五回博物館・美術館等の組織運営に関する分科会を開き、報告書をまとめる方向性を検討した。	『地域主権改革と博物館―成熟社会における貢献をめざして―』日本学術会議
	11月24日	「展覧会における美術品損害の補償に関する法律案」は、衆議院文部科学委員会において修正可決された。 修正内容は、施行後三年を目途として、本法律の施行の状況等を勘案し、必要があると認めるときは、所要の措置を行う。	『美術品損害補償法―政府の美術品補償制度の解説』美術品損害補償法研究会
	11月25日	「展覧会における美術品損害の補償に関する法律案」は、衆議院本会議において修正案のとおり可決され、一二月二日参議院文教科学委員会に付託された。	『美術品損害補償法―政府の美術品補償制度の解説』美術品損害補償法研究会
	11月25日	平城遷都一三〇〇年記念の年に奈良市で開催された第五八回全国博物館大会において、博物館法の改正など、次の事項が決議された。 「博物館を今日の生涯学習社会、地域文化振興時代に相応しいものとするために、国立や首長部局所管の博物館が除外されている博物館登録制度の改正などを中心に、博物館法を早急に改正することを要望する」 「昨年一〇月の博物館法第一二条及び第二一条に係る地方分権改革推進委員会の第三次勧告については、登録基準に都道府県間に不均等を生ずる恐れが多大であり、博物館の質を維持する一定の水準を崩す可能性が極めて大きいなど改悪面が多いので、その実施に強く反対する。」	『博物館研究』第四六巻第三号 日本博物館協会 「特集第五八回全国博物館大会報告」
	11月25日	『博物館研究』で「新しい学芸員課程」が特集された。 鷹野光行「学芸員養成の充実方策について」 青木豊「高度博物館学教育の実践」 市川寛明「高い専門性と実践力を備えた学芸員の養成課程のあり方について」 猿渡紀代子「新たな学芸員像へ向かって」 田代英俊「科学館を含む科学系博物館から見た新しい学芸員養成課程に対する大学への要望」 高田浩二「新しい学芸員養成課程の運用への期待と課題」 田原直樹「日本の自然史博物館ができること」	『博物館研究』第四五巻第一二号 日本博物館協会 「特集・新しい学芸員課程」
	12月9日	日本学術会議史学委員会は、第六回博物館・美術館等の組織運営に関する分科会を開き「提言」案の作成にあたった。	『地域主権改革と博物館―成熟社会における貢献をめざして―』日本学術会議

年	月日	事項	出典
二〇一一 平成23	3月24日	「展覧会における美術品損害の補償に関する法律案」は、参議院文教科学委員会において修正可決され、翌三月二五日、参議院本会議、衆議院文部科学委員会において可決され、三月二九日には衆議院本会議において可決された。	『美術品損害補償法―政府の美術品補償制度の解説』美術品損害補償法研究会
	3月30日	文化庁における救援事業である「東北地方太平洋沖地震被災文化財等救援事業（文化財レスキュー事業）実施要項」が決定した。 その目的には、「東北地方太平洋沖地震によって被災した文化財等を緊急に保全するとともに、今後に予想される損壊建物の撤去等に伴う我が国の貴重な文化財等の廃棄・散逸を防止する」とある。事業の内容、事業の対象物、事業の実施体制、事業の実施期間を定めている。	『学会ニュース』No.九六 「文化財レスキュー実施要項」
	4月1日	平成二三年法律第一五号により「海外の美術品等の我が国における公開の促進に関する法律」が公布された。 この法律の目的は、海外の美術品等の我が国における公開の促進を図るため、海外の美術品等に対する強制執行等の禁止の措置を定めるとともに、国の美術館等の施設の整備及び充実等について定めることにより、国民が世界の多様な文化に接する機会の増大を図り、もって国際文化交流の振興に寄与するとともに文化の発展に資することを目的とする、とある。	『美術品損害補償法―政府の美術品補償制度の解説』美術品損害補償法研究会
	4月4日	平成二三年法律第一七号により「展覧会における美術品損害の補償に関する法律」が公布された。 第一条にその目的を「展覧会の主催者が展覧会のために借り受けた美術品に損害が生じた場合に、政府が当該損害を補償する制度を設けることにより、国民が美術品を鑑賞する機会の拡大に資する展覧会の開催を支援し、もって文化の発展に寄与することを目的とする」とある。	『美術品損害補償法―政府の美術品補償制度の解説』美術品損害補償法研究会
	6月1日	文部科学副大臣は、二三庁房第一〇八号により、各都道府県指定都市教育委員会、各都道府県知事、各指定都市市長、独立行政法人国立美術館理事長、独立行政法人国立文化財機構理事長、独立行政法人国立科学博物館長に「展覧会における美術品損害の補償に関する法律等の施行について」通知した。	『美術品損害補償法―政府の美術品補償制度の解説』美術品損害補償法研究会
	8月3日	日本学術会議幹事会（第一三〇回）において、日本学術会議史学委員会博物館・美術館等の組織運営に関する分科会で提言された「地域主権改革と博物館―成熟社会における貢献をめざして―」が承認された。 その内容（目次）は、 一、はじめに 二、博物館登録制度の意味 三、博物館資料と博物館サービスの普遍性 四、地方分権委員会による博物館登録制度の規制緩和 五、指定管理者制度と博物館登録制度 六、成熟社会における博物館の役割 七、提言、参考文献と参考資料	『地域主権改革と博物館―成熟社会における貢献をめざして―』日本学術会議

年	月日	事項	拠所・文献
	9月10日	『千葉日報』は「南房パラダイス県直営へ・指定管理者から辞退」という見出しで、千葉県館山市にある千葉県の観光施設「南房パラダイス」が、昭和四五年にオープンし、平成一八年度から指定管理者制度を導入したが、東日本震災後に利用者が激減したので、指定管理者が運営辞退を申し出た。施設の休園や閉園は、観光を主産業とする南房総地域に与える経済的な影響が大きいとして、県が直営で管理することとなった。	『千葉日報』 ※平成二五年一二月二二日千葉日報には「南房パラダイス・売却先決定」と報じている。
	9月15日	平成二三年政令第二八八号で「海外の美術品等の我が国における公開の促進に関する法律施行令」が施行された。	『美術品損害補償法―政府の美術品補償制度の解説』美術品損害補償法研究会
	10月21日	博物館法制定六〇年という記念の年に金沢市において開催された第五九回全国博物館大会において、議論をかさねその成果を実効あるものとするため、大会の名において七項目を決議した。その第三項目に 「博物館を今日の生涯学習社会、地域文化振興時代に相応しいものとするために、博物館登録制度等を中心に博物館法の改正を引き続き要望する。特に、登録制度に関しては、時代に適合した制度の在り方について、具体的に検討する」とある。	『博物館研究』第四七巻第三号 日本博物館協会 「特集・第五九回全国博物館大会報告」
	12月20日	文部科学省告示第一六五号により、博物館法第八条に基づく「博物館の設置及び運営上の望ましい基準」が告示された。同日から施行された。本告示は、一、平成二〇年（二〇〇八）の博物館法改正、二、利用者のニーズの多様化・高度化、三、博物館の運営環境の変化などを踏まえ、従来の「公立博物館の設置及び運営に関する基準」（平成一五年六月六日文部科学省告示第一一三号）の全部を改正したものである。	『博物館研究』第四七巻第四号 日本博物館協会 「博物館の設置及び運営上の望ましい基準の改正について」 「虎ノ門だより」
二〇一二 平成24	2月9日	文化審議会第九期文化政策部会（第六回）が三田共用会議所で開かれた。議題四に「独立行政法人の制度・組織の見直しについて」があり、博物館関係施設については、国立科学博物館が「文化振興型の成果目標達成法人とする」とあり、国立美術館、国立文化財機構及び日本芸術文化振興会の三法人が統合し、文化振興型の成果目標達成法人とする、とある。	文化審議会第九期文化政策部会（第六回）議事次第
	3月30日	文部科学省生涯学習政策局長は、二三文科生第九三六号で「博物館法施行規則の一部を改正する省令」（平成二三年度文部省令第一六号）が公布され同日から施行された。この省令は、平成二一年四月三〇日に公布され、平成二四年四月一日から施行される「博物館法施行規則の一部を改正する省令」（平成二一年文部科学省令第二二号）のうち、第二章に定める学芸員の資格認定に関して新たな経過措置を追加するものである。 省令の概要は、 一、改正省令の施行日前から大学に在学し、試験認定におけるすべての旧試験科目に相当する単位を修得している者等への経過措置（附則第七項）	文部科学省生涯学習政策局社会教育課・博物館振興係配付資料

現・国立科学博物館日本館（旧・本館）
平成20年に6月重要文化財に指定される。

京都国立博物館（『京都国立百年史』から）

奈良国立博物館

二、改正省令の施行日前から専修学校の専門課程に在学し、試験認定におけるすべての旧試験科目に相当する単位を修得している者等への措置（附則第八項）

三、旧規則第五条第二号から第四号までのいずれかに該当する者への経過措置（附則第一〇項）

四、改正省令の公布日前から専修学校の専門課程に在籍している者への経過措置（附則第一一項）

4月13日	文化庁次長河田潤子は、二四庁財第六五号で各都道府県知事、各都道府県教育委員会教育長、各国公私立大学長、各国公私立短期大学長、独立行政法人日本芸術文化振興会理事長、独立行政法人国立科学博物館長、独立行政法人国立美術館理事長、独立行政法人国立文化財機構理事長、国立歴史民俗博物館長、国立民族学博物館長、財団法人日本博物館協会会長、全国美術館会議会長、各文部科学大臣所轄宗教法人に「文化財の不法な輸出入等の規制等に関する法律第三条第二項に規定する特定外国文化財を指定する省令の一部を改正する省令について」通知した。 本改正は、マダガスカル共和国から我が国に対し、同国内の施設から文化財が盗取されたとの通報があった旨の「文化財の不法な輸出入等の規制等に関する法律（平成一四年法律第八一号）」第三条第一項に基づく外務大臣からの通知を受けたことを踏まえ、同法第三条第二項に規定する特定外国文化財を指定するものである。	『官報』号外第八七号 平成二四年四月一三日

あとがき

本博物館学年表は、博物館発達史の上で法令に関する事項を主にして、その流れを理解させるために関連事項を挙げてみた。日本の博物館の発達を推測するにあたり、明治中期から大正・昭和の初年にかけては、博物館を新たに設置するということが理想の目標とされてきた。そのためには、博物館を運営するための「博物館法」の必要性が考えられるに至った。その目標を達成するために日本博物館協会が中心となって重要な役割を果たし、昭和二十六年に〝博物館法〟が成立するに至った。

この博物館法の施行によって、日本の博物館施設は、戦後の民主主義国家が形成される中にあって、動物園や水族館なども加えての教育観覧施設として急激に増加している。しかし、生涯学習社会の推進によって、博物館の必要性はますます強まり、その存在意義が高まっている。そこには又、専門的職員としての〝学芸員〟の養成が重要な課題となっている。こうした時代的な移り変わりの中にあって、博物館の重要性を本年表によって理解できればと信じている。


本年表の作成にあたっては、公益財団法人日本博物館協会の絶大なご協力を頂きました。特に半田昌之専務理事、守井典子研究部主任研究員には、格別なご配慮を頂きました。厚くお礼申し上げます。

本書編集上の原稿の整理には、次の大学の院生の方々にご協力を頂きました。（敬称略）

國學院大學は、文学部教授青木豊先生のご配慮により、博物館学を専攻する院生の中から、相澤瑞季、王娟、大森威弘、肥沼隆弘、平井茜、森戸一彦、岩嶋孝典、川﨑友梨、竹内竜巳、野北啓介、松原遵子。

明治大学は、文学部教授矢島國雄先生の下で大学院で学ぶ篠木由喜、安田幸世、それに学芸員養成課程の職員である中谷仁美。

青山学院大学は、博士後期課程の加藤由以、それに駒澤大学の非常勤講師の大木真徳先生には、全体のまとめでもご協力を頂きました。

ここに記して皆様に感謝の意を表します。ありがとうございました。

編集にあたりましては、雄山閣編集部の桑門智亜紀様、安齋利晃様に格別なご配慮を煩わしました。

なお、聖徳大学川並弘昭記念図書館事務室・博物館事務室の皆様からは、執筆にあたり何かとお世話になりました。お礼申し上げます。

＊

5. 建議・陳情等

に

は

ひ

ふ

ほ

も

ゆ

り

*

3. 要綱・基準等の法令

か

き

こ

し

宮崎県

鹿児島県

沖縄県

＊

2. 法令・規則・規定等

い

か

き

こ

し

た

ち

つ

と

和歌山県

鳥取県

島根県

岡山県

広島県

山口県

徳島県

香川県

愛媛県

高知県

福岡県

佐賀県

長崎県

熊本県

大分県

岐阜県

静岡県

愛知県

三重県

滋賀県

京都府

大阪府

兵庫県

奈良県

神奈川県

新潟県

富山県

石川県

福井県

山梨県

長野県

—索　引—

1．博物館施設

北海道

青森県

岩手県

宮城県

秋田県

山形県

福島県

茨城県

栃木県

群馬県

埼玉県

千葉県

東京都

＜著者略歴＞

椎名 仙卓（しいな のりたか）

1930（昭和5）年　千葉県生まれ
國學院大学文学部史学校卒業
国立科学博物館に勤務し、教育普及事業を担当。
現在、聖徳大学川並弘昭記念図書館参与

［主要著書］

『モースの発掘』『明治博物館事始め』『大正博物館秘話』『日本博物館発達史』『図解博物館史』『近代日本と博物館』『博物館の災害・事件史』『日本博物館成立史』『博物館学Ⅰ・博物館議論』『博物館学Ⅱ・博物館の機能・発達』その他

青柳 邦忠（あおやぎ くにただ）

1949（昭和24）年　千葉県生まれ
法政大学法学部政治学科卒業
国立科学博物館附属自然教育園長を経て、
現在、聖徳大学図書館事務室学芸担当課長兼博物館事務室長

［主要著書］

『開かれた博物館をめざして』(科学博物館後援会)分担執筆
『ミュージアム・マネージメント』（東京堂出版）分担執筆
『博物館学教程』（東京堂出版）分担執筆
『博物館活動事例集』（樹村房）分担執筆　その他

2014年2月25日　初版発行　　《検印省略》

博物館学年表《はくぶつかんがくねんぴょう》 —法令《ほうれい》を中心《ちゅうしん》に—

著　者　椎名仙卓・青柳邦忠
発行者　宮田哲男
発行所　株式会社 雄山閣
東京都千代田区富士見2-6-9
TEL　03-3262-3231 / FAX　03-3262-6938
URL　http://www.yuzankaku.co.jp
e-mail　info@yuzankaku.co.jp
振　替：00130-5-1685
印刷・製本　株式会社ティーケー出版印刷

ISBN978-4-639-02300-5 C3030
N.D.C 069　250p　27cm